畜禽产业链融合发展与增值创新

卢凤君　刘　晴　王刚毅　程　华　等　著

中国农业出版社

北　京

图书在版编目（CIP）数据

畜禽产业链融合发展与增值创新 / 卢凤君等著 . —
北京：中国农业出版社，2020.8
ISBN 978 - 7 - 109 - 27194 - 4

Ⅰ. ①畜… Ⅱ. ①卢… Ⅲ. ①畜禽—产业链—产业发
展—研究—中国 Ⅳ. ①F326.33

中国版本图书馆 CIP 数据核字（2020）第 151328 号

畜禽产业链融合发展与增值创新

CHUQIN CHANYELIAN RONGHE FAZHAN YU ZENGZHI CHUANGXIN

中国农业出版社出版
地址：北京市朝阳区麦子店街 18 号楼
邮编：100125
责任编辑：周锦玉
版式设计：王　晨　　责任校对：吴丽婷
印刷：中农印务有限公司
版次：2020 年 8 月第 1 版
印次：2020 年 8 月北京第 1 次印刷
发行：新华书店北京发行所
开本：720mm×960mm　1/16
印张：20.25
字数：338 千字
定价：98.00 元

国家自然科学基金"基于供给侧改革的畜禽产业链增值的创新机制与模式研究"（71673273）最终成果

教育部中国学位与研究生教育学会课题"依托现代农业产业体系培养专业学位研究生创新创业能力的模式研究"（2017Y0602）最终成果

著者：卢凤君　刘　晴　王刚毅　程　华

李晓红　卢凤林　张　敏　陈黎明

翟留栓　刘鉴洪　王彩侠　李学民

金　琰　王晓红　李雅慧　邸伟良

梅　军　马松照

自序

新时代，在国家乡村振兴战略实施、农业供给侧结构性改革和生态文明建设的重大政策背景下，我国畜牧业发展进入向高质量发展要效益、向生态绿色循环要效益和向一二三产业融合多功能拓展要效益的新阶段。随着居民收入水平和生活品质提高，居民消费结构不断升级，畜禽产业呈现出高质量发展、深融合发展和强品牌发展的新态势，畜禽产业链进入转型升级和增值创新的关键时期，融合发展与增值创新已经成为畜禽产业链向中高端价值链迈进的重要推动因素。

近年来，我国畜牧产业发展成效显著，畜牧业产量居世界第一。在高质量发展和农业供给侧结构性改革深化的背景下，体系化的发展哲学、价值逻辑和商业模式欠完善，导致畜禽产业链融合发展的理论支撑略显不足、实践路径比较单一、价值体系不够健全；同时，受高端要素较为欠缺、资本融合不够深入和人才孵化比较缓慢的影响，畜禽产业链的核心竞争力还不够强，迫切需要从理论创新、方法支撑和实践提升等角度进行体系化研究，深入探索畜禽产业链、价值链、创新链、生态链多维度融合发展和增值创新的战略构想，系统构建畜禽产业链融合发展与增值创新的组织模式和运营机制。

本著作对畜禽产业链融合发展与增值创新从理论、方法和实践角度进行了体系化探索：

第一，逻辑体系清晰。本著作是对畜牧业发展当下的整合、现有的提升和未来的铺垫，指明了畜禽产业链融合发展和增值创新的方向路径和卡位抓手，构建了五大畜禽产业链和饲草料产业链、生态循环链交互渗透的战略思路体系、理论方法体系和方案策略体系，为畜禽产业链融合发展和增值创新提供了体系化的思路框架和系统化的技术路线。

第二，研究理念前瞻。本著作以多链融合的价值链理论为主线，以平台生态圈战略理论、蓝海战略、竞争战略理论为指导，综合运用系统论、博弈论、演化论、共生理论、产业链理论、价值链理论等多种理论方法，系统性地阐述了融合发展与增值创新的理论体系和方法体系，贯穿了畜禽产业链增值过程中的能量流、物质流、资金流和信息流等多种要素的交互渗透，为推动畜禽产业链深度融合发展和增值创新提供了前瞻性的系统方法论。

第三，实践提升有力。本著作梳理了国内外生猪、蛋鸡、奶牛、肉牛、肉羊等多条畜禽产业链的发展现状和关键问题，提出了各产业链融合发展和增值创新的路径策略和组织运营模式，所形成的实践解读和路径范式具有普适性，可以推广至更多的农业产业价值链，为农业产业链融合发展和增值创新提供有力的实践参考。

第四，多维跨界融合。本著作的形成过程是所有关联主体跨领域、多维度交互碰撞的过程，利用学习型组织和交互式研讨咨询，建立了畜禽产业链融合发展与增值创新的知识创新共同体界面，因而本著作具有跨界性、开放性、交叉性和界面性，能够为该领域的研究者、实践者、政策制定者提供思路框架、理论支撑和实践抓手。

希望本著作的出版能为有志了解、掌握和投身畜禽产业链的研究工作者提供理论依据和方法支撑，为畜牧业主管部门推进畜禽产业链绿色融合创新发展、畜禽产业经营者和投资者价值运营创新提供运作参考和分析依据。

卢凤君

2020 年 5 月

前言

　　新时代，国家乡村振兴战略和创新驱动发展战略加快实施，农业供给侧结构性改革深化推进，广大城乡居民对美好生活的向往和对营养健康的追求日益强烈，畜禽产业链发展面临着前所未有的时代机遇，进入高质量发展的新阶段，绿色发展、创新发展、融合发展、增值发展的趋势越来越明显。但也应意识到，畜禽产业链融合发展与增值创新仍然面临着诸多冲突性挑战：重大疫病风险始终存在，环境保护管控压力不断增多，贸易摩擦影响依然严重，突出表现为产业链上游的创新依存度提升与创新组织构建的矛盾；产业链中游加工产能过剩与规模持续扩张的矛盾；产业链下游消费者高品质需求增长与量质结构不稳定的矛盾。究其原因在于宏观政策导向的变化、微观运营成本的大幅攀升以及由此带来的中观组织演进的缺失。这严重影响了科技、金融、信息等现代服务要素进入产业链、转换价值链、提升利益链的进程，迫切需要从融合发展和增值创新视角，构建畜禽产业链供需平衡和产业链协同的关系生态网络，探索畜禽产业链宏观组织驱动、微观组织响应促进关系生态演化的组织和机制，有效化解畜禽产业链高质量发展的障碍、冲突和制约。

　　笔者从事多年涉农产业链尤其是畜禽产业链组织机制研究，成功申请并完成"生猪健康养殖业的利益保障与示范推广机制研究（2008—2011）""生猪专业化生产组织模式与管理机制研究（2006—2008）""大城市郊区生猪产业组织创新研究（2003）"等多项国家自然科学基金课题，正在开展国家自然科学基金"基于供给侧改革的畜禽产业链增值的创新机制与模式研究（2016—2020）"的系统研究工作，跨学科开设了"现代农业产业及其价值链分析""生物技术产业化专题（专家及企业家讲座）""系统分析""决策分析""管理研究方法论""人力资源管理"等课程，开展了北京、云南、大连等多地的畜禽产业发展规划，曾为首农集团、顺鑫集团、温氏集团、小尾羊集团等多家企业进行战略咨询策划，构建了畜禽产业链创新发展的理论方法体系，深入探究畜禽产业链增值背后的深层次问题与冲突性矛盾，进行诸多深入的实践印证后，逐步完善为畜禽产业链融合发展与增值创新的思想理念体系、理论方法体系和运营方案体系，故撰写此著作。

本著作由畜禽产业链融合发展与增值创新的理论解读和实践提升两大相辅相成的内容构成。

理论解读部分包括第一章融合创新、第二章系统决策和第三章种养循环。第一章融合创新从农业高质量发展和供给侧结构性改革视角，揭示畜禽产业链绿色发展、融合发展、创新发展、增值发展的背景需求、未来趋势和重大挑战，提出部署布局、多品多创、三海汇聚、平台生态四大发展战略构想，以及理念革新、环境剧变、关系调优、条件创造四大路径策略。第二章围绕系统认识、问题分析和决策方案开展畜禽产业链融合发展与增值创新的系统决策研究。第三章种养循环，围绕健康增值明确了需求趋势、结构逻辑、战略驱动，围绕营养提质明确了发展哲学、系统逻辑、工程促进、组织运营和机制跃升，围绕循环赋能明确了价值逻辑、载体重塑和演化升级。

实践提升部分包括第四章至第八章，分别是生猪产业链、蛋鸡产业链、奶牛产业链、肉牛产业链、肉羊产业链五条代表性畜禽产业链的融合发展与增值创新。围绕五大产业链的实践载体，运用第一章融合创新的战略思路、第二章系统决策的框架流程和方案体系，以及第三章种养结合的结构逻辑和价值演化，从"系统认识、理论解构、路径模式、组织运营、实践探索"角度开展融合发展与增值创新的系统深入剖析。

本著作的创新突破有三方面：一是框架思路创新，从战略视角发现价值、创造价值、实现价值和评估价值，基于成本与效率、风险与机会、依存和贡献等价值目标谋划价值工程、价值循环、价值体系，最终转化输出战略愿景和目标、战略定位和重点、战略路径和对策，构建了畜禽产业链融合发展与增值创新研究的体系框架；二是理论方法创新，提出了基于融合发展和增值创新的价值来源与创造、价值转化与实现、价值认同与分配的融合、创新、增值互促的全链闭环模式，构建了创新链和价值链高度协同服务于畜禽产业链、供应链的战略构想体系和系统决策体系；三是实践融合创新，围绕生猪、蛋鸡、奶牛、肉牛、肉羊等产业链的发展实践，着力推动畜禽产业链、价值链、服务链、创新链、人才链与教育链的融合发展，探索构建平台型龙头、圈网、链族组织生态模式，推动畜禽产业链实践突破的创新发展。

本著作的出版，旨在深入研究畜禽产业链融合发展与增值创新的关键瓶颈问题，构建畜禽产业链融合发展与增值创新的理论方法体系，总结畜禽产业链融合发展与增值创新的实践案例，为该领域的研究者提供系统的框架体系和研究范式；为龙头企业和新型经营主体探索融合发展与增值创新的实践提供路径模式；为政府部门制定和完善畜禽产业链发展政策提供政策建议。

本著作由卢凤君、刘晴、王刚毅、程华四位著者作全稿统筹，其中，卢凤君全面统筹指导全书第一至八章，刘晴参与第一、二、三、六章及全书统稿，王刚毅参与第一、二、四及全书统稿，程华参与第一、二、五章及全书统稿。参与本书撰写的还有李晓红（第一、二、七章），卢凤林（第一、二、三、六、八章），张敏（第一、二章），陈黎明（第一、二章），翟留栓（第一、六章），刘鉴洪（第五、六、七章），王彩侠（第三章），李学民（第三章），金琰（第二章），李雅慧（第一、三章），邸伟良（第三章），梅军（第三章），马松照（第三章）。特别感谢肉牛产业技术体系首席科学家曹兵海教授、奶牛产业技术体系首席科学家李胜利教授、蛋鸡产业技术体系首席科学家杨宁教授、牧草产业技术体系首席科学家张英俊教授、葡萄产业技术体系首席科学家段长青教授、水稻产业技术体系首席科学家程式华教授在中国农业大学专业硕士课程"现代农业产业链价值分析"中的知识传授与智慧分享，同时感谢中国农业科学院北京畜牧兽医研究所孙宝忠研究员、中国农业大学动物科学技术学院曹志军教授、中国农业科学院农业经济与发展研究所任爱胜研究员及中国农业大学水利与土木工程学院施正香教授等对于本著作提出的诸多有益指导和建议。

著　者

2020 年 5 月

目录

第一章　融合创新

　　中国特色社会主义进入新时代，我国社会主要矛盾已经转化为人民日益增长的美好生活需要和不平衡不充分的发展之间的矛盾。为化解这一矛盾，在涉农产业领域这一方面，中央及各级政府不断深化农业供给侧结构性改革，全面推动质量兴农、品牌强农、绿色发展和高质量发展，以满足城乡居民对绿色健康农产品消费不断升级的需求。在农业全面升级、农村全面进步和农民全面发展方面，国家顶层设计了"到 2035 年农业农村基本实现现代化、到 2050 年乡村全面振兴，农业强、农村美和农民富全面实现"的宏伟蓝图，并不断出台一系列政策意见、规划计划和行动方案，全局统筹精准推进顶层设计的部署布局。畜禽产业链是其中一个重要组成部分，在国家大政方针的指引下，我国畜禽产业链该如何发展？本章以城乡居民生命健康、实现美好生活愿望为主题，以绿色发展、融合发展、增值发展和创新发展为主线，从去脉来龙、来龙去脉、迭代演进和共生当下的全景全息视角，体系化系统化研究和阐述了畜禽产业链及链群/链族/链网融合增值创新的需求挑战、战略构想、路径策略，其目的是描绘一幅畜禽产业链及链群/链族/链网向未来"关系生态"理想状态发展的路线和场景图，进而来引动涉农领域的专家学者、政策制定和落实、投资运营、生产经营和管理服务、策划规划咨询等主体，从战略高度对畜禽产业链及链群/链族/链网的发展形成全新的思考（图 1-1）。

第一节　需求挑战

　　改革开放 40 多年来，我国畜牧业不断发展壮大、由弱变强，已经从传统的家庭副业发展成为农业农村经济的重要支柱产业之一，成为现代农业建设的排头兵，在满足肉蛋奶消费、促进农民增收、维护生态安全等方面发挥了不可替代的重要作用。一批如温氏、华都峪口、飞鹤、蒙牛和伊利等企业孕育而生，为带动我国畜禽产业链及产业链群/链族/链网发展做出了样板和典范。特

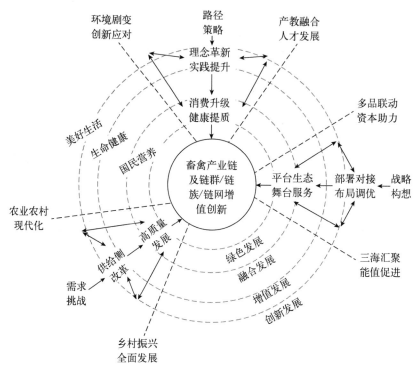

图1-1 畜禽产业链/链群/链族/链网增值创新的逻辑思维导图

别是党的十八大和党的十九大以来，中央及各级政府不断深化供给侧结构性改革、推动质量兴农和品牌强农，以及农业可持续发展、绿色发展和农业高质量发展，加强"五区三园一体四平台"和现代农业生产体系、产业体系和经营体系建设，大力培育发展现代农业新型经营主体和产业化联合体等，使畜禽产业及产业链加快了转型升级的步伐。但是，从战略分析的全息全景视角来看，在推动畜禽产业链融合发展与增值创新过程中，既面临着中央及各级政府不断深化供给侧结构性改革、推动农业绿色发展、高质量发展、未来实现农业现代化和乡村全面振兴等重大机遇，同时也面临着人的思想与理念的障碍、目标与利益的冲突、发展与约束的矛盾、资源与环境的制约等挑战；既要发挥中国特色社会主义制度、农业农村优先发展、政策支持力度加大、14亿人口消费大国等优势，又要克服体系支撑能力不足、要素高效配置度低、中观组织机制缺失和龙头带链能力不强等劣势，必须走出一条内化机遇应对挑战、发挥优势克服劣势的创新发展道路（图1-2）。

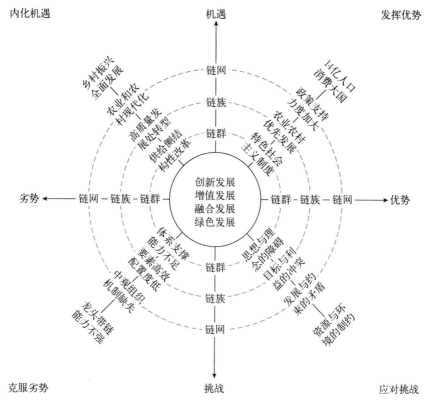

图1-2 畜禽产业链及链群/链族/链网增值创新的需求挑战战略分析思维导图

一、背景需求

（一）畜禽产业链绿色发展的背景需求

绿色发展不仅是深化农业供给侧结构性改革的重要基础支撑，是建设美丽中国和贯彻新发展理念的时代必然要求，也是推进乡村振兴和产业兴旺、生态振兴和建设生态宜居美丽乡村，促进农业全面升级、农村全面发展和农民全面发展等必须走的发展道路。农业供给侧结构性改革是整个供给侧结构性改革的重要一环，要求从生产端、供给侧发力，把增加绿色优质农产品供给放在突出位置，优化农业产业体系、生产体系、经营体系，从整体上提高农业供给体系的质量和效率。针对畜禽产业链及产业链群/链族/链网的发展而言，我国畜禽养殖业发展主要依靠资源消耗的粗放经营方式还没有根本改变，养殖污染、"粮饲精"和"草食畜"结构不合理、种养结合资源循环利用不高效、产业发展与环境保护的冲突矛盾等问题尚未得到有效解决，绿色优质畜产品供给还不能满足人民群众日益增长的需求。因此，当前和今后一个时期，必须立足国情、抢抓机遇、应对挑战，按照可持续发展和高质量发展要求，突出绿色生态导向，加快推进绿色低碳循环发展，倒逼畜禽产业链及产业链群/链族/链网转型升级。

绿色发展是以效率、和谐、持续为目标的经济增长和社会发展方式。从内涵看，绿色发展是在传统发展基础上的一种模式创新，是建立在生态环境容量和资源承载力的约束条件下，将环境保护作为实现可持续发展重要支柱的一种新型发展模式。具体来说，一是要将环境资源作为社会经济发展的内在要素；二是要把实现经济、社会和环境的可持续发展作为绿色发展的目标；三是要把经济活动过程和结果的"绿色化""生态化"作为绿色发展的主要内容和途径。畜禽产业链及产业链群/链族/链网绿色发展，就是以效率、和谐、持续为目标，按照系统工程思想，构建绿色发展的生产系统、管理系统、服务系统和营销系统，实现系统之间的有机衔接和联合互促。以发展生态型、循环型、资源高效型、健康型、品牌型和创新型畜禽产业链为抓手，以畜禽污染治理、废弃物综合利用和病死畜禽无害化处理为重点，大力推动种养结合、生态循环、资源高效发展模式，着力构建畜牧业绿色可持续发展产业技术体系和现代农业生产体系、产业体系、经营体系，有利于畜禽产业及产业链农产品质量水平、综合效益和市场竞争力的整体提升，实现产出高效、质量安全、资源节约、环境友好。

（二）畜禽产业链增值发展的背景需求

深化供给侧结构性改革、推动经济高质量发展，是党的十八大以来习近平新时代中国特色社会主义思想特别是经济思想的重要理论创新成果，其理论内涵、核心要义、政策举措和重点任务既是一脉相承的，也是一个渐进深化、不断拓展的思想体系。从宏观层面理解，高质量发展是指经济增长稳定，区域城乡发展均衡，以创新为动力，实现绿色发展，让经济发展成果更多更公平地惠及全体人民；从中观层面（产业层面）理解，高质量发展是指产业布局优化、结构合理，不断实现转型升级，并显著提升产业发展的效益；从微观层面（企业经营层面）理解，高质量发展包括一流竞争力、质量的可靠性与持续创新、品牌的影响力，以及先进的质量管理理念与方法等。对于畜禽产业链及产业链群/链族/链网的发展而言，从以上宏观层面、中观层面和微观层面来综合理解，实质上深化供给侧结构性改革、推动经济高质量发展的最终目的是"增值"，它不仅表现在让产业链上资源产品增值，也表现在产业链上生产经营环节、投资运营环节和管理服务环节的增值，最终要落到消费主体的增值。增值驱动了供给侧结构性改革和高质量发展，需要畜禽产业链及产业链群/链族/链网增值发展作为重要抓手。

产业链增值发展是指全产业链资源产品增值，全产业链的生产经营环节、投入运营环节、管理服务环节增值，最终实现广大城乡居民的消费增值，也就是说产业链从单纯强调"数量"到"质量"，再到"供需匹配度高，人人都能'买得到''买得起'高质量农产品"，使广大城乡居民在消费过程中能够精神健康、心理健康和身体健康。增值发展的价值点包括产品价值、生产价值、功能价值、业态价值、服务价值。增值发展的标准可以用"成本效率、机会风险、依存贡献"三大类指标来衡量。产业链增值发展是一个资本动态循环的过程，只有通过智力资本、政策资本、金融资本与产业资本的交互作用，才能实现融合发展与增值创新闭环的不断迭代升级。其中，货币资本是畜禽产业链发展的条件，是准备生产剩余价值的；生产资本是畜禽产业链提升的核心，是实际生产剩余价值的；商品资本是畜禽产业链增值的手段，是最终实现剩余价值的。同时，也是产业链纵向延伸横向拓展促进价值增值的过程，其过程是在市场机制和顾客需求的驱动下，产业链条上的企业为了追求成为核心企业，通过与链条上其他经济主体的合作与竞争，实现产业链纵向的延伸和横向的拓展，使得产业链的内涵不断丰富，产业链的长度和宽度得到进一步的完善，链条环节之间的融合能力和链条之间的关联能力进一步加强，这个过程也是产业链整体的收益不断增加、成本大幅降低、风险得到防控与分担的改革过程。以上这些，都有利于深化农业供给侧结构性改革和高质量发展。

（三）畜禽产业链创新发展的背景需求

没有农业农村现代化，就没有整个国家的现代化。党的十九大报告提出"加快推进农业农村现代化"，与过去单提"农业现代化"不同，这是党和国家文献中首次明确增加了"农村现代化"这一内容，将"农村现代化"与"农业现代化"一并作为新时代"三农"工作的总目标。这一重大战略部署，标志着我国"三农"工作进入新的发展时期。2018 年，中共中央国务院发布的《乡村振兴战略规划（2018—2022 年）》明确提出到 2035 年我国农业现代化基本实现的发展愿景。畜禽产业作为我国涉农领域发展比较成熟的产业，是否能够率先实现现代化，这就需要畜禽产业及产业链创新发展为农业农村基本实现现代化做支撑和带动。在率先实现现代化过程中，不仅要实现农业生产条件的现代化、农业生产技术的现代化和农业生产组织管理的现代化和资源配置方式的现代化，同时，也要与农村制度改革现代化、农村治理现代化和社会化服务体系现代化等结合，创新发展方式、路径模式、组织机制和文化治理。

创新是推动畜禽产业链及产业链群/链族/链网可持续发展、绿色发展、高质量发展、融合发展和增值发展的动力源泉，也是促进产业链及链群/链族/链网向"关系生态"演化的重要抓手。在推动产业链及链群/链族/链网融合发展与增值创新过程中，创新不仅仅指的是科技创新，它也包括理论理念、路径模式、体制机制、文化制度、组织治理、投资运营、管理服务等方面的创新。我国大多畜禽产业链自主创新、集成创新、协同创新、系统创新、体系化创新的能力不强和水平不高，导致大多畜禽产业链运营的成本高、消耗大、利润低，有些关键环节处在国际产业链的中低端。因此，只有拥有强大的自主创新能力，才能在激烈的国际竞争中把握先机、赢得主动。提高自主创新能力，一是要瞄准国际创新趋势和特点进行自主创新，使我国一些奶牛蛋鸡等精强型产业链的自主创新站在国际技术发展前沿；二是要将优势资源整合聚集到全产业链融合发展与增值创新的战略目标上，力求在重点领域、关键技术上取得重大突破；三是进行多种模式的创新，既可以在优势领域进行原始创新，也可以对现有技术进行集成创新，还应加强引进技术的消化吸收再创新。另外，畜禽产业链创新发展，还要加强构建以企业为主体、市场为导向、产学研相结合的技术创新体系，进一步提高创新型企业的主体地位，使之成为技术创新投入和创新成果产业化的主体，高校研发机构、中介机构以及政府、金融机构等应与企业一起构建分工协作、有机结合的创新链，形成协同创新体系。

（四）畜禽产业链融合发展的背景需求

农业是国民经济的基础，农村经济是现代化经济体系的重要组成部分。乡村振兴，产业兴旺是重点。实施乡村振兴战略，深化农业供给侧结构性改革，构建现代农业产业体系、生产体系、经营体系，实现农村一二三产业深度融合发展，有利于推动农业从增产导向转向提质导向，增强我国农业创新力和竞争力，为建设现代化经济体系奠定坚实基础。随着我国经济由高速增长阶段转向高质量发展阶段，以及工业化、城镇化、信息化深入推进，乡村发展将处于大变革、大转型的关键时期，畜禽产业作为我国农业农村经济发展的重要支柱产业，以及改革开放以来最先市场化和当前市场化非常成熟的产业，在推动畜禽产业链及产业链群/链族/链网融合发展与增值创新的过程中，必须把握住城乡发展格局发生重要变化的机遇，不断创新一二三产业融合、农文旅融合、产城镇村融合、产科教融合、多链融合（产业链、科技链、信息链、服务链、人才链、资金链等）等新模式，示范引领农业农村新产业新业态培育、农村产业融合发展新载体新模式打造，推动农业农村经济发展要素跨界配置和产业有机融合，促进农村一二三产业、文旅农科创、产城镇村等融合发展，实现同步升级、同步增值、同步受益。

产业融合是指在时间上先后产生，结构上处于不同层次的农业、工业、服务业、信息业和知识业在同一类产业及产业链及链群/链族/链网中相互渗透、相互包含、融合发展的产业形态与经济增长方式，是用无形渗透有形、高端统御低端、先进提升落后、纵向带动横向，使低端产业成为高端产业的组成部分，实现产业升级的知识运营增长方式、发展模式与经营模式。产业融合以第五产业知识产业为主导，第一产业农业为基础，第二产业工业（农产品及食品加工业）为中介，第三产业服务业为核心，第四产业信息业为配套，是在产业层面通过资源优化配置实现资源优化再生、推动产业升级的系统工程。产业融合是以第三产业为核心，既体现了以人为中心的发展观，又能多维度提高产业、产品的附加值，不断形成新的经济增长点。因此，在国家持续推动"新型工业化、信息化、城镇化、农业现代化同步发展，加快形成工农互促、城乡互补、全面融合、共同繁荣的新型工农城乡关系"的大背景下，提出"畜禽产业链及产业链群/链族/链网融合增值创新"的新思维新理念、新理论新思想、新路径新模式，有利于示范引领带动农村一二三产业融合、文旅农融合、产科教融合、产城镇村融合和城乡融合，有利于推动乡村全面振兴、农业全面升级、农村全面进步、农民全面发展。

二、未来趋势

随着农业供给侧结构性改革不断深入，我国畜禽产业链融合创新经历了培育发展、整合发展、创新发展 3 个阶段，从经济形态、阶段特征、发展模式、战略重点等 15 个演化要项分析我国畜禽产业链融合创新发展的阶段演化特征（表 1－1）。

表 1－1　我国畜禽产业链融合创新发展的阶段演化

演化要项	发展阶段		
	培育发展阶段	整合发展阶段	创新发展阶段
经济形态	产品供不应求	产品总量基本平衡	产品结构基本平衡
阶段特征	规模型发展	结构型发展	质量型发展
发展模式	自由发展模式	规范发展模式	创新发展模式
战略重点	产品发展	能力建设	价值创造
目标结构	注重近期和效益目标	近期与远期目标协调效益和能力目标协调	注重远期和提高能力的目标
发展重点	增加产品供给	提高管理水平	提高标准水平
驱动因素	政府与市场	市场与政府	企业与市场

（续）

演化要项	发展阶段		
	培育发展阶段	整合发展阶段	创新发展阶段
关键因素	技术	工程	创新
竞争力的来源	政策＋能人＋资源	组织＋机制＋市场	龙头＋平台＋品牌＋文化＋战略
龙头形成方式	外植为主，内生为辅	内生和外植并重	内生为主，外植为辅
组织结构	市场链接为主	一体化和联盟链接并重	一体化和联盟链接为主
链接关系	利益关系链接	价值关系链接	责任关系链接
融合发展程度	各环节割裂，融合度差	比较适宜多链融合发展	产业链上中下游融合程度高
增值创新能力	弱	较强（适宜多主体创新）	要求龙头企业增值创新能力强
质量标准水平	低	较高	高

在上述演化规律的驱动下，我国畜禽产业链发展呈现出"多化协同"的发展趋势。具体而言，畜禽产业链绿色发展呈现出系统化、体系化、生态化和循环化的趋势，畜禽产业链增值发展呈现出柔性化、智本化、平台化和服务化的趋势，畜禽产业链创新发展呈现出标准化、高质化、品牌化和国际化的趋势（图 1-3）。

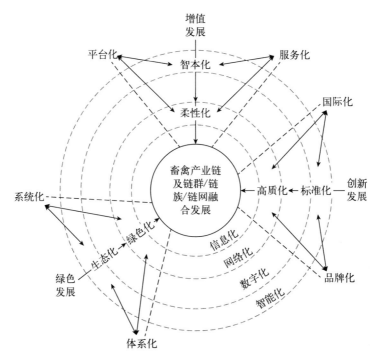

图 1-3 禽产业链/链群/链族/链网融合增值创新"多化协同"发展逻辑思维导图

（一）畜禽产业链绿色发展的系统化体系化生态化循环化趋势

深化农业供给侧结构性改革、满足城乡居民对生态农畜产品消费日益增长的需求，需要推行绿色生产方式，增强畜禽产业及产业链可持续发展能力。推动禽产业链及链群/链族/链网绿色发展，也是深化农业供给侧结构性改革、践行"绿水青山就是金山银山"理念和推动现代农业产业链"绿色化""生态化"的重要抓手。需要以"生态优先、种养结合、草畜平衡、资源高效、结构调优"的新发展思路，依靠科技创新、管理创新、模式创新、组织创新和机制创新，推动生态循环型畜禽产业链及产业链群/链族/链网可持续发展。有利于不断优化养殖业、种植业和农副产品加工业之间的关系，提高资源在全产业链的利用率、转化率和产出率。当前和今后一个时期，坚持绿色发展，推进绿色低碳循环发展，倒逼产业转型升级，是不断深化农业供给侧结构性改革、促进农业农村经济高质量发展、推动农业农村现代化和乡村产业振兴和实现"农业强、农民富、农村美"的重要途径。因此，在推动畜禽产业链及链群/链族/链网绿色发展过程中，集成运用现代先进科学技术、先进工业装备和先进管理理念，以促进农产品安全、生态安全、资源安全和提高农业综合经济效益的协调统一为目标，推动人类社会和经济全面、协调、可持续发展模式不断进行创新，是未来发展必然趋势。

（二）畜禽产业链增值发展的柔性化智本化平台化服务化趋势

农业供给侧结构性改革，是贯穿生产、加工、流通整个畜禽产业链的改革举措。这一举措给产业链上游生产者和下游加工、销售企业带来新挑战的同时，也带来了更多的发展新机遇。因此，畜禽产业链及产业链群/链族/链网增值发展要抓住改革要领，不断在去库存、调结构、强科技等多领域深化改革，来满足新时代经济高质量发展的要求，进而促进农业全面升级、农村全面进步和农民全面发展。另外，通过畜禽产业链增值发展来满足新时期市场需求，破解供需矛盾。当前和今后一段时期，农业供给侧结构性改革的重要作用，就是用来解决人民日益增长的美好生活需要和不平衡不充分的发展之间的矛盾，就是要满足城乡居民吃得好、吃得营养健康，买得到、买得起，同时还要满足城乡居民对高质量农畜产品消费的愿望。高质量农畜产品老百姓都吃不起，美好生活需要就达不到，而高质量农畜产品有受众的局限，市场打不开，产业链上的生产经营、投资运营和管理服务等主题就没有了积极性。再次，要以市场为主导优化资源要素的配置，供给侧结构性改革是以市场为主导的改革举措，需要通过市场和政府两大主体，进行资源要素的优化配置。从政策走向来看，市场在资源配置中起决定性作用不断加强，而政府的"有为"体现在为市场的服务上。以上种种这些变化的趋势有利于畜禽产业链及产业链群/链族/链网增值发展柔性化、智本化、平台化和服务化的形成。

（三）畜禽产业链创新发展的标准化高质化品牌化国际化趋势

现阶段和未来，资源环境约束、环保要求变高、国际贸易摩擦和疫病风险加大等方面因素，对畜禽产业及产业链绿色发展、融合发展和增值发展的影响越来越大，加之供给侧结构性改革不断深入、高质量发展加快推进、城乡居民消费升级对绿色健康要求变高，以及信息化、网络化、数字化、智能化的快速发展，倒逼着畜禽产业及产业链升级，并推动产业链发展的政策制定与落实主体、生产经营主体、投资运营主体、管理决策主体、科技/信息/金融/教育/培训/智力等服务主体，要用新的思维、新的理念、新的思路、新的方法、新的手段，不断去创新畜禽产业及产业链的科技应用推广、生产经营管理、投资运营决策、组织建设治理等方面的路径模式。未来，创新发展已经成为增强畜禽产业及产业链综合能力和核心竞争力的决定性因素。谁能在创新上下先手棋，谁就能掌握主动，谁就能在国内外市场竞争中获得比较优势和发展空间。同时，创新发展对降低资源能源消耗、改善生态环境、建设美丽乡村具有长远意义。因此，提出畜禽产业链及产业链群/链族/链网创新发展的新思维、新理念、新路径和新模式，符合成为世界上创新型国家的大趋势，对当下和未来，加快畜禽产业技术创新，用高新技术和先进适用技术改造提升传统产业具有重要意义，既可以降低消耗、减少污染，改变过度消耗资源、污染环境的发展模式，又可以提升畜禽产业及产业链/链群/链网的国际竞争力。

（四）畜禽产业链融合发展的信息化数字化网络化智能化趋势

农业是国民经济的基础，农村经济是现代化经济体系的重要组成部分，现代化经济体系通过产业融合来实现产业升级，产业融合是城乡融合和区域融合的本质，是城乡融合和区域融合的核心、纽带与催化剂。产业融合是通过资源优化配置实现资源优化再生的智慧经济与科学发展观的重要组成部分，也是产业网有效实现产业融合的多种组织形式、运营模式与产业形态。乡村全面振兴的最关键最重要的环节是城乡融合发展，通过城乡融合发展来缩小城乡发展的"二元"差距，实现城乡发展的均等化。但需要一种媒介来跨城、跨乡和跨域打通，这一最好的媒介就是现代农业产业链，它上游联动乡村种养业生产基地、中游联动城镇农产品加工基地、下游联动城市农畜产品消费市场，是促进一二三产业融合发展、产城镇村融合发展和城乡融合发展的最好最大的界面。因此，提出畜禽产业链及产业链群/链族/链网融合增值创新的新思维新理念、新理论新思想和新路径新模式，顺应了新时代现代化经济体系通过产业融合来实现产业升级的发展需求，同时通过产业融合发展关系生态的"龙首"带动链网、龙头带动链族、"龙种"带动链群竞相发展的生态组织发展模式设计，也迎合了今后乡村全面振兴产业兴旺的"农村产业融合发展的平台载体建设，促进农业内部融合、延伸农业产业链、拓展农业多种功能、发展农业新型业态等多模式融合发展"等趋势。

三、重大挑战

（一）畜禽产业链绿色发展的冲突挑战

如何合理运用自然资源，应对经济快速增长带来的环境污染，减少现代化进程对生态的影响，是当前人类面临的最大冲突挑战。畜禽产业链及产业链群/链群/链网绿色发展面临的冲突挑战也是如此。从发展思想理念、路径模式和区域布局等角度来讲，绿色发展是寻求经济社会进步与环境保护和谐统一的一种新的发展模式，代表着 21 世纪的发展方向，绿色发展思路需要通过绿色产业的发展得到体现。我国发展现代农业，不能再重复已被发达国家摒弃的"石油农业"老路，必须用绿色发展理念进行谋划。同时，绿色农业也是我国倡导的一种可持续性农业的发展模式，用绿色发展理念谋划现代农业，应将绿色农业作为我国现代农业发展的主导模式，加快发展现代绿色农业。当前我国农业及畜禽产业链发展的生态环境不容乐观，由发展理念偏差而引发的食品安全、资源环境压力过大、环境污染等问题不断，说明相关主体绿色发展意识尚待增强。因此，当务之急必须积极树立起绿色发展理念，加快建设现代绿色农业及畜禽养殖基地。需以绿色为主题，建设优质安全绿色农畜产品原料生产基地；需以产业化龙头为领军，建设绿色农畜产品精深加工基地；需以区域优势为切入点，建设绿色特色农畜产品基地；需以科技为支撑，建设高效绿色种养生态循环基地。

（二）畜禽产业链增值发展的冲突挑战

从供给侧结构性改革的视角出发，我国畜禽产业及产业链发展的主要问题，是上游创新不足，中游产能过剩和下游减损不够产出的问题，需要创新全产业链资源产品生产经营劳动价值、知识价值、信息价值、服务价值、资本价值和心理价值等认同机制，来促进全产业链增值。同时，我国畜禽产品供给大路货多，优质的、品牌的还不多，与城乡居民消费结构快速升级的要求不相适应。畜禽产业及产业链迫切需要以市场需求为导向，加快调优产品结构、调精品质结构、调高产业结构，促进农产品供给由主要满足"量"的需求向更加注重"质"的需求转变。再者，我国畜禽产品的生产成本降不下来，国际竞争力就提不上去，农产品价格就不会有优势，农民收入就成问题。这一恶性循环成为制约我国畜禽产业及产业链发展的一大短板。因此，需要以"强科技"为深化农业供给侧结构性改革的重要手段，给畜禽产业及产业链插上科技的翅膀，让科技创新成为农业发展的新引擎，既是补齐畜禽产业及产业链发展短板的生产力基础，也是深化农业结构性改革的必然要求，更是实现农业现代化、助力乡村振兴的重要手段。在实践中，应按照增产增效并重、良种良法配套、农机农艺结合、生产生态协调的原则，促进畜禽产业及产业链技术集成化、劳动过程机械化、生产经营信息化和安全环保法治化，加快构建适应高产、优质、高效、生态、安全农业发展要求的技术体系。

（三）畜禽产业链创新发展的冲突挑战

新的历史时期，特别是党的十八大以来，我国经济已由高速增长阶段转向高质量发展阶段，正处在转变发展方式、优化经济结构、转换增长动力的攻关期，需要将依靠土地、资源和低成本劳动力等传统要素驱动调整为依靠科技创新驱动发展上来。当前，我国畜禽产业及产业链创新能力不足，创新资源在产业链上各环节不匹配。由于长期以来，国家大量的科研经费投入到大学科研院所，科技创新资源大多都掌握在他们手中，无效的创新成果多，资源要素浪费大，成果转化率低。同时，由于企业创新成本高，国家对企业创新的投入又不足，导致企业的创新动力不足，一些核心技术装备从发达的国家直接购买，导致我国畜禽产业及产业链核心竞争力不强，一些尖端的、核心的技术装备受国外的制约，严重影响了一些养殖品种和精深加工技术等掌控的自主权，造成了产业链上大量的利润外流。另外，我国现代农业产业技术体系、现代农业生产体系、现代农业产业体系、现代农业体系和社会化服务体系等支撑力不强，加之产业领军人才、拔尖人才、核心人才、骨干人才和专业人才短缺，导致了畜禽产业及产业链体制创新、组织创新、机制创新、模式创新、管理创新、服务创新等方面的能力不足。改革开放 40 多年来，我国虽然涌现出一批如温氏、飞鹤、蒙牛、伊利、上海光明、君乐宝等在全国乃至世界有较大影响的创新型带链企业，但对于近 14 亿的人口大国则少之又少。因此，创新发展，是当今和未来我国畜禽产业及产业链可持续发展、绿色发展和高质量发展，以及提升核心竞争力、国际竞争力所必须应对的挑战。

（四）畜禽产业链融合发展的冲突挑战

推进现代农业及产业链融合发展，是发展创新型经济、实现供给侧结构性改革、促进农业发展方式转变的内在要求。党的十八大以来，中央及各部委、各级地方政府陆续出台了许多支持农村一二三产业融合发展的政策意见、规划方案、行动指南，但落到实践和各区域真正实现融合发展的并不是很多。从宏观层面来看，产业融合将利于调整产业结构和推动城乡一体化发展。但是，农业、农村和农民权益保护和发展机会不平等问题，影响了产业链全面、协调和可持续发展。从微观层面看，产业融合将利于引导农户或企业按照市场需求进行生产，获得更多收益。但是，农业组织化程度低，小农户与大市场矛盾成为制约农民增收和农业深化发展的主要原因。从中观层面看，产业融合有利于提升产业竞争力，依托特色获取超额利润和推动区域经济协调发展。但是，产业链短且窄，上游的科技研发能力较弱，下游农产品加工、储运、销售等诸多环节发展不畅通，各环节之间无法发挥协同效应，制约价值链的实现。此外，产业融合发展，将意味着更多资源在市场需求引导下向农业和涉农产业部门流动，资源在农业和涉农产业部门实现高效率配置，有利于提高农业生产效率和产业竞争力。但是，中观组织机制缺失导致资源的对接整合、供需分配、有效配置和集聚扩散高耗低效，以上这些也是畜禽产业链及产业链群/链族/链网融合增值创新面临的冲突挑战。

第二节　战略构想

在供给侧结构性改革、高质量发展促转型、农业农村基本现代化、乡村振兴全面发展的大背景下，本节以对接畜禽产业链绿色发展、创新发展、融合发展和增值发展的趋势和需求，并将其转化为产业链升级转型的优势和价值为导向，通过谋划基于价值目标的价值工程、价值循环、价值体系，提出了基于聚集力的部署对接、布局调优战略为基础，基于影响力的多品多创、资本助力战略为目标，基于创新力的三海汇聚、能值促进战略为手段，基于服务力的平台生态、舞台服务战略为联通的战略体系。四大战略落实相辅相成，基于供给链与消费链打通供需价值链，通过推进治理创新、组织创新、机制创新，促进畜禽产业链链群组织主导向龙族组织、圈网组织分立，进而向龙族组织、圈网组织融合演化，实现畜禽产业发展的新旧动能转换和新动能培育壮大，形成能量累积提升、资本沉积强化、价值螺旋放大的循环，加快畜禽产业链融合发展与增值创新（图1-4）。

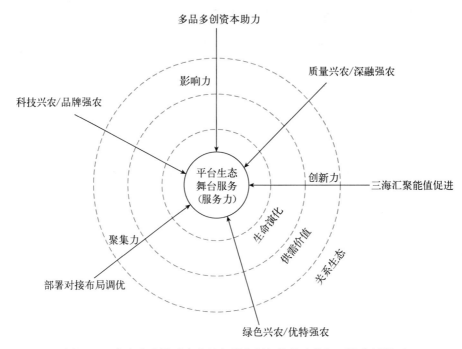

图 1-4　畜禽产业链融合发展与增值创新的战略构想逻辑分析模型

一、部署对接、布局调优战略

在我国深入推进农牧业可持续发展、供给侧结构性改革和高质量发展的大背景下，中央及各部委和区域政府不断出台相对应的发展意见、规划方案、项目指南和政策法规，顶层推进畜牧业发展部署布局的调整优化，全面统筹农牧业发展与各区域资源禀赋、交通区位、基础条件、生态环境等方面的协调匹配。同时，如中粮集团、温氏集团、双汇集团、蒙牛、伊利等大型龙头企业也加快了对畜禽产业链发展的布局部署，加强政策对接，积极利用国际国内两个市场、两种资源和区域禀赋优势，推动精强型国际竞争型畜禽产业链、高新型全国领先型畜禽产业链、优特型域融合型畜禽产业链发展。在政府政策规划推动和大企业带链发展推动的"双轮"驱动下，"黑龙江、吉林、辽宁、内蒙古""长江中下游和华南""黄淮海""北京、河北、天津、上海"等农牧业及产业链发展的布局部署也在不断的调整优化中。如何推动以上区域畜禽产业链及链群/龙族/圈网融合增值创新，需要谋划"部署对接，布局调优"战略，结合区域发展的优势特色，加强与中央及各级政府的部署、大企业带链发展的部署对接，站在全球化、国际化和特色化的视野去不断优化畜禽产业链及链群/链族/圈网布局（图1-5）。

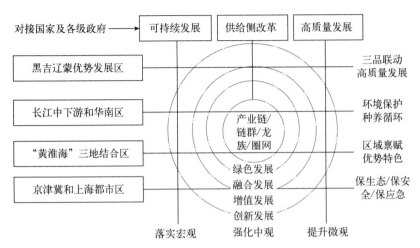

图1-5 基于部署对接、布局调优的畜禽产业链及链群/龙族/圈网发展逻辑关系

（一）黑吉辽蒙优势发展区

当前我国畜禽产业及产业链发展面临诸多挑战。从国际角度看，贸易摩擦不断，贸易保护主义盛行，"修昔底德陷阱"导致畜牧业发展危机四伏；从国内角度看，在需求端，人民群众对畜产品质量需求不断提升，畜产品质量和安全问题亟待解决；在供给端，畜禽污染治理刻不容缓，新旧动能转换尚需提速；在技术支持上，智慧化支撑力度不够，产业链升级约束趋紧。因此，畜禽产业链绿色发展、融合发展、增值发展和创新发展，必须基于国家保障农业"四个安全"、创新驱动、供给侧结构性改革、高质量发展"四个转换"等要求，站在全球化、国际化和特色化的视野来考虑畜禽产业链发展的问题。要着力打造国际竞争型精强型、全国领先型高新型、区域融合型优特型"三类"畜禽产业链，形成进有进攻型航母、退有防守型航母、进退有机动型航母的发展格局，提高我国畜牧业发展的进攻防守能力。

1. 调优跨国产业链部署布局，做精做强国际竞争型畜禽产业链 东北区主要发挥农牧业生产规模大、商品化和农业现代化程度高的优势，对接国家绿色发展和高质量发展等战略部署，实施"多品联动，资本助力"战略，冲破绿色壁垒限制，不断提升畜禽产业链发展的技术含量和绿色化水平，有效突破国际贸易壁垒。同时，要借助国家进一步扩大改革开放和"一带一路"等战略部署，开拓国际市场。重点在大豆、苜蓿等生产环节向一些优势的国家和地区进行布局，保证我国蛋白饲料的供应；不断提升奶牛、生猪、肉蛋禽产品质量品质和绿色化水平，加强以蒙牛、伊利等为代表的跨国农业产业化龙头企业为带动的产业链品牌的打造，对接利用国际国内两个市场两种资源，不断提升我国畜禽产业链的国际影响力。

2. 调优区际产业链部署布局，做新做高全国高新型畜禽产业链 对接国家《国家中长期科技发展规划纲要》、农业农村部《"十三五"农业科技发展规划》等规划部署，重点在"畜禽营养调控技术，规模化健康养殖技术，新型饲料与制备技术，养殖智能化管理技术；疫病快速诊断、综合防控和净化技术；以及现代种业和良种繁育、污染治理和废弃物、副产物综合利用"等技术上，打造全国领先的高新型畜禽产业链。生猪重点在黑龙江、吉林、辽宁、内蒙古等粮食生产功能区发展高新型产业链；肉禽（肉鸡、肉鸭）重点在粮食生产功能区、重要农产品保护区和现代农业科技园等发展高新型产业链；蛋禽巩固主产区，推进蛋鸡养殖区域南移，重点发展高产、高效蛋鸡和蛋鸭产业链，加快生态循环、资源高效型等高新科技型畜禽产业链打造。

3. 调优区域产业链部署布局，做优做特区域融合型畜禽产业链 对接《全国畜牧业发展规划》、中共中央国务院及各部委农村一二三产业融合发展意见、规划、行动计划和行动方案，以及农业农村部"农村一二三产业融合发展先导区"建设等支持政策，推进畜禽产业链融合，探索中国特色小农户生产与农业现代发展有机衔接的道路，大力培育发展农工贸产业化联合体。重点在农牧交错地带肉牛优势产区，发展一二三产业融合型、产科教融合型、产城镇村融合型优势特色肉牛产业链。积极推动多业态发展，培育"农文旅"融合型产业链。肉羊重点在内蒙古草原、农牧交错带等地区发展产城镇村融合产业链。同时，加快产业化联合体培育，以"大雁"和"人网"模式为支撑，推动产业链/链群/龙族/圈网发展。

（二）长江中下游和华南区

长江中下游地区是指长江三峡以东的中下游沿岸带状平原。中游平原包括湖北的江汉平原、湖南洞庭湖平原、江西鄱阳湖平原；下游平原包括安徽长江沿岸平原和巢湖平原（皖中平原），以及江苏、浙江、上海间的长江三角洲。长江中下游平原是中国重要的粮、油、棉生产基地，也是中国水资源最丰富的地区。华南区位于我国南部，包括云南与广东、广西的南部、福建东南沿海一带，以及台湾、海南岛和南海各群岛。两个区域雨水多，草山草坡较多，饲草资源丰富，有利于发展畜禽适度规模养殖和特色畜禽养殖。但长江中下游和华南区部分地区耕地镉、砷等重金属污染问题比较严重，国家及地方政府对污染治理和生态环境保护的力度越来越大。因此，在推动两区畜禽产业链群/链族/链网发展过程中，要强化与《全国农业可持续发展规划（2015—2030 年）》等规划的对接，促进畜禽产业链发展方式与政策法规的协同。长江中下游地区，重点对接国家及各级政府"保护农业资源和生态环境、实现生产稳定发展、资源永续利用、生态环境友好"政策法规、支持的工程项目。推进畜禽养殖适度规模化，在人口密集区域适当减少生猪养殖规模。华南区改良山地草场，加快发展地方特色畜禽养殖。

1. 加强农业污染综合治理，发展绿色畜禽产业链/链群/龙族/圈网　对接长江经济带绿色发展政策，以污染治理和源头控制为重点，统筹推进农业水、气、土污染综合治理。以畜禽养殖规模化和生态化为抓手，全面深化畜禽养殖污染治理，实现废弃物全收集、全处理、全达标；深入实施化肥农药减量增效行动，加快推进有机养分和高效环保农药替代、测土配方施肥、新型肥料应用、水肥一体化、绿色防控技术应用及统防统治，提高肥药利用率。长江中下游地区重点推进畜禽养殖适度规模化，在人口密集区域适当减少生猪养殖规模，加快畜禽粪污资源化利用和无害化处理；华南区重点改良山地草场，加快发展地方特色畜禽养殖；

2. 对接全国现代生态循环农业试点省，深入推进生态循环示范创建　构筑绿色发展的新高地，实施"十百千万"示范创建推进行动，开展整县制现代生态循环农业示范试点和区域性现代生态循环农业示范区项目建设，建设一批示范县、示范区、示范主体和生态牧场，以资源环境承载能力和有机肥需求为依据，优化种养业布局结构，严格落实生态畜牧业发展规划和畜禽禁限养区，调整畜禽养殖种类、规模和总量，积极推行农牧业结合的生态种养模式，打造以现代生态循环农业先行区和绿色农产品主产区为依托的产业链及链群/龙族/圈网。

3. 着力构建制度体系和长效机制，推动全链物质、价值和能量循环　围绕农业废弃物资源化循环利用，以推进"主体小循环、园区中循环、县域大循环"三级循环为重点，采用政府购买服务、市场化运作、服务主体承接等形式，加快农作物秸秆、沼液和商品有机肥利用，培育回收利用（处置）主体，落实收储场地、配套运输车辆等设施设备，建立农药化肥废弃包装物、废旧农膜、病死动物等回收和无害化处理体系，全面构建现代生态循环农业制度体系和长效机制，推动链条/链群/龙族/圈网跨区域物质循环、价值循环和能量循环。

（三）"黄淮海"经济开发区

黄淮海地区位于华北、华东和华中三地区的结合部，大部分地区属于环渤海经济区。该区农牧业发展的优势：一是平原地区土层深厚、土壤肥力较高，加之光热资源充足，雨热同期，光热水土资源匹配较好，有利于农林牧业综合发展；二是基础设施较完善，投资硬环境较好，初步形成了铁路、公路、海运、内河、航空、管道多种运输方式综合发展的运输网；三是科技教育事业发达，人才和智力优势明显，是我国科研机构和高等院校最集中的地区。以上这些优势，有利于打造农牧产品的快链、短链和高新链，有利于推动畜禽产业链高质量发展、创新发展和增值发展。但在推动畜禽产业链绿色可持续发展上，存在水土资源过度消耗、环境污染、农业投入品过量使用、资源循环利用程度不高等问题。必须坚持科技创新、种养结合、生产发展、生态循环，在确保农畜产品综合生产能力和质量稳步提高的前提下，保护好资源和生态环境，实现生产稳定和高质量发展、资源永续利用、生态环境友好。

1. 借助"五区"功能体系和重大工程建设，调优链群部署布局 借助"五区"的功能部署和工程项目，调优畜禽链群相关环节空间载体、组织载体和网络载体的布局部署，以聚集促进产业链群转型升级。在国家现代农业示范区重点发展现代畜禽产业集群，粮食生产功能区重点发展生猪、奶牛、肉蛋禽等消耗粮食高和秸秆高的产业集群，重要农产品生产保护区、特色农产品优势区重点发展肉牛、肉羊等优势特色型产业链集群；农业可持续发展试验示范区重点发展种养结合、生态循环型、环境友好型、资源高效利用型畜禽产业链集群。

2. 借助"三园"功能体系和重大工程建设，调优链族部署布局 积极对接国家现代农业科技园、现代农业产业园、现代农业创业园，重点培育发展畜禽产业龙头集群，打造畜禽产业链族"龙首"，聚集龙头培育龙种。借助"三园"搭建创新创业舞台，推动畜禽产业链族各环节科技成果聚集、产业聚集、龙头聚集和人才聚集。同时，借助国家推进"三园"功能体系和工程项目建设，不断优化产业链族资金、科技、人才、项目等要素聚集空间。

3. 借助四大平台功能体系和重大工程建设，调优链网部署布局 积极对接农业农村部"农产品质量安全追溯平台、农兽药基础数据平台、重点农产品市场信息平台、新型农业经营主体信息直报平台"各类功能体系和工程项目的建设，打造基于畜禽产业链网发展的平台生态。促进"互联网＋"农业对畜禽产业链生产、流通、经营、金融服务、人才培养等农业产业链各环节进行深度改造，互联网、云技术、传感系统、物联网、农业大数据等先进技术的应用，以及实现大数据指导畜禽产业链各环节生产经营和全产业链投资运营的科学决策。

（四）京津冀和上海都市区

北京、上海、天津等大都市群区域对畜禽产品消费量大，自给能力低。近些年，由于这些区域农牧业发展的资源环境和生态环境保护的约束逐年加剧，畜禽养殖业资源利用和环境保护成本也越来越高。大多畜禽养殖企业和屠宰加工企业向邻近地区、外省和农牧业发展优势区转移。在转移的过程中，也促进了大都市科技、信息、资金、人才和政策等要素向外埠基地聚集。同时，大都市消费水平、消费质量和对农畜产品营养健康等要求的变高，也推动了外埠畜禽产业链的高质量发展。从大都市农牧业发展的现状来看，由于大都市大规模发展农牧业受资源环境（包括土地、水资源）、劳动力和生态环境保护等约束越来越大，大都市为保障生态安全、农畜产品供给安全和质量安全，加快了农牧产品生产外埠基地的部署布局。但在加快部署布局的同时，也使外埠基地区域的畜禽养殖数量和规模增大，带来生态承载压力和环境保护压力过大，以及资源消耗和环境保护成本过高等方面的冲突挑战，影响了畜禽产业链及链群/龙族/圈网融合增值创新。因此，销地和产地必须联合去对接国家支持可持续发展、供给侧结构性改革和高质量发展，以及"五区三园一体四平台"等支持政策和工程项目，增强畜禽产业链及链群/龙族/圈网对大都市"生态保障、安全保障、应急保障"的能力。

1. 着眼大都市环境承载能力，促进大都市农牧业绿色可持续发展 着眼北京、天津和上海等大都市环境承载能力及资源紧约束和生态保护的高要求，大力发展节水农牧业，推进工程节水、结构节水、农艺节水及管理节水，建立高效的农牧业综合节水体系。强化耕地的建设与保护，落实最严格耕地保护制度，提高耕地质量。加快发展生态农业、循环农业和种养循环农业，全面推进农牧业面源污染防治和农业废弃物资源综合利用，强化农牧结合，实现种养联动。深化大都市农牧业生态循环体系建设，在农业园区和基地建设、农业清洁生产、病虫害统防统治、秸秆禁烧和白色污染、增殖放流、野生动物保护等方面开展突破性的攻关。建立推动绿色可持续发展指标体系，并依据各项指标提升大都市农牧业生态建设水平。

2. 加强大都市外埠基地供给保障，搭建区域协同全链投资服务平台 区域协同跨域投资运营是指以产业链及链群/龙族/圈网为对象载体，大都市政府、企业资金通过适当方式进行跨区域投资和运营的一种区域合作模式。包括主导载体（上游基地、加工企业、市场渠道）、投资领域（技术、管理、服务及组合）、主体组织、投融资规模结构、风险收益和相关政策等，链接这些要项关系需要增值创新和区域协同。借助京津冀协同发展、长江中下游协同发展等政策支持，来保障大都市农畜产品供给安全，以产业基金或通过支持平台龙头企业技术创新、保障功能建设、科技成果推广等方式来进行跨区域投资，如京张、京蒙合作等。

3. 依托首农、中粮等大龙头，大力发展现代农畜产品仓储物流链　依托首农、中粮等区域和全国大龙头，大力发展外埠基地与大都市消费圈网融合的农畜产品保鲜冷藏、冷链物流、物流加工、中央厨房、快捷配送、社区直供等服务链网，利用商业流通资源和"互联网＋"服务于农畜产品市场开拓，以及农产品超市经营、连锁配送等现代流通业。推动龙头企业、专业合作社等主体直接为城区超市、社区菜市场、便利店和电子商务企业配送农畜产品，缩短产后环节。高标准开展展会、展销等各类对接活动，强化产销一体化信息服务。提升农畜产品电商发展水平，实现专业大户、家庭农场、农民合作社、农业产业化龙头企业等新型农业生产经营主体产品资源与电商渠道等互联，提高农产品供给保障的仓储物流能力。

二、多品多创、资本助力战略

畜禽产业链发展的多品多创、资本助力战略，是基于多品联动和多创融合协同提升产品、企业、产业和产业链影响力的一种质量战略，其实施以部署布局战略为时空依托、三海汇聚战略为创新助力、平台生态战略为组织支撑，促进产业链生态从链群主导、向龙族主导、再向圈网主导演化。多品多创、资本助力战略，主要是在智力资本、金融资本、产业资本、政策资本等的追优、聚优、习优、创优过程中，通过为产业组织赋能减熵，打造基于品种的协同创新共同体、基于品质的供应链运作组合体、基于品牌的服务综合体，实现高品质产品的需求挖掘与供给增加；基于治理减熵创新调优产业链、机制融合创新升级服务链、组织赋能创新提质价值链等多创融合，解决基于匹配的产业链要素集成、环节协同、体系融合，促进产业链增值增效。实施该战略能够贯彻落实党中央、国务院关于种业强国，质量兴农，绿色兴农，品牌强农等战略部署，基于畜禽品种专业化、产品差异化产生价格溢出实现全链增值，满足产业链各环节关联主体对收益和效率提高、成本和风险降低、依存和贡献强化的价值目标追求。

（一）多品联动促进多求多供

在生态绿色发展理念日益普及、生态环保约束日益严格和消费升级日益提升的情况下，畜禽产业链发展需要紧紧围绕高质量发展战略、生态文明建设战略和质量兴农战略，以品牌体系建设为引领拉动，形成基于品牌建设、运营和管理的高品质，基于高品质的专用和特用品种，联动品质、品味、品相、品色，基于市场需求挖掘拓展消费链、基于生产供给增加强化供应链，形成优质优价的价值链闭环和循环螺旋，解决畜禽品种创新力不足、畜禽产品质量力不高、畜禽产业品牌影响力不强的问题。

1. 多品联动促进产业链要素融合、功能融合、价值融合 品种体现要素融合，是本土品种、专用品种和特用品种的有机体；品质体现了功能融合，是产品品质、技术品质和服务品质的组合体；品牌体现了价值融合，是产品品牌、企业品牌和区域品牌的集合体。畜禽产品的品质、品味、品相、品色等，除了受品种影响外，对养殖和屠宰加工技术工艺、流程、环境也有较高要求，同时也是品牌的重要决定因素。

2. 多品联动支撑产业、生产、经营、建设四大体系建设 对于畜禽产业链融合发展和增值创新系统而言，产业体系、生产体系、经营体系和消费体系是有机结合的整体，从四大体系关系及其发展的关键要素来看，产业体系建设更关注品种、品质、品牌要素，生产体系建设更关注安全、营养、健康，经营体系建设更关注风险、效率、成本，消费体系建设更关注功效、价格、价值。

3. 多品联动促进链群、龙族、圈网一体的产业生态演化 以提升畜禽产业链融合发展与增值创新的规模经济与范围经济为导向，打造基于品种的农资配套的协同创新共同体，构建基于品质的供应链运作组合体，形成基于品牌的信息完备对称的综合服务体，最终推动畜禽产业链生态由链群主导、向龙族主导、再向圈网主导演化。

（二）多创融合促进增值增效

未来，畜禽产业链创新发展将结合消费升级需求，以科技创新为动力、以管理创新为支撑、以服务创新为引领，对接规划政策法规，治理减熵创新调优产业链，围绕价值交换分配、机制聚智创新升级服务链，基于模式转移漂移、组织赋能提质价值链，基于多创融合促进产业链增值增效，不断提高产业链竞争力，最终形成龙族带动、圈网主导、链群依托的产业链生态。

1. 治理减熵创新调优产业链 在畜禽产业链融合发展与增值创新过程中，往往存在区域产能过剩、市场同质竞争、高质量发展和绿色发展等新理念认知不一致引起的局部熵化问题，产业链品种不优、品质不高，生产供给难以与消费升级需求有效对接导致产业链增值困难。有效对接中央及各部委和区域政府出台的相关发展意见、规划方案、项目指南和政策法规，通过开展现代化治理调整优质品种、高质量产品主导的产业链所占比重，能够实现产业链系统减熵，降低系统混乱度，促进产业链生态从链群主导向龙族主导，再向圈网主导升级。

2. 机制聚智创新升级服务链　畜禽产业链发展既依存于人才，也受制于人才，尤其是在龙族带动、圈网主导、链群依托的产业链生态演进过程中，具有较高创新创业素质和能力的智力服务型人才至关重要。通过构建产科教融合的协同育人长效机制、平台依托的人才孵化转化机制，获得一批面向育种、农资、养殖、加工、物流、营销等畜禽产业链各个环节的创新创业素质能力强的智力服务人才，促进产业链、创新链、人才链有机结合，从空间聚集和价值链分工两个维度促进畜禽产业链与现代服务业深度融合，基于增值服务和服务增值全面提高服务的规模经济和范围经济，实现畜禽产业链融合发展与增值创新。

3. 组织赋能创新提质价值链　结合畜禽产品市场消费升级需求，基于供给端与消费端对接提质畜禽产业价值链，主要是依托供给端与消费端多方联合开展品牌创新；依靠区域化布局的产业链龙族带动的链群和圈网，通过为组织赋能开展智创服务模式创新，如基于自营、特许经营、合作经营、连锁经营等模式获取收益；依靠模式输出在更大空间范围内为组织赋能，在区域内进行模式转移转化，在区域外进行模式漂移扩散，促进畜禽产业链的服务力强化和影响力提高。

（三）多资助力促进能值强化

畜禽产业链实施多品联动、多创融合战略，需要基于智力资本汇聚来对接政策资本、利用金融资本、提升产业资本，实现要素和功能融合发展与全产业链创新增值的效果。然而，目前我国畜禽产业链的综合性人才极其匮乏、复合型人才较为稀缺、专业性人才规模还较小，智力资本不足以支撑畜禽产业链融合发展与增值创新，需要以智力资本引动多种资本叠加助力，促进产业链融合发展与增值创新的能量积累提升、资本沉积强化、价值螺旋放大。

1. 基于社会资本汇聚人力资本、造就组织资本、吸引金融资本、提升产业资本　在当前全国上下全面抓农业农村经济发展并出台系列配套政策的新形势下，如何很好地利用基层党组织和各类协会、学会、促进会、联盟等社会团体，将这些充足的社会资本转化为组织资本，对畜禽产业链融合发展与增值创新非常重要。以畜禽产业链系统的板块和模块建设为载体，依托基层党组织和社会团体，将名村、名人、名企等组织起来，通过举办系列价值活动汇聚人力资本，造就组织资本，吸引金融资本，使各级、各类政策更好地协同发挥作用。

2. 各类资本追优、聚优、习优、创优，通过多品多创为相关主体组织赋能减熵　各种资本在畜禽产业链融合发展与增值创新过程中追优、聚优、习优、创优，随着组织演化和治理有效，资本不断沉积强化，并反过来为多品联动和多创融合赋能，能够推动畜禽产业链形成更高的势能、动能和场能，并促进相关主体的心理能量、意识能量累积提升。与此同时，畜禽产业链相关主体组织对自身的劳动价值、心理价值、认同价值提高，使其由注重眼前的机会损失和机会收益转向更多关注未来的机会收益和机会损失（图1-6），进而两类人结合促进中间人群分化，使注重未来机会收益的人群规模扩大。

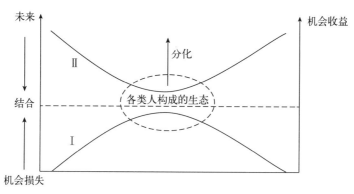

图1-6　畜禽产业链相关主体基于机会收益与机会损失的分化示意图

三、三海汇聚、能值促进战略

畜禽产业链发展的三海汇聚、能值促进战略是在部署布局战略框架规制下，跨区域大型龙族带动区域性链群和圈网构建产业生态，促进品种、生产、加工、物流、营销等多个环节创新力协同提升的一种创新战略，与多品多创战略和平台生态战略在实施过程中互为依托。三海汇聚、能值促进战略，主要是跨区域乃至全国和世界布局的大型畜禽产业链龙族组织在不脱离红海竞争的同时，开辟蓝海形成新的价值增长点，基于常态化的竞争红海与阶段性的创新蓝海交织进入暂时性的紫海；通过构建全链闭环增值、全息网联服务、全域协同运营的战略运作体系，改造提升传统比较优势、培育新的发展动能、增加持续增长动力，促进畜禽产业链的能量积累提升、资本沉积强化、价值螺旋放大。实施该战略能够有效贯彻落实习近平总书记在谈供给侧结构性改革提出的"三去一降一补"五大任务，解决畜禽产业链转型升级过程中面临的减损增值及如何融合增值、创新增值等问题，促进相关主体在追求收益和效率提高、成本和风险降低、依存和贡献强化等多重价值目标过程中寻求动态平衡。

（一）形成三海汇聚战略生态

红海战略主要用于提高现有市场空间中的竞争成本优势和风险抵抗能力，目的在于提高效率。蓝海战略超越了竞争的思想范畴，强调把精力放在全力为买方与自身创造价值上，经由创新来开创新的市场需求和价值空间。红海竞争是常态化，蓝海创新是阶段性的，随着越来越多的竞争者进入蓝海，原有创新者也需要提升核心竞争力，红海与蓝海交织形成暂时性的紫海。

1. 基于跨区域供需价值链网布局形成三海汇聚 跨区域的大型龙族组织在区域化和全球化范围内布局生产供应链、消费需求链和供需对接链，能够对饲料、原料、产品等物流进行区域化调节，既在红海竞争中提高了成本优势，又通过供需价值创新开辟了蓝海，其带动的链群和圈网在不同城市集中、聚集、疏散、扩散、辐射，红海与蓝海交织创造了紫海。

2. 基于多品联动的市场危机营销形成三海汇聚 当由于畜禽疫病、自然灾害、贸易摩擦等危机导致畜禽产品市场供给不足时，前期开发占有市场的养殖加工运营等主体因供给困难会退出市场。依托大型产业链龙族组织的养殖加工运营等主体基于品牌背书，以规模化、持续化、高质量的供给赢得市场，轻松整合市场资源进入紫海。

3. 基于平台服务的多主体合作演化形成三海汇聚 大型龙头企业在发展过程中会聚集养殖设计公司、装备公司、管理服务咨询公司等现代服务主体与之合作，在区域化甚至全球化布局时会带动这些服务主体跨区域发展。包括龙首、龙头、龙种的龙族组织，只要从生产主导、到供需主导、再到消费主导的多主体合作演化就会出现蓝海，基于平台服务进入紫海。

4. 基于开放与封闭并存的产业生态形成三海汇聚 从区域产业发展来看，既需要封闭运营，基于产业边界补足短板、提高效率，又要开放竞合，基于无边界借力打力，实施扩张、收缩、联合等多种战略，形成产业生态。在产业生态中要有选择的业务领域及适当的市场占有率，局部做红海、局部做蓝海、局部做紫海，熵化与逆熵化同时进行，降低系统混乱度。

（二）构建全链全息全网体系

在畜禽产业链融合发展与增值创新过程中实施三海汇聚战略，需要以产业生态构建为前提，以中观组织主导的平台生态为核心，构建全链闭环增值、全息网联服务、跨域协同运营的战略运作体系，形成跨区域的大型龙族组织带动生产端的链群组织和消费端的圈网组织，解决区域性和地方性链群组织竞争无序、效率偏低、市场无效，以致较难演化形成产业链龙族和圈网组织的问题。

1. 依靠组织价值化构建全链闭环增值模式　畜禽产业链闭环增值需要依托龙头企业汇聚形成的平台型组织，以增值服务和服务增值为导向引动动保农资投入主体、生产要素服务主体、场址设施环境设计主体、养殖主体、主产物/副产物/废弃物加工主体、渠道经销商及采购零售商开展全链条协作。基于产业链生态演化导致的资本投入影响供需价值运营，基于供需价值链匹配、集成、协同、融合促使创新链、价值链、服务链一体实现闭环螺旋增值。

2. 依靠信息价值化提高全息网联服务水平　基于全产业链完备对称的信息是指导平台型生态组织各主体科学决策的重要依据。对于畜禽产业链而言，市场信息不完备、不对称引致的主体决策偏差和风险损失，会导致相关主体在红海竞争中的优势弱化甚至丧失，价值创新的领域偏差或时机错失，难以进入紫海。唯有做到基于供需对接的全链的信息，才能对各环节主体的行为进行全方位的科学客观的分析和认知，才有利于其行为决策和价值实现。

3. 依靠网络价值化提升全域协同运营能力　在大型龙族组织带动链群和圈网体系化、区域化发展过程中，基于信息/数字/数据形成的网络、基于认知/经验/知识形成的网络、基于思想/理念/智慧形成的网络是必然存在的。不断总结跨域协同运营的价值交换与价值分配的经典模式并广泛传播，就会基于形成信息经济、注意力经济、体验经济、互联网经济，基于追优、聚优、习优、创优就会形成成本越低、效率越高、机会越多、风险分担控制的可能性就越大的马太效应，从而全面提升我国畜禽产业链的跨域协同运营能力。

（三）实现能量资本价值螺旋

实施三海汇聚、能值促进战略要解决的本质问题是，通过畜禽产业链生产、经营、管理、服务主体之间联合起来相互认证，将营养健康安全、绿色生态品牌畜禽产业链进行区格，消除土地、人力、资金、政策、交易成本高和风险引致的成本高等问题，实现产业链能量累积提升、资本沉积强化、价值螺旋放大，改变目前劳动价值、心理价值、认同价值偏低的现状。

1. 纵向链接提势能、横向连接增场能、交互转化强动能　基于产业链相关主体纵向链接，使产业链元素要素兴起来升起来，使模块板块建起来连起来，使系统体系环起来旋起来，最终使产业链关系生态转起来，提高产业链势能。基于产业链环节相关主体横向连接，基于国家战略部署统筹优化布局、环节适度竞争、创新效率提高，实现投资减损、成本节约、风险降低，提高产业链场能。畜禽产业链势能与场能交互转化成动能，有效提高相关主体开展价值活动的功率和功效。

2. 基于产业链生态的能量、资本、价值协同提升和循环螺旋 畜禽产业链融合发展与增值创新要遵循绿色生态原则，通过现代农业产业体系建设和良好的契约关系治理，对接内部条件和外部环境，实现能量的积累提升；利用智力资本和政策资本对接金融资本，提升产业资本，各种资本追优聚优所形成的差异化的资本结构反过来转化赋能，推动能量累积；以人才为支撑聚集资源要素，强化创新引领，延长产业链、提升价值链，实现价值螺旋放大。

3. 相关主体的劳动价值、心理价值、认同价值协同螺旋提升 各环节主体联合起来，面向消费者开展营销教育和主题体验等活动，使消费者切实体会到营养健康、生态安全、品质品牌、多功能服务等，了解到全产业链各环节相关主体背后的艰辛付出，提高劳动价值，改变心理价值，最终形成认同价值。也就是基于畜禽产业链的能量累积提升，通过认证、推广、体验等主题活动，促进依托生产力提高和生产关系改善的劳动价值提高，基于心理半径扩大的心理价值提高，以及基于心、爱、美赋能的认同价值提高，整体提升畜禽产业链的比较地位（图1-7）。

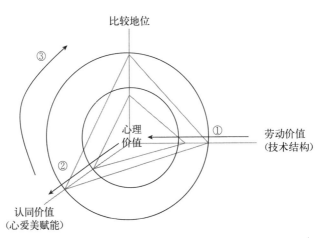

图1-7 基于畜禽产业链比较地位的劳动价值-心理价值-认同价值关系分析模型

四、平台生态、舞台服务战略

畜禽产业链发展的平台生态、舞台服务战略是基于宏观组织驱动和微观组织响应创新/求解中观组织，促进服务力体系化提升的一种组织战略，对部署布局战略、多品联动战略、三海汇聚战略实施起着组织支撑、服务助力、联通强化的作用。在畜禽产业链生命演化过程中实施平台生态、舞台服务战略，主要是基于"集中＋疏散＋聚集"的链群、基于"龙首＋龙头＋龙种"的龙族、基于"平台＋生态＋网络"圈网三种组织的融合，在畜禽产业链生命演化过程中构建一种不断迭代演进的关系生态。最终，这种关系生态将以平台型生态组织为主导，依托平台聚集智慧，高品质孵化领导队伍、组织机制、工程项目，借助舞台调节赋能，体系化地提升方案、智慧、模式，通过打造供需链与消费链对接的价值链，缩短各环节主体交互的路径并加快交互的速度，使创新和资源要素优化配置更容易实现，最终实现收益和效率提高、成本和风险降低、依存和贡献强化的价值目标。

（一）打造平台型生态组织

畜禽产业链平台型生态组织的打造，主要是利用"互联网＋"的思维和"＋互联网"的方式，将龙头企业汇聚形成的龙首虚拟成一个集创新、孵化、服务等多种功能的平台，在一大批创新创业企业——龙种围绕龙头企业集中、疏散、聚集过程中重构一个大界面、短路径的生态圈，最终依托平台，基于链群、龙族、圈网等多种组织的叠加形成一个平台型生态组织。在平台型生态组织中，产业链的各个协作企业不再各自为战，而是依存共同的使命、愿景和价值观，在相互赋能过程中实现共享、共建、共生、共赢，在畜禽产业链生命演化的关系生态中，促进链群组织向龙族组织、圈网组织分立，进而向龙族组织、圈网组织融合演化。

1. 引动三海汇聚战略，促进聚变驱动、裂变示范、对接转化和孵化放大

平台型生态圈网能够将红海竞争的机械型组织与开辟蓝海的生态型组织结合起来创造紫海。这主要是源于平台型生态圈网具有潜在的"新物种"孵化能力，比如平台服务模型中的平台总部、策划主体、服务主体、科创主体、消费客户等等都是被平台生态组织孵化的"新物种"，而互联网固有特点更加速了这种孵化能力。因此，构建平台型生态圈网能够促进畜禽产业链体制机制、主体组织、资本能量的聚变驱动和裂变示范，实现高水平、高能量资本的对接、转化和孵化。

2. 对接多品多创战略，规避产业链风险和效率损失、强化依存度和贡献率　在当今由于中观缺失而导致的宏观失效与微观无奈的大环境下，畜禽产业链融合发展与增值创新需要充分把握基于宏观和微观的中观组织需求，以"下联—上通—中间纽顺"为主线，推动平台型生态组织在中观环节的转化、孵化、放大和提质升级循环，孵化更多的龙首、龙种和龙头。基于主体组织在空间上的聚集求解平台型中观组织，对接多品联动和多创融合战略，所形成的增值服务规模越大、服务增值种类越多，所获得的规模经济和范围经济效应就越高，从而解决"自下而上的局限性、自上而下的宽泛性"所导致的产业链风险和效率损失，进一步提升产业链主体对平台型生态圈网的依存度和贡献率（图1-8）。

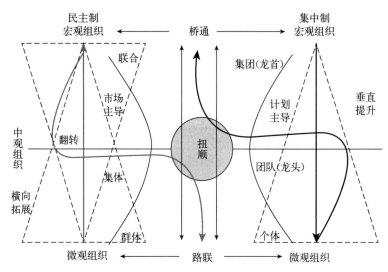

图1-8　畜禽产业链宏观组织—中观组织—微观组织的逻辑关系示意图

（二）平台聚智高品质孵化

依托平台型生态组织汇聚产业链相关主体和专家的知识、经验、智慧，构建以畜禽产业链融合发展与增值创新方案为核心的服务价值链，开展基于系统分析的决策分析，形成基于研判和智慧的方案，并在方案落实过程中孵化高品质的领导队伍、组织机制、工程项目。

1. 形成能量累积提升、资本沉积强化、价值螺旋放大的综合体　畜禽产业链融合发展与增值创新的方案，既可以做基于城市群做跨区域的方案，也可以做基于乡村振兴做县域、乡/镇域、村域的方案；既可以做超宏观和宏观组织的方案，也可以做中观组织、微观和超微观组织的方案，如企业等微观组织、人才等创新要素、微生物/基因/元素的方案。基于方案可以依托平台聚集经验智慧做路径模式，形成能力收益，可以将方案构建的架构、流程、规范标准化，基于工具化搭建平台舞台、孵化企业、工程项目和人才，形成资本收益（图1-9）。依托平台聚智，可以围绕畜禽产业链融合发展与增值创新的体系、系统、板块、模块、要素和元素开展迭代演进和共生当下，形成能量累积提升、资本沉积强化、价值螺旋放大的综合体。

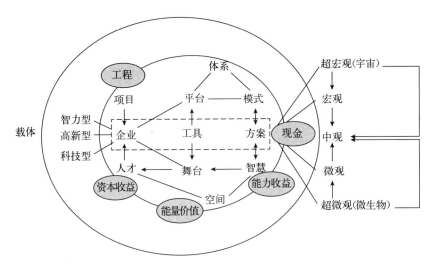

图 1-9　畜禽产业链依托平台聚智孵化转化的关系生态示意图

2. 推进营养健康安全畜禽食品制造业与现代服务业的深度融合　营养健康安全畜禽食品制造业与现代服务业的深度融合是畜禽产业链融合发展与增值创新的关键，主要是利用平台型生态组织的大界面、短路径效应，以技术、管理和服务为主线，基于价值链、产品链、创新链进行契合、耦合、复合，形成量子纠缠和同步共振的关系生态。推进两大产业深度融合需要三个方面的链接：一是以信息化、数字化、数据化链接为核心，基于科技、信息、金融等服务节约成本、抑制风险；二是以人才资源、智力资本、胜任力链接做支撑，基于人才与信息、数字、数据的深度匹配重塑平台型生态组织，形成内生服务、外源服务、内生与外源结合服务的协同与融合；三是以战略、政策、法律等链接做保障，通过落实国家战略和政策法规，为食品制造业与现代服务业深度融合起调节作用。

（三）舞台赋能体系化服务

以聚智平台孵化领导队伍、组织机制、工程项目为支撑，通过平台体系化地输出方案、智慧、模式等服务为舞台赋能，让畜禽产业链不同环节的相关主体在舞台上做功，是增强相关主体依存与贡献的关键所在。

1. 围绕"七起来"体系化、功能化、工程化装备人才　围绕畜禽产业链群、龙族、圈网交互融合的关系生态，基于"七起来"以体系化思想装备高等级综合性人才，以功能化思想装备中等级复合型人才，以工程化思想利用工具平台装备专业型人才。"七起来"具体体现为：把关系生态转动起来，与宇宙万物交互赋能；把体系升级螺旋起来，与宏观环境交互赋能；把系统功效循环起来，与中观组织交互赋能；把板块价值联结起来，与微观机制交互赋能；把模块能力创建起来，与结构契约交互赋能；把要素质量提高起来，与基因编序交互赋能；把元素作用激活起来，与量子纠缠交互赋能。通过"七起来"形成畜禽产业链融合发展与增值创新的龙族效应、网联效应、雁群效应，实现畜禽产业高质量发展（图1-10）。

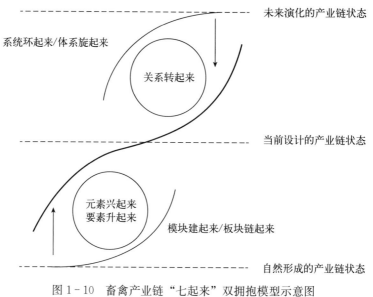

图1-10　畜禽产业链"七起来"双拥抱模型示意图

2. 赋能舞台和角色，促进畜禽产业链网关系生态演化　我国畜禽产业链作为一个高度开放的复杂巨系统，其相态从链群组织主导的简单有序向龙族组织、圈网组织主导的复杂有序方向演化是历史必然。以畜禽产业链的融合发展、增值创新、营养健康、生态循环为导向，以宏观、中观、微观三类主体的动力行为及其形成的成本与风险、机会与效率、贡献与依存为出发点和落脚点，将畜禽产业链网关系生态作为驱动、传导、响应、调节的中介物，通过舞台在链网上的富集将角色在链网上进行定位，通过调整优化主体组织、环境条件和规划政策等因素，改变驱动响应机制、转化传导机制、调节中介机制，从而使舞台的角色变成链网的角色，通过龙头聚集形成跨区域龙首、孵化更多龙种，促进产业链链群组织向龙族组织和圈网组织演进（图1-11）。

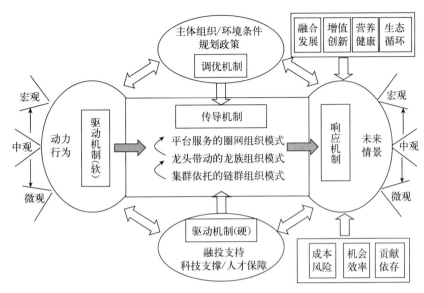

图 1-11　畜禽产业链融合发展与增值创新组织演进的作用机理

第三节　路径策略

改革开放以来，我国畜禽产业及产业链具有率先市场化、市场化发育程度比较成熟的优势，同时在未来也有率先现代化的优势。进入新的历史时期，随着"我国生态环境保护和环境治理要求变高、农业供给侧结构性改革和高质量发展深入推进，城乡居民对营养健康农畜产品消费升级，农牧业发展的空间布局和产业结构不断优化；以及国际贸易摩擦不断、畜禽重大疫情风险加大、市场商业模式颠覆式变化，信息、网络、数字等科技快速发展"等因素影响，既给畜禽产业及产业链带来了重大的发展机遇，同时也带来了不小的冲突挑战。发挥优势内化机遇，应对冲突挑战，需要体系化、系统化和工程化来谋划"理念革新，实践提升""环境剧变，创新应对""条件创造，体系支撑""关系调优，信用强化"四大策略，促进畜禽产业链及链群/龙族/圈网绿色发展、融合发展和增值发展（图 1-12）。

一、理念革新，实践提升路径策略

畜禽产业链及链群/龙族/圈网融合增值创新，是基于人们对美好生活向往

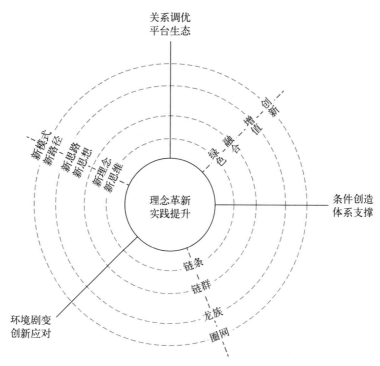

图 1-12　畜禽产业链/链群/龙族/圈网增值创新四大策略的逻辑关系

对营养健康畜禽产品消费需求、对生态宜居生活环境要求、对资源产品生态产业链体验，在供给侧结构性改革和高质量发展深入推进、资源环境约束不断加剧和生态环境保护要求逐年提高、畜禽重大疫情防控风险和国际发展环境剧变及贸易摩擦不断升级，以及信息科技、网络科技、数字科技和智能科技快速发展推动商业模式颠覆式变化等大背景下，提出的一套促进畜禽产业链健康可持续发展的新理念新思维、新思想新思路和新路径新模式，目的是引导涉农产业及产业链上宏观主体、中观主体、微观主体发展理念和思维方式的变革，进而实践中提升他们生产经营、投资决策和管理服务等能力，不断探索创新涉农产业及产业链发展的新路径、新模式和新业态。"理念革新，实践提升"路径策略，主要是基于畜禽产业链及链群/龙族/圈网融合增值创新，提出"营养健康促进高质量发展、循环多业态促进融合发展、生态产业链促进创新发展"三大策略措施，来应对发展理念障碍、目标利益冲突、环境条件制约等问题。

（一）营养健康促进绿色高质量发展

健康离不开营养，营养具有生物从外界摄取养料以维持其生命的作用。产业链生态中涵盖着产业链上各种生物、植物、动物和人类之间的营养传递，及其传递过程中的平衡。营养是畜禽产业圈网生态构成中的最基本元素。在畜禽产业圈网生态构成中，健康所指的范围就非常广泛，它是以全产业链健康为主线、环境健康为保障、动物健康为根基，最终是以人的健康为终极目标。营养从生物到植物、从植物到动物、再从动物到人的传递是畜禽产业圈网生态构成的本质，在传递过程中营养平衡是产业圈网生态发展的趋势，营养与健康相生相克不可分割是产业圈网生态形成的规律，三者是构成基于营养健康引领畜禽产业链绿色高质量发展策略的重要因素。在推动畜禽产业链融合发展与增值创新的三阶段，首先是人的思想理念健康，其次是推动全产业链健康，最后才能推动全产业链的营养平衡，其目的，是通过三阶段策略实施，推动畜禽产业链创新发展、融合发展，最终实现绿色高质量发展（表1-2）。

表1-2 营养健康促进链群/龙族/圈网绿色高质量发展的策略

阶段	策略措施	对应的战略
链群阶段	促进畜禽产业及产业链发展的相关政策制定主体、生产经营主体、投资运营主体、战略咨询主体等，思想理念健康、心理/精神/追求健康和行为习惯健康，只有把以上这些相关主体的"思想理念、心理/精神/追求和行为习惯"等向健康方向转变，才能推动畜禽产业链融合发展与增值创新	三海汇聚战略
龙族阶段	促进全产业链健康，全产业链健康最终目标是人的健康，人的健康分为消费、生产和投资三类主体的健康。消费主体的健康取决于动物（畜禽）及其提供的产品健康，生产主体和投资主体的健康取决于生态环境、政策环境、市场环境，同时也取决于生产主体和投资主体的需求追求和思想理念	多品联动战略
圈网阶段	促进畜禽产业链上的各类生命体或生物体之间的营养平衡传递，使营养要素在产业链传递过程中各类生命体或生物体之间不断进行物质、能量和价值交换，保持产业链上的各类生命体或生物体的结构和系统不会解体，进而促进产业链不断进行新陈代谢，提高产业链健康可持续发展的生命力	平台生态战略

（二）循环多业态促进融合增值发展

循环多业态促进融合发展路径模式，是以生态农业、循环农业、绿色农业和智慧农业多业态融合，促进畜禽产业链群、龙族、联网提质增值为主线，集成"四大"农业的优势，把生态农业、循环农业、绿色农业和智慧农业发展的理论方法、思想理念、先进技术、成熟经验和路径模式等进行集大成，运用体系化的系统工程将"四大"农业构成的各种先进要素、模块、板块、系统、体系进行整合编排，按照产业圈网生态去不断优化其系统的结构。其本质就是要从根本上改变传统畜禽产业链"资源—产品—废弃物"的线形物质流程为"资源—产品—再生资源"的闭环式流程，通过废弃物资源化再利用，提高资源利用率，实现相同资源投入产出的最大化或相同产出资源投入量的最小化，从而达到产业链运行节约资源、降低成本、提升价值的目的。同时，生态循环多业态融合发展的路径模式建构，要以促进"三链"融合、"三品"联动和"三海"共生四大战略的落地为着力点，建构出以物质循环、能量循环和价值循环，使生态农业、循环农业、绿色农业和智慧农业都能够协同发挥作用的系统框架、功能结构和运行机制，促进畜禽产业链群、龙族和圈网提质增值和向高级形态演化（表1-3）。

表1-3　循环多业态促进链群/龙族/圈网融合增值发展的策略

阶段	策略措施	应对的战略
链群阶段	① 充分发挥生态农业"运用现代科学技术成果和现代管理手段，以及传统农业的有效经验，建立起来的能获得较高的经济效益、生态效益和社会效益的现代化高效农业系统"的功能作用，促进"三链"融合发展 ② 提升利用循环农业"运用物质循环再生原理和物质多层次利用技术，实现较少废弃物生产和提高资源利用效率等"的农业生产方式，在原有畜禽产业链上增加生产环、增益环、复合环和加工环，促进"三链"融合发展	平台生态战略
龙族阶段	发挥绿色农业"充分运用先进科学技术、先进工业装备和先进管理理念，以促进农产品安全、生态安全、资源安全，提高农业综合经济效益的协调统一为目标，以倡导农产品标准化为手段，推动人类社会和经济全面、协调、可持续发展"的农业发展模式引领示范带动作用，促进"三品"联动	多品联动战略
圈网阶段	① 充分发挥智慧农业"集成应用的计算机与互网络技术、物联网技术、音视频技术、3S技术、无线通信技术"等，基于生态循环提高畜禽产业链"资源—产品—再生资源"闭环增值的精准度，进而提高在红海中的竞争力 ② 充分发挥智慧农业"运用专家智慧与知识及互联网手段，实现农业可视化远程诊断、灾变预警、市场预测"等功能作用，促进红海、蓝海和紫海的功能叠加、功能互补，进而促进畜禽产业链融合发展与增值创新	三海汇聚战略

（三）生态产业链促进增值创新发展

基于生态产业链促进创新发展路径模式，主要是重构生态产业链促进畜禽产业链融合发展与增值创新。生态产业链是指依据生态学的原理，以恢复和扩大自然资源存量为宗旨，为提高资源基本生产率，根据社会需要，对两种以上产业的链接进行的设计（或改造），并开创为一种新型的产业体系的系统创新活动。重构生态产业链，就是要通过在原有的畜禽产业链上增加生产环、增益环、复合环和加工环，将副产物和废弃物重新投入生产经营环节，从而实现资源的循环利用，促进多个关联产业紧密链接。增加生产环，就是在原有的产业链中加入新的环节，将非经济产品转化为经济产品，实现产业链的增值；增加增益环，就是将产业链上不能直接转化成有经济价值的产品，通过多次转化增加生产环的效益。增加复合环，就是在原有的产业链中增加具有两种以上功能的环节，把几个食物链串联在一起，提高系统效能，增加系统产出；增加加工环，就是在原有产业链上增加副产物、废弃物精深加工环，使产业链上的副产物、废弃物通过深加工，转化为高价值的经济商品。重构生态产业链是推动畜禽产业链融合发展与增值创新的重要手段，也是促进产业圈网平台生态建设的关键抓手（表1-4）。

表1-4 生态产业链促进链群/龙族/圈网创新发展的策略

阶段	策略措施	应对的战略
链群阶段	重构生态产业链，增大自然资源存量　要以自然资源存量增大为宗旨，开展生态产业链设计与开发活动，以求得经济发展的同时，推动生态系统的恢复和良性循环为目标，设计与开发的生态产业链，使畜禽产业链圈网生态及生态圈产生出更丰富的自然资源，不断提高和扩大自然生产力的水平与能力，进而使传统发展方式带来的资源环境约束日益趋紧、生态环境风险逐步凸显、生物多样性丧失速度短期内难以遏制等问题得到缓解	平台生态战略
龙族阶段	健康可持续发展，提高资源的生产率　生态产业链系统是为提高生产率而设计的，要以"资源基本生产率"的概念来评价，即从资源的原始投入对生态圈的作用算起，到产品退出使用、回到生态圈为止，全面和全过程地在生产转换过程中测度其生产率。因此，重构生态产业链要侧重产业链的链接与转换过程的设计、开发和实施，使生态资源在原始投入和最终消费方面提高效率，进而从可持续发展的层面上，全面持久地提高生产率	多品联动战略
联网阶段	满足社会性长期需要，开展系统创新活动　重构生态产业链要具备社会性，即它建立的是依社会长期需要为主体的商业秩序与环境，它在生产、交换、流通和消费过程中所建立的秩序既要使商家及产业链上各方获取利润，而且要与自然生态系统保持着长期的友善与协调。生态产业链是一项系统创新工程，重构生态产业链要以技术创新为基础和生态经济为约束，通过探讨各产业之间"链"的链接结构、运行模式、管理控制和制度创新等，找到产业链上生态经济形成的产业化机理和运行规律，并以此调整生态链中诸产业的"序"与"流"，进而建立其"产业链层面"的生态经济系统	三海汇聚战略

二、环境剧变，创新应对路径策略

当前，我国畜禽产业正处于从"高消耗、高污染、低产出"的传统产业，向"安全、生态、高效"的现代产业转型升级发展的关键时期，但在世界经济复苏乏力、"逆全球化"思潮和经贸摩擦持续、发达经济体政策外溢效应变数和不确定性因素增加，以及国内资源环境和生态环保紧约束逐年加剧、我国消费升级的趋势继续强化、非洲猪瘟已经成为常态等国际国内背景下，环境剧变引致的连锁反应，如疫病、环保、贸易摩擦等，会造成畜禽产业链的上、中、下游不同程度的风险损失，应对环境巨变造成畜禽产业链的风险损失，要强化创新。

（一）环保约束加大的模式创新应对

畜禽产业链运营能否降低资源环境和生态环境保护的约束，是畜禽产业链融合发展与增值创新的关键。贯彻中央建设资源节约型、环境友好型农业生产体系的精神，降低畜禽产业链发展的资源环境约束，其落脚点应在于转变发展方式这一核心问题。加强政策对接，推动畜禽产业链科技进步、经营体制创新和技术、资本要素高效配置，是应对环保紧约束的关键。

1. 降低环保约束对畜禽产业链发展影响的应对 2014 年至今，国家密集出台了一系列环保政策法规，如《"十三五"生态环境保护规划》《土壤污染防治行动计划》《畜禽规模养殖污染防治条例》《畜禽养殖禁养区划定技术指南》，2017 年将完成禁养区内养殖场清退的省（直辖市、自治区）有 18 个，面对环保政策的约束，为了保证畜禽产业符合相关法律政策的要求，畜禽产业链不得不在环保上配备足够的技术人员、完善相关配套环保设施、创新相关污染控制技术、环保技术以及污染防控技术等，从而满足环境保护的要求，在整个过程中，畜禽的养殖成本不断增加。在养殖门槛提升、环保成本上升、市场风险加大的环境剧变背景下，规模企业的资金、技术实力及规模效益会进一步推动畜禽产业的横向整合，改变一直以来"养殖规模普遍偏小，规模化程度和机械化水平较低，生产方式普遍粗放，缺少社会激励要素，小生产与大市场"等现状。面对畜禽产业成本不断增加的问题，需要全面提高畜禽产业链养殖环节的科技创新来应对环境约束，最大突破在于应用智能化、智慧化和信息化的健康养殖新技术、新装备和新模式，从而达到防控养殖风险和降低养殖成本的效果。

2. 规模化养殖水平需不断提升的表现与应对 我国农户散养的比例正逐

渐缩小，规模化逐渐成为未来畜禽养殖的发展趋势，并将成为农村畜禽养殖的主力军。随着养殖规模的逐渐扩大，畜禽业加速集中到少数的大农场和养殖场。规模化养殖有利于促进产业化发展，推动标准化生产，有利于增加经济效益，增强风险抵御能力。国家政策扶持和环保紧约束共同推动下，养殖规模化趋势是我国畜禽产业发展的必然选择。传统养殖方式大量冲水放大污染源，极大地增加了污水总量和治污成本。同时在行情、环保政策等多重压力下，在"互联网＋"的风暴冲击中，养殖业已经进入高成本、高竞争、高效率的微利时代，因此必须要全面提高规模化养殖水平。为全面提高规模化养殖水平，一是要加强规模化畜禽养殖场粪污处理技术集成创新，不断完善养殖场粪便无害化和资源化设施。二是要加强养殖场环境管理，加大内部清洁生产力度，做到及时清粪、加强通风、定期消毒；三是要坚持"生态、经济、社会"三大效益并重的原则，以"废弃物—清洁能源—有机肥料"这一基本路径为向导，保证养殖品种和种植品种的科学配套，降低环境污染和生产成本，探索种养结合的新盈利模式。

3. 环保监督长效机制有待完善的表现与应对　畜禽养殖环保监督机制亟须进一步完善，环保部门和畜禽监督管理部门还没有形成有效的联动机制，在污染治理过程中存在治理不到位，相互推卸责任的现象。养殖污染违规成本较低，当出现畜禽养殖污染问题时，由于缺乏完善的制度体系作为参照，导致不能严格执法，起不到警示作用。要健全环保监督机制，一是要实施对畜禽生产环境的监管，通过对生产环境的监管，提升畜禽养殖环境质量来促进生产及产品的质量安全；二是要充分提高畜禽生产产品的安全，对生产整个过程的监管，做到监管常态化，从而确保生产及产品质量安全；三是实施对饲料、添加剂、兽医、生物制品生产过程的监管、生产质量的监管、经营市场的监管、使用环节的监管，做到产品质量、经营市场、使用环节的安全可靠，保障生产投入品的使用安全和畜禽生产及产品的质量安全。

（二）畜禽疫病风险的系统创新应对

由于我国自主创新不够、监测防控技术不到位、管理机制不完善等原因，造成了畜禽疫病传播和流行，近年来，禽流感、口蹄疫、高致病性猪蓝耳病、非洲猪瘟等疫病频发，对整个畜禽产业及产业链健康可持续发展造成了严重的影响，需要采取一切有力的措施去应对。

1. 自主创新能力不够导致的疫病及对策　2018 年非洲猪瘟造成的损失非常惨重，说明我国在畜禽产业链上的协同创新能力不足，其原因在于：一方面科教主体面向产业需求的科技创新精准度有待提升，而作为市场主体的企业自主进行科技创新的动力和能力不足，制约着产业的转型升级；另一方面科技创新成果转化过程缺乏面向生产和产业实践的技术、管理、服务的配套集成创新，导致创新成果产业化程度低，创新主体获得的支持和激励不足。若要从源头防控病疫，必须全面加大畜禽产业的科研创新力度，鼓励培育优质种质资源，使畜禽品种遗传潜能高、抗病能力强；要善于依托本地品种优势，做好保种扩繁，而不是盲目追求奶、肉、蛋产量，而忽视了本地品种的优势，此外，产业链上游进行品种创新的科研机构或企业，必须与终端消费紧密链接，集中跨环节的联合力量进行全链条全过程多环节节点企业协同的集成创新和体系化创新，才能有效提升产业的创新。

2. 疾病防控不足导致的疫病和对策 当前，我国畜牧养殖业疫病防治体系不够健全，缺乏标准化、规模化管理。另外，动物防疫机构技术迟滞，缺乏相应的管理能力，兽医体制改革后，专业从事这方面的人员过少。此外，畜禽养殖企业或相关单位日常管理中对畜禽疫病防控工作的重视程度不够，致使畜禽疾病防治工作在具体的落实环节上存在很多问题；在日常的疾病防控工作中，对疾病缺乏科学防范；养殖规模方面，规模的扩大与环境卫生的提高不能成正比，畜禽的生存环境恶劣，加速了疾病传播。为进一步健全完善疫病的防控体系，需要加强现代疫病监测、检测实验室建设，强化对非洲猪瘟疫情等疫病的监测，及时掌握我国与相关国际贸易伙伴的疫病状况，尽可能在最短的时间内将最新疫情报告动物疫病预防控制中心。同时，尽快健全完善畜禽产品质量可追溯体系建设，探索适合于我国畜禽产业的溯源管理模式，保证发现疫情能及时准确溯源，使疫病能够有效地控制在最小范围内。

3. 环境体系不完善导致的疫病和对策 我国畜禽养殖还有 50% 以上处于松散状态，养殖规模小，管理粗放没有标准化，圈舍布局不合理、畜禽的生存环境差，排污消毒设施不健全，疫病的防治意识不够，整体抗疫病能力差，一旦有养殖场发病，周边多户即连续发病。另外，养殖企业或相关单位不自律，胡乱丢弃病死动物不仅对环境造成极大的污染，也增大了疫病的进一步蔓延。因此，要加强对养殖场户的技术培训，提高疫病风险防范意识。常年在第一线生产的养殖者，如果自身掌握一定的疫病防控知识和技能，就能够在第一时间准确地发现突发的疫情，为有关部门在后续制定应急方案和实施防控措施赢得时间和主动权，使疫情得到有效控制。其次，要加强防疫人员队伍建设，随着我国畜禽业快速发展，防疫人员的数量和专业素质无法满足日益复杂的防疫工作，一定程度上制约我国畜禽业健康持续发展，亟须进一步增加基层防疫人员的数量和提高防疫人员的整体水平及专业素养。另外，要加大对动物及产品调运疫病防控的监管力度，加强对疫病传播关键环节的管理。

（三）国际贸易摩擦的体系创新应对

当今世界面临百年未有之大变局，国际贸易环境发生了重大变化，国际贸易摩擦不断升级。一是受全球经济增长减缓、国际金融市场波动和发达国家货币政策调整等因素影响，全球需求持续减弱，地缘政治复杂多变，不稳定不确定因素明显增多；二是国际经贸规则面临重构。保护主义和单边主义蔓延，以世贸组织为代表的多边贸易体制受到挑战。在全球经济一体化的背景下，这些不仅影响着国际贸易的发展，同时也影响着畜禽产业链的增值发展。

1. 贸易壁垒对畜禽产业链发展的影响及应对对策　新型贸易壁垒，如绿色壁垒、技术壁垒、动物福利壁垒等，对于我国传统的优势出口产品造成严重威胁。由于我国传统的优势出口产品多为低成本、低附加值的劳动密集型产品，因此，受新型贸易壁垒限制的可能性大大增强。此外，发达国家对发展中国家优势产品所设立的技术标准涉及的范围相当广泛。从产品角度看，技术性贸易壁垒不仅针对最终产品，而且还涉及原料、中间产品和废弃物；从生产过程看，则涵盖了从研究开发到生产加工、包装以及销售、消费及报废处理等各个环节。因此，某一产品受到技术性贸易壁垒的制约，容易造成多方开展国际合垒，往往会给相关行业的上下游企业生产和发展产生不利影响，甚至造成损失。因此，需要加强优良品种推广，不断提升畜禽产品的附加值。同时加强国际标准研究，早日实现与国际标准的顺利接轨，完善畜禽产品技术的检测标准以及认证体系，努力寻求质量认证的国际认可，必须加大科技兴农的扶持力度，全力推行标准和品牌战略，积极利用标准和品牌效应，不断提高出口畜禽产品质量、标准、规模和质量。

2. 贸易摩擦对畜禽产业链发展的影响及应对策略　中美贸易摩擦不断升级，造成我国畜禽产业链上相关原料（玉米、豆粕）和产品的价格波动。我国大豆需求高度依赖进口，美国是我国大豆进口的第二大进口国。加征关税后我国将把对大豆的进口需求转移到南美国家，但如果此时也无法满足我国大豆的需求，国内大豆供小于求，将导致大豆价格的上涨。此外，大豆进口成本的增加将导致相关农产品行业（如生猪养殖业）的成本随之增加。全面提高我国畜禽产业链竞争优势以及核心竞争力，是应对贸易摩擦的重要对策之一，但利用传统方式很难，需要创新畜禽产业链的组织结构。目前，我国处于互联网时代的现代化，农业现代化过程中，驱动模式应以质量、效益、产量为驱动，以使传导、作用、反馈机制也发生相应变化；变革背景下，需要站在本质变化、规律演化、趋势演变上进行体制框架、制度安排、组织创新、机制设计。从不同的视角研究组织创新，以"全链（完整性）、全息（价值循环、信用建立、认知提升）、全值（价值循环、分配认同、决策依据）"模式发展。最终，促进链条闭环，环节弹性，使全链条整体价值提升，全面应对贸易摩擦。

3. 实施反制对畜禽产业链发展的影响和应对策略 造成我国进行贸易摩擦反制的原因比较综合，主要是由于其他国家基于政治原因、经济原因对我国畜禽产品进出口贸易的限制与约束。一是对来自美国进口商品实施对等反制，特别是选择对美国经济影响较大的进口商品征收特别关税，比如大豆、猪肉；二是美联储将继续实施加息和缩表政策，美国税制改革也将加快推进，美国这些经济政策的实施将引发全球资本回流美国，进而导致美元升值；三是扩大对非美地区金融服务业开放，同时放缓对美国服务业开放，特别是放缓对美国金融服务业开放。反制会带来很大的代价，这个代价需要用国家政府补贴等方式弥补，要不然只会造成产业链竞争力、生产力、资本投资等的进一步损失。因此，加强两国高层间的对话和沟通，建立平等互利的沟通机制，缓解和解决两国贸易摩擦，在平等协商的基础上，着眼于共同的利益，从而达成互惠互利的贸易协议，促进双方经济贸易的共同发展互利共赢。

三、关系调优，平台生态路径策略

"关系调优，平台生态"路径策略，是基于中观组织（行业协会、战略联盟、产业化联合体等）通过运用平台生态的思想理念、逻辑智慧、治理模式和手段工具等，促进畜禽产业链及链群/龙族/圈网向"关系生态"高级形态演进。其路径策略实施的效果主要取决于是否能够形成"龙首＋龙头＋龙种"产业链圈网组织，在产业链圈网组织的推动下，能否形成平台生态圈、建立起平台生态系统，使其能够发挥以下四个作用：一是找到价值点，实现立足把持住诸多价值链有共性的一个环节，做到相对高效，为一个或多个价值链提供更多价值，以此为基础建立平台；二是创造核心优势，在平台建设的基础上，建立起如技术、品牌、管理系统、数据、用户习惯等自己容易复制别人很难超越、边际成本极低或几乎为零的无形资产优势，增加平台的可扩展性，在网络效应的推动之下，使平台迅速做大，以实现更大的平台价值；三是衍生更多服务，在建立起来的一个平台上，为价值链上的更多环节提供更多高效的辅助服务，能增强平台的黏性和竞争壁垒，最终可形成平台生态圈；四是构建平台生态系统，建立多利益相关者共同治理的成效与机制。平台生态圈的共同治理机制和衍生更多服务功能，有利于促进产业链及链群/龙族/圈网绿色发展、融合发展、增值发展和创新发展。

（一）生产发展与环保约束关系优化

新形势下生态环境保护的约束将逐年加剧，如何处理好生产发展与环保约束的关系，是畜禽产业链及链群/龙族/圈网融合增值创新面临的最大挑战。解决生产发展与环保约束的矛盾，就必须走资源节约、环境友好型道路，重构种养殖业之间的经济物质关系。一是要发挥政府对区域资源优化配置的规划指导作用。结合当地农业发展规划，按照环保规划及相关环保条例，科学划分畜禽宜养区、限养区及禁养区，根据不同农作物不同季节的种植情况及不同畜禽种类粪便产量情况，确定不同类型区消纳畜禽养殖业粪便等废弃物土地的最大载畜量、合理载畜量与布局要求。明确准入门槛，加强地区布局引导，建立部门协调管理及组织机制，如自然资源部门与农业部门要加强联系，充分考虑环境、资源、土地、市场等相关因素，科学合理布局畜禽养殖业的发展种类与规模，解决种养结合的土地难题。二是落实好政府污染排放监督者身份，做好责任管理工作，畜禽养殖污染处理逐步规范化、法制化。加强监管与实时监测，确保污染治理设施正常运转。三是政府需发挥教育服务功能。加强畜禽污染治理的宣传教育，采用支持与鼓励措施，如在治污设施与运转维护费用上给予补贴扶持，在政策上对先进养殖企业（户）实行以奖代补，树立典范，逐步引导养殖企业（户）转型发展。开展粪污治理技术培训等活动，鼓励养殖企业（户）采取环境友好的生产方式，规范养殖行为（图 1-13）。

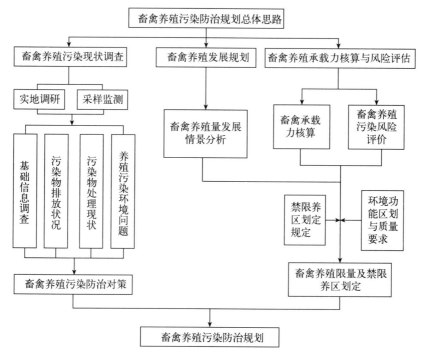

图 1-13 基于畜禽养殖业生产发展与环保约束矛盾冲突化解逻辑关系

（二）多链融合发展与平台服务优化

畜禽产业链融合发展与增值创新，综合服务平台的作用非常重要，其功能能够高效链接面向实际需要的各种政府资源、科教资源、社会资源，规避独立个体发展的短板、瓶颈等约束条件，形成混合型组织和混合型投资（PPP）模式，以及形成面向实际需要线上、线下服务的集成解决方案，促进各种有利要素动态配置，实现成本节约和风险降低。综合服务平台的重要作用在于，立足产业链关联主体的实践问题，面向国家关于畜禽产业发展的宏观战略目标和理论创新成果，利用信息链，强化创新链，服务产业链，提升价值链，实现多种链条有机融合，促进一二三产业融合，共同提升物质、能量和信息交互作用的联合价值、交换价值和核心价值。综合服务平台最大的功能是实现集成转化力、示范孵化力和协同融合力的整合提升。集成转化力表现为对畜禽产业链重大科技成果的集成转化能力，推动产业链新品种、新技术和新装备的集成转化和示范；示范孵化力是指畜禽产业链品种科技、产业组织和品牌增值的关键环节的集成示范，有利于不断孵化新组织、新主体、新品牌和新项目；协同融合力是指平台孵化过程能够不断地协调各类关联的资源和要素，促进数据链、信息链、组织链、价值链、创新链、服务链和产业链的融合，更好地发挥平台的集成服务功能（图 1-14）。

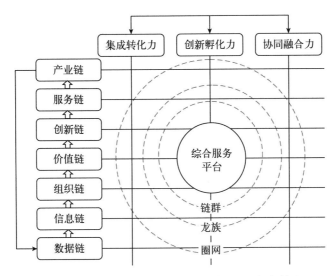

图 1-14　综合服务平台"三力"促进链群/龙族/
圈网融合增值创新的逻辑关系

（三）链群、龙族和圈网融创优化

随着互联网和平台经济快速发展，加速了不相同的领域、不相同的产业及产业链的交叉融合，跨界竞争和跨界打劫的现象越演越烈，已经成为产业经济、社会经济发展乃至全球经济发展的大趋势。加之资源和环境保护紧约束、高质量发展时代要求、畜禽重大疫情规模性突发频繁和国际贸易摩擦不断等导致的环境巨变，这就需要宏观组织、中观组织和微观组织上下贯穿，把不同领域发展空间的优质要素资源不断注入畜禽产业链群、龙族和圈网发展的各类空间中去，使其跟上互联网和平台经济快速发展的步伐，应对环境的巨变带来的威胁与挑战，乃至带来的机会。这就需要产业链组织从低级形态向高级形态演进，也就是从产业链群向产业龙族、再由产业龙族向产业圈网及关系生态高级形态演进。从基于价值循环的空间结构来看，组织演进与空间叠加的关系，低级形态的组织处于空间叠加的层数较少的状态，不能全面对接和利用更多空间的有序能量和产生的价值要素资源，如产业链群。高级组织形态处于多类空间叠加的状态，能够充分对接和利用多个空间的有序能量和产生的价值要素资源。产业链组织从低级形态向高级形态演进的过程，也是各类空间由少到多层层叠加融合的过程，同时还要借助"雁群迁徙""人网""龙族"模式系统的作用机理，使产业链组织从低级形态向高级形态演进的过程中，不断吸收各类空间的有序能量和价值要素资源（图1-15）。

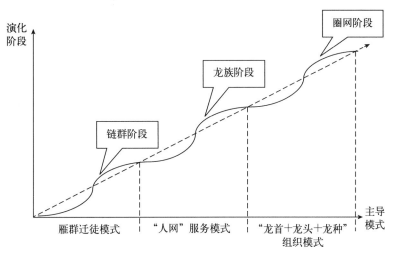

图1-15　链群、龙族和圈网融创优化策略所采用的
主导模式关系示意图

四、条件创造，体系支撑路径策略

畜禽产业链及链群/龙族/圈网融合增值创新，是集新理念新思维、新思想新思路、新路径新模式、新产业新业态等构成的一个极为复杂的体系化系统，系统的运行需要高效信息服务机制、主体组织信用保障机制、产教融合人才发展机制等诸多条件为保障，以及现代农业生产体系、产业体系和经营体系等为支撑。从现实的系统来看，目前我国大多数畜禽产业链，由于信息不对称和信用水平不高、人才缺失和人才素质能力与新时代现代农业及产业链发展的实际、要求和趋势不匹配，以及相关支撑保障体系不健全与支撑保障能力不强等诸多方面的条件和能力缺失，很难实现产业链及链群/龙族/圈网融合增值创新的系统运营，必须挖掘系统内部内生动力，借助系统外部政府、市场和社会的驱动力实现系统运营。

（一）创新信息服务机制提升信用水平

信息不对称和信用水平不高，是畜禽产业链及链群/龙族/圈网融合增值创新面临的最大挑战。社会信息化与经济全球化的时代背景下，带来了交易的虚拟化与透明化、成本的节约化与低廉化、服务的多元化与个性化、运作的高效化与便捷化，促使整个商务活动形成了以互联网为主的电子化格局。信息技术革命带来的交易方式以及商务方式的改变，由原来物物交换的交易支付方式，转变为基于信用作为隐性中介的电子化、数字化、虚拟化、透明化的交易支付方式。作为中间媒介的等价物自身已经不再含有多少价值，而是以"信用"为背书的价值彰显。交易方式的变化，驱动了产业链中各个环节主体的价值判断方式、行为选择方式的变化，不同主体在探索中都会做出不同的响应性行为进行调整和选择，以适应环境变化。因此，应对信息不对称和信用水平不高的挑战，需要创新构建信息服务机制，以提高基于信息服务的决策质量和决策方案的价值为导向，基于宏观组织涉农产业信息汇聚、整理、发布拓宽信息价值来源，基于微观组织市场供求信息完备、对称、有效促进信息价值形成，基于中观组织信息服务体系化、网络化、平台化助力信息价值放大，最终实现依托信息服务，为产业链上的主体组织赋能、增加资本、提高价值，进而来提升产业链相关主体组织的信用水平（表1-5）。

表 1-5　创新信息服务机制，提升链群/龙族/圈网融合增值创新信用水平的策略

层面	策略措施
宏观层面	构建基于宏观组织涉农信息汇聚整理发布的信息价值来源机制。信息服务包括信息的搜集捕捉、分类整理、分析预测、发布传播四大环节。各级政府及相关部门主导的涉农信息服务包括中央及地方相关指导意见、规划、政策、措施等常规信息，以及国际贸易、自然灾害、畜禽疫病等重大环境变化信息的汇聚、分类整理和分析预测，并依托官方网站、综合性或专业性网站、"自上而下"式组织进行发布和传播
微观层面	构建基于微观组织市场信息完备对称有效的信息价值形成机制。加强基于信息决策机制的领先者、追赶者和跟随者的联动机制建设，推动产地批发市场、中转市场和销地市场的信息横向传递，促进畜禽产业链上游、中游和下游的有效信息传递及信息对称，以及大户或大户联合形成合作社、协会等机构的相互沟通，获得较为准确及时的供需信息，基于微观组织市场供求信息完备、对称、有效促进信息价值形成
中观层面	构建基于中观组织信息服务网络化平台化的信息价值放大机制。决策者决策支持信息仅仅依靠政府提供信息是远远不够的，还需要借助产业合作组织、产业协会、产业联盟、产业园区/集聚区搭建的服务平台等中观组织以激励调节的方式提供信息服务。并需要借助各级政府支持参与产业链信息服务体系的建设、管理和运营，通过搜集汇聚、分类整理、分析预测和发布传播相关信息，为产业链相关主体提供信息服务

（二）深化产教融合推动双创人才发展

　　人才缺失，人才素质能力与现代农业及产业链发展需求不批匹配，是畜禽产业链群、龙族、圈网融合增值创新面临的最大制约因素。目前，我国大学科教机构的人才培养与现代农业产业链发展严重脱节，培养出来的人才在产业链发展的实践中难以发挥有效的作用，造成大量的教育资源浪费。因此，必须深化产教融合，促进教育链、人才链与产业链、创新链有机衔接，推进涉农领域人力资源供给侧结构性改革，全面提高教育质量、扩大就业创业、推进畜禽产业及产业链转型升级、培育产业链群/龙族/圈网融合增值创新的新动能，加快推进实体经济、科技创新、现代金融、人力资源协同发展的产业体系建设。同时，推动产业链群、龙族、圈网融合增值创新，需要依托国家现代农业产业技术体系，结合涉农高校教育体系和涉农企业创新创业，建立高校教学、产业科技、企业双创联动机制，建立双创人才培养绩效多方考核评价机制，建立双创人才供需信息全产业链服务机制，促进畜禽产业及产业链融合增值创新的综合型人才、复合型人才和专业型人才的体系化和系统化培养，大力培育创新创业的领军人才、拔尖人才和骨干人才，实现产业链群/龙族/圈网的人才供给的有效和匹配（表1-6）。

表1-6　深化产教融合，促进链群/龙族/圈网融合增值创新的人才发展策略

层面	策略措施
产教融合	建立高校教学、产业科技、企业双创联动机制。借鉴国家现代农业产业技术体系跨部门、跨领域、跨学科、跨环节、跨区域等协同创新的模式，利用产业技术体系一头连接大学、科研院所，一头连接产业、企业、社会和市场等优势，基于畜禽产业链融合增值创新，以产业技术体系为纽带，建立高效教学、产业科技和企业双创联动机制。重点在用人单位、培养单位、服务单位之间创新创业人才供需的类型结构、能力素质、质量水平等方面的协作上进行突破，通过联合建立大学教育与产业需求、理论知识与社会实践、课堂教学与基地实训等紧密结合教育培养体系，进一步扎实推进创新创业人才能力素质教学体系培养与产业体系及社会发展实际需求相切合相匹配，建立学校教学为基础、产业科技为引领和企业双创实训为提升的大协作联合育人机制，使不同类型人才创新创业能力素质培养基于产业及社会发展更为体系化
综合评价	建立创新创业人才培养绩效多方考核评价机制。借鉴产业技术体系"按照产业发展规律布局科研力量，引入技术用户评价机制，专家测评和用户评价相结合，吸收行业管理部门、行业协会等技术用户参与评价。通过机制引导专家深入生产一线，解决生产技术问题，工作由单纯的学术导向转变为产业导向，做科研的目的由发文章报奖转变为真正服务现代农业产业的发展，形成不唯论文不唯奖项而注重应用效果的农业科技评价的新机制"等机制建设的模式，建立涉农高校对创新创业人才及创新创业能力素质培养的绩效考核评价体系，邀请产业技术体系首席科学家、岗位科学家和创新专家团队，以及服务各农产品产业链上的企业家等参与评价指标指标的制定，并作为第三方评价主体或组建专家团队作为第三方评价机构。鼓励支持他们对教育培养体系、课程培训体系、专硕获取知识经验能力等评价。强化评价结果的运用，作为涉农高校教育体制改革等绩效考核、投入引导、试点开展、表彰激励的重要依据
信息服务	建立创新创业人才供需信息全产业链服务机制。充分发挥产业技术体系技术研发创新、集成应用、示范推广等，贯穿现代农业全产业链各个环节、各个领域、各个学科和各个专业，以及各个部门、各个区域和各类涉农企业等优势，整合涉农高校教育体系、产业技术体系和社会双创体系等信息服务资源，运用云计算、大数据等信息技术，搭建市场化、专业化、开放共享的创新创业人才供需全产业链信息服务平台。依托信息服务平台汇聚区域和产业行业创新创业人才供需、校企合作、项目研发、技术服务等各类供求信息，面向现代农业全产业链用人单位、培养单位、服务单位等各类主体，提供精准化创新创业人才培养状况、需求状况与人才供需结构、供需类型和供需质量，未来人才能力素质要求趋势等信息发布、检索、推荐和相关增值服务，促进用人单位、培养单位、服务单位等对创新创业人才供需的平衡

（三）推进体系建设破解增值创新制约

体系不健全和支撑不足，是畜禽产业链及链群/龙族/圈网融合增值创新需要补上的最大短板，特别是现代农业生产体系、产业体系和经营体系。党的十九大报告明确指出，加快构建现代农业产业体系、生产体系和经营体系，是由农业大国向农业强国转变的重要支撑。改革开放 40 多年来，我国现代畜牧业在良种繁育体系、科技推广体系和产业技术体系等建设上取得了不少成就，但进一步发展也面临着许多障碍，缺乏现代农业生产体系、产业体系和经营体系的有力支撑。因此，必须夯实"三大支柱"的支撑。加强生产体系建设，推动先进科学技术与生产过程的有机结合，提高畜禽产业链生产力发展水平；加强产业体系建设，提升畜禽产业链整体素质和竞争力，解决农业资源的市场配置和农产品的有效供给问题；加强现代经营体系建设，推动新型农业经营主体、新型职业农民与农业社会化服务体系的有机组合，不断提升畜禽产业链组织化、社会化、市场化程度。从内涵特质讲，现代畜牧业是一个包含产业、生产和经营的有机整体，集产业体系、生产体系、经营体系"三个体系"于一体，体现了现代畜牧业建设由传统农牧业生产观，向农业经营观乃至向全产业链视角的转变要求（表 1-7）。

表 1-7　推进体系建设，破解链群/龙族/圈网融合增值创新短板制约的策略

层面	策略措施
生产层面	开拓新方式，着力推进畜禽产业链生产体系建设。开创农业生产发展的新方式，不断提升畜禽产业链内部的基础条件、设施配套、物质装备、生产技术和经营管理等现代化水平，逐步实现用现代物质装备武装农业、用现代科学技术服务农业和用现代生产方式改造农业，提高畜禽产业及关联产业良种化、机械化、科技化、信息化等水平。实施标准化战略，健全质量安全标准体系，推进规模养殖、饲草料生产、屠宰加工等标准化建设。发展循环农业，开展清洁生产，减少化肥农药使用量。实现作物秸秆、畜禽粪便和屠宰加工副产物的资源化利用
产业层面	全产业链开发，构建畜禽全产业链现代产业体系。以饲草料生产、畜禽养殖、屠宰加工和副产物精深加工、冷链物流等全产业链打造为重要抓手，系统构建畜产品产业体系，支撑区域种植业、养殖业、加工业、饲料业、肥料业等关联产业发展。加快畜禽产业链群、龙族和圈网的规模经济和范围经济培育，推动区域调优粮饲结构、青贮玉米和饲草规模化种植、畜禽规模化养殖，促进区域农村农村经济发展。加快谷多公司"农业小巨人"培育和挂牌上市的进度，增强谷多公司对高峰牛产业发展的龙头带动能力。积极推动区域土地规模化利用和三产融合发展，为关联产业集群发展创造条件。全面推进区域"良种推广体系、产业技术体系、饲草饲料保障体系、屠宰加工标准体系"等建设与完善，为推动全产业链融合增值提供支撑

（续）

层面	策略措施
经营层面	发展新动能，加快全产业链增值的经营体系培育。创新多种形式的适度规模经营模式，大力培育新型经营主体和现代农业产业化联合体，健全畜禽产业社会化服务体系，提高经营的集约化、组织化、规模化、社会化和产业化水平。以生态产品立本、品牌产品兴农、拳头产品强区的经营理念思路，积极探索和创新创构以畜禽产业为主导、关联产业为辅助的"生态产品、品牌产品、拳头产品"开发和经营模式，打造品质、品位和品牌产品链群、龙族和圈网

第二章 系统决策

在数字化、网络化、全球化的时代，面对动荡、模糊、复杂和动态的世界，迫切需要掌握一套系统思维和系统决策方法，来提高认知和应对挑战。本章基于畜禽产业链融合发展与增值创新，运用体系化系统工程思想、系统科学理论、经济学理论、战略管理理论、区域经济理论、产业经济学理论等思想理论，结合国内外传统农业及产业链、现代农业及产业链和后现代农业及产业链发展的实践经验，以及涉农产业链发展的背景环境、规律趋势、价值逻辑和商业模式，从系统认识、问题分析、决策方案三个方面，基于涉农产业链/链群/链族/链网的对象载体体系、时空部署布局、发展路径模式、组织机制治理、生产经营和投资运营决策等，研究构建一套系统认识问题、分析问题和解决问题的思路框架、方法流程和手段工具。并以此为界面，通过今后的理论研究和实践提升，最终形成一系列全面全息认识问题、深度分析问题和统筹（协同）解决问题，以及宏观、微观、中观各主体组织决策的思想方法体系、研学方法体系和工作方法体系，为从事涉农产业及产业链政策制定和落实主体、战略策划和规划咨询主体、生产经营和投资运营主体，提供一整套体系化系统思考和决策方法论（图2-1）。

随着经济、技术、社会以及环境的迅速变化，畜禽产业及产业链发展所处的各种系统也变得越来越复杂，在这个充满复杂性的动态世界里，要做出有效的决策，这就要求从事畜禽产业及产业链生产经营和投资运营、战略策划和规划咨询、政策制定和政策落实，以及科技研发和教育培训等决策主体，必须先建立系统思维——提升"脑、心、身、行"协同的境界，并开发利用一些工具来理解复杂系统的结构是怎样决定其行为的。当我们沉浸在不断增长的无用信息之中时，迫切需要一套可行的系统方法论，一套全面的思考框架，使决策者的思维和决策专注在真正的问题上，从而设计和制定更有效策略。系统决策是站在来龙去脉、去脉来龙、迭代演进和共生当下的全景全息视角，帮助决策者理解畜禽产业链融合增值创新过程构成的复杂结构和运行特征。同时，系统决策是由虚拟模型、信息模型和物理模型结合严谨的建模过程，为决策提供规范

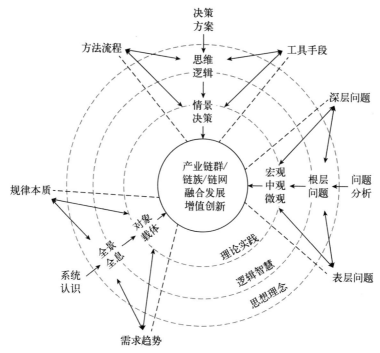

图 2-1 基于畜禽产业链融合增值创新的系统决策逻辑关系图

的认识问题、分析问题和解决问题的一套体系化系统化工具，以应对资源约束、环境剧变、科技发展、灾害风险、消费升级等相互作用的复杂动态性带来的挑战。

第一节 系统认识

认识是人脑反映客观事物的特性与联系，并揭露事物对人的意义与作用的思维活动。从广义上讲，认识包含人的所有认知活动，即为感知、记忆、思维、想象、语言的理解和产生等心理现象的统称。认识是一种信息加工过程，可以分为刺激的接收、编码、存储、提取和利用等一系列阶段。畜禽产业链是一个复杂巨系统，存在很强的整体性、动态性、关联性和异质性。在认识畜禽产业链发展的问题上及畜禽产业链融合发展与增值创新等过程中，以一般认识的方法，很难了解其问题的实质性、整体性、动态性和关联性，需要建立一套体系化、系统化和全息化等认识问题的方法论，才能有效认识和把握问题存在和出现的规律、本质和趋向，因此，本节应用控制论思想（诺伯特·维纳，

1948），把认识活动定位为控制系统，是对畜禽产业链的认识活动设定为一个"完形系统"的反馈控制和适应性自组织的过程。

一、系统认识的思维逻辑

　　系统认识是基于逻辑思维和系统思维相结合的，对世界一切事物的发展与变化认识的思维活动过程，它是对事物发展与变化认识的高级阶段（理性认识阶段），同时也能简化对事物发展与变化的认知，形成对事物发展与变化认知的整体观。逻辑思维（logical thinking），是指人们在认识过程中借助于概念、判断、推理等思维形式能动地反映客观现实的理性认识过程，又称理论思维。它是对认识的思维及其结构以及起作用的规律的分析而产生和发展起来的。只有经过逻辑思维，人们才能达到对具体对象本质规律的把握，进而认识客观世界。它是人的认识的高级阶段，即理性认识阶段。逻辑思维是确定的，而不是模棱两可的；是前后一贯的，而不是自相矛盾的；是有条理、有根据的思维；在逻辑思维中，要用到概念、判断、推理等思维形式和比较、分析、综合、抽象和概括等方法，而掌握和运用这些思维形式和方法的程度，也就是逻辑思维的能力。系统思维，就是把认识对象作为一个系统，从系统和要素、要素和要素、系统和环境的相互联系、相互作用中综合地考察认识对象的一种思维方法。系统思维是以系统论为思维基本模式的思维形态，它不同于创造思维或形象思维等本能思维形态。系统思维能极大地简化人对事物发展与变化的认知，给我们带来整体观。

　　畜禽产业链相关对象载体的发展，特别是在推动畜禽产业链融合发展与增值，以及促进畜禽产业链群、链族、链网向"关系生态"演化升级等方面，是个极为复杂多变的过程（图2-2）。在这个过程中涉及历史和现在及未来、微观和宏观及中观、规律和本质及趋势、环境条件和文化制度及决策治理、资源和关系及权利等诸多因素的影响，不建立一套逻辑思维和系统思维有机结合的考虑问题的思维活动范式，以及一套整体性、全面性、动态性和关联性认识问题的思路框架、方法流程和工具手段，很难对事物发展与变化形成理性认知，及其对畜禽产业链/链群/链族/链网相关对象载体发展与变化的整体性认识。近年来，受资源环境约束逐年加剧、政府对生态环保规制加强、人们对消费的质量要求变高，以及畜禽养殖业重大疫情发生频繁、国际贸易摩擦不断升级等因素影响，生猪、肉鸡、蛋鸡、肉羊、肉牛、奶牛等不同类型产业链之间相互传导愈发敏感，畜禽产业链发展与变化的不确定变数越来越大。运用已有和常规的思维思想思路和理论方法工具，很难达到对产业链上各类对象载体的全面

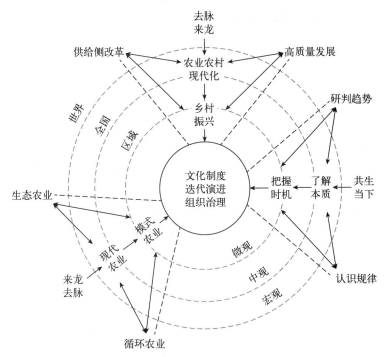

图 2-2　基于畜禽产业链融合发展与增值创新的系统认识思维逻辑导图

性、系统性和科学性认识，需要用新的理念、新的思维、新的思想和新的思路，创新构建一套基于来龙去脉、去脉来龙、迭代演进的系统认识方法体系来解决这一问题；需要运用一些先进的思想理念、科学的理论方法和成熟的实践经验，构建出一套由思维导图、框架流程和手段工具，体系化认识事物发展与变化的思想方法体系、研学方法体系和工作方法体系，最终达到让产业链上的生产经营与投资运营、政策制定与政策落实、战略策划与规划咨询、科研与教育、金融与保险等相关决策主体"脑心身行"一体，使他们的决策更为科学、有效。

二、系统认识的理论方法

系统认识是围绕畜禽产业链融合发展与增值创新的关系生态、作用机理、组织演进和机制跃升，基于来龙去脉、去脉来龙、迭代演进和共生当下四个认知感知、再认知再感知的问题螺旋过程，进行理论解构、专家解读、观点梳理、专题研究，通过转化和提升已有的、创构新的框架流程，组合运用或创造性地应用相关理论和方法，形成一套体系化系统化认识问题的新方法论。需要相关的理论和方法作为依据和支撑，使其形成体系化系统化运用的框架。

（一）系统认识的理论依据

国内外关于产业发展系统认识的理论研究主要集中在系统科学理论、经济学理论、战略管理理论、区域经济理论、产业经济学理论等，这些理论在畜禽产业链融合发展与增值创新研究中表现出一定的针对性和适用性，表2-1分别对上述理论在系统认识中的应用进行综述。

表2-1　畜禽产业链融合发展与增值创新系统认识的针对性理论综述

要项	相关理论及要点和功用
对象状况分析	系统科学理论　要点：系统是要素与要素之间、要素与整体之间相互作用、联系的矛盾统一体；功用：帮助系统认识畜禽产业链体系、系统、模块板块、元素要素之间的作用与规制关系，研究产业链系统从低级相态向高级相态演化所需的内部条件和外部环境 产业经济学相关理论　要点：以产业为研究对象，包括产业结构、产业组织、产业发展、产业布局和产业政策；功用：帮助全面认识产业链内部各企业之间相互作用规律、各产业的发展规律、产业与产业之间互动联系规律以及产业在空间区域中的分布规律等
问题困惑认识	决策分析理论　要点：提出确定型、风险型、不确定型情况下决策问题的特征辨识及解决方案；功用：用于对畜禽产业链发展过程中可能出现的问题进行系统认识，判断各种可能结果出现的概率，并针对环境条件和可能状态做出科学的理性的备选决策方案
主体需求认识	效用理论　要点：将商品满足人的欲望和需要的能力和程度界定为效用，用基数效用论和序数效用论来衡量；功用：为畜禽产业链发展相关主体需求程度的衡量和测度提供理论依据 价值理论　要点：认为社会事物之间的相互作用在本质上就是价值作用，任何社会事物的运动与变化都是以一定的利益追求或价值追求为基本驱动力。西方经济学指出价值是人们对物品效用的主观心理评价，效用决定物品的价值；功用：用于明确主体需求的核心内容及测量其强烈程度 激励理论　要点：基本论点是每个人都有自己的需要，人的动机来自需求，由需求确定人们的行为目标，激励则作用于人内心活动，激发、驱动和强化人的行为。激励理论是行为科学中用于处理需求、动机、目标和行为四者之间关系的核心理论。功用：用于辨识畜禽产业链发展相关主体需求的来源及转化过程
定位追求认识	蓝海战略理论　要点：提出了基于顾客消费价值增加的价值创新战略，通过跨越产品界限、从客户所看重的一些东西中寻找共同点、同时追求差异化和低成本来寻求价值上的重大飞跃；功用：拓展了价值战略的内涵和外延，丰富了畜禽产业链发展战略需求分析中可供选择的有效战略模式 价值链理论　要点：从企业内部价值创造过程中来寻求竞争优势来源，并弥补对企业内部因素不够重视的缺陷；功用：帮助开展畜禽产业链发展的内部条件因素分析

（续）

要项	相关理论及要点和功用
环境条件认识	资源论　要点：企业具有不同的有形和无形的资源，这些资源可转变成独特的能力；资源在企业间是不可流动的且难以复制；这些独特的资源与能力是企业持久竞争优势的源泉；功用：帮助认识畜禽产业链发展的内部资源特性和能力优势
	钻石理论　要点：波特认为生产要素，需求条件，支持产业与相关产业，企业战略、结构与竞争状态这四大要素创造出国家环境。分析了政府、机会、每个国家的社会政治的历史背景、整个社会的价值观对企业竞争优势的影响。功用：为认识产业链发展的内外部环境条件提供理论框架
	网络优势理论　要点：从关系的维度，强调企业在不同组织所构成的网络中的定位。包括与企业有直接或间接关系的公共部门、政府、大学、公共实验室、图书馆和其他信息中介机构，及私人部门、独立科研机构、供应商、客户、竞争对手等；功用：从产业内部和外部社会关系角度为认识畜禽产业链发展的环境条件提供参考
	循环经济理论　要点：以可持续发展的理论指导，结合生态学与物质运动规律，以环境保护和资源的再利用为要求的一种经济发展模式，其核心是资源的循环利用；功用：以减量化、再循环、再利用为指导，系统认识畜禽产业链各环节

（二）系统认识的方法支撑

系统认识主要的方法支撑包括对象状况认识、战略问题认识、主体需求认识、定位追求认识和环境条件认识等方面，除了调查研究、专家访谈、系统分析等基础方法外，国内外还有一些具体的针对性工具和方法。这些方法的要点及其在畜禽产业链融合发展与增值创新中的应用见表2-2。

表2-2　畜禽产业链融合发展与增值创新系统认识的针对性方法综述

要项	理论的要点和功用
对象状况认识	案头调研法　要点：对二手资料进行搜集、筛选的方法，二手资料的来源包括政府资料、企业资料、行业协会资料等。功用：主要用于对畜禽产业链发展的初步认识
	实地调研法　要点：对第一手资料的调查方法。包括访问法、观察法、实验法。功用：案头调研无法满足调研目的，收集资料不够及时准确时，就需要适时地进行实地调研来解决问题，取得第一手的资料和情报，使调研工作有效顺利地开展
战略问题认识	运筹优化方法　要点：根据问题的重要性、长远性、成本、风险等因素，通过数学分析、运算，得出结果，提出最优化的选择方案，以达到最好的效果。功用：主要用于畜禽产业链发展战略问题的评价和选择、解决优先序的确定
	层次分析方法　要点：是一种定性和定量相结合的、系统化、层次化的分析方法，将与决策有关的元素分解成目标、准则、方案等层次。功用：可以按照根层问题、中间层问题、表层问题的层次将问题进行分类，对畜禽产业链发展问题的本质、影响因素及其内在关系等进行深入认识

（续）

要项	理论的要点和功用
主体需求认识	评分法　要点：通过对产品使用的活动流程图进行分析，挖掘出每一个活动中隐含的顾客愿望，制定顾客愿望表，再交与顾客对每一项愿望进行等级评估，获取客户需求信息的方法。顾客需求的差异体现在评估给出的值不同。功用：主要用于定量获得和评估畜禽产业链发展相关主体的需求 　产品需求敏捷获取与处理模型　要点：运用 IDEF0 方法建立需求产品系统的活动模型，提出了需求产品的需求商机模型、需求参考模型和需求定义模型。功用：主要用于畜禽产业链发展相关主体需求信息的辨识、获取与转化
定位追求认识	PEST 分析　要点：从政治法律、经济、社会文化和技术四个角度分析宏观环境变化对企业的影响。功用：主要用于认识畜禽产业链发展的宏观环境的变化 　波特的产业竞争分析模型　要点：包括供应方的议价能力、购买方的议价能力、新入侵者的威胁、替代产品或服务的威胁和现有企业间的竞争。功用：主要用于认识畜禽产业链发展的竞争状况
环境条件认识	安德鲁斯的 SWOT 分析框架　要点：优势和劣势属于企业内部条件，机会和威胁属于企业外部环境，并提出相应的环境条件应对对策。功用：主要用于对畜禽产业链内外部环境条件各方面内容进行综合和概括，分析组织的优势和劣势、面临的机会和威胁，寻求环境条件应对策略 　通用矩阵分析模型　要点：产业吸引力由产业增长率、市场价格、市场规模、产业获利能力、市场结构、产业周期、规模经济和总的环境变量等因素决定。功用：主要用于判断企业不同业务经营单位在产业或行业中所处的状态

（三）理论方法的运用框架

　　系统认识是对事物发展与变化的全息全景、全过程和全维度（360°）感性认知到理性认识的思维活动过程，在这个过程中需要各方面大量的理论知识、经验知识和实践知识，以及非结构化知识、半结构化知识、结构化知识作为依据和支撑，将这些不同层次、不同类型和不同结构的知识转化为有序的框架结构，需要对这些知识进行科学的解构、解码和编码，以形成有序的框架结构，从而更有利于提高人对事物发展与变化的认识能力和认识水平。系统认识方法论是对复杂事物发展存在的问题进行体系化、系统化、全息化等认识的一套方法，在运用相关理论方法的过程中，需要把相关的理论方法进行集大成，建立一套体系化运用理论方法的系统框架，以提高相关主体对"畜禽产业链发展的表象、深层和根层问题、畜禽产业链融合发展与增值创新问题、畜禽产业链健康可持续发展的组织演进问题"等一系列复杂问题认识的思维逻辑，从而有效了解和把握复杂问题存在和发生的规律、实施和趋向。畜禽产业链系统认识方法论之体系化运用相关理论与方法的架构（图 2-3）。

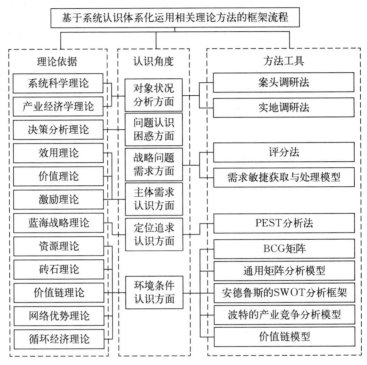

图 2-3　系统认识方法论之体系化运用相关理论方法的构架

三、系统认识的框架流程

系统认识的方法论，作为畜禽产业链融合发展与增值创新的趋势、本质和规律相关观点形成的理论化、方法化和流程化系统，是在整体的思维思想和框架流程统筹指导下，在系统认识过程中的问题困惑、主体需求和定位追求三种力量的协同驱动下，找到能够获得框架流程、理论方法和认识观点的来源，进而通过获得、转化和提升相关的框架流程、理论方法和认识观点，形成系统认识的方法论，其所形成的认识观点为系统分析和系统解决提供认识基础。在逻辑框架指导下，遵循"辨识驱动结构→获得认识来源→抓点建构转化→体系逻辑提升"的原则，以及对系统认识过程进行科学管理思路，构建系统认识的流程（图 2-4）。

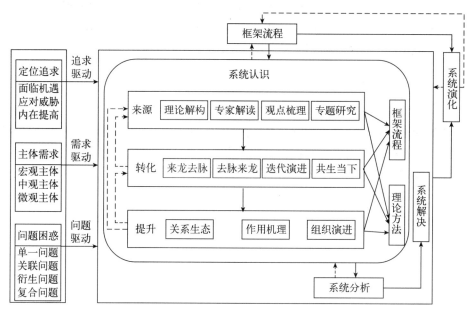

图 2-4 基于畜禽产业链融合发展与增值创新的系统认识框架流程

系统认识要遵循蓝海战略的四步工作框架，剔除不科学的框架流程、不合理的理论方法和认识不当的观点，减少或整合功能趋同的理论方法、意思表达趋同的认识观点，增加和借鉴未汇聚但又有较好功效的框架流程、理论方法，创造性地提出一些系统性逻辑性强的框架流程，组合运用或创造性地应用相关理论和方法。按照关系生态、作用机理、组织演进三个层次，对框架流程、理论方法和认识观点进行规制，形成系统认识畜禽产业链融合发展与增值创新的方法论。最后是对系统认识分析投入和过程的变化，实施系统认识的过程管理和绩效管理，具体包括系统认识的目标设定与调整、偏差辨识与诊断、偏差纠正与控制等环节。

系统认识主要是帮助畜禽产业链乃至产业链群/链族/链网上的生产经营主体、投资运营主体、管理决策主体，解决生产系统、技术系统、管理系统、经营系统、服务系统、信息系统、决策系统等建设运行的障碍阻力问题，使各个系统能够高效协同地运行。不能就生产问题解决生产问题，就技术问题解决技术问题，就管理问题解决管理问题。它是将产业链上有关生产、技术、管理、经营、服务、决策等所有的杂乱无章信息，进行体系化系统化加工的过程，包括对信息的接收、编码、存储、提取和利用等。这个过程跟社会经济和人的发展背景环境、规律趋势、文化制度、体制机制、商业模式和需求追求，以及上层建筑、生产力和生产关系等有关。因此，构建系统认识的框架流程，要考虑到系统认识的驱动因素、信息来源，以及对事物认识的来龙去脉、去脉来龙、迭代演进和共生当下等因素。

（一）系统认识的驱动因素与驱动结构

从系统认识的框架流程来看，相关主体对畜禽产业链融合发展与增值创新的认识受多方面驱动因素影响，在构建认识问题的框架流程时，首先要对其驱动因素及其驱动结构进行辨识。一般而言，畜禽产业链融合发展与增值创新的驱动因素有问题困惑、主体需求和定位追求，三者相辅相成，形成一定的驱动结构。系统认识驱动因素是如何形成的及过程中发生了哪些变化，需要运用跨界交叉知识和理论方法，通过学习创新和动态螺旋把各种认识汇聚起来，分析哪些认识是强化的、缺失的、不充分的，进而对驱动因素的状态及其变化做出判断（表2-3）。

表2-3　基于系统认识的主体需求、定位和追求驱动因素

问题困惑驱动	问题是期望状态与现实状态的差距，是一切事物发展的根源。畜禽产业链整合发展与增值创新存在上游有效创新不足、中游无效产能过剩、下游价值损失较大等问题，并且由于问题具有关联性、动态性、传导性、衍生性、叠加性，还会随着产业链发育程度增加，衍生出深层问题和根层问题等多种复合问题。因此，需要通过系统认识把问题解决目标化
主体需求驱动	从本质上讲，问题解决目标化催生了需求。因此，畜禽产业链宏观、微观、中观主体的需求均源自问题困惑，需要系统认识宏观主体、微观主体、中观主体在畜禽产业链整合发展与增值创新中的需求及其形成过程，需求目标的协同整合变化趋势，需求目标与条件匹配的程度
自身定位追求	畜禽产业链融合发展与增值创新的定位和追求有三个来源，一是面临好的发展机遇，二是需要应对外部威胁，三是源于内在追求和高端定位。因此，需要对畜禽产业链相关主体对自身定位和追求的主导因素及其结构进行一个系统认识，了解其形成过程及影响因素，并通过系统认识将定位追求目标化

（二）系统认识的知识信息来源与渠道

系统认识是一个综合性非常强的思维活动，是对诸多杂乱无章的信息体系化系统化的加工过程，包括对知识信息的接收、筛选、编码、存储、提取和利用等一系列思维活动。这些知识信息除来自产业链上需要解决生产、技术、管理、经营、服务、决策等相关问题的信息外，还需要获得科学认识的知识信息

来源与来源渠道。主要包括理论解构、专家解读、观点梳理和专题研究等方面的过程。同时，这些过程也是知识信息来源的主要渠道。系统分析过程，要围绕畜禽产业链融合发展与增值创新的趋势、本质和规律，通过理论解构、专家解读、观点梳理、专题研究四个渠道，分类梳理和汇聚系统认识的框架流程、理论方法和认识观点（表2-4）。

表2-4 基于系统认识的四个方面的知识信息来源与渠道

理论解构	理论解构来源于理论方面的教材或专著，以汇聚系统认识的框架流程和理论方法为主
专家解读	专家解读来源于涉农领域各大产业体系专家的专题讲座、专著、项目报告和公开发表的文章，系统认识的框架流程、理论方法和认识观点较为全面
观点梳理	观点梳理来源于公开发表的期刊论文、学位论文和报纸，汇聚畜禽产业链融合发展与增值创新相关认识观点
专题研究	专题研究是以畜禽产业链融合发展与增值创新研究为主题专门开展的系统认识研究，能够形成框架流程、理论方法和认识观点

（三）系统认识的来龙去脉与去脉来龙

系统分析的思维活动过程，要考虑到对事物认识的全景全息和全过程，从发展哲学、规律趋势、问题本质；从历史、现在到未来，再从未来、现在到历史顺向逆向；从宏观、微观到中观，再从微观、宏观到中观等多个维度去思考对事物的认识过程。要把对畜禽产业链融合发展与增值创新的认识过程，作为一个生命发展演化的过程，从事物发展和变化的来龙去脉、去脉来龙、迭代演进和共生当下四个维度，开展对事物发展和变化的认知感知、再认知再感知的思维活动，形成对事物发展与变化认识过程的螺旋，使之实现结构性转化优化（表2-5）。

表2-5 基于系统认识的来龙去脉、去脉来龙和迭代、共生当下演进

来龙去脉	围绕畜禽产业链发展的历程、问题及其破解思路、需求及其满足条件，对系统认识的框架流程、理论方法和认识观点进行分类转化
去脉来龙	围绕畜禽产业链发展的定位及其可能实现路径、面临的困惑和困境及破解思路，对系统认识的框架流程、理论方法和认识观点进行分类转化
迭代演进	围绕畜禽产业链融合发展与增值创新的现有模式、未来模式及演化模式，对系统认识的框架流程、理论方法和认识观点进行分类转化
共生当下	基于畜禽产业链融合发展与增值创新的路径选择、组织演化、机制保障和环境条件，对系统认识的框架流程、理论方法和认识观点进行分类转化

综上所述，本节阐述的系统认识其主要特征和功效在于：一是遵循生命发展规律，基于事物的发展与变化的起因，从哪儿来、到哪儿去的过程，来认识产业链的类型、演化阶段和发展路径，提高决策者对畜禽产业链融合发展与增值创新对象载体认识的系统性和有效性；二是遵循人类对事物认知感知的规律，基于问题螺旋开展浅层问题、深层问题、根层问题的认识、认识、再认识，提高决策者对畜禽产业链融合发展与增值创新对象载体认识的科学性和深刻性；三是围绕畜禽产业链发展面临的内部冲突、相互传导和外部环境变化，开展理论方法集成性、协同性、创造性应用，提高决策者对畜禽产业链融合发展与增值创新认识的创新性和前瞻性；四是构建一套对事物发展变化及物质运动的系统认识思维逻辑导图、框架流程和理论方法，提高决策者对畜禽产业链融合发展与增值创新对象载体认识的效率和水平。

第二节 问题分析

畜禽产业链融合发展与增值创新，以及链群、链族和链网向"关系生态"理想的状态发展，是一个由生命孕育、生长发育和繁衍构成的极为复杂的演化过程，在这个过程中会遇到很多影响生命正常演化、进化和跃升的障碍性问题、冲突性问题、矛盾性问题和制约性问题，这些问题有的是根层次问题，有的是深层次问题，有的是表层次问题，并从根层到深层再到表层，从表层到深层再到根层，形成一系列问题串。同时，畜禽产业链乃至链群、链族和链网，是一个由诸多的对象载体、环节节点、主体组织、资源产品等不同类型属性功能与不同层次结构构成的典型巨复杂体系化异质系统，既有环节之间纵横联系的链网物理结构、功能结构和空间结构，又具有主体之间动态交互的生态组织结构。因此，单独就环节问题论环节或就主体面临的问题论主体，不能找到引致环节或个体的表象问题的深层次原因及根层原因，解决单一问题反而引致了更多问题的产生。因此，需要以体系化系统的理念、思维、思想、思路和理论、方法、工具等，依据从表层问题到深层问题、再到根层问题的"问题迭代三螺旋"（图2-5），体系化分析畜禽产业链融合发展与增值创新生命演化过程面临的环境条件、需求目标、布局部署、组织机制、保障措施、文化制度、决策治理等问题，才能更好为链条上的决策者的决策提供科学支持，促进产业链融合增值创新的生命能量不断跃升。

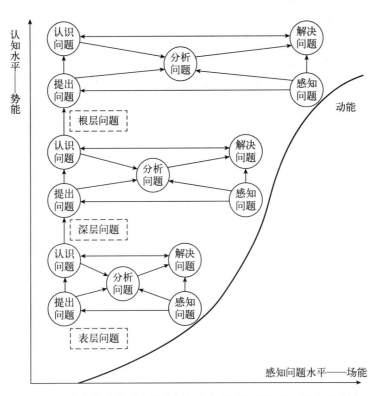

图 2-5 畜禽产业链融合增值创新的各层次问题迭代三螺旋示意图

一、问题分析的系统逻辑

问题分析是运用系统分析方法把畜禽产业链融合增值创新生命演化过程，乃至链群、链族和链网向"关系生态"跃升的生命演化过程，遇到的一系列根层次、深层次和表层次等问题作为一个体系化异质系统，运用可持续发展、绿色发展、融合发展、增值发展和创新发展等新的理念，集成系统分析相关的经典理论、思想方法、工具手段，结合现代信息、网络和数字科学技术，形成一套对"事物"生命演化过程面临的一系列问题分析的新思维新思路、新框架新流程、新手段新工具。兰德公司认为，系统分析是一种研究方略，它能在不确定的情况下，确定问题的本质和起因，明确咨询目标，找出解决问题的各种可行方案，并通过一定标准对这些方案进行比较，帮助决策者在复杂的问题和环境中做出科学抉择。本节所指的问题分析的系统逻辑，是基于畜禽产业链融合增值创新生命演化过程面临的一揽子问题，体系化运用系统科学、系统分析方法、系统工程等先进的理念、思想、理论、方法、工具，从浅层问题出发寻找深层问题挖掘根层问题，准确地诊断问题，深刻地揭示问题起因，确定问题的本质和起因以及问题解决的目标，找出解决问题的各种可行方案，并通过一定标准对这些方案进行比较和优选，最终形成解决问题的一系列思想方法、研学方法和工作方法，为产业链上的政策制定主体、生产决策主体、管理运营主体、咨询服务主体等关联的主体，提供一套有效解决畜禽产业链问题、推动畜禽产业链融合发展与增值创新的体系化可行方案（图2-6）。

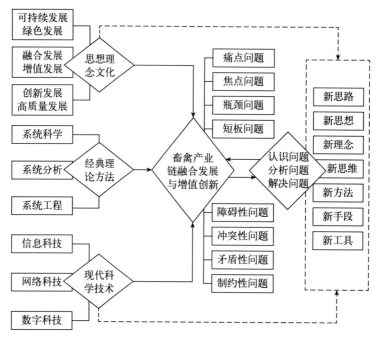

图2-6　畜禽产业链融合增值创新的问题分析系统逻辑图

　　基于问题的系统分析是管理咨询或科学研究的最基本的方法，来源于系统科学。从系统的角度观察客观世界所建立起来的科学知识体系，也就是系统科学。系统科学包括系统科学哲学、基础科学、技术科学、工程技术四个层次。系统分析方法是指把要解决的问题作为一个系统，对系统要素进行综合分析，找出解决问题的可行方案的咨询方法。系统分析也是系统设计和开发的前端环节。运用系统分析的主要目的、作用意义和任务，是把"畜禽产业链融合发展与增值创新"视为一个系统工程，通过融合发展、增值创新和组织演化等方面的系统目标分析、系统要素分析、系统环境分析、系统资源分析、系统结构分析、系统管理分析，可以准确地诊断问题，深刻地揭示问题起因，有效地提出解决方案和满足客户的需求。

问题分析是系统决策的基础，系统化运用相关的概念术语、系统思想、理论方法、实践经验等知识信息，并对这些信息知识进行科学的加工处理，形成对事物发展与变化认识的思维逻辑导图，进而固化成为一套对事物发展与变化的认识框架、方法流程和手段工具，拉长产业链上决策者对事物发展与变化系统认识的思维链，使他们能够形成"从历史到现在到未来、再从未来到现在到历史；从宏观到微观到中观、再从微观到宏观到中观；从来龙去脉到去脉来龙到迭代演进和共生当下，再从去脉来龙到来龙去脉到迭代演进和共生当下"对事物发展与变化认识思维活动的螺旋。目的是提高他们认识规律、研判趋势、了解本质、把握时机的思维能力。其目的意义：为畜禽产业及产业链上生产经营管理、投资建设运营相关主体，以及为涉农产业及产业链服务的政策制定主体和落实、策划咨询和规划设计、教学培训和科技创新等服务主体，提供一套对事物发展与变化认识的思维活动范式和思想方法体系。进而提高他们面对在数字化、网络化、全球化的时代，对动荡、模糊、复杂和动态的世界的应对能力。

二、问题分析的理论方法

畜禽产业链本身就是一个复杂的系统，产业链系统内部存在着"结构不合理、功能不健全、体系不完善、演化不规律、融合不深入、增值不充分、要素不匹配，以及各环节主体组织思想理念冲突大、目标利益不协同、发展机会不均衡、依存贡献差距大、创新动力能力弱"等问题，加之外部自然环境、政治环境、生态环境、社会环境、人文环境、商业环境和国际环境等变化的不确定因素影响，使畜禽产业链健康可持续发展面临历史积累的问题、现实难以解决的问题、未来不可预期的问题越来越多，且问题越来越复杂。这些问题的分析，用单个或几个理论方法是很难理清系统内部和系统外部的关系，进而也很难整体解决系统内外部错综复杂的问题，必须建立体系化运用理论方法框架流程，来分析和解决系统内外部的问题（图2-7）。

（一）系统科学理论

系统科学是研究系统的结构与功能关系、演化和调控规律的科学，是一门新兴的综合性、交叉性学科。它以不同领域的复杂系统为研究对象，从系统和整体的角度，探讨复杂系统的性质和演化规律，目的是揭示各种系统的共性以

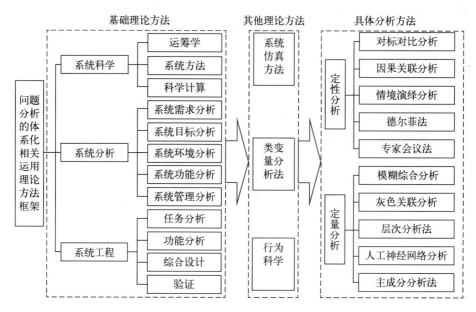

图 2-7　问题分析的体系化运用相关理论方法的框架

及演化过程中所遵循的共同规律，发展优化和调控系统的方法，并进而为系统科学在科学技术、社会、经济、军事、生物等领域的应用提供理论依据。系统是由相互联系、相互作用的要素（部分）组成的具有一定结构和功能的有机整体。系统科学研究主要采用系统论的原理和方法，并紧密结合近现代数学物理方法与信息科学技术等现代研究工具（科学计算、模拟、仿真等）。系统科学的发展离不开对具体系统的探讨，并通过对具体系统的结构、功能及其演化性质的研究，寻求复杂系统的一般机理与演化规律；同时，系统科学的新的思想和方法又深刻地影响着许多实际系统的研究，涉及自然科学和社会科学的许多领域，成为众多工程技术科学发展的理论基础，并为控制科学与工程、管理科学与工程以及生态学、环境的控制等对国民经济与人类生存有关的重要应用领域做出直接的贡献。运用系统科学，主要是分析畜禽产业链融合发展与增值创新这一复杂巨系统的结构与功能关系、演化和调控规律等，进而找出一套解决其问题的思想方法和整体方案。

（二）系统分析方法

系统分析方法是指把要解决的问题作为一个系统，对系统要素进行综合分析，找出解决问题的可行方案的咨询方法。系统分析方法来源于系统科学。系统科学是 20 世纪 40 年代以后迅速发展起来的一个横跨各个学科的新的学科，它从系统的着眼点或角度去考察和研究整个客观世界，为人类认识和改造世界提供了科学的理论和方法。它的产生和发展标志着人类的科学思维由主要以"实物为中心"逐渐过渡到以"系统为中心"，是科学思维的一个划时代突破。系统分析是咨询研究的最基本的方法，我们可以把一个复杂的咨询项目看成为系统工程，通过系统目标分析、系统要素分析、系统环境分析、系统资源分析和系统管理分析，可以准确地诊断问题，深刻地揭示问题起因，有效地提出解决方案和满足客户的需求。兰德公司认为，系统分析是一种研究方略，它能在不确定的情况下，确定问题的本质和起因，明确咨询目标，找出各种可行方案，并通过一定标准对这些方案进行比较，帮助决策者在复杂的问题和环境中做出科学抉择。畜禽产业链本身就是一个复杂的系统，在解决产业链融合发展与增值创新的过程中，面临的问题多样并极其复杂，它包括表层问题、深层问题和根层问题，要把这些需要解决的问题作为一个系统，进行综合分析，找出问题解决的可行方案。

（三）其他理论方法

系统科学理论和系统分析方法，是畜禽产业链融合发展与增值创新系统分析的最基本和最核心的理论方法，除此之外，还有系统仿真方法、类变量分析法和行为科学等。系统仿真方法的基础是基于系统要素、结构和功能建立结构模型和量化分析模型。系统仿真法能够有效分析系统结构、功能和行为之间的动态关系，特别适用于社会经济和管理系统；类变量分析法是解决系统问题的一种有效方法，该方法实现了管理学和运筹学等方法的集成创新，来源于系统分析、因果循环（系统动力学）和情景分析等。其中因果循环法，就是借鉴系统论和控制论中的有关观点，从封闭系统的角度，来阐述整个系统的起因、结构、过程、环境和目标。系统类变量法则是考虑环境条件的变化，对未来系统的发展构想出许多情景，预想未来情景和各种影响因素的变化趋势，比起传统的预测方法更具灵活性（卢凤君，2014）；行为科学主要是对人的行为研究科学，其核心是将心理学、社会学和人类学等学科知识应用到管理上来研究个体、群体和组织的行为，逐步建立起了包括需求、动机、认知、激励等理论在内的行为科学，其主要应用于企业管理中领导者与被领导者的相互作用、动机和激励的互动关系、单个组织的群体行为、群体与个体的相互作用以及工作效率提升等问题。除以上方法外，畜禽产业链融合发展与增值创新系统分析过程还需要以下具体理论方法（表 2-6）。

表 2-6　畜禽产业链融合发展与增值创新问题分析的具体方法

	方法名称	方法的简述与适用对象
定性分析	对标对比分析	方法简述：以所属行业或所属区域发展较好，且具备类似属性的对象为标的，进行多维度全面的对比分析，以分析所存在的优势与劣势，明晰发展的方向与路径 适用对象：针对事物在上一层次归属关系中的生态位置的分析识别，竞争力的分析
	因果关联分析	方法简述：以事物发展变化的因果关系为依据，利用事物发展变化的因果关系来进行分析预测的方法，抓住事物发展的主要与次要矛盾的相互关系 适用对象：适用于事物所处现状或实际客观现象的影响因素及引致因素的分析
	情境演绎分析	方法简述：在推测的基础上，对所分析的对象系统未来可能发生的情景进行描述，为主体的行为选择提供依据 适用对象：基于区域属性、发展阶段和主体结构等差异，准确把握战略基础、方案和实施分析的需求重点、理论依据、方法流程和输出成果
	专家会议法	方法简述：组织专家面对面交流，通过讨论形成评价结果 适用对象：战略层次的决策分析对象，不能或难以量化的大系统
	德尔菲法	方法简述：征询专家，用信件靠背评价、汇总、收敛 适用对象：战略层次的决策分析对象，不能或难以量化的大系统
定量分析	模糊综合分析	方法简述：用模糊数学对受到多种因素制约的事物或对象做出一个总体的评价 适用对象：既包含了各种定量因素又包括了各种非定量模糊因素和模糊关系的对象；只能用自然语言形式给出评价分析，而难以精确定量表述
	灰色关联分析	方法简述：基于行为的微观或宏观几何接近，以分析和确定因子间的影响程度 适用对象：主要研究模型不明确、行为信息不完全、运行机制不清楚的小样本不确定问题
	层次分析法	方法简述：将决策者的判断给予量化，从而为决策者提供定量形式的决策依据 适用对象：多目标、多准则或无结构特性的复杂决策问题
	主成分分析法	方法简述：对高维变量实行降维处理，用较少的变量代替原来过多的变量，使这些新变量两两互不相关，并尽可能不减少所反映的信息 适用对象：多变量的复杂系统，变量之间存在相关关系

三、问题分析的框架流程

问题分析的框架流程主要包括分析对象、需求目标、主要任务、分析步骤四大部分，每一个部分都有分析的具体内容（图 2-8），通过问题分析的框架

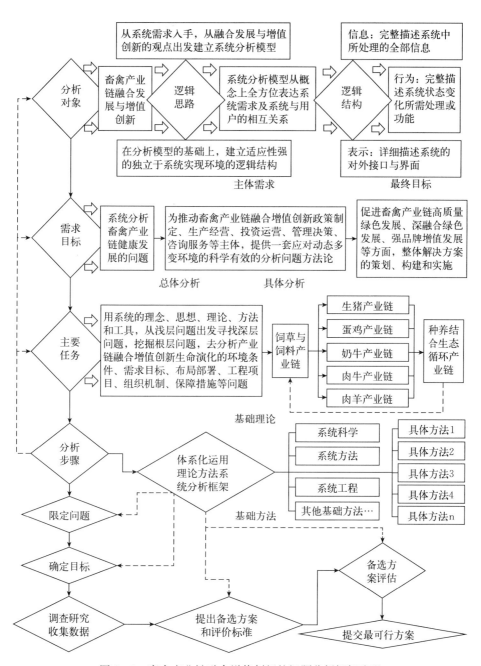

图 2-8　畜禽产业链融合增值创新的问题分析框架流程

流程指导，产业链上的决策者对畜禽产业链融合增值创新的问题分析，更具有科学性、系统性和逻辑性，提高问题分析的效率，降低问题分析要素的成本，最终提高问题解决可行方案可行性的成功率。

在构建问题分析的框架流程过程中，首先要从分析的对象载体、分析的逻辑思路和分析系统结构等方面的研究出发，然后根据产业链上相关主体组织对解决畜禽产业链发展的问题，以及推动畜禽产业链融合发展与增值创新的需求，设置问题分析的目标，再基于问题分析的目标，把目标细化成问题分析的各项具体任务（包括主要任务、总体分析和具体分析），最后是设计问题分析的步骤。以上这些问题分析的框架、流程和方法，都需要体系化运用系统科学、系统分析和系统工程等理论方法来作为问题分析的依据和支撑，最终形成问题解决可行的方案。在做具体分析时，要以影响畜禽产业链融合增值创新，乃至产业链群、链族和链网向"关系生态"跃升等过程的根层次、深层次和表层次问题分析为竖线，以影响畜禽产业链绿色发展、融合发展、增值发展和创新发展的问题分析为横线，以障碍性、冲突性、矛盾性、制约性和难点、焦点、痛点、瓶颈、短板等问题分析为着力点，形成问题分析的矩阵（图2-9）。

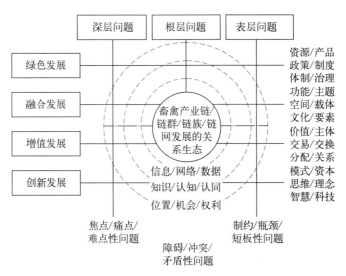

图2-9 畜禽产业链/链群/链族/链网发展关系生态的问题分析矩阵

在做问题分析时，首先要分析影响事物发展与变化的根层次问题、深层次问题、表层次问题，由浅到深对问题进行层层剖析。根层问题，是指在表层次问题解决过程中遇到的复杂问题，甚至是再次解决了复杂问题，又遇到了更为复杂的障碍性、冲突性等更难解决的问题。通常对问题的分析，一般能够感知到的为表面问题，能够理性认知到的为深层问题，最终能够理论升华后的为根层问题。根层问题是基于理论、经验和逻辑的分析。根层问题通常是悖论问题，是两难问题，产生于深度的纠结中。因此，唯有基于根层问题的解决方案，才能满足相关主体对事物发展与变化问题解决的终极需求和终极目标。畜禽产业链发展，以及链群/链族/链网作为一个巨复杂动态系统，其根层问题的提出并非轻易能够做到，需要一定时间的探索，需要系统分析之后的认知感知的再次系统分析。问题代表深度，需求代表高度；地基越深，可承载的高度越高；问题越是解决得透彻，就越能满足更高标准的需求。

畜禽产业链发展的根层问题的挖掘和提出，需要以整体化、体系化去系统认识畜禽产业链发展的必然趋势、路径模式、本质规律，并以此为前提，进行目前畜禽产业链发展现状与理想的发展状态差距的分析，以及主体所面临的问题需求的分析。畜禽产业链所存在的根层问题不是轻易能够认识到的，需要以体系化的理论依据以及方法为支撑，逐步从诸多的表象问题中剖析出少数的深层问题，从少数深层问题中挖掘出归一的根层问题及终极需求（图 2-10）。

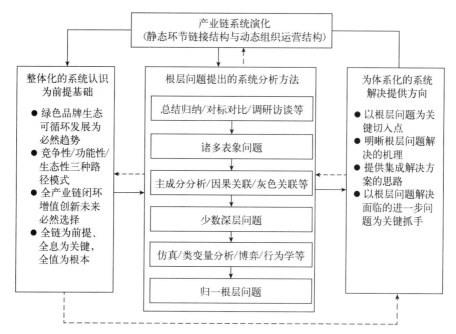

图 2-10　影响畜禽产业链融合增值创新根层问题的提出与系统分析流程

实质上，影响畜禽产业链融合增值创新的根层次问题，归根结底也就是"信息/网络/数字、知识/认知/认同、位置/机会/权利"三个主要问题。在信息/网络/数字方面，主要表现在全产业链信息是否对称，在一个空间上或多个空间上（包括物理空间、市场空间、组织空间、服务空间、多创空间、思想空间等）是否能够形成一个良好的关系生态网络，在产业链运行过程中，各环节运行的状态形态是否能够用数字（或数字符号）进行明确的表达；在知识/认知/认同方面，相关主体（包括政府企业、科教咨询、金融保险，以及产业链上的生产经营、投资运营、管理决策、市场消费等主体），是否对产业链发展以及融合增值创新的各方面知识了解，对全产业链各环节产生的投入、转换和产出的物质能量有一个认知，进而对全产业链形成的价值有一个认同；在位置/机会/权利方面，主要表现为在推动畜禽产业链融合增值创新过程中，哪类主体的位置最高、哪类主体获得的机会最多、哪类主体的权利最大，是能够引领或统领价值主体，还是一些趋利的利益主体。以上这三个方面，是影响畜禽产业链融合发展、增值发展和创新发展的主要因素，在做问题分析时需要对其进行具体分析。

（一）畜禽产业链绿色发展的问题分析

绿色发展是基于可持续发展思想产生的新型发展理念。实现绿色发展，关键在于把节约优先、保护优先、自然恢复作为基本方针，把绿色发展、循环发展、低碳发展作为基本途径。新的时代，我国发展的环境、条件、任务、要求等都发生了新的变化，资源环境约束和生态环境保护要求约束逐年加剧，人们对生态绿色产品和健康营养食品消费需求，以及生态宜居生活环境的要求等逐年变高。改革开放 40 多年来，我国正从一个传统农业国逐步迈向现代化国家的行列，农业生产规模和生产技术亦达到空前水平。谷物、肉类、蔬菜等多种农产品产量世界排名第一，农产品的多样性前所未有。然而，长期高投入、高消耗和高污染的农业发展模式不仅导致我国农产品缺乏市场竞争力，而且付出了巨大的资源环境代价。高投入、高消耗和高污染的传统畜禽产业链发展方式已经完全不能适应新时代发展"双重"约束的冲突和挑战，迫切需要传统产业链向科技含量高、资源消耗低、环境污染少的发展方式转型升级（表 2-7）。

表 2-7　畜禽产业链绿色发展面临的主要问题和具体表现

问题	具体表现
资源环境和生态环境保护约束加剧	① 粗放发展方式加剧了资源环境约束。粗放型增长方式是产生环境问题的根本原因。人口多、资源少、环境容量小、生态脆弱是我国的基本国情，我国农业资源问题非常严重，再加上一些水土资源保护、恢复生态环境等措施执行不力，严重影响到农业可持续发展 ② 集约化规模化发展对环境污染加剧。饲料原料生产、化肥农药不合理使用、兽药、添加剂的乱用和过量添加、养殖业无序发展和饲料的营养不平衡，再加之农村卫生设施落后等，将加剧农业资源和农村环境污染，既损害生产者和农民的健康，又威胁农畜产品安全 ③ 政府对生态环境治理保护要求变高。党的十八大以来，中央及地方各级政府对生态保护、环境治理和污染防控等要求不断升级。然而，畜禽产业链上各环节生产经营和投资运营主体，大多环保意识、生态意识等不强，另外环保的成本过高，很难达到政府的要求

（续）

问题	具体表现
国民健康营养消费的质量要求变高	① 畜禽产业链相关主体健康意识不强。产业链上大多数生产经营主体缺乏全产业链健康意识，不仅造成营养的不平衡，同时也带来许多健康方面的问题。种植业化肥农药的高投入，养殖业兽药和化学添加剂的过量添加，导致植物、动物的营养富集，最终影响人类的健康 ② 生态绿色产品消费需求和要求变高。随着人民生活水平的不断提高和对美好生活的追求，对生态绿色产品和健康营养食品消费质量的要求也不断提高。传统畜禽产业链发展的方式已经不适应新时代绿色消费和高质量消费的要求。因此，倒逼产业链生产经营主体转变发展方式 ③ 传统产业链需向绿色发展方式转变。绿色经济强调科技含量高、资源消耗低、环境污染少的生产方式。而我国大多畜禽产业链科技含量低、资源消耗高和对环境造成的污染程度高。同时，无效投入、无效产出、无效产能和无效成本等都非常高，很难满足健康消费的要求
生态循环方式需畜禽全产业链闭合	① 全产业链运营生态循环不闭合。我国大多畜禽产业链生态循环的方式，大多局限于种养结合方面，不仅循环的规模小，同时涉及的范围也比较小，达不到对各环节产生的废弃物和副产物的综合利用和高效利用。现有的循环方式，物质循环、能量循环和价值循环效能低 ② 产业链运营生态循环区域间不闭合。在欧美一些发达的国家，农牧业循环经济发展的方式是与区域乡村生态系统协调的，因此，他们的生态循环发展方式与畜禽产业链运营是闭合的。目前，我国畜禽产业链运营的生态循环方式，大多是环节性和局部性，很难影响区域的大循环 ③ 产业链运营生态循环区际不闭合。我国一些工业化、城镇化发达的地区和大城市，为突出生态文明建设业绩，减少生态环境保护带来的责任和麻烦，把不该限养的区域也划为限养区域，这样就迫使养殖业向农区、牧区和不发达的地区转移，增加了这些地区生态环保负担

（二）畜禽产业链融合发展的问题分析

畜禽产业链融合发展，涉及的资源要素、层次层面、主体组织、各类关系多，在融合发展过程中，谁来协整合统筹，除领导组织统筹的问题外，还需要相关土地、资金、信息和人才等综合服务体系来支撑。近年来，宏观层面中央及各部委出台了一系列促进农村一二三产业融合发展、文旅农融合发展、产科教融合发展、城镇村融合发展等政策，但落实到中观和微观层面，面临着产业链各环节主体决策掌握的信息不对称、畜禽产业链发展的信用机制不健全、产业链运营的风险大和投入不协同等问题。发达国家由于市场机制健全，要素匹配主要是市场主导，因此发达国家的畜牧产业链融合度就比较好。我国由于市场机制还不健全，因此我国融合度好的畜禽产业链比较少。另外，从金融进入农业的角度来讲，由于我国农牧业信用水平低，加之信息不对称，以及产业链上大多生产经营主体寻租、投机等现象严重，金融主体不愿意进入农业及产业链，产业链融合缺乏支撑。其主要问题和具体表现见表 2-8。

表 2-8　畜禽产业链融合发展面临的主要问题和具体表现

问题	具体表现
各环节主体决策掌握的信息不对称	① 产业链上游生产、养殖主体对信息掌握程度偏低，受到土地、资金、科技、人才等要素供给不足的制约，难以构建融合的组织、管理和服务体系 ② 产业链各环节主体大多缺少对信息来源的分类梳理、定向监管和有效利用，导致产业链部分主体对市场和政策相关信息的掌握较为滞后，信息利用不够充分，造成了畜禽产业链的上游、中游、下游各环节之间经常出现生产销售与市场脱节 ③ 产业链关联的生产者、投资者、消费者等，进行决策时掌握的信息不足，加之单独主体对信息的理解和认知受限，影响了产业链上的价值
畜禽产业链发展的信用机制不健全	① 产业链上宏观主体和微观主体发展目标不协同。部分产业链主体，为了享受地方政府招商引资的优惠，或享受相应的政策扶持，盲目参与到产业链的生产、加工、销售过程中，导致产品质量波动幅度大，产品没有相应的制度标准去背书，无法获得消费者的信任 ② 目前对畜禽产业链的管理体制还存在职能分配不清、综合协调较差等问题。在畜禽产品品牌认证方面，体系化的认证、标准、追溯、区块链等技术也没有和"三品联动"有机融合，进而不能将高质量的标准和数据成功转换成信用，被消费者接受 ③ 畜禽产业链中原料生产和初级产品加工占比重较大，高附加值的精深加工产品生产较少。新型主体发展缓慢，产业龙头企业带动辐射能力不强，链接生产端和消费端的能力较弱
产业链运营的风险大和投入不协同	① 农村地区农业保险、担保机制还不健全，在与企业的合作中，农户往往需要承担很大的自然和市场风险，不利于畜禽产业链各环节之间的紧密链接和融合 ② 产业链中下游道德风险、系统风险较高，金融要素对产业链兴趣不足。而我国多数农业经营主体规模偏小，抵御风险的能力较差，银行信用等级不高，获得贷款难 ③ 多数投资主体为获得政府政策支持，盲目投资，不仅导致产能过剩，同时也导致资源要素的配置浪费与利用低效。也有部分主体为扩大产品市场份额，进行过度的广告宣传、包装设计、展销博览的竞争性营销，稀释了产业链上整体价值和服务价值

（三）畜禽产业链增值发展的问题分析

增值发展在于高质量发展。高质量发展依赖于"多品"联动支撑、标准支撑、数字信息支撑和服务支撑，进而形成面向多元化消费群体市场的品牌竞争力。推动畜禽产业链高质量发展有三个关键要素，一是实现高效益，二是实现稳定增长，三是实现创新驱动。现阶段，我国畜禽产业链各环节生产经营主体、投资运营主体、科教支持主体，以及政策制定和咨询服务主体等，学习创新的能力素质普遍不高，导致大多产业链不能适应高质量发展要求，其冲突挑战主要表现为产业链供需匹配度不够高、产业整体竞争力和各环节协同创新力不够强。因此，造成了产业链品牌影响力不高、关系生态脆弱和创新依存度下降，迫切需要运用和落实"多品联动，资本汇聚"和"部署对接，布局调优"战略，促进畜禽产业链各环节品种、品质和品牌联动发展，协同主要价值链和辅助价值链活动，促进畜禽产业链高质量发展（表 2 - 9）。

表 2 - 9　畜禽产业链增值发展面临的主要问题和具体表现

问题	具体表现
畜禽产业链供需的匹配度有待提高	① 高质量发展要体现在实现高效益，主要体现在各类要素资源的产出效率上，高质量发展就是要要素资源利用的高效率，即较高的资本效率、劳动效率、土地效率、资源效率、环境效率等，用较少的投入形成更多的有效产出，特别是全要素生产率处于较高水平 ② 我国大多畜禽产业链很难满足高质量发展的要求，畜禽产业链供需匹配度不够高、市场调节机制不健全存在缺陷、产业链品牌影响价值认知程度低，需要运用和落实"多品联动，资本助力"战略，去化解与高质量发展的矛盾冲突，应对供需不匹配等诸多挑战
畜禽产业发展国际竞争力需要加强	① 我国畜禽产业链国际竞争力不强，突出表现在畜禽种业环节。目前地方畜禽遗传资源生存状况日益严峻、开发利用不足，主要畜种种源过多依赖引进品种，畜禽良种化科技攻关缺乏重大科研平台，完全自主知识产权的畜禽品种不足，导致产业链和供应链都缺乏竞争力 ② 在全球化竞争格局中，我国大多畜禽产业链整体处于中低端水平，影响了畜禽产业创新体系的健全性和有效性，制约了产业链关键环节的创新资源有效配置和合理分工布局，削弱了产业链相关主体对剧变环境的抵抗力和适应力，造成了畜禽产业链国际竞争力始终不高
畜禽产业链的协同创新力亟待提升	① 高质量发展，目的是提高供给体系质量，关键在于创新驱动。当前，我国大多畜禽产业链的科技创新能力与高质量发展的需求还不适应，特别是一些关键核心技术的"卡脖子"问题依然存在，导致畜禽产业链协同创新能力不够强、产业链核心环节创新驱动力不足 ② 畜禽产业链关联主体的基础素质、学习进取心、学习兴趣和求知欲望，会影响到畜禽产业链新知识、新技术和新模式的学习转化及推广应用效果。我国大多数畜禽产业链从业主体的知识素质偏低，创新诉求较少，对创新的依存度偏低，导致新的理念、新的思想、新的技术、新的模式和新的成果在畜禽产业链上传导慢，难以形成喷涌式爆发式的创新聚集效应

（四）畜禽产业链增值创新的问题分析

畜禽产业链增值创新主要在于产业链各环节生产经营与投资运营主体的增值投入、增值方式和增值产出三个关键因素，其三个关键因素又与产业链各环节创新投入、目标协同、要素匹配、价值减损和提质增效有关。新的历史时期，由于供给侧结构性改革的深入、绿色高质量发展的要求、"互联网＋"和平台经济等商业模式颠覆性的创新等，使传统和常规的发展理念、生产经营和投资运营模式，以及创新的方式方法，已经不适应时代的发展要求，导致传统和常规发展方式与现代发展方式的目标利益产生严重的冲突。因此，畜禽产业链增值面临着上游创新投入不足、中游产能过剩和下游减损不够等问题，造成了产业链上各类产品优质不优价、价值与价格不协同，以及产业链上中下游利益分配不公平的现象，需要运用和落实"平台生态，舞台服务"战略，构建产业链关系生态，实现产业链增值创新；需要运用和落实"三海汇聚，能值促进"等战略，以及系统解决问题的方法论，去化解问题和冲突（表2-10）。

表2-10　畜禽产业链增值创新面临的主要问题和具体表现

问题	具体表现
畜禽产业链增值创新的投入不足	① 增值创新的要素聚集程度低。我国畜禽养殖主体规模较为分散不聚集，导致政策导向、资金扶持、人才投入、科技投入、成本投入不聚集，产业链发展很难形成链网，从而不能形成增值空间的最大化。进而也影响土地、资金、信息、人才等要素不愿意向产业链聚集 ② 增值创新的投入不集中。畜禽良种繁育周期长、投入高、潜在市场风险较大，造成育种企业投资回报率低，加之目前社会人才、劳动力成本高，土地价格不断攀升，疫病难以防控，畜禽污染物治理购买的设备和技术价格和维护成本高等因素，需要大规模集中投入 ③ 增值创新的新动能不足。高风险、高投入、低收入的现状导致生产者投资者对创新积极性不高。资金筹集渠道有限，对生产人员的培训不足。人才引进政策有局限性，专业人才的带动作用难以发挥。创新驱动力不足，以传统生产模式为主，难以实现产业链增值发展
畜禽产业链增值创新方式需要优化	① 随着"互联网＋"、平台经济发展、商业模式颠覆性的变化，已经超出了生产经营和投资运营主体的预期，伴随着供给侧结构性改革不断深入、资源环境和环境保护约束逐年加剧、人们消费水平升级和高质量发展、畜禽重大疫情频发等，畜禽产业链传统和常规发展方式与现代发展方式的矛盾冲突也越来越多，导致畜禽产业链发展方式与时代发展的要求不匹配 ② 产业链核心环节创新驱动力弱。一方面科教主体面向产业需求的科技创新精准度有待提升，而作为市场主体的企业自主进行科技创新的动力和能力不足，制约着产业的转型升级；另一方面科技创新成果的转化过程缺乏面向生产和产业实践的技术、管理、服务集成创新，产学研结合的机制不够完善，导致创新成果产业化程度低，创新主体获得的支持和激励不足

（续）

问题	具体表现
畜禽产业链的协同创新力亟待提升	① 高质量发展，目的是提高供给体系质量，关键在于创新驱动。当前，我国大多畜禽产业链的科技创新能力与高质量发展的需求还不适应，特别是一些关键核心技术的"卡脖子"问题依然存在，导致畜禽产业链协同创新能力不够强、产业链核心环节创新驱动力不足 ② 畜禽产业链增值创新体系支撑不足。发达国家的畜牧业能够保持相对平稳发展、实现了现代化的重要原因是政府建立了非常完善健全的支持体系，形成了全程常规自动支持机制，有相应的法律法规作为保障，有效地避免畜禽业发展的风险。目前我国没有形成科学、完善、健全的支持系统，许多支持政策措施都是在风险发生波动后才临时采取，多属于"亡羊补牢" ③ 增值创新的根本因素在于人，人的因素背后是体制，体制会影响组织和机制，体制、组织和机制之间的责权利关系影响到治理。因此，推动畜禽产业链增值创新，需要由组织机制创新来促进产业链增值创新的效果提升、利益机制的合理，以及畜禽产业链各环节的收益平衡

综上所述，本节在系统认识的基础上，基于畜禽产业链的发展趋势及本质规律，从系统整体的、关联的、动态的系统作用环境，对畜禽产业链融合增值创新乃至链群、链族、链网向"关系生态"演化过程面临的现实问题和预期问题，进行了深入的挖掘和分析。形成了一套分析问题的新思维、新思想、新思路、新框架、新流程和新方法。一是深入挖掘本质，丰富演化情境，将多层级、多类型和多情景的一揽子问题叠加成一个复合系统，从全视角、多维度、大尺度去思考问题，深入挖掘和分析问题所切入视角的本质，丰富问题发展与变化可能演化的情境；二是准确诊断问题，深刻揭示起因。在不确定的情况下，将一揽子复杂的问题看成为系统工程，通过系统目标分析、系统要素分析、系统环境分析、系统资源分析、系统功能分析、系统管理分析，依据实际中的环境、需求和冲突，可准确诊断问题，深刻地揭示问题起因；三是厘清复杂对象，做出科学抉择。将问题形成目标，分析可利用的资源、要素，找出各种可行方案，并通过一定标准对这些方案进行比较，有效地提出主体、客体或载体改进提升的方案和满足客户需求，帮助产业链上决策者在复杂的问题和环境中做出科学抉择。

第三节　决策方案

决策方案是基于系统分析、演化分析和战略分析之后，基于对畜禽产业链融合增值创新以及链群/链族/链网向"关系生态"跃升的系统认识、问题分析的基础上，以系统方法、系统管理、兰德决策和产业共生等理论为基础和依据，运用"智慧逻辑＋"思想方法体系、研学方法体系和工作方法体系，对畜禽产业链融合增值创新的过程，以及产业链群/链族/链网向"关系生态"跃升的不同情景决策进行分析、框架构建和方案评价。同时，将虚拟模型、信息模型和物理模型相结合，对产业链/链群/链族/链网上各层级主体组织的决策行为进行模拟。决策方案也是对畜禽产业链融合增值创新，以及链群/链族/链网向"关系生态"跃升过程面临和预期的一系列问题解决的决策方案，也要把其存在和面临的表象问题、深层次问题和根层次问题视为一个复杂系统，体系化地运用系统的思想、理论、方法等，进行认识、分析和解决，准确把握系统问题发生的规律、问题的成因、问题的本质、问题演化的趋向，并进行科学的诊断和开"处方"，最后得出分类型、分层次和分时段解决问题的可行方案。

一、系统决策的智慧逻辑

畜禽产业链健康可持续发展，面临着供给侧结构性改革不断深入和高质量发展、政策支持力度不断加大、市场全面升级转型、城乡居民消费升级等方面的机遇，同时也面临着资源环境约束加剧、生态环保要求变高、疫病风险防控难度大、国际贸易摩擦不断升级、环境剧变和商业模式颠覆式变化等方面的挑战。加之数字化、网络化、智能化、全球化加速发展推动社会变革、经济变革、市场变革、商业模式变革，以及上层建筑与经济基础变革、生产力和生产关系变革等，使畜禽产业链发展的变数也不断加大。面对着动荡、模糊、复杂和动态的产业链发展背景环境，大多产业链发展与运营存在着目标模糊、组织动荡、关系复杂、机制失灵、资源低效和要素失衡等问题，使相关决策主体很难把握住产业链发展的主攻方向、定位目标、组织机制、路径模式和策略措施。从目前我国大多数涉农产业链发展的现实状态来看，体系化去解决以上这么多根层、深层和表层问题，仅靠常规一些理论方法解决都很难奏效，更何况去解决畜禽产业链融合增值创新及链群/链族/链网向关系"生态跃升"的问题。

因此，在这个环境剧变、约束加剧、关系复杂、变数增多、机遇风险挑战并存，以及数字化、网络化、全球化加速发展的时代，畜禽产业链发展的周围充满了复杂性、模糊性和不确定性，冲击着产业链上相关决策者原有的心智模式。迫切需要一种心智模式的升级，从原来简单、固化的心智模式，转向复杂、动态的心智模式。还迫切需要一种"智慧逻辑＋"新的行动方法的升级，从原来顾此失彼、目光短浅的朝夕之策，转向识微见几、标本兼治的长远之计。系统决策的智慧逻辑，就是将"三观（世界观、人生观、价值观）"和"五大"发展理念（创新、协调、绿色、开放、共享）与传统经典理论和现代信息科技、网络科技和数字科技智慧等相结合，探索和构建一套畜禽产业链融合增值创新、链群/链族/链网向关系生态演化过程，系统认识、系统分析、系统解决的系统思维与系统决策的支持系统，为产业链上的决策者提供心智模式和行动方法升级的阶梯，以及系统思考和决策的新方法新工具（图2-11）。

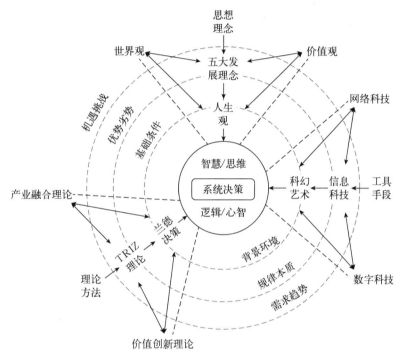

图2-11　基于系统决策及决策方案构建的智慧逻辑思维导图

二、决策运用的理论方法

畜禽产业链融合增值创新的对象载体，是一个复杂异质系统，其组成的元素不仅数量大而且种类繁多，它们之间关系也非常复杂，并有多种层次结构。其特点是：系统不仅规模巨大，而且元素或子系统种类繁多，本质各异，相互关系复杂多变，并且存在宏观、中观、微观多层次，不同层次之间关系复杂，作用机理机制也非常复杂。因此，系统中出现的任何问题、不足、缺陷和需求等，需要运用体系化的系统工程理论和思想、系统方法等整体解决。

（一）系统决策运用的相关理论

1. TRIZ 理论体系 是一种用于解决发明问题的理论体系，其核心思想包括三个方面：一是创新与发展存在客观的进化规律和模式；二是技术难题、冲突和矛盾的不断解决是推动产品进化的动力源泉；三是创新发展的理想状态是用尽可能少的资源实现尽量多的功能。在 TRIZ 理论中，应用最广泛的是分割原理，通常与之搭配的是重组原理，在产品创新中二者结合使用能够快速演化出具有新功能的产品，从而打开市场。分割原理包括"把物体分成相互独立的部分、把物体分成容易组装和拆卸的部分、提高物体的可分性、非实体领域如心理学上对观念的分割和合并"四个要点，四个要点相互联系，共同构成分割原理。与分割原理相适应的重组原理包括"在空间上将相同的物体或者相关的操作加以组合、在时间上将相同或相关的操作进行合并、在管理领域按目标进行合并"三个要点，重组理论的三个要点分别强调了重组过程和要素需要适应时空条件，此外也将管理领域的诸多要素一同纳入理论体系，拓宽了 TRIZ 理论的应用范围。另外，TRIZ 理论将分割重组理论综合运用能够实现技术系统向超系统转化，通过合并能达到减少空间和时间成本，提高生产效率，获得额外收益。

2. 价值创新理论 1997 年金昌为和莫博尼在《哈佛商业评论》上发表的《价值创新：高速成长的战略逻辑》首次提出了价值创新概念，其观点认为企业价值创新是以满足顾客需求为目的的产品或服务的不断改进，其核心目标是使该企业的产品或服务能给顾客创造更高的效用。王迎军等认为，价值创新虽然是一个新的概念，但它反映的并不是全新的事物，而是提供了一个新的观察问题的角度。价值创新瞄准的是顾客需求变化所形成的市场机会，往往隐含着较大的风险，属于激变型创新。随着经济全球化和科技进步，企业、供应商和消费者拥有了更多的选择机会，实现价值增值不能仅依靠定位价值链的战略环节及其附加价值，更重要的是要构造价值的新成分，即在现有的产业链基础上，构造更为全面的价值创造系统。这就要求相关主体在正确认识自身能力的基础上，重新梳理与价值链上各经济角色的关系，尽可能形成合理的、系统的、简约的组织关系，从而形成优质、高效的价值创造系统。

3. 产业融合共生理论 产业融合是共生的前提，没有融合就不可能产生共生。产业融合是与产业价值创造和实现的天然属性相联系，产业共生是以价值共创为基本前提，产业融合共生应达到"1＋1＞2"的效果，从而实现产业融合发展、增值发展和绿色发展。目前，学界对产业融合的类型存在多种分类方式，但综合考虑不同的分类方式，产业协同融合的层次关系如出一辙，即：从低级到高级的递进协同。此外产业协同融合也有相类似的目标，即实现产业共生，在产业协同达到一定水平后，通过多产业之间的协同实现产业融合共生，从而达到双赢甚至多赢的产业发展目标。现有研究多从技术融合、价值模块、产业边界以及系统工程学的角度界定产业融合的概念，本书则以我国学者厉无畏的观点为主要依据，认为"产业融合是不同产业或同一产业内的不同行业之间通过相互渗透、相互交叉、最终融为一体，逐步形成新产业的动态发展过程"。产业融合的本质是通过产业之间改变与被改变，逐渐产生新业态的过程，其根本原因是跨越产业边界的某一无形要素在另一个产业的应用与发展。

（二）系统决策运用的相关方法

系统方法是一种统筹全局、把整体与部分辩证地统一起来的科学方法，它以对系统的基本认识为依据，应用系统科学、系统思维、系统理论、系统工程与系统分析等方法，将分析和综合有机地结合，并运用数学语言定量、精确地描述研究对象的运动状态和规律，用以指导人们研究和处理科学技术问题。其特征在于从系统的整体性出发，把分析与综合、分解与协调、定性与定量等结合起来，精确处理部分与整体的辩证关系，科学地把握系统，达到整体优化。具体内容包括系统的分析和综合、建立系统的模型、系统的择优化（表2-11）。

表2-11 基于系统法案的系统方法具体内容

要项	系统方法的具体内容
系统的分析和综合	① 首先识别某一领域是全称集合 U，了解系统 S 是 U 的子集 ② 明确 S 的补集是环境 E；其次，要把 S 从 U 中分离出来，定出 S 与 E 的界面，再分离出 S 的主要成分，从中研究系统结构与功能的特性，找出成分之间以及成分与环境之间的相关性，描述系统中物质、能量和信息三者的相互关系 ③ 最后，还要综合分析它们如何组合成有机的整体
建立系统模型	① 把系统的各个要素或子系统加以适当的筛选，用一定的表现规则变换成简明的映像 ② 建模，通过模型可以有效地求得系统的设计参数和确定各种制约条件。模型建立以后，还要采用一定的仿真方法或物理方法测试和计算模型，并根据测试和计算结果，进而改进模型 ③ 消除定性分析中的主观臆测成分，以便确切掌握系统的各个功能及功能之间的关系，了解并确定系统存在的价值以及价值之间的关系

（续）

要项	系统方法的具体内容
系统的择优化	① 优化系统，使之有效工作，功能优良。从数学上讲，优化是指在若干约束条件下选择目标函数并使它们得到极大值或极小值 ② 采用分解和协调方法，以便在系统的总目标下，使各个子系统相互配合，实现系统的总体优化 ③ 在大系统的总目标下加以权衡，在大系统与子系统之间如此反复交换若干次信息，求出系统的优化解

整体认识、分析和解决系统中存在和预期的各种问题，需要运用系统方法把握其系统构成的关系、运动状态和规律，并以系统方法论为基础，衍生出的"三维认识、二维分析、一维解决""分类、分层和分段""拆分、重组和创新创构""抓点建构、抽象建模、场景还原"等方法论，来解决畜禽产业链融合增值创新这个复杂异质系统存在和预期的问题。

（三）系统决策运用的体系工程

"体系"是由若干异质的系统（systems）整合而成的一个新系统（system），即 SoS。体系工程侧重于求解若干异质系统整合后产生的新问题。畜禽产业链融合发展与增值创新的各个侧面、各个层次、各个组分之间均表现为由不同性质的众多系统组成的体系（SoS），构成体系工程之内容。畜禽产业链融合发展与增值创新是由"生猪产业链融合发展与增值创新、蛋鸡产业链融合发展与增值创新、奶牛产业链融合发展与增值创新、肉牛产业链融合发展与增值创新、肉羊产业链融合发展与增值创新、饲草料产业链融合发展与增值创新、畜禽产业链生态循环融合发展与增值创新"等众多系统组成的体系。除此外，每个系统组分还涵盖着产业链融合发展、增值创新、生态循环、营养健康、"三品"联动、"三海"共生、"三链"融合等众多系统组成的体系。运用体系工程解决畜禽产业链融合发展与增值创新的任务，就是要深入细致地分析其中的矛盾、策划、构建和实施破解矛盾之体系工程，达到预期的目的。

三、系统决策的方案构建

解决方案通常指解决问题的方法和流程。目前，我国畜禽产业链存在着上游创新不足、中游产能过剩、下游减损不够等问题，加之重大疫病大规模突发、环境保护紧约束加剧、国际经济环境超常变化和贸易摩擦不断，使得畜禽产业链健康可持续发展面临着严峻的挑战，需要用产业链"融合发展、增值创新、生态循环、营养健康、绿色品牌"的理念和思想，以及体系化的系统工程理论，去解决畜禽产业链面临的以上这些挑战。由于畜禽产业链融合发展与增值创新是个庞大系统，短时间内很难解决这诸多问题，要遵循"整体统筹、局部突破、梯次推进、最终一体"的原则，去体系化构建整体解决方案的框架和流程（图 2-12）。

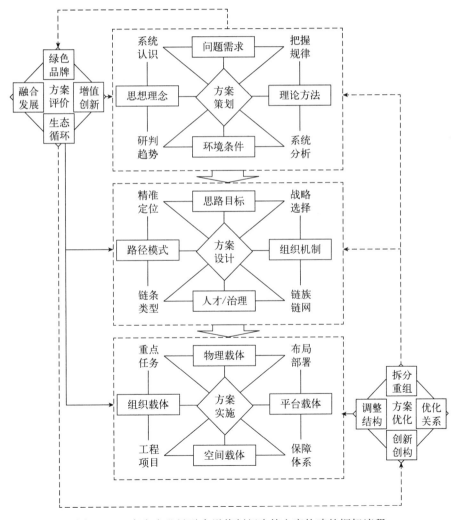

图 2-12　畜禽产业链融合增值创新决策方案构建的框架流程

（一）决策方案的策划、设计和实施

1. 基于畜禽产业链融合增值创新的决策方案策划 策划是一种策略、筹划、谋划或者计划、打算，是个人、企业、组织为了达到一定的目的，在充分调查市场环境及相关联的环境的基础上，遵循一定的方法或者规则，对未来即将发生的事情进行系统、周密、科学的预测并制订科学的可行性的方案。畜禽产业链融合发展与增值创新是基于传统与现代对涉农产业链问题解决方案的策划，是一个全新的理念。近些年，国内外形势变化巨大：一是全球经济一体化加快推进、国际发展环境超常变化和各国贸易摩擦不断，二是国家供给侧结构性改革、农村一二三产业融合发展、"三区三园一体"等顶层设计逐步完善，三是区域资源环境和环保紧约束逐年加剧、局部及向全国扩散的畜禽重大疫病发生频繁和各区域农牧业发展格局的变化，四是"互联网＋"现代农业、智慧农业和数字农业、平台经济和注意力经济等加快发展，这些必然会导致畜禽产业链走向超常规发展。因此，必须运用体系化的系统工程思想去解决畜禽产业链融合发展与增值创新的策划问题（图2-13）。

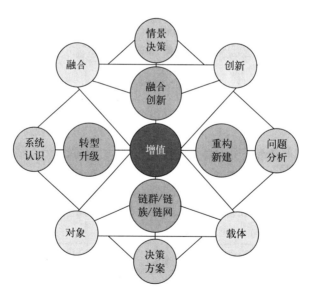

图2-13 决策方案策划、设计和实施与融合增值创新的逻辑关系

畜禽产业链融合发展与增值创新是一个全新的发展理念，方案的策划必须多维度、大尺度、精刻度、立体化去考虑一系列产业链融合发展与增值创新的问题。首先要考虑在社会自然、技术经济、商业文化演化背景下，畜禽产业链相关主体共生的生态组织怎样去构建；二是通过同一畜禽产业链中不同类型不

同层次主体的思想、理念、认识，聚合成为内在永恒的理念、智慧、思想、精神，转换成内在的能量、物质和价值，聚集吸引外在的智力资本、产业资本、政策资本和金融资本，促使内在和外在能量、物质和价值结合形成循环；三是以风险防控、机会增加、成本降低、效率提高和贡献依存度提高为目标，形成投入产出价值、交互价值、网络价值和资本价值，促进畜禽产业链可持续地增值创新，形成产业链组织协同共生的发展格局。畜禽产业链发展的根本竞争力来自基于信息、知识、思想的技术、管理、服务。其演化过程的决策依据可描述为：第一阶段是基于环节的信息把握，第二阶段是基于大量经验阅历的思想、理念与思路，第三阶段是基于知识体系的理性决策。因此，初级的畜禽产业链主体组织是以养殖环节主导，基于禀赋优势的开发为主；中级的是投入及加工渠道主导，以资本撬动的渠道为主；高级的是平台主导，以基于智力资本的融创为主。

2. 基于畜禽产业链融合增值创新的决策方案设计　方案设计是决策方案构建中的重要阶段，它是一个极富有创造性的阶段，同时也是一个十分复杂的问题，它涉及设计者的知识水平、经验、灵感和想象力等。方案设计包括设计要求分析、系统功能分析、原理方案设计几个过程。该阶段主要是从分析需求和解决问题出发，确定实现分案功能和性能所需要的总体对象（技术系统），决定技术系统，实现方案的功能与性能到技术系统的映像，并对技术系统进行初步的评价和优化。同时，要对方案设计过程所涉及的各类技术系统进行评价和优化，选择合理的技术系统，构思满足设计要求的解答方案。在方案设计时，要把畜禽产业链融合增值创新视为一个系统，要充分考虑系统的组分、功能、结构，基于系统的组分、功能和结构分析，要从宏观环境条件、中观环境条件和微观环境条件下的问题挖掘出发，研究设计满足目标需求的功能和效果实现路径。另外，还要充分考虑到，系统建设与运行的基础配套、产业提升、生态循环等工程，以及现代农业生产体系、产业体系、经营体系的支撑保障，工程与体系设计要站在支撑不同畜禽产业链在全球做精强、在全国做高新、在区域做优特的视野，去考虑工程和体系建设的布局部署问题。

畜禽产业链融合发展与增值创新，综合服务平台的作用非常重要，其功能能够高效链接面向实际需要的各种政府资源、科教资源、社会资源，规避独立个体发展的短板、瓶颈等约束条件，形成混合型组织和混合型投资（PPP）模式，以及形成面向实际需要线上、线下服务的集成解决方案，促进各种有利要素动态配置，实现成本节约和风险降低。综合服务平台的重要作用在于，立足产业链关联主体的实践问题，利用信息链，强化创新链，服务产业链，提升价值链，实现多种链条有机融合，促进一二三产业融合，共同提升物质、能量和信息交互作用的联合价值、交换价值和核心价值。综合服务平台最大的功能是实现集成转化力、示范孵化力和协同融合力的整合提升。集成转化力表现为对畜禽产业链科技成果的集成转化能力，推动产业链新品种、新技术和新装备的集成转化和示范；示范孵化力是指产业链品种科技、产业组织和品牌增值的关键环节的集成示范，有利于不断孵化新组织、新主体、新品牌和新项目；协同融合力是指平台孵化过程能够不断地协调各类关联的资源和要素，促进数据链、信息链、组织链、价值链、创新链、服务链和产业链的融合，更好地发挥平台的集成服务功能。因此，在构建决策方案时，要考虑平台服务对畜禽产业链融合增值创新的推动作用。

3. 基于畜禽产业链融合增值创新的决策方案实施 方案实施是对已设计好的可行性方案，从目标要求、工作内容、方式方法及工作步骤等方面做出全面、具体而又明确安排的计划。实施方案一般是以目标任务为导向，以物理载体、空间载体、组织载体、平台载体和网络载体为对象，以布局部署、工程项目和体系建设为重要抓手，以领导组织、投资运营、政策措施为支撑保障，进行一系列独特的、复杂的并相互关联的活动，这些活动有着一个明确的目标，必须在特定的时间、预算、资源限定内，依据规范完成。畜禽产业链融合发展与增值创新的实施方案，是个极其复杂的系统，涉及的维度和层面及主体组织多、尺度大、范围广。在方案实施过程，面临着对象载体类型的差异、区域间资源禀赋和经济发展环境的差异、产业基础配套支撑和政策支持保障的差异。特别是方案的实施主要是人的活动，人的思想理念、意识行为、胸怀格局、素质能力等方面也都存在着很大的差异。因此，需要建立一套"逻辑智慧贯穿、平台服务联通、龙头创新驱动、龙首全局统筹、龙种竞相发展"路径模式和运营机制，来指导系统方案的实施（图2-14）。

由于畜禽产业链融合增值创新，是个复杂异质系统，系统中所涵盖的元素、模块、板块、子系统繁多，之间的层级、纵向、横向和交叉等关系复杂，运用常规的实施方案设计框架流程和方法难以理顺对象载体之间的关系，形成可行性的实施方案，需要采用"抓点建构、抽象建模、场景还原"的"逻辑智慧＋"思想方法，去解决方案设计的一揽子问题。另外，要考虑到由于方案所涵盖的系统庞大，整体实施难度大、周期长和见效慢等因素，必须要抓住影响系统关键的几个突破性强、裂变性高、影响性大的子方案，来带动方案的实施。

（二）决策方案实施的情景模拟分析

在构建系统决策方案并形成最佳可行方案，还需要设计一些情景，对畜禽

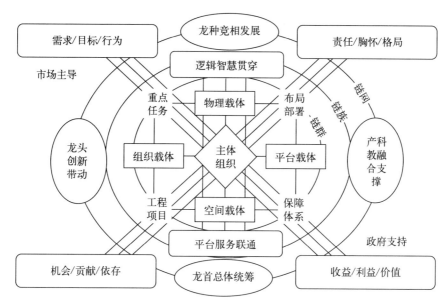

图 2-14 畜禽产业链融合增值创新的决策方案实施关系示意图

产业链融合增值创新和产业链群/链族/链网向关系生态演化过程进行情景模拟分析,以验证决策方案在实践中的可行性。实质上前面所研究的战略分析、系统分析和演化分析,最终的落脚点是"决策",战略分析是"决策"的基础,系统分析是"决策"的手段,演化分析是"决策"的关键。情景决策是基于系统分析、演化分析和战略分析之后,基于畜禽产业链融合增值和产业链群/链族/链网向关系生态演化过程中面临不同的情景,来模拟宏观组织、中观组织和微观组织会采取什么样的有效决策,应该采取什么样的有效决策,最终的决策能够达到什么样的效果。最后在落实"三大"战略、应对环境剧变和促进健康循环中应该采取什么样的决策。

决策方案实施的情景模拟,要假设构建出最好的情景、最差的情景和借助两者之间的中间情景。最好的情景要站在 2035 年我国农业农村基本实现现代化、2050 年乡村全面振兴全面发展那时我国的畜禽产业链的发展应该是什么样的,可以对照欧洲一些发达国家目前发展最好畜牧业产业链作为参照系。要假设到 2035 年、2050 年我国所有的政策法规在层级上是协同的,中央和地方部门在落实政策法规时没有像现在存在那么多冲突。到那时假设目前畜禽产业链健康可持续发展所存在的问题都解决掉了,我国的畜禽产业链以及产业链群、产业链族和产业链网的发展应该是一个什么样的状态,产业链/链群/链族/链网对象载体、组织机制和关系生态应该是一个什么样的形态;最差的情景，要假设现在的产业链/链群/链族/链网发展存在的很多障碍性问题、冲突性问题和矛盾性等问题还没有得到解决，包括层级的、环节的，还有中央和各级政府部门的，市场和政府之间还有很多的关系还是像现在没有处理好等。中间情景，现在的产业链/链群/链族/链网发展存在的问题有一部分得到了解决，还有一部分正在努力解决，政府与市场的关系正在改善，政府引导、市场主导、企业主体和科教支撑的发展机制正在健全。另外，在决策方案实施的情景模拟设计过程中，要考虑到市场与政府的关系维度，政府、市场和产业链上相关决策主体的关系，实现情景模拟四个维度的统筹。从产业链链群/链族/链网自身的发展视角，也要进行决策方案实施的情景模拟，要做出产业链链群/链族/链网发展最好状态、最差状态和中间状态的假设。最好的形态，应该是产业链增值分配进而融合创新达到一定的效果，实现深度融合，创新、融合也都形成体系，增值成为一个常态，形成良性循环。其价值工程、价值活动、价值循环和价值体系都形成了，各层级的价值目标也协同了。产业链转型升级、重构重塑等已经完成，产业链关系生态已经实现；最差的状态，是目前产业链发展面临着诸多问题现有状态的改良改进，而没有形成整体和本质的变化变革，在这个过程中转型升级还不到位，还实现不了重构或重塑。宏观顶层设计与微观具体落实还存在着脱节，中观承接宏观提升微观的作用发挥乏力。在这种不利的情况下，链群/链族/链网基于组织的制度、基于组织的机制及相关主体达不到可持续发展、绿色发展和高质量发展的要求。产业链群/链族/链网只做了改进，但是没有发生本质的变化，关系生态没有实现，还存在很多制约性因素、障碍性因素。中间的状态，即使达不到最好的状态，但是比最差的状态要好。照比最好的状态，在解决一些根层次问题上还设有实现全面突破，在解决深层次问题上还存在着一些弱项，在解决表层次问题上还有一部分短板。照比最差的状态，产业链上各环节主体的利益目标基本实现协同，价值目标正趋向协同。产业链上存在一些障碍性、冲突性、矛盾性和制约性等问题，一部分得到了初步的化解（图 2－15）。

（三）决策方案的分析、评价和优化

决策方案的分析、评价进而优化是基于方案策划、方案设计、方案实施和情景模拟之后的最后一道工序，主要是通过分析、评价和优化来认证方案在实践应用中的可行性、可操作性和可落地性。分析主要是解决方案在什么环境条件下、什么样的时机、什么样的时段（现在还是未来）方案实施才能够达到最佳效果；评价主要评价方案实施能否促进产业链及链群/链族/链网上的决策者能够掌握一套行之有效的决策工具，进而能够促进产业链融合增值创新以及产

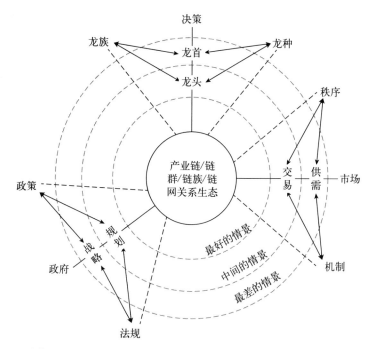

图 2-15　基于系统决策及决策方案构建的智慧逻辑思维导图

业链群/链族/链网向关系生态演化。这需要设计出一套评价指标，如本著作第一章提到的"成本效率""机会风险""依存贡献"等可作为评价指标；优化主要是通过情景模拟及在实践中应用和推广，不断去挖掘方案在实施过程中的问题，同时随着环境的变化不断去优化方案中可调节变量，使方案能够达到满意结果。以上是一个复杂的过程，必须按照系统分析、系统评价、系统优化的框架流程，建立一套科学的分析、评价和优化程序，有步骤循序渐进推进系统分析、系统评价和系统优化的价值活动的开展，使决策方案更为可行（表 2-12）。

表 2-12　决策方案分析、评价和优化的步骤

要项	分析步骤的具体内容
方案分析	① 设置方案分析的情景。最好的情景、最差情景和中间情景；分析现实情况与计划目标或理想状态之间的差距；挖掘方案在不同情景实施面临的一定问题，明确问题的本质或特性、问题存在范围和影响程度、问题产生的时间和环境、问题的症状和原因等 ② 对问题诊断并开处方。在对方案实施的不同情景进行问题诊断，哪些是根层次问题，哪些是深层问题，哪些是表层次问题，哪些是局部问题，哪些是整体问题。要探讨产生问题的根本原因，为下一步提出解决问题的备选方案做准备，开解决问题的处方 ③ 提出解决问题的最可行方案，如果问题解决不了，对方案进行调整

（续）

要项	分析步骤的具体内容
方案评价	① 提出方案评价指标，如成本效率、机会风险和依存贡献等指标 ② 根据上述评价标准，对备选方案进行评估。评估应该是综合性的，不仅要考虑技术因素，也要考虑社会经济等因素 ③ 成立评估小组或团队。评估小组或团队的成员应该有一定代表性，除咨询项目组成员外，也要吸收客户组织的代表参加。根据评估结果确定最可行方案
方案优化	① 对方案实施过程进行跟踪调查研究，挖掘方案在不同情境下实施的效果，如果效果不佳，提出方案优化的措施 ② 促进方案的衍生。最可行方案并不一定是最佳方案，它是在约束条件之内。要根据不同情景把每方案衍生出适应不同情景的子方案，使方案在不同的情境中都能产生很好的效果 ③ 随着环境条件和市场变化、消费升级、政策支持、法规约束，以及信息科技、网络科技和数字科技发展等因素不断升级，对方案要进行不断的调整和优化，不断提高方案实施的应对能力

综上所述，本节在系统认识和问题分析的基础上，构建了一套由先进的思想理念、智慧逻辑、经典理论方法和现代科学技术等相结合的决策支持系统。其目的意义：基于畜禽产业链融合增值创新，以及产业链链群/链族/链网向关系生态演化，为产业链链群/链族/链网上的相关决策者，提供一套体系化、系统化、工程化和生态化解决产业链链群/链族/链网发展问题的新思维、新思想、新思路和新框架、新方法和新工具。为决策者面对周围动荡、模糊、复杂和动态的环境，在推动产业链融合增值创新以及产业链链群/链族/链网向关系生态演化，有一个科学有效的决策。同时，也为决策者提供了体系化改变传统决策思维的智慧逻辑。

第三章　种养循环

　　种养循环是现代农业及产业链健康可持续发展的最重要环节之一，也是畜禽产业链融合发展、增值创新、绿色发展和高质量发展的关键。本章运用体系化系统工程思想、钱学森第六次产业革命理论、农业复合生态系统概念，结合我国不断深化农业供给侧结构性改革、绿色发展和高质量发展、生态治理保护和生态文明建设等需求，以及国际政治经济和全球贸易环境变化、我国 2035 年农业农村基本现代化和 2050 年乡村全面振兴全面发展等趋势，以第一章融合创新战略分析和第二章系统决策分析为基础，以第四章至第八章猪鸡牛羊五条产业链为例证，从健康增值、营养提质和循环赋能三个视角，系统阐述了基于畜禽产业链融合发展与增值创新的种养循环载体重塑的思路框架、结构逻辑、系统逻辑和价值逻辑，提出了基于种养循环"链群""龙族""圈网"向理想状态演进的路径模式，构建"关系生态"的策略措施。为从事生态农业、循环农业和现代农业产业链研究的专家学者、策划规划咨询、生产经营管理、投资运营主体提供理论与实践借鉴（图 3 - 1）。

　　新的历史时期，中国特色社会主义进入新时代，我国社会主要矛盾已经转化为人民日益增长的美好生活需求和不平衡不充分发展之间的矛盾。人们对健康和营养的需求、消费结构和消费质量升级的需求，与健康营养绿色农畜产品供需不平衡不充分也是其矛盾之一。解决这一矛盾必须以健康营养和种养循环有机结合，推动畜禽产业及产业链高质量发展的思想理念、路径模式和标准规范，不断跃升畜禽产业链各环节生产经营主体管理组织的决策行为，不断优化健康、营养、生态、循环之间的关系，促进畜禽产业链融合发展与增值创新，加快产业链群、龙族和圈网向"圈网生态"的高级形态演化进程。从系统工程的视角来看，健康是生命体生长发育繁衍的最基本需求，是人类追求美好生活和实现人本全面发展的保障。营养是维持正常生命活动所必需摄入生物体的食物成分，是人的健康最基础的基础，种养循环是促进生物、植物、动物营养物质绿色高质量生产的前提条件，健康、营养、生态和循环构成了一个大的循环体系。推动畜禽产业链融合发展与增值创新，以及畜禽产业链群、产业龙族、

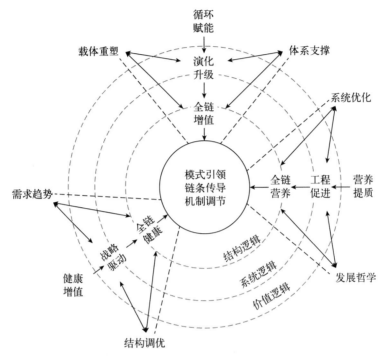

图 3-1　基于种养循环促进畜禽产业链融合增值创新的逻辑关系

产业圈网向"圈网生态"高级形态演化离不开巨复杂循环体系的支撑。

第一节　健康增值

　　健康是促进人的全面发展的必然要求，是经济社会发展的基础条件，是民族昌盛和国家富强的重要标志，也是广大人民群众的共同追求。从系统体系化异质系统工程思想整体看"健康增值"的问题，健康首先是以人的健康为终极目标，实现这个终极目标，它需要诸多的系统及系统的运行作为支撑保障。包括人生存发展依赖的生态环境系统、人维持生命及生命能量的营养物质系统、人生活生产工作所需的公共服务设施和物质系统等。在诸多系统中，其最重要的一个系统就是人维持生命及生命能量的营养物质系统，没有这个系统，其他的系统的作用和功效都为"0"。这个系统的重要组成部分，是涉农产业及产业链系统，畜禽产业及产业链是涉农产业及产业链系统中的一个组成部分，它是为人维持生命营养提供高质量蛋白和能量、氨基酸和常量元素、微量元素和维生素等重要营养的物质系统。要保障这个物质系统能够为人提供健康的营养物质保障，这就需要畜禽全产业链健康，同时，只有畜禽全产业链健康了，才能为人提供生态绿色、高质量高品质安全营养物质，进而产业链也会增值。

一、需求趋势

健康是生命体生长发育繁衍、生产生活工作的最基本需求，是人类追求美好生活愿望和实现全面发展的根本保障。2016 年 10 月，中共中央、国务院印发了《"健康中国 2030"规划纲要》，规划纲要提出"推进健康中国建设，是全面建成小康社会、基本实现社会主义现代化的重要基础，是全面提升中华民族健康素质、实现人民健康与经济社会协调发展的国家战略"；以及"调动社会力量的积极性和创造性，加强环境治理，保障食品药品安全，预防和减少伤害，有效控制影响健康的生态和社会环境危险因素，形成多层次、多元化的社会共治格局"的健康中国共享共建的基本路径。规划纲要的颁布与实施代表着新的历史时期，全国人民对美好生活追求愿望，也代表国家实现中华民族伟大复兴的意志，也为各行各业推进大健康产业的发展带来了重大机遇，与此同时也给环境保护、医疗卫生、农林牧渔、食品制造、康体养老等行业的发展提出了更高的要求和更高的标准。对于现代农业产业链而言，它是为人类提供营养进而提高人的生命健康水平的物质基础。全产业链的健康，是深化农业供给侧结构性改革的必然要求；是现代农业产业链绿色发展、高质量发展、融合发展、增值发展和创新发展的基础条件；是未来实现农业农村基本现代化、乡村全面振兴、农业全面升级、农村全面进步、农民全面发展的重要抓手，也是畜禽产业链融合发展与增值创新的前提条件。

二、结构逻辑

健康增值在本文中是指畜禽全产业链健康。全产业链健康是指畜禽产业链发展规模和质量稳定，运行的利益收益、价值收益和资本收益持续，产业链运行的成本效率系数合理，产业链投资运营、生产经营管理和决策的中观主体组织对机会把握和风险防控能力高，产业链运营对社会的贡献大，对要素市场和产品市场依存的程度高，产业链生存发展的生命能量高，对市场的供需价值高，产业链内部与外部形成的关系生态好，产业链投入环节精准、转换环节高效，全产业链产出（包括主产物、副产物和废弃物形成的产品）增值的水平高，产业链各环节生产经营管理的目标能力能够协同发展，生产经营管理服务等要素配置处于动态平衡，以上是全产业链健康的诸多表现。在畜禽产业圈网生态构成中，健康所指的范围较为广泛，它是以全产业链健康为主线、环境健康为保障、动物健康为根基，最终是以人的健康为终极目标。健康增值是一个由从生物到植物→植物到动物（畜禽）→动物到人的顺向传递和再由人向动物等逆向的传递过程，在传递中任何一个环节都离不开"环境"的作用因素。

全产业链健康增值是个系统的概念，它由环境健康系统、动植物健康系统和人的健康系统等重要系统构成，在系统的结构中，系统之间相互作用产生了增值的功效。在系统相互作用过程中，既有宏观层面的影响因素，也有微观层面和中观层面的影响因素。宏观层面包括生态环境、政策环境、社会环境和市场环境等；微观层面包括养殖主体、生产方式、畜禽品种、动物营养、疫病防控、动物福利等，以及人（包括投资者、生产者、消费者）的身体健康、心理健康和精神健康；中观层面主要表现在产业链组织、运行机制、领导决策集体的思想理念等方面。上述因素都影响着各系统之间的作用关系，决定系统之间的良性互促（图 3-2）。

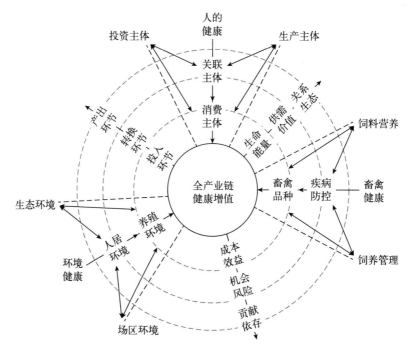

图 3-2 基于健康增值促进畜禽产业链融合增值创新的结构逻辑模型

（一）链条健康与动物健康的结构关系

在没有其他外部干扰因素的情况下，市场供需总量基本平衡能够使畜禽和肉蛋奶价格保持稳定，保障畜禽养殖主体获取合理的利润水平，避免因市场价格过低导致主体投入动力和能力不足。畜禽养殖主体的投入动力和能力不足，一方面会引发主体降低投入品、人工等相关投入的数量和质量，对动物健康产生损害，另一方面利润为零甚至亏损或深度亏损，会导致畜禽养殖主体的投入能力受到严重损害，大量畜禽养殖主体从畜禽养殖业中退出，加剧供求失衡，畜禽养殖产业链的环节之间、生猪养殖业与关联产业（包括饲料加工业、畜牧工贸产业和流通产业）出现严重失衡，能力闲置损失增大，产业链健康目标会受到严重损害。

（二）动物健康与环境健康的结构关系

实现动物健康，需要健康的环境作为保障。如果畜禽养殖区域环境中的大气、水和土壤被污染，那么生猪会通过呼吸、饮用水和食用污染土壤生产的饲料，遭受环境污染的负面影响，引发动物不健康。环境健康也会受到动物健康的影响。如果动物不健康，那么畜禽的发病率和死亡率就会上升，兽药使用量就会增加。兽药使用量的增加，就会导致生猪与兽药相关的排泄物也会增加，会对环境产生负面影响。死亡率上升，导致同样的供给总量，需要更大的畜禽养殖规模，畜禽存栏量就会上升，排泄物数量就会增长，环境污染就会加剧。

（三）动物、环境与人的健康结构关系

动物健康是保障畜禽产品质量的基础。动物不健康，那么在畜禽饲养过程中就需要使用大量的兽药，导致畜禽及畜禽生产肉蛋奶产品中存在着较高的兽药残留，部分畜禽养殖主体为了提高生产率违规使用和过量使用化学添加剂，虽然提高了畜禽和肉蛋奶产量，但畜禽和肉蛋奶产品的重金属残留量超标，人类食用了兽药和重金属残留量超标的肉蛋奶，会对人类健康产生很大的负面影响。环境健康是人健康的直接影响因素。畜禽养殖过程中产生的废弃物直接排放到环境中，或经过处理后依然超过周边环境的承载能力，会直接导致大气、水和土壤等环境因素健康水平下降，对养殖集中区域周边的人类生活环境造成很大的负面影响。

三、战略驱动

畜禽全产业链健康增值是大体系、大系统和大工程，在运行过程中必须要用大战略去驱动，只有大战略才能够把这个巨复杂体系化异质系统的运行驱动起来。宏观层面主要是运用"三海"汇聚战略，对接国家相关领域的顶层设

计、相关战略的部署布局提升微观，最后汇聚到中观；微观层面主要是运用"多品联动"战略落实宏观，最后汇聚到中观；中观层面主要运用平台生态战略，承接宏观连接微观，起到承上启下的功能作用。进而整体形成一个从宏观到微观、宏观和微观汇聚到中观的合理驱动结构，使宏观、微观和中观在促进畜禽全产业链健康增值过程中，都能够聚焦、着力和协同，形成体系化、系统化和工程化整体效应（图3-3）。

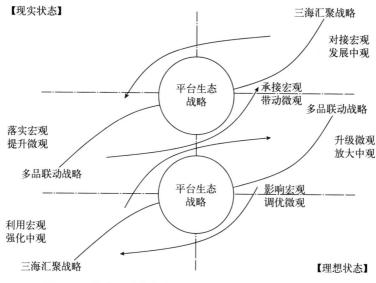

图3-3 战略驱动畜禽全产业链健康增值的演化逻辑关系

（一）三海汇聚战略驱动

健康提质促进畜禽产业链乃至链群/龙族/圈网融合增值创新，从物质能量运动的视角来看，它是个多层级、多体系、多系统的物质能量运动形态，在运动过程中有庞大的质量和巨大能量。因此，也需要巨大的势能、动能和场能驱动。从价值活动的视角来看，它是一个多层次、多类型、多环节等主体组织基于"健康增值"这一价值目标，系统化、体系化、工程化和协同化运作的过程。但是，在现实价值活动中"健康增值"是个多层级、多类型和多环节的目标系统，其系统的运行有在"红海"里的主体组织、有融入"蓝海"的主体组织和有正在创建"紫海"的主体组织，这些主体组织在系统中所处的层级不同、角色不同和偏好不同。在层级上有的偏宏观、有的偏中观、有的偏微观，在角色扮演上有的偏利益、有的偏价值、有的偏责任，在环节上有的偏环境健康、有的偏动植物健康、有的偏人的健康。另外，在市场运作中有的主体组织偏进攻型战略（竞争）、有的偏防守型战略、有的偏差异化战略。

若要将这个系统中由诸多层级不同、角色不同和偏好不同的主体构成的庞大组织系统驱动起来，那就需要运用"三海"汇聚战略对不同层级、不同类型和不同偏好的主体组织进行分类施策，最终实现系统运行中各类主体组织基于"健康增值"目标的理念协同、责任协同、价值协同和利益协同。同时，在健康增值的大生态系统中，基于全产业链健康使处在各层级、各种类型和各环节的主体组织都能够不脱离"红海"、融入"蓝海"、共创"紫海"，形成良好的关系生态。实质上，"三海"汇聚战略，主要是通过对"红海战略""蓝海战略"和"紫海战略"相关策略经典的汇聚，集成运用其战略思想、战略路径和战略措施，为宏观主体组织、中观主体组织和微观主体组织的决策者，提供一套不脱离"红海"、加快融入"蓝海"和不断创造"紫海"的策略宝典，是一套为各类主体组织都能够把握全局，处理好局部与整体的协同关系，抓住主要矛盾进行聚焦着力和突破，解决关键问题的策略方案。

（二）多品联动战略驱动

健康提质促进畜禽产业链/链群/链群/圈网融合增值创新，需要用全产业链健康的理念去统筹产业链群/龙族/圈网的物理载体体系高质量发展、融合发展、增值发展、创新发展。在这个过程中，品种、品质和品牌是健康提质促进畜禽产业链/链群/链群/圈网融合增值创新最关键的因素。要推动环境健康、动植物健康和人的健康，没有好的生物菌种、农作物品种和畜禽养殖品种，就不会有好的全产业链物产（包括主产物产品、副产物精深加工产品、废弃物资源化利用产品）的品质，没有好的全产业链物产的品质，就不能支持全产业链物产的品牌打造，这就需要多品联动战略来驱动基于健康提质促进畜禽产业链/链群/链群/圈网融合增值创新的整个系统的运行。实质上，"三品"联动战略主要是对全产业链运行如何获得健康优良的生物、动物、植物和动物品种，如何产出健康优质的全产业链物产，如何打造全产业链及全产业链健康物产品牌，并形成联动倍数效应等方面的总体谋划，以及理念思路、科技创新、路径模式、策略措施和行动方案的集成应用。它具体包括政府与市场、产业与科技、文化与教育、信息与人才、金融与保险、咨询规划、社会化服务等方面策略措施内容。

新的历史时期，我国的经济已由高速增长阶段转向高质量发展阶段，满足人民对美好生活愿望、实现伟大中国梦是新时代全国人民的不懈追求，健康是实现这些愿望和追求的基础。近年来，健康中国、国民营养计划等国家一系列大政方针和战略布局部署的推进，催生出一大批大健康产业发展的新路径、新模式和新业态，这些新路径、新模式和新业态都需要有健康营养的物质基础来作为支撑。实施多品联动战略，就是要把这些为国民提供健康营养物质的生物、植物、动物等品种遗传性能、繁衍性能和商品性能培育发展得更健康，让它们生产出更健康、更营养、更有品位的物质产品为人的健康造福。同时，再通过全产业链及全产业链物产的品牌打造，让生物、植物和动物品种的本身和生产劳动更有价值。实施多品联动战略，也是基于全产业链健康，让产业链上各环节生产经营管理、投资运营主体、科技创新主体和生产服务主体，以及相关的政策制定主体、文化教育主体、策划规划主体等基于宏观层面、中观层面和微观层面，提高他们对"健康"认识的整体观、系统观、价值观和世界观，进而有利于宏观、中观和微观主体组织的协同决策，推动农业全产业链健康增值。

（三）平台生态战略驱动

从全产业链健康的视角来看，健康增值是由诸多的环境条件、载体体系、路径模式、组织机制、生产经营、管理服务、投资运营等因素决定的。它涵盖环境健康、动植物健康和人的健康多重目标。在这个多重目标体系中，仅环境健康的一个视角就涵盖生态环境健康、人居环境健康（这里指从事养殖人员的居住环境和工作环境）、场区环境健康和养殖环境健康和养殖健康等目标。在此基础上，又分为层级目标、类型目标和环节目标。环节目标包括宏观层面的生态环境健康、中观层面的养殖环境健康和微观层面的动物养殖环境；类型目标包括产业链上相关主体组织的利益目标、价值目标和责任目标；环节目标包括投入环节、生产环节和产出环节。在全产业链实际运营过程中各层级、各类型和各环节主体组织，都依据自身所偏好的目标价值因人而异进行价值活动，全产业链健康的价值目标很难协同和实现。如何使诸多主体组织的利益目标、价值目标和责任目标进行统一，价值活动行为进行协同，与全产业链健康增值的总体目标进行整体协同，这就需要运用平台生态战略进行全面的驱动，使在全产业链运营过程中，产业链上的诸多主体能够协同，最终能够形成良好关系生态。

平台生态战略是基于中观组织，通过运用平台生态的思想理念、逻辑智慧、治理模式和技术手段等，使诸多有不同差异的主体组织在一个特定的事物中，形成关系生态。平台生态战略实施的效果主要取决于在区域、区际乃至全国是否能够形成"龙首＋龙头＋龙种"产业圈网组织，在产业圈网组织的推动下形成平台生态圈和平台生态系统，使各类主体在平台生态圈中都能各自找到生态位，协同发挥作用，其能够起到事半功倍的作用。这主要在于：一是能否找到价值点，实现立足把持住诸多价值链有共性的一个环节，做到相对高效，为一个或多个价值链提供更多价值，以此为基础构建平台；二是能否创造核心优势，在平台建设的基础上，建立如技术、品牌、管理系统、数据、用户习惯等自己容易复制别人很难超越、边际成本极低或几乎为零的无形资产优势，增加平台的可扩展性，在网络效应的推动之下，使平台迅速做大，以实现更大的平台价值；三是能否衍生更多服务，在建立起来的平台上，为价值链上更多环节及主体提供更多高效的辅助服务，增强平台的黏性和竞争壁垒，最终可形成平台生态圈；四是能否构建平台生态系统，建立多利益或价值相关主体共同治理的成效与机制。要实现畜禽产业链及链群、龙族和圈网健康增值，平台生态战略是最好的驱动手段。

第二节　营养提质

从人维持生命与健康的角度来讲，营养是指人体从外界摄取适当有益物质以谋求养身的行为，是人体摄取和利用食物的综合过程，是对食物中养料的摄入、消化、吸收和排泄等的全过程。营养应理解为滋养或被滋养的行为，其含意为谋求养身。人维持生命与健康，除了阳光与空气外，必须摄取食物，摄取食物中的营养。但食物中的营养从哪里来？一是从生物体来，二是从植物体来，三是从动物体来，最终到人的生命体中。因此，基于营养提质促进产业链融合增值创新，要从人的食物营养、动物的饲料营养、植物的肥料营养、土壤中生物所需的养料等全盘去考虑。以上这些营养与营养之间存在着必然的内在联系，割断营养链上的任何一个环节，基于营养提质促进畜禽产业链融合增值创新的命题均不成立。所以，要运用体系化系统工程的思想来思考营养提质的问题，从"四种"投入、"三类"产出和中间猪鸡牛羊等产业链进行生产转换等，构成的大循环体系来系统地去认识、分析和解决，构建营养提质促进畜禽产业链绿色可持续发展、高质量发展、融合发展、创新发展、增值发展方案。

一、发展哲学

一切事物均是由小到大，由简到繁，由低级到高级，由旧物质到新物质的运动变化过程。唯物辩证法认为，物质是运动的，运动是物质的根本属性，而向前、上升、进步的运动即是发展。一切事物都处在永不停息的运动、变化和发展的过程中，整个世界就是一个无限变化和永恒发展着的物质世界，发展就是新事物代替旧事物的过程。从以上发展哲学的视角来看，基于营养提质的畜禽产业链融合发展与增值创新，营养提质是提高畜禽全产业链上所有生命体维持生命（包括生命过程生长发育繁衍）的营养质量。这些生命体包括在链条上的微生物、动植物和人类。营养提质的终极目标是提高人的营养，这个过程需要食品为人提供营养、动物为食品提供营养、饲草料为动物提供营养、植物为动物提供营养、土地为植物提供营养、微生物为土壤提供营养。这个过程都处在永不停息的运动、变化和发展中，由低级形态到高级形态，由旧物质到新物质的运动变化中。因此，在考虑营养提质的问题时，不能只考虑某一环节、某一个层面、某一方面因素，要全面地系统认识事物的发展原因、事物的发展根源，这样才能够系统地解决基于营养提质促进畜禽产业链融合增值创新的问题。

二、系统逻辑

从系统观来认识和思考基于营养提质促进畜禽产业链融合增值创新的问题。营养提质是全产业链所有生命体维持生命健康的营养提质，是维持全产业链上所有生命体健康的生长发育繁衍和健康生活劳动的营养提质，是一个微观、中观、宏观构成的一个巨复杂体系化系统。宏观系统是基于为生命体提供营养的阳光雨露；微观系统是为动植物提供营养的微生物（包括蛋白和能量等），以及为微生物提供养料的元素（包括氢、氧、氮和碳；还有硫、磷、钙、镁、钾、钠、氯和多种微量元素）；中观是动植物（包括人类）吸取营养物质、生产营养物质、再消耗营养物质、再生产营养物质的运行系统。三大系统在一定的环境条件下，进行交叉、交互、融合、一体，永不停息的运动、变化发展和代谢，使生物、植物、动物、人等生命体代谢和生产的营养物质不停地在产业链上传递、反馈，形成闭环。基于营养提质促进畜禽产业链融合增值创新的最终目标，是全产业链上各种生命体的营养传递平衡和代谢平衡（图3-4）。

（一）营养提质促进畜禽产业链融合增值创新的生态链系统

生态链原理，是种养循环链融合发展与增值创新机理形成的基础。生态链的原理主要揭示了任何一种生物都要从外界取得能量和营养物质，从而维持种群自身的生存和繁殖。在生态系统中，各种生物主要是围绕着食物关系被联系起来的。绿色植物是生产者，它是各种动物直接或间接的食物。在自然界中，食物链是生态系统内部的联系纽带。生产者提供绿色植物，植食性动物吃植物，肉食性动物吃植食动物，较大肉食动物又吃较小的肉食性动物，每种动物并不是只吃一种食物，因此形成一个复杂的食物圈网。生态链上还有一个重要

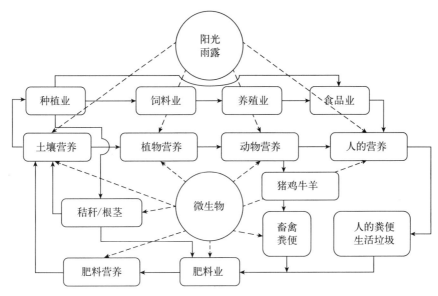

图 3-4 基于营养提质的系统逻辑模型及作用机理

的主体是分解者也是异养生物，主要是各种细菌和真菌，也包括某些原生动物及腐食性动物，它们把复杂的动植物残体分解为简单的化合物，最后分解成无机物归还到环境中去，被生产者再利用。分解者在物质循环和能量流动中具有重要的意义，因为大约有 90％的陆地初级生产量，都必须经过分解者的作用而归还给大地，再经过传递作用输送给绿色植物进行光合作用。

（二）营养提质促进畜禽产业链融合增值创新的循环链系统

循环链的原理，是以草地农业生态系统构成的原理和机制为理论依据，把有生命的植物、动物、微生物以及外界环境、人类活动等因素都看作是整个系统的组分。主要来自太阳的能量输入，被植物固定，并传送至一个采食类群，最后被分解者微生物分解，释放到环境中进行再循环，构成一个协调发展的多样化的立体生态模式和多级循环利用的复合生态模式。这个协调发展的多样化的立体生态模式和多级循环利用的复合生态模式，也涵盖了饲草产业链在草地农业生态系统中的各类要素的自然融合和人类活动中的融合。"土地—植物—动物"三位一体的草地农业生态系统，以饲草为纽带，把种草养畜、养地、水土保持结合起来，种草和养畜为种植业提供了肥料基础、提供了有益的生态环境、提供了廉价的畜力资源，从而保证了粮食生产持续增长的可能性。而在饲草业基础上发展起来的养殖业所提供的肉乳蛋皮毛等畜产品，是农业商品生产及各种加工业、服务业建立和发展的物质基础。草地农业生态系统是饲草产业发展的根本，也是饲草产业链融合发展与增值创新机理机制形成的所在。

（三）营养提质促进畜禽产业链融合增值创新的食物链系统

生态系统中的生物虽然种类繁多，并且在生态系统中分别扮演着不同的角色，根据它们在能量和物质运动中所起的作用，可以归纳为生产者、消费者和分解者三类。生产者主要是绿色植物，能用无机物制造营养物质的自养生物，这种功能就是光合作用。生产者的活动是从环境中得到二氧化碳和水，在太阳光能或化学能的作用下合成碳水化合物。因此太阳辐射能只有通过生产者，才能不断地输入到生态系统中转化为化学能即生物能，成为消费者和分解者生命活动中唯一的能源。消费者属于异养生物，指那些以其他生物或有机物为食的动物，它们直接或间接以植物为食，根据食性不同，可以区分为食草动物和食肉动物两大类。食草动物称为第一级消费者，它们吞食植物而得到自己需要的食物和能量。食草动物又可被食肉动物所捕食，这些食肉动物称为第二级消费者，一些捕食小型食肉动物的大型食肉动物，称为第三级消费者，如狮、虎、鹰等猛兽猛禽等。杂食类消费者介于食草性动物和食肉性动物之间，既吃植物又吃动物，这些不同等级的消费者从不同的生物中得到食物，就形成了"营养级"。而最后达到人类最高级的消费者，他不仅是各级的食肉者，而且又以绿色植物作为食物。实际上，饲草产业链融合发展与增值创新的机理机制，是食物链原理的一种表达方式。

三、工程促进

从系统工程学的视角来看，基于营养提质的畜禽产业链融合发展与增值创新是一个系统价值工程，这个系统有投入系统、转换系统、产出系统和循环系统构成。在考虑畜禽产业链融合发展与增值创新的问题过程中，要从"四种（能量饲料、蛋白饲料、粗纤维饲料和饲料添加剂）"投入、"三类（主产物、副产物、废弃物）"产出、畜禽产业链进行转换，以及"三个"循环（物质循环、价值循环和能量循环）去系统化体系化考虑。饲草、饲料及原料的营养价值和投入数量质量影响着猪鸡牛羊产业链的生产转换，以及主产物、副产物和废弃物的产出。从价值工程的角度来看，饲草饲料及原料的投入是价值来源，它是驱动畜禽产业链融合增值创新的最前端的关键因素。同时，在驱动过程中，也受到饲草产业、饲料产业和玉米大豆等产业发展的现状趋势、融合增值创新机制与路径模式，以及国际贸易摩擦和转基因非转基因原料等因素影响。饲草、饲料及原料产业链发展的好坏影响着畜禽产业链的融合发展与增值创新。因此，要用系统工程思想来认识饲草、饲料及原料产业链融合增值创新（图3-5）。

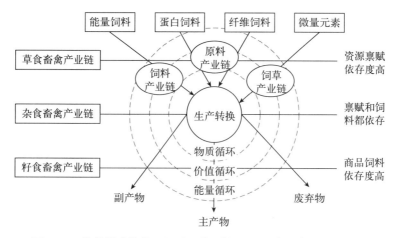

图3-5 营养提质价值工程"四种"投入、"三类"产出逻辑关系

（一）基于营养提质饲草产业链融合增值创新的价值工程

饲草是指茎叶可作为食草动物饲料的草本植物。广义的饲草包括青饲料和农作物秸秆等。饲草是反刍动物饲料中不可缺少的重要组成部分。最好的饲草，是具备生长旺盛和草质柔嫩、单位面积产量高、再生力强、对家畜适口性好和营养上含有丰富的优质蛋白和长骨骼所必需的、适量的磷钙以及丰富的维生素类等。在畜牧业发达国家，饲草属于作物生产的重要组成部分，在农业生产中占据重要地位。美国在20世纪50年代就将紫花苜蓿列入战略物资名录，草业已成为美国农业中的重要支柱产业，为发展健康农业、有机农业、循环农业、改良中低产田和发展节粮型畜牧业方面做出了巨大贡献。我国由于长期受传统农耕文化的影响，饲草产业一直没有真正的发展起来。当前，我国饲草产业还非常落后，生产规模小，市场机制不健全，缺乏在国际市场上的竞争能力，饲草产业科技支撑体系和推广体系不健全以及滞后制约了草产业的发展；饲草收割、贮存等手段的落后和标准化生产滞后制约了种植规模和质量；草畜结合不紧密，生产与消费脱节严重，饲草价值没有得到充分体现。我国畜牧业多年来形成的秸秆养畜传统，对优质饲草养畜及畜产品的价值认识不足。在畜牧业发达国家，以优质饲草为主要饲草料的草食性精品畜产品是中高档消费

品，其价格比以粮食和饲料为日粮的畜产品价格高出数倍。因此，要用价值工程的思想来推动草业及产业链发展。

随着我国农业供给侧结构性改革，以及农业结构调整的深化和农牧业产业化经营的快速推进，饲草作为畜牧业发展的基础产业和保障，在促进种植业和养殖业产业结构调整，改善生态环境，提高养殖生产效益，增加农民收入，发展现代高产、优质、高效农业战略中将发挥越来越重要的作用。国家对草牧业发展高度重视，一是，草牧业以饲草资源的保护利用为基础，涵盖了草原保护建设、饲草及畜产品生产加工等环节，顺应了当前草原生态文明建设和畜牧业绿色发展的大趋势，为着力打造农牧结合、种养结合的生态循环发展模式提供有力支撑，有利于实现农村牧区生产、生活与生态的有机结合，协调发展；二是，发展草牧业能提高我国牛羊肉和奶产品竞争力，实现种好草、产好肉、产好奶，满足消费者对更绿色、更丰富、更优质、更安全的草畜产品的需求，增强畜产品竞争力，提高供给结构的适应性和灵活性，提升农业供给体系的质量和效率；三是发展草牧业是农牧业增效和农牧民增收的重要举措。草业是牧区和贫困山区传统产业、优势产业和支柱产业，约占农牧民纯收入的50%以上。发展草牧业，转变养殖方式，优化草畜产品生产结构，推进一二三产业融合，有助于挖潜力、提质量、增效益，大幅度增加农牧民收入，有利于农牧民脱贫致富奔小康。

未来我国生态环境保护的力度不断加大、畜牧业绿色高质量发展，饲草产业发展会有一个量和质的变化。一是对饲草需求量快速增加。当前我国草食畜牧业已发展到相当大的规模，传统"秸秆＋精料"的粗放型饲喂模式已难以为继，养殖业者和决策部门已经认识到饲草对于草食畜牧业可持续发展的重要性。特别是国家政策及奶业市场不断推动着奶牛业的转型，对苜蓿的需求量快速增加，而国内由于土地资源的稀缺，用于饲草生产的土地极其有限，因而国内草产品供不应求的状况日趋凸显，苜蓿进口量迅速提高。二是草产品市场继续看好。从国际来看，自2000年以来，世界草产品贸易量一路下滑，价格一路飙升，凸显了世界范围内草产品供求失衡的基本状况。从国内来看，近年来，国内消费者基于对安全、健康和营养的不断追求，对草食畜产品的消费需求强劲增长，特别是近年来不断发生的动物食品卫生安全事件，更加强了对天然安全的草食畜产品的偏爱。三是低碳经济观念将助推饲草产业快速发展。草地草原是最大的绿色资源，具有固碳能力大、固碳成本相对低廉、固碳形式比较稳定、地球温度调节器等多重功能，是推动我国低碳经济发展的重要支柱和保障。

（二）营养提质原料产业链融合增值创新的价值工程

畜禽全价饲料包含了能量饲料、蛋白饲料、微量元素和添加剂等。玉米是最常用的能量饲料，豆粕是最主要的蛋白饲料，全球所生产的玉米约70%～75%用作饲料，15%～20%作为粮食，10%～15%作为工业原料。豆粕是大豆提取油脂后的副产品，由于其蛋白高、氨基酸平衡被广泛用于饲料原料，全球约85%的豆粕被用为畜禽饲料的主要蛋白来源。在畜禽养殖成本中饲料支出占60%～70%，畜禽配合饲料原料中最大宗的配比是原粮，以目前玉米、豆粕型饲料为主体的配合饲料为例，其中玉米的用量约占65%，豆粕的用量约占20%。玉米在整个原料总成本中占到50%以上，豆粕占到25%以上。玉米和豆粕价格是导致畜禽配合饲料价格波动的主要因素。玉米和豆粕在蛋鸡、奶牛、肉牛、肉羊等饲料中用量不尽相同，但用量占比均较大。在蛋鸡产蛋期饲料中，玉米占比60%、豆粕占比15%；奶牛犊牛饲料玉米占比40%、豆粕占比30%；产奶母牛饲料中玉米占比60%、豆粕占比25%；育肥肉牛饲料中玉米占比63%、豆粕占比8%；羔羊育肥饲料中玉米占比62%、豆粕占比8%。无论在非反刍动物还是反刍动物中，玉米和豆粕均是重要的能量饲料和蛋白饲料的主要来源，其成本占饲料的比重较大。

基于营养提质原料产业链融合增值创新价值工程，是以饲料龙头企业为带动，围绕原料采购、生产加工到销售并形成最终消费品的价值增值，在资源优化配置基础上所形成的价值体系；并在此基础上，进一步向种植端延伸，涉及饲料两种主要原料玉米、大豆在品种、种植技术、收储加工运输环节对饲料产品价值的影响。饲料产业是现代农业产业链的关键环节，是连接种植业和养殖业的中间纽带，它可以把种植业、养殖业、农畜产品加工业及销售业等相关产业带动起来，是涉农产业中工业化、市场化、标准化、集约化程度较高的基础产业。最理想化的饲料产业链条，是能够贯穿种植、养殖、加工、消费等各个环节。在理想的链条下，商品销售之前的环节对接均是一对一的，可以对产品进行质量把控、减少流通成本、按市场需求及时研发调整产品类型，在这种假设状态下，对品种、营养、质量、安全、品牌等所有可提升价值的关键点都能进行单线控制。今后发展趋势，大规模经营主体不断增加，小规模经营主体不断退出，在空间上形成以大带中，以中带小的产业集群，终端消费者被不断细分归类，在产业链条上双向流动的物质、能量、信息相对有序，发挥出各自最大的价值（图3-6）。

目前，饲料行业形势严峻，上游种植业利润微薄，下游养殖业市场波动大，饲料行业已经不再体现卖赢，而需要从原料获取中寻求买赢。因此，在产

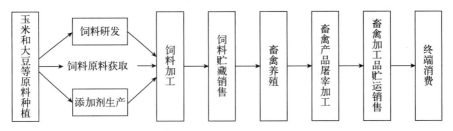

图 3-6　基于营养提质原料产业链融合增值创新的价值工程系统构成示意图

业两端的压力加大及国际跨国资本大举进入中国的背景下，饲料产业链上的核心企业必须加强创新，促进产业链融合增值创新。玉米豆粕为主的饲料产业链融合增值创新，主要在于技术创新、管理创新、服务创新和价值创新，"四个创新"是玉米、豆粕为主的饲料产业链价值创新的动力源泉和增值源泉。

1. 技术创新　技术创新是以创造新技术为目的的创新或以科学技术知识及其创造的资源为基础的创新。对饲料原料玉米、大豆的品种通过转基因等现代生物技术进行改良，使得其粗蛋白含量符合饲用玉米国家标准要求，并在抗病、抗虫、适口性方面进行改良，形成粮饲通用型专用玉米品种，在饲料原料采购时专品专用，提高采购效率，减少后续营养测定流程，降低成本。在玉米、大豆种植过程中，采用轮作等耕作制度，使用生物防治、测土配方施肥等技术，提高收获期玉米、大豆的营养成分含量、减少农药残留。通过给畜禽饲喂更加安全、营养搭配合理的饲料，提高畜禽自身抗病力，降低染病风险，减少抗生素的使用，根据畜禽不同生育阶段，饲喂不同配方的饲料，满足动物生长需要，最大限度地发挥饲料效用。

2. 管理创新　管理创新是指在特定的时空条件下，通过计划、组织、指挥、协调、控制、反馈等手段，对系统所拥有的生物、非生物、资本、信息、能量等资源要素进行再优化配置，并实现人们新诉求的生物流、非生物流、资本流、信息流、能量流目标的活动。在饲料生产、储存和运输过程中，以全局观充分考虑运输路线、库容仓容、气候状况，合理安排错批收储时间、收储量，做好饲料原料调运的管理，可最大程度降低成本，提高效率。通过运用智能化、信息化可追溯系统监管全产业链，一方面可协助减少不必要环节，另一方面为信息的有效传递和信息效用最大化提供保障，既能让终端消费者信任产品质量，增加品牌效用，又能将市场需求及时反馈给生产端，促进创新研究，以满足整条产业链上各主体的需求。

3. 服务创新　服务创新是指通过非物质制造手段所进行的增加有形或无形产品的附加价值的经济活动。在信息化、智能化渗透于各个行业的背景下，通过提高产品质量、降低产品生产成本来竞争的空间越来越狭窄，服务创新成为促进新型产业链价值形成的重要手段。饲料在研发制作的过程中，需要多种成分搭配才能满足不同种类、不同生长发育期的畜禽需求，饲料原料的质量关乎成品质量，原料获取难易关乎生产成本，通过一站式采购服务，可满足多个饲料生产厂家对多种原料的需求，能够极大提高行业集中度，减少中间损耗，提升产业链整体价值。饲料产品作为连接种植端和养殖端的关键环节，在该环节向上服务种植端，向下服务养殖端，全环节的质量保障，才能真正满足消费者对安全、健康、营养的食品需求。

4. 价值创新　价值创新的着力点是在较大范围内（而不是在传统的细分市场中）发现并努力满足顾客尚未被满足的需求，向顾客提供更大的价值。可通过重新定义顾客的认知质量来达到价值创新。如在畜禽产品消费过程中向消费者传播绿色低碳环保的理念，引导消费者向更符合绿色低碳环保的方向消费，购买在绿色低碳环保理念下生产出的产品，倒逼产业链上游向休耕轮作、种养结合、畜禽粪便循环利用等方式发展，使整条产业链提升绿色低碳环保价值。通过研发和引进新科技达到价值创新。如利用基因编辑技术提高玉米中氨基酸含量，丰富氨基酸种类，在饲料制作过程中，增加玉米的使用量，降低大豆的使用量，减少大豆进口成本和贸易风险，提升玉米在饲料中的使用价值，推动种植-养殖产业链的价值增值。

（三）基于营养提质饲料产业链融合增值创新的价值工程

基于营养提质饲料产业链融合增值创新的价值工程建设重点，主要是推动饲料产业链及畜禽产业链高质量绿色发展、深融合创新发展、强品牌增值发展。高质量绿色发展路径在于投入品、生产和服务的质量。在饲料原料生产过程中，遵循良种良法配套、农机农艺融合、生产生态协调新型生产技术模式，做到绿色高效生产，获得高品质、无残留、无病害的产品。在饲料加工过程中，实现加工工艺标准化、设备成套化、生产控制自动化、技术工程化，达到增产增效并重、节能低碳运行的效果。在供给过程中，做到营养需求与供给平衡、抵抗无毒健康营养，提高饲料产品的使用价值；深融合创新发展路径。饲料产业链组织演化趋势是由企业集群演变到产业集群，再演变为平台生态。平台服务的出现将促进产业链的深度融合，饲料产业将与饲料原料产业、畜禽种苗、疫苗兽药、信息服务、财务管理服务、期货保险服务等多领域的业务进行协同渗透，在合理的利益机制下，通过主体融合、环节融合和要素融合，有利于产业链一体化发展；强品牌增值发展路径。主要是通过"品种创新、品质保障、品牌增值"等手段，打通"从田间到餐桌"的传导路径，能够解决产业链协同和最后一公里的问题，实现产业链发展与运营一体化。产业链一体化后，利润会在各环节之间，按照各相关主体的贡献大小进行重新分配。由品牌和食品安全所带来的溢价，一部分会留在上游农业，另一部分会让利给下游客户，产业链的重构将进一步有助于农产品和食品的溢价空间扩张。

基于营养提质饲料产业链融合增值创新的价值工程，就是从成本减少、风险降低、效率提高、机会增加、效用增强的角度实现产业链价值的一系列工程措施，体系化系统化采取技术创新、管理创新、服务创新、价值创新等手段实现产业链运营的减损和增益，深挖成本价值链、打造品牌供需链、孵化创新人才链，促进饲料产业链和畜禽产业链价值循环迭代增值（图3-7）。

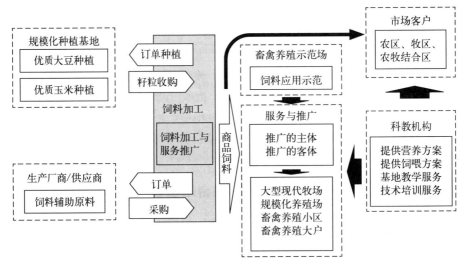

图3-7 基于营养提质饲料产业链融合增值创新的价值工程构成示意图

1. 深挖成本价值链 饲料成本涵盖了饲料研发成本、原料采购成本、生产成本、配方成本、质量成本、包装运输存储成本、销售成本等。玉米、豆粕一般占全价配合饲料成本的60%以上，因此从原料选择端入手，降低饲料配置成本，同时，要通过营养均衡、高质量的饲料供给，针对不同区域、不同饲养习惯的养殖户，有针对性地开发饲料产品，通过综合手段在帮助养殖户实现利益最大化的同时，稳定饲料企业自身盈利。培育服务价值链，建立服务体系。饲料产业链核心主体要针对终端客户的需求，为畜禽养殖主体提供产前、产中、产后的全面服务，包括政策对接指导服务、生产技术服务、产品应用服务、人才培训服务、信息分析服务等，通过全方位服务在提升客户收益的同时，增加产业链核心企业的自身价值。打造品牌价值链。围绕饲料原料品种、原料生产过程、饲料生产、产品销售等，进行全环节质量把控。加强全产业链的品牌打造和宣传，从种植环节到饲料生产，再到畜禽养殖、畜禽屠宰加工和产品销售，形成链条各环节的品牌关联，提升全产业链的品牌影响力和品牌价值。

2. 打造品牌供需链　品牌饲料不仅能保证稳定供给，保障畜禽养殖的饲料安全，更能保证产品质量安全。良好的品牌形象能够被消费者迅速识别，获得消费者的认可和依赖，建立起品牌忠诚度。饲料企业通过细化产品功能，建立系列产品品牌，为不同畜禽品种、不同生长阶段提供针对性的品牌产品，节省了养殖户的选购时间和精力。养殖户选择品牌饲料，大大降低了购买风险，不仅有价格和货源保障，更有质量保障，为其畜禽产品的加工销售建立起品牌支撑。强化品牌营销，促进饲料企业健康发展。品牌营销有存储功能，饲料企业通过长期的品牌营销经营，将构建起独立的企业形象，在消费者心目中树立良好的商誉，实现形象和商誉的存储。品牌营销有维权功能。饲料企业注册的品牌商标和专利，合法地保护了消费者的权益。同时，良好的品牌经营起到对消费者维护的作用，节省了对新客户开发的成本，借助客户口碑，有力于产品进一步占有市场，同时降低了同一品牌下新产品推广费用。

3. 孵化创新人才链　人才是推动饲料产业链融合增值创新的根本。人才的培养首先要从高等教育开始，要注重大专院校学生学习知识与实践并重。大专院校要加强与饲料产业链核心企业合作，开展学生的教学与实践活动，从全产业链融合发展与增值创新的维度，去培养学生的思维方式、认识水平和学创能力，提高学生毕业后从业对专业精通的能力水平。其次，要注重对产业链关键环节从业者的再教育，提高从业者对全产业链融合发展与增值创新的关键环节生产经营管理能力。最后要加强产业链条前中后端从业者的跨界交流分享。由行业协会、产业联盟和产业化联合体核心主体，面向社会经常举办实践研修活动、行业分析分享会。积极推动集团型企业面向企业员工和客户举办需求对接会、综合素质拓展活动等，为产业链上各环节主体聚集在一起交流分享创造氛围和条件，使最新的运营方案策略、最先进的养殖管理模式，以更通俗易懂的方式落地到养殖应用端，使第一线的难题、需求更直接的反馈到研发生产端，促进饲料产业链信息的流动，推动饲料产业从业者综合阅历水平的提高。

四、组织运营

新的历史时期，由于资源环境和生态环保的紧约束逐年加剧、人们对生活质量和消费质量要求变高、国家绿色发展和高质量发展战略部署加快推进，以及"互联网＋"和平台经济的快速发展，饲草、饲料及玉米豆粕原料等市场竞争的模式正在发生颠覆性变化，其竞争已经进入快速迭代的新时期。互联网经济、平台经济和区块链已经成为传统饲草、饲料及玉米豆粕等业务竞争模式快速升级的驱动力和工具。同时，在非洲猪瘟新常态下，以及资源环境和生态保护紧约束逐年加剧和国际贸易摩擦不断等新常态下，只有为畜禽全产业链上的客户提供精准服务，从单一的服务转向提供系统化、体系化和工程化服务，建立线上生态服务体系，才能更好地应对非洲猪瘟、环境剧变和国际贸易摩擦等挑战，确保养殖业健康发展。随着畜牧业企业规模的扩大，大型企业逐步纵深发展打造全产业链农牧企业，建立较强的竞争优势和抗风险能力。在产业链一体化发展趋势下，大型企业的细分行业属性逐步弱化，综合产品和服务提供能力增强，行业竞争与合作在产业链全方位展开，推动饲料产业链组织的变革（表 3-1）。

表 3-1　影响饲草、饲料和玉米豆粕原料产业链组织模式变革主要因素

主要因素	具体表现
30%以上的企业将退出	2019 年全国饲料加工企业 18 678 家，10 万吨以上规模饲料生产厂 621 家，比上年减少 35 家。随着养殖业规模化程度的大幅提升，随着饲料品牌企业利润率的进一步降低，这一趋势将延续甚至深化，今后 5 年内，30%以上的饲料企业将主动或被动地退出市场
全面迎来信息革命	今后饲料行业将更多的 IT 化和网络化。有别于最初的办公自动化和网站的建设，这一轮信息革命，将以电子商务、网络技术服务平台、高效网络管理平台为特点
进入"混业经营"时代	近年一些企业大举进入养殖领域，建设产业链。更多的企业，或是涉足养殖，或是涉足兽药、疫苗领域。今后饲料行业的"混业经营"现象更为突出，因为只有延伸产业链才能更好地提高抗风险的能力，预计产业链将成为一线饲料企业的主流选择
"第三产业"将成为掘金的蓝海	饲料行业作为工业总产值 8 000 多亿元的制造业，理应有强大的第三产业支撑。预计今后饲料行业的"第三产业"将会得到迅猛发展。这一是产业发展的自然要求，二是六和等先行者成立"担保公司""专业化养殖服务公司"等举措带来的示范效应
养殖业规模化专业化水平不断提高	养殖业的规模化、专业化水平将有明显改善。养殖业的规模化程度低、专业化水平不高，一直是影响产业链发展的一大问题，随着国家对规模化养殖业的扶持，预计今后 5～10 年养殖业的规模化、专业化水平将有大的改善，而且将超出不少人的预期
健康将成为生产力	目前，随着生活水平和消费能力的更进一步的提高，人们对食品的安全和健康更为关注，绿色和有机食品的概念已经深入人心。这就给企业创造了提高产品附加值的机会。今后健康将成为一些产业链企业的竞争力之源，并获得差异化竞争优势

饲料业作为食品工业产业链上的一环，对提供安全、充足和价格适宜的动

物蛋白起着至关重要的作用。纵观全球饲料业的产业化进程，企业数量下降、规模增大是其未来发展的趋势。随着国内外饲料行业及市场的激烈竞争不断加剧，大型饲料企业都在加快向产业链上中下游延伸发展。一些企业大举进入畜禽养殖领域，建设畜禽产业链。更多的企业，或是涉足养殖，或是涉足兽药、疫苗领域。与此同时，更多的饲料企业进入现代服务业，成立投资"担保公司""专业化养殖服务公司"等，饲料行业的"第三产业"将会得到迅猛发展。今后 5 年内，饲料行业的"混业经营"现象将更为突出，因为只有延伸产业链才能更好地提高抗风险的能力，发展产业链群/龙族/圈网将成为饲料行业的主流，并涌现出一批以草业协会、新希望集团、铁骑力士等为代表的产业链及产业链群/龙族/圈网融合增值创新的组织模式。

（一）以协会为代表的融合增值创新的组织运营模式

我国草产业及产业链组织，大多是以草业协会的形式存在。如国家级的有中国草业协会（中国畜牧业协会草业分会），大多牧区、农牧结合区都有省级及地方级草业协会。建设草业协会的目的是发展饲草产业，推动饲草产业化的发展。同时饲草产业化也是发展草业的根本出路。饲草产业化的核心是形成饲草生产与经营一体化的体系。共同利益是实现一体化的基础，也是发展一体化的根本动力。所以，一体化中各参与主体是否结成经济利益共同体，是衡量某种经营是否实现了产业化的基本条件。从实践角度看，饲草产业化的具体表现为生产专业化、布局区域化、经营一体化、服务社会化、管理企业化等综合特征。产业一体化是动态的，具有不断发展演进的性质，按联结和发育程度看，目前我国饲草产业化经营有"松散型""半紧密型""紧密型"三种类型。而以"紧密型"类型最为适合我国饲草产业化的发展。"紧密型"主要是指龙头企业与基地或合作社及农牧户建立长期稳定的合同（契约）关系或合作关系。目前，我国饲草产业化经营组织模式主要有以下六种，具体见表 3 - 2。

表 3 - 2　我国饲草产业化的组织类型和经营模式

组织类型	经营模式
企业带动型	以实力较强的企业为"龙头"，与饲草生产基地和农户结成紧密的产、加、销一体化生产体系。其主要的和最普遍的联结方式是契约式，签约双方规定责权利。企业对基地和农户具有明确的扶持政策，提供全过程服务，设立产品最低保护价，并保证优先收购。农户按合同规定定时、定量向企业交售优质饲草由"龙头"企业加工，出售制成品

（续）

组织类型	经营模式
市场牵动型	以专业市场或专业交易中心为依托，拓宽商品流通渠道，带动区域专业化生产，实行产加销一体化经营
企业集团型	以饲草生产为基地，以加工、销售企业为主体，以综合技术服务为保障，把生产、加工、销售、科研和生产资料供应等环节纳入统一经营体内，成为比较紧密的企业集团
主导产业带动型	从充分利用当地资源入手，逐步扩大经营规模，提高产品档次，组织产业群、产业链，形成区域性主导产业和拳头产品，走产业化之路
科技推动型	以大学科研院所及科技推广部门为支撑，发挥技术优势，为农牧民提供技术服务，推动饲草业生产、加工配套发展，开拓新的市场领域。龙头企业对参加合作网络的农户负责提供品质优良的品种和科学的种植技术，提供产、供、销信息，种植技术指导和服务
协会组织带动型	协会组织有龙头企业、农民专业合作社、供销社以及各种技术协会、销售协会等组成。这类组织应为非牟利性质，充分发挥他们在信息、资金、技术、销售等方面的优势，不仅为农民的产、供、销提供各种服务，而且也为加工、销售企业提供服务。同时协会还反映生产者的呼声，保护农民的利益。这类型的合作方式已在国外多个国家成功地运用着，如日本、美国、加拿大等

草业协会是从事草业及相关行业产、学、研、管、服相结合的全国性或地方性草业联合组织。在饲草产业化中的作用，就是通过中央财政或地方政府资金扶持、大学科研院所及科技推广机构、龙头企业带动，以及金融、保险和信息等机构相关服务，来帮助从事饲草产业相关主体解决在饲草生产经营、市场营销及技术信息服务中遇到的困难，引导从事饲草生产经营管理等相关主体，健全民主管理制度、完善盈余分配机制、提高经营管理水平，推进饲草产业标准化生产、专业化服务、产业化经营。实质上，草业协会作用主要是社会化服务功能（表3-3）。

表3-3 草业协会的主要功能及在饲草产业发展中的作用

主要功能	在饲草产业发展中的作用
行业咨询	制定和提供饲草产业导向的研究报告。协会通过研究饲草市场的动态行情，以及产业发展状况，向农民提供各类的咨询服务，发展饲草产业
促进联合	推动饲草产业规模化，增强产品竞争力。通过饲草草业协会的建立，把农户中的分散的土地有机联合起来，减少土地的浪费，形成一个整体，采用现代化生产作业，标准化生产模式，形成饲草业的规模化发展。在提高产量的同时，也对饲草的品质有较高的提升

（续）

主要功能	在饲草产业发展中的作用
综合服务	包括信息和政策导向、生产和市场指导等一条龙服务。提供影响交易行为效果的各种信息，介绍和引进国外的先进的生产技术，推广和促进饲草产业的进步。服务于牧草产业的各个环节，从生产到销售，都能够体现出现代化、集约化的效益
组织协调	解决行业内的各类问题和协调纠纷，与销售公司协调价格，保护本行业的产品，与国内外有关组织联系，代表农户协调各种纠纷，处理贸易摩擦等。协会将代表整个农民大众的利益去协调各方面的关系，转达农民的心声，通过他们的努力，为农民争得最大的利益，对稳定社会，创造和谐环境尽一份力
政策对接	时刻关注国家政策导向，通过协会推动饲草产业化的发展，并争取相关的政策支持。协会与政府机构保持着密切的联系，以便能够在最短的时间内了解国家对饲草产业的政策，争取通过各方面的关系获得政府的政策支持。同时也协助政府把政府的各项扶持政策真正落实到实处，让农民真正受益

从以上草业协会的功能作用来看，草业协会是推进饲草产业化及产业链健康可持续发展最为有效的途径，是至关国家深化农业供给侧结构性改革、推动农牧业高质量发展、增加农牧民增收、促进社会稳定的大事，是实现草产业增长方式的两个根本性转变的战略举措，更与农业主管部门，每一个企业、事业单位有着直接的、密切的关系。在促进产业链融合增值创新过程中，要充分发挥草业协会上对接宏观、下提升微观的中观组织作用，打造区域龙首。

（二）以新希望为代表的融合发展的组织运营模式

新希望集团是中国最大的饲料生产企业，是首批国家农业产业化重点龙头企业之一。企业发展历程，从单一饲料产业起步，目前已经成为集农、工、贸、科一体化发展的大型农牧业集团企业。新希望集团在海外近20个国家和地区投产、建设、筹建、投资了40余家公司，业务涉及畜禽、水产饲料产品的生产和销售。集团致力于打造从原料贸易、饲料生产到食品加工、深加工及相关产业于一体的产业链条，从种畜禽繁育、饲料生产、养殖管理、畜禽肉加工等环节入手，建立起整个产业链的食品安全保障体系。同时，大力扶持标准化养殖基地建设，构建了安全、健康、可追溯的现代化农牧产业链。通过一体化经营，实现资源配置流程化，供求关系稳定化，养殖户、企业合理分担养殖风险和市场风险，从而保证稳定发展；通过产业链各环节的标准化、规模化、科学化经营，促成上中下游互相监督，互相带动，实现了产业链的良性循环。新希望在未来的战略中，将逐步加大养殖、肉食品的收入及毛利占比，饲料将仅作为内部生产资料使用。公司在新加坡建立了海外总部，入股美国粮食及大宗商品贸易企业蓝星集团，使企业大宗原料采购在品种、品质、成本和风险控制等方面具有明显的全球优势，同时也保证了原料的安全。从以上综述总体来看，以新希望集团为代表的融合发展模式，不仅仅局限于饲料产业链的融合，它同时也积极推动了玉米豆粕等饲料原料种植链、畜禽养殖链、食品加工链和综合服务链等交互融合，形成了多链融合增值创新模式。

（三）以铁骑力士为代表的增值创新组织运营模式

铁骑力士集团最先以饲料为起步，目前在全国拥有 20 多家饲料分（子）公司，年生产能力达到 300 万吨。生产猪、鸡、鸭、鱼、牛、羊、兔等系列饲料 200 多个品种。"铁骑力士"牌系列饲料先后荣获"中国饲料行业最具竞争力十大品牌""畜牧行业十佳饲料品牌""全国十大领军饲料企业""中国畜牧饲料行业十大时代企业"等荣誉，为畜禽健康养殖和食品安全提供了有力保障。集团饲料生产采用世界先进设备及一流的工艺，全程采用智能化控制，自动化程度高，配料精准，饲料产品质量稳定。在原料采购上也具备很大优势，在粮食产区自建基地，拥有遍布全国的饲料原料采购平台，所采购的饲料原料成本低、质量高。同时，集团饲料事业部极度重视动物营养技术的创新研发，依托冯光德实验室在国内建立了多个技术研发、生产和应用实验室，每年开展超过 40 多项研究项目，并长期与国内外一流的研究机构、大学保持深入的技术合作与交流，不断聚焦客户需求和行业发展方向，积极探索和创新安全、绿色和高效的营养解决方案，为客户提供高性价比的饲料产品和专业化的技术服务，为客户带来更高的价值与效益。从以上综述总体来看，铁骑力士集团不仅实现了集团饲料产品链的创新增值，同时也带动了玉米豆粕等饲料原料链和畜禽养殖链增值。

（四）以诸城强林为代表的融合增值组织运营模式

诸城强林饲料有限公司成立于 2003 年，是一家集饲料科研开发、生产加工、销售贸易于一体的高新科技型多元化企业。公司一贯奉行"生产和提供优质的饲料，降低养殖成本，提高养殖效益"的企业宗旨，推行"标准化、程序化、数据化、人本化"的四化管理，以中国农业大学和农业农村部饲料工业中心为技术依托，致力于以饲料研发生产为龙头的农业产业化建设，强化饲料、动物保健、技术培训一条龙服务能力，形成了完善的畜禽饲料产业化一条龙经营服务体系。在推动产业链融合发展方面：一是增强产业辐射带动能力，不断壮大农户参与的一体化经营队伍；二是广泛收购农民粮食，每年可直接转化消耗玉米、大豆等粮食 10 万吨，间接转化消耗粮食 20 万吨；三是公司拥有大型养猪场 3 处，同时为养殖户提供种苗、饲料、动物保健和技术培训等全方位服务，通过发展各项服务业务促进了产业链的融合发展。在促进产业链增值方面：着力实施"科技强企"战略，以核心竞争力推动产业化进程。积极与中国农业大学、农业农村部饲料工业中心合作，联合成立企业技术中心和研发中心，研究开发高品质的鸡、猪、鱼、鸭等 10 大系列 80 多个品种的绿色环保饲料。同时，不断加强国际技术合作，发展产业研学组织，提升企业科技创新能力。从以上综述总体来看，诸城强林饲料有限公司融合增值运营模式是典型的科技链、创新链、服务链与产业链的融合增值模式，它不仅推动了饲料产品链的科技创新，同时也通过饲料的营养提质，促进了畜禽养殖链增值。

　　未来，随着饲草饲料龙头企业带链纵向、横向一体化发展和延伸，饲草饲料行业"混业经营"的发展趋势更加明显，营养健康统领农牧产业链、肉蛋奶供应链和消费链已成为必然，现代服务业是饲料及农牧产业链创新发展、融合发展和增值发展的重要支撑，智力服务、技术服务、信息服务、金融服务、保险服务、政策对接服务，以及全产业链一体化服务，将成为挖金的蓝海，"专业养猪服务商""专业养牛服务商""全产业链集成服务商"等将会大批涌现，以服务为纽带的产业战略联盟、产业联合体、行业协会和混合经济组织等，将成为产业链中观组织发展的重点，国际性、全国性和区域性"龙族＋龙首"的产业链中观组织将会不断涌现，产业链群向产业龙族演进、产业龙族向产业圈网演进、产业圈网向平台生态高级组织形态演进的进程加快。因此，推进"产业平台（包括饲草饲料、畜禽养殖、兽药动保、原料贸易）＋信息化服务＋客户支持服务"的全产业链集成服务商建设，全面提升为客户整体解决方案的能力，形成全产业链一体化服务的优势，是产业链中观组织发展的关键。

五、机制跃升

　　从以上生态学原理来看，饲草、饲料及玉米豆粕饲料原料产业链形成的机理，是以生态链、循环链、食物链为基础，以饲料原料种植、耕作、收储、加工为关键，以为猪、鸡、牛、羊等繁育、生长发育、生产提供营养物质，调控生理机能，改善动物产品品质为核心，最终以促进动物健康为目标，构成以生态功能、社会功能和经济功能于一体的一个巨复杂系统。其作用机理：生态链、循环链、食物链是饲草饲料及原料产业链融合发展与增值创新的基础，农牧结合、粮经饲协调、种养循环是产业链融合发展与增值创新的抓手。产业链融合发展与增值创新的作用机理，主要在于它的生态功能、社会功能和经济功能。生态功能，在生态系统中植物属于"生产者"，它们的作用是通过光合作用将吸收的二氧化碳和水分转化成有机物和氧气，把太阳能转化为生物能（化学能）；社会功能，饲草、玉米和大豆等种植业不仅能够保障粮食安全，也能够为畜禽生产肉蛋奶提供丰富的营养物质，特别是种草、种玉米青贮饲料养畜也能给农牧民带来较高的收益，促进农牧民增收致富；经济功能，特别是优质饲草具有很高的经济价值，如高蛋白含量的紫花苜蓿在国内市场上的价格为2 500元/吨（2019年）（图3-8）。

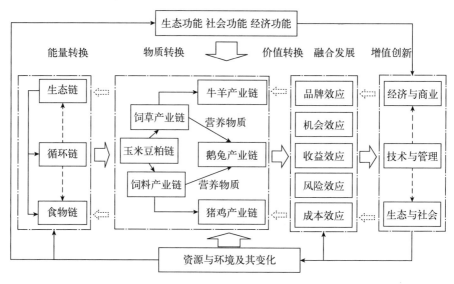

图3-8 基于营养提质产业链融合增值创新的机理机制构成示意图

（一）饲草产业及产业链融合增值创新机制

饲草产业发展不仅关系到种植业、养殖业，而且在生态环境保护方面也发挥着重要的作用。加快推动饲草产业发展及产业链建设，有助于推进农业供给侧结构性改革、农村牧区一二三产业融合，促进农牧民增收。但是，饲草产业发展也面临着地方政府重视力度不够、饲草生产基础设施不足、社会化服务体系不健全、国际市场冲击力度大等问题。尤其是饲草在种植、刈割、运输、储存和销售过程中面临诸多风险，不利于饲草产业持续稳定健康发展。因此，现阶段提高饲草产业及产业链发展能力，关键是加快饲草产业调结构和转方式，把产业链、价值链等现代产业组织方式引入饲草产业生产中，促进饲草产业与第二产业和第三产业融合互动，真正做大做强饲草牧业，实现饲草产业链现代化。深入推进供给侧结构性改革，加快"粮饲经"的调整，支持青贮玉米和苜蓿等种植，大力推广各类种养结合模式。创新产业融合的新方式，提高产业融合服务水平，着力构建饲草产业与二三产业交叉融合的现代产业体系。饲草产业及产业链融合发展的基本方式，是以草畜结合、农牧结合、种养结合、循环发展为主攻方向，大力发展种养结合循农牧业，构建"种＋养＋加＋销"现代化饲草产业体系，优化草畜关系和草牧业区域布局，实现多角度、多方位、多层级的融合发展和增值创新。

（二）原料产业及产业链融合增值创新机制

饲料及玉米、大豆等饲料原料产业链增值创新机制主要在于：一是建设粮经饲种植与猪鸡牛羊养殖业种养结合的大型基地，拉长产业链条。畜牧业的规模化、专业化、标准化的高质量发展，无论在数量上品种上还是质量上都对饲草饲料及原料提出更高的要求。在农区虽有着大量的秸秆、麦秸、地瓜秧等农副产品，但其营养价值与优质饲草相比相差甚远。以养殖促种植，尤其要发展规模较大的奶牛养殖、肉牛养殖和肉羊养殖企业（合作社），有利于改变传统种植业中粮食与饲料作物的低效状况，由"粮经二元"转为"粮经饲三元"种植结构，实行饲草与粮食作物轮作，即可培肥土壤又能提高绿色畜禽产品质量，还大大增加了农民的收入。二是进行饲料原料商品化开发，拉长销售链。饲料原料种植业能否取得很好的效益，不仅依赖能否就地转化增值，还取决于饲料原料种植产品能否成为商品。如果把豆科植物和农作物秸秆加工成草粉、草块、草颗粒或发酵制成微贮作为商品草出售，进入流通领域，不仅便于储存，还大大提高了种植效益。三是建立粮经饲三元种植结构的技术支撑体系，拉长技术服务链。高质量饲料作物涉及的相关技术链接的产业和行业多范围广，其产前、产中和产后不同于传统作物。其不同品种对土壤、化肥、种子、农药及栽培管理、产品加工储藏的要求更为复杂。因此，加强产业技术支撑体系，有利于拉长产业链促进其增值。

（三）饲料产业及产业链融合增值创新机制

融合发展是玉米、豆粕等饲料原料产业可持续发展的重要路径，是一种将外部高度关联的分工将玉米、大豆等种植业转化为饲料加工业内部的组织行为，推动产业联动、产业集聚、技术渗透、体制创新。其作用机理是由于技术创新和扩散、经济性规制的放松以及多元化生产服务体系的完善等降低了产业或行业的进入壁垒，使不同产业或行业的边界趋向模糊，经营主体会调整生产经营，通过纵向延伸或横向联合来拓展产业链、提升价值链，并通过完善利益链来实现互利共赢。其实质，是将上下游相关联的环节进行整合，强化主体融合、交易内化和产品多元，将资源、技术、信息与资本等要素进行整合优化，实现饲料生产、种养结合、食品加工、物流配送、生态观光和休闲娱乐等有机融合，促进产业链向上下游延伸及价值链的解构和重组，使融合主体通过一定的利益联结机制增收增效。产业链融合发展的最重要方式，就是完善"产＋销"产业链条，更高层次的要求是完善"种＋养＋加＋销"模式，即原料种植、家畜养殖、畜产品加工和销售或服务一体化发展。延伸产业链条，在纵向上加快推进产加销一体化发展，将粮经饲种植与畜牧养殖、畜产品生产、贮存、加工、运输、销售的各个环节有机结合成一个整体，真正实现粮经饲种植、饲料、畜牧养殖和市场无缝对接。

第三节　循环赋能

长期以来，人类社会单纯追求经济效益的经济发展模式对生态环境造成了极大破坏，进而对经济社会环境的可持续发展带来了很大威胁。为了实现经济社会的可持续发展，保护生态环境，世界各国开始重视种养循环农业的发展。简单地说，种养循环农业就是在良好的生态条件下所从事的"三高农业（高产量、高质量、高效益）"。它不单纯地着眼于当年的产量数量，当年的经济效益，而是追求三个效益（即经济效益、社会效益、生态效益）的高度统一，使整个农业生产步入可持续发展的良性循环轨道。把人类梦想的"青山、绿水、蓝天、生产出来的都是绿色食品"变为现实。2005 年 8 月 15 日，时任浙江省委书记的习近平在浙江湖州安吉考察时，首次提出了"绿水青山就是金山银山"的科学论断，后来，他又进一步阐述了绿水青山与金山银山之间三个发展阶段的问题。习近平主席的"两山"重要理论，深刻地揭示了生态系统的生态价值和经济价值的双重属性，反映了人与自然之间物质变换客观规律，为生态文明建设提供了价值标准和行动遵循。同时，为畜禽产业及产业链群/龙族/圈网向资源高效型、循环利用型和环境友好型方向发展，提出了更高要求和更高标准，这就需要"种养加"大循环为畜禽产业链/链群/龙族/圈网的高质量发展和高标准发展赋能。

一、价值逻辑

近年来，我国在加快推进现代农业发展和农业现代化建设方面，取得了突出的成效，但农业保供给、保收入、保安全、保生态的压力越来越大，农业发展已经到了必须转变方式、更加注重合理利用资源、更加注重保护生态环境、更加注重推进可持续发展。破解资源环境压力，实现农业的"四保"、发展方式转变、资源高效利用、生态环境保护和农业绿色可持续发展，就必须加大发展生态循环农业的力度，推动种养循环模式化、规模化、区域化、系统化、体系化、工程化、多极化、产业化和生态化等建设，推动种植业、养殖业和农副产品加工业的有机结合、高质量循环、深度融合和体系化创新，进而实现畜禽产业链融合增值创新。要实现以上这些价值目标，必须要运用体系化系统工程思想，去统筹考虑整体考虑畜禽产业链要素精准投入、全产业链物产精益加工、多链条多级生产转换等问题。用好用活生物链、食物链、生态链和循环链，从小到大，推动园内/园外、区内/区外乃至区际种植业、养殖业和加工业的深度融合，实现高质量的物质循环、高效益的价值循环、高效率的能量循环（图3-9）。

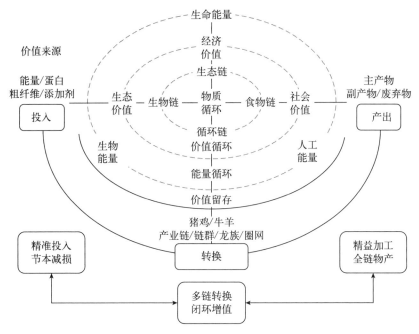

图3-9　基于循环赋能畜禽产业链融合增值创新的价值逻辑模型

未来种养循环发展价值模式，是将生态农业、循环农业、绿色农业和智慧农业等诸多的业态进行融合，以促进畜禽产业链/链群/龙族/圈网等载体全物产增值为主线，集成诸多农业的发展优势，把生物农业、生态农业、循环农业、绿色农业、智慧农业和数字农业等发展的理论方法、思想理念、先进技术、成熟经验和路径模式等进行集大成，运用体系化系统工程将诸多农业形态构成的各种先进要素、模块、板块、系统、体系进行了整合编排，按照产业圈网生态去不断优化其系统的功能结构。其本质就是要从根本上改变传统畜禽产业链"资源—产品—废弃物"的线形物质流程为"资源—产品—再生资源"的闭环式流程，通过废弃物资源化再利用，提高资源利用率，实现相同资源投入产出的最大化或相同产出资源投入量的最小化，从而达到产业链运行节约资源、降低成本、提升价值的目的，实现产业圈网的物质、价值和能量的多级循环，以及区域和区际的大循环，不断形成、创造和实现新的价值。

二、载体重塑

未来发展，随着资源环境和生态保护的紧约束逐年加剧、农村环境治理和美丽乡村建设加快推进，畜禽养殖业向粮饲主产区、饲草丰盈区和资源禀赋特色区转移，以及快速交通网络建设使时空距离变短等诸多因素的影响；加之，国家对生态循环农业、"五区三园一体（现代农业示范区、农业可持续发展试验示范区、粮食生产功能区、重要农产品生产保护区、特色农产品优势区；现代农业产业园、现代农业科技园、现代农业创业园和田园综合体)"等建设的支持和投入力度不断加大，不断夯实现代农业生产体系、现代农业产业体系、现代农业经营体系和现代农业产业化联合体等建设，未来会进一步推进种养业发展的物理空间及载体、组织空间及载体、网络空间及对象载体变化，并不断地进行优化。同时，也加快了种养循环发展方式的模式化、规模化、区域化、体系化、系统化、工程化、产业化、多极化和生态化。另外，随着物联网、"互联网＋"、社会化服务网（农业网等）和生物农业、科技农业、智慧农业、智能农业、数字农业等高质量快速发展，也加快了种养循环"化"的过程（图 3 - 10）。

（一）基于循环赋能重塑畜禽产业链融合增值创新的空间载体

在农业供给侧结构性改革不断深化、绿色发展和高质量发展强劲推进、"五化"协同全面优化、环境治理生态环境保护和美丽乡村建设的投入力度不断加大，以及未来 2035 年农业农村基本现代化、2050 年乡村振兴等大背景与大环境的变化下；加之国家"五区三园一体四平台"和现代农业"三大"体系等建设发展的战略部署布局逐步落地，以及畜牧业生产不断向粮经饲优势区、资源禀赋特色区转移、快速交通网络覆盖面不断扩大使时空距离不断缩短等诸多方面影响，畜禽产业链/链群/龙族/圈网发展的空间载体会发生巨大的变化，这些变化也导致种养循环链条/链群/龙族/圈网发展的空间载体发生变化。特别是，自 2001 年以来，中央及各部委针对全国各地农业可持续发展面临的问题、生态环境和农业资源承载力、环境容量、生态类型和发展基础等问题综合解决，颁布了一系列相关政策法规、指导意见和规划指南，如《畜禽规模养殖

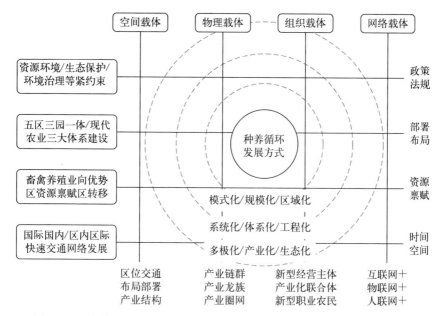

图 3-10　种养循环发展方式变化的影响因素及演进路径方向逻辑关系模型

污染防治条例》《国务院办公厅关于加快推进畜禽养殖废弃物资源化利用的意见》《畜禽养殖禁养区划定技术指南》《全国农业可持续发展规划（2015—2030年)》等政策法规意见规划，基于循环赋能在重塑畜禽产业链融合增值创新的空间载体，以及规划种养循环链条/链群/龙族/圈网发展的阶段部署和空间布局时，要全面考虑到国家政策法规意见规划等因素，强化与国家顶层设计和部署布局的对接，避免决策和投建的失误（表3-4）。

表 3-4　国家 2015—2030 年对全国农业可持续发展的布局部署

类型划分	布局部署
优势发展区	重点区域　包括东北区、黄淮海区、长江中下游区和华南区，是我国大宗农产品主产区，农业生产条件好、潜力大，但也存在水土资源过度消耗、环境污染、农业投入品过量使用、资源循环利用程度不高等问题。重点对接利用国家及各级政府"保护农业资源和生态环境、实现生产稳定发展、资源永续利用、生态环境友好"政策法规、支持的工程项目 　　发展重点　东北区重点推广农牧结合、粮草兼顾、生态循环的种养模式，种植青贮玉米和苜蓿，大力发展优质高产奶牛和肉牛产业链；黄淮海区重点调整优化畜禽养殖布局，稳定生猪、肉禽和蛋禽生产规模，加强畜禽粪污处理设施建设，提高循环利用水平；长江中下游区重点推进畜禽养殖适度规模化，在人口密集区域适当减少生猪养殖规模，加快畜禽粪污资源化利用和无害化处理；华南区重点改良山地草场，加快发展地方特色畜禽养殖

（续）

类型划分	布局部署
适度发展区	重点区域　包括西北及长城沿线区、西南区，农业生产特色鲜明，但生态脆弱，资源性和工程性缺水严重，资源环境承载力有限，农业基础设施相对薄弱。重点对接利用国家及各级政府"保护与发展并重，集约节约，有序利用，提高资源利用率"政策法规和项目 发展重点　西北及长城沿线区重点在农牧交错区，推进粮草兼顾型农业结构调整，通过坡耕地退耕还草、粮草轮作、种植结构调整、已垦草原恢复等形式，挖掘饲草生产潜力，推进草食畜牧业发展；西南区鼓励人工种草，合理开发利用草地资源，发展生态畜牧业
保护发展区	重点区域　包括青藏区和海洋渔业区，在生态保护与建设方面具有特殊重要的战略地位。青藏区是我国大江大河的发源地和重要的生态安全屏障，高原特色农业资源丰富，但生态十分脆弱。重点对接利用国家及各级政府"持保护优先、限制开发，适度发展生态产业和特色产业，让草原、海洋等资源得到休养生息，促进生态系统良性循环"等政策法规 发展重点　青藏区重点推行舍饲半舍饲养殖，以草定畜实现草畜平衡，有效治理鼠虫害、毒草，遏制草原退化趋势。适度发展牦牛、绒山羊、藏系绵羊为主的高原生态畜牧业。

　　未来，种养循环物理载体逐步由传统的一家一户、一村一屯、一园一区的"点""面"和"环"发展的路径模式，向链群、龙族和圈网发展的路径模式演化，其发展的空间也逐步由一家一户、一村一屯、一园一区的发展空间，向区域、区际、全国和全球的发展空间延伸拓展，延伸拓展不仅仅是物理空间，同时还有市场空间、网络空间、组织空间、服务空间、价值空间、多创空间和思想空间。另外，这些空间不仅仅附着在物质产品上，同时也附着在链群/龙族/圈网运行的物质流、信息流、知识流、科技流、资金流、思想流等网络载体上。

（二）基于循环赋能重塑畜禽产业链融合增值创新的物理载体

　　重塑畜禽产业链融合增值创新的物理载体，就是重构生态产业链促进畜禽产业链融合发展与增值创新。生态产业链是指依据生态学的原理，以恢复和扩大自然资源存量为宗旨，为提高资源基本生产率，根据社会需要，对 2 种以上产业的链接进行的设计（或改造），并开创为一种新型的产业体系的系统创新活动。重构生态产业链，就是要通过在原有的畜禽产业链上增加生产环、增益环、复合环和加工环，将副产物和废弃物重新投入生产经营环节，从而实现资源的循环利用，促进多个关联产业紧密链接。增加生产环，就是在原有的产业链中加入新的环节，将非经济产品转化为经济产品，实现产业链的增值；增加增益环，就是将产业链上不能直接转化成有经济价值的产品，通过多次转化增加生产环的效益；增加复合环，就是在原有的产业链中增加具有两种以上功能的环节，把几个食物链串联在一起，增加系统产出，提高系统效能；增加加工环，就是在原有产业链上增加副产物、废弃物精深加工环，使产业链上的副产物、废弃物通过深加工，转化为高价值的经济商品。重构生态产业链是推动畜禽产业链融合发展与增值创新的重要手段，也是促进产业圈网平台生态建设的关键抓手（表3-5）。

表3-5 基于种养结合循环赋能重构生态产业链的策略措施

增大自然资源存量	要以自然资源存量增大为宗旨，开展生态产业链设计与开发活动，以求得经济发展的同时，推动生态系统的恢复和良性循环为目标，设计与开发的生态产业链，使畜禽产业链圈网生态及生态圈产生出更丰富的自然资源，不断提高和扩大自然生产力的水平与能力。进而使传统发展方式带来的资源环境约束日益趋紧、生态环境风险逐步凸显、生物多样性丧失速度短期内难以遏制等问题得到缓解
提高资源的生产率	生态产业链系统是为提高生产率而设计的，用"资源基本生产率"的概念来评价，即从资源的原始投入对生态圈的作用算起，到产品退出使用、回到生态圈为止，全面和全过程地测度其在生产转换过程中的生产率。因此，重构生态产业链要侧重产业链的链接与转换过程的设计、开发和实施，使生态资源在原始投入和最终消费方面提高效率，进而从可持续发展的层面上，全面持久地提高生产率。
开展系统创新活动	重构生态产业链要具备社会性，即它建立的是依社会长期需要为主体的商业秩序与环境，它在生产、交换、流通和消费过程中所建立的秩序既要使商家及产业链上各方获取利润，又要与自然生态系统保持着长期的友善与协调。生态产业链是一项系统创新工程，重构生态产业链要以技术创新为基础和生态经济为约束，通过探讨各产业之间"链"的链接结构、运行模式、管理控制和制度创新等，找到产业链上生态经济形成的产业化机理和运行规律，并以此调整生态链上诸产业的"序"与"流"，进而建立其"产业链层面"的生态经济系统

在重塑物理载体时，要细分三类种养循环的载体类型。一类是以产业链集群形式存在的种养循环类型，二类是以产业龙族形式存在的种养循环类型，三类是以产业圈网形式存在的种养循环类型。基于以上三类种养循环的类型，从四种饲料的输入到畜禽产业链的转换直到三类产出，它们的物质循环、能量循环和价值循环的方式或模式有很多的差异。以链群为主导的阶段主要是以物质循环为主，价值循环和能量循环为辅；发展到龙族主导阶段主要是以价值循环为主，提升了物质循环功效，兼顾了能量循环的功效；跃升到圈网阶段主要是以能量循环为主，不仅提升了物质循环的功效，同时也放大了价值循环的功效。在分析三种涉农产业链型与三种循环方式的作用机理，以及构建三种产业链型与三种循环方式时，要考虑到三种类型的匹配问题、融合问题和创新问

题，基于融合匹配的创新问题、增值问题；三种循环对智力资本、金融资本、政策资本和社会资本的聚集问题。三种产业链类型与三种循环方式的组合，如果从全球、全国和区域视角来看，链群型种养循环一定是区域性的、龙族型一定是全国性的、圈网型一定是全球性的，要基于全球、全国和区域来考虑种养循环的布局部署。

（三）基于循环赋能重塑畜禽产业链融合增值创新的组织载体

从系统观来讲，种养循环是一个巨复杂的大系统，要实现这个系统的健康持续运行，达到为畜禽产业链融合增值创新"赋能"的目标，它必须有合理的系统组分构成、合理的系统功能构成、合理的系统组分与系统功能构成的结构。在这个种养循环赋能的体系化大系统中，从产业体系的视角来看，它涵盖了种植业（其中包括饲草业）、养殖业、饲料业、加工业（农畜产品加工业、食品加工业）、肥料业、物流业（包括仓储）；从生产体系视角来看，它涵盖了种植生产集群（包括种植大户、种植基地、产业园区等）、养殖生产集群（包括养殖大户、养殖基地、养殖园区等）；从经营体系的视角来看，它涵盖了企业、种养合作社、农户，以及"公司＋基地＋种养大户""公司＋村集体＋种养户""公司＋合作社＋种养户"等经营模式。除此之外，系统的构建与运行还需要政府、科教、金融、保险等部门和机构的支持（图3-11）。

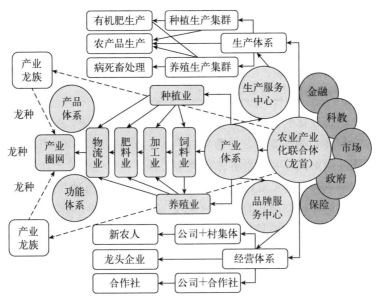

图3-11　理想状态下种养循环产业圈网组织重塑的思路框架

实质上，这个体系化的大系统也是一个庞大的组织系统，要实现系统运行统一的价值目标、利益目标和增值分配，谁来统筹、协调、管控和服务，这就需要一个有强大号召力、影响力、组织力、协调力、创新力、胜任力和支配力的领导集体为"龙首"，指挥、统筹、协调和支配这个系统的总体运行。要发挥龙首的作用，必须建立跨行跨业跨界跨域的产业化联合体，把种植业、养殖业、饲料业、加工业、肥料业、物流业等龙头和骨干汇聚到这个龙首的领导集体中来，作为集体决策的骨干力量。同时，还需要建立各类运营管理与综合服务中心，协同推动系统的运行。此外，还要加强与政府、科教、金融和保险的协调，获得他们的大力支持。未来，随着资源环境、生态保护紧约束的大压力，国际环境剧变和贸易摩擦的大冲突，市场环境和营商环境的大变化，健康中国和消费升级的大需求，单个主体很难能够应对这些大变化，必须进行大联合发展、大集体领导决策、大系统协同运作、大团队会战突破。

（四）基于循环赋能重塑畜禽产业链融合增值创新的网络载体

未来，随着快速交通网、物联网、互联网、人联网（人才网）、社联网、机联网（农机服务网），以及大数据和区块链等快速发展，种养循环涉及的所有的载体、环节、链条、链群和龙族也会网络化。比如在一个区域建立一个副产物加工处理中心、病死畜无害化处理中心、废弃物加工处理中心（有机肥生产）等，必须要运用物联网、互联网、大数据和区块链，只有运用这些技术手段，才能有效和准确掌握副产物、病死畜和废弃物的来源地点、数量规模、运输距离等方面的信息，来平衡各中心的产能与副产物、病死畜和废弃物的产生数量，避免各处理中心由于产能过大造成的闲置浪费，同时也能避免由于各中心产能过小，导致副产物、病死畜和废弃物处理不过来造成的环境污染。另外，副产物加工处理中心、病死畜无害化处理中心、废弃物加工处理中心必须与副产物、病死畜和废弃物产生的源头、收集站点、中转站点，以及加工处理后产品销售的网店、产品应用的区域和节点等形成网络，并通过大数据、区块链等手段，来分析和调节各节点、中心的流量平衡，以及对价值形成的成本效率、机会风险和依存贡献，进而对种养循环整个大系统的增值进行公平分配。

三、演化升级

在农业发展实践中，随着农业科技的进步、社会经济的发展、生产方式和生产力生产关系的变革，以及一二三产业融合、文旅农融合、产科教融合、城乡融合和一体化不断深化，加之全球气候条件变化对生态环境保护的客观要求，国内外基于种养结合的生态循环农业发展模式，逐步从传统农业的种养循环发展模式向现代农业种养循环发展模式，再向"关系生态"的发展模式演化升级；向种养循环模式化、规模化、区域化、产业化，以及工程化、系统化、体系化、多极化、生态化不断地演进。同时，随着我国现代农业生态体系、现代农业产业体系、现代农业经营体系的建设不断健全完善和支撑能力不断加强，种养循环模式也会发生巨大的变化，从传统单一的发展模式、向龙首发展模式，以及向关系生态发展模式演化升级。本文通过"我国各区域依据不同资源禀赋和环境条件的传统发展模式、内蒙古以北辰饲料集团为龙头的产业化联体龙首发展模式、荷兰奶牛产业链优势结合加强金三角的关系生态发展模式"三个案例剖析，去系统认识循环赋能的畜禽产业链融合增值创新的演化升级模式。

（一）各地区依据不同资源禀赋和环境条件的传统种养循环模式

传统种养循环模式是以一家一户、一场一园（园区）、一村一片等为主要载体，依据当地气候条件、资源禀赋、产业基础和种养结构等发展起来的，包括"猪—沼—渣—鱼""鸡—林—果""牛羊—肥—秸秆—菌""猪鸡牛羊—大型沼气设施—清洁能源—沼渣沼液—粮经饲""人畜粪便、生活垃圾、农作物秸秆等—有机复合肥加工—农作物生产"等模式。总体来看我国种养循环方式大致分为种养循环经济发展模式、废弃物处理模式、病死畜禽无害化处理模式、废弃物资源化利用模式、资源循环融合发展模式等五种类型。其特点：一是循环结构比较单一，大多是以物质循环为主，价值循环和能量循环的功效比较弱；二是循环所形成的物理载体、空间载体和网络载体较小，形成规模经济和范围经济的大循环模式很少，跨乡（镇）域、跨区域、跨区际性的循环链条不是很多，对涉农产业链增值、农业提质增效、农民增收、农村环境改善、美丽乡村建设等的贡献没有充分发挥出来。距形成模式化、规模化、区域化、体系化、系统化、工程化、产业化、多极化和生态化还有一定的差距（表3-6）。

表3-6 我国传统种养循环主要类型及循环方式

主要类型	循环方式
畜禽产业循环经济发展模式	① 畜禽产业清洁生产发展方式
	② 畜禽粪便沼气工程发展方式
	③ 种养结合协调发展模式
	④ 畜禽粪便制颗粒肥（饲）料发展模式
畜禽养殖业废弃物处理模式	① 固液混合利用方式，包括垫料发酵、厌氧发酵、零排放等
	② 粪便处理利用方式，包括自然发酵、肥料利用、发酵塔处理、粪便生物链转化、多级利用
	③ 畜禽粪便废水处理方式，包括厌氧处理、厌氧—好氧利用和MBR工艺等

（续）

主要类型	循环方式
病死畜禽无害化处理	① 病死畜禽焚烧法（焚烧炉） ② 病死畜禽发酵法（发酵容器） ③ 病死畜禽掩埋法（填埋井） ④ 病死畜禽化制法（高压容器）
畜禽废弃物资源化利用模式	① 畜禽养殖业废弃物肥料化处理方式 ② 畜禽养殖业废弃物饲料化处理方式 ③ 畜禽养殖业废弃物能源化处理方式 ④ 畜禽养殖业废弃物基质化处理方式
畜禽产业资源循环融合模式	① 种养加产业园区、配套循环方式 ② 种养加异地加销、对接循环方式 ③ 种养加空间配置、立体循环方式 ④ 种养加旅游体验、共生循环方式

　　种植业、养殖业是农业的重要组成部分，它们相互依赖、并可相互利用。如饲草可直接作为畜禽养殖业的饲料，畜禽的粪便又能作为肥料施用于饲草。这种"自然联系"正是发展生态农业、循环农业和绿色农业所遵循的法则。基于这一法则，各地依据当地的自然资源禀赋和农牧业发展的基础条件，按照可持续发展和循环经济的理念，对不同资源禀赋和产业基础的种养循环模式进行了人工设计和组装，推动种养业全产业链物质循环、价值循环和能量循环，促进全产业链物产的增值，不断创新种养业发展与人和自然的和谐共处的可持续发展路径模式。江苏省泰州市现代科技示范园区的生态循环模式就是一个具有代表性的经典案例（表3-7、图3-12）。

表3-7　江苏现代畜牧科技示范园生态循环模式

模式简介	江苏现代畜牧科技示范园位于泰州市农业开发区内，总面积100公顷，园区建设以种养加循环、产科教融合、"三品"联动等为主线，着力打造集产业科技、品种培育、教育科研和技术推广等为一体的现代农牧业生态循环园区。园区在建设发展过程中，以江苏农牧科技职业学院为依托，构建集生产、教学、科研、技术推广等于一体的多功能体系，实施为农服务"五大工程"。培训新型职业农民，大力推广助农增收致富新品种和新技术。经过不断的建设和发展，园区培育出具有自主知识产权的新品种——苏姜猪，建有国家级水禽种质资源基因库，现有水禽种质资源30种、保存种0.1万多只、年培育40万～50万只种水禽，可为全国提供种禽。园区大力发展循环农业，推广畜禽良种、林下养鸡、养鹅等种养结合新技术，以及畜禽粪便集中收集、干湿分离、粪水发电、粪渣肥田等技术，推进农牧渔结合、种养加一体、一二三产业融合，已形成了集保种育种、科普、科教、休闲观光、种养循环带动等为一体的产业发展体系

（续）

模式启示	江苏现代畜牧科技示范园经过几年的建设与发展，先后获"全国新型职业农民培训基地"和"江苏省现代农业综合科技示范基地"等称号。现已成为全国休闲农业五星级企业、国家4A级景区景点、全国科普教育基地、全国青少年农业科普示范基地。其成功的经验主要是遵循生态农业、循环农业和绿色农业发展的理念，顶层设计种养循环的系统框架，高效动态配置生产要素，在相对封闭的园区内联通上下游种植业、养殖业、加工业、肥料业和清洁能源等共生关系，实现园区资源的循环利用和全园区物产的增值，同时也实现了"三品"联动增值

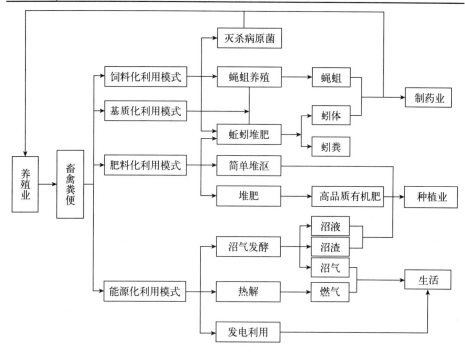

图 3-12　江苏现代畜牧科技示范园生态循环模式系统框架

（二）我国包头市以北辰饲料集团为龙头的产业化联合体龙首发展模式

我国包头市北辰绿色农牧业产业化联合体以包头市北辰饲料科技有限责任公司为龙头，带动4个关联公司、3个种植业专业合作社、4个家庭牧场和养殖专业合作社，形成种植业、饲料加工业、养殖业、肥料业良性互动，一二三产业融合发展的绿色种、加、养产业联合体。联合体以市场为导向，科技为动力，效益为中心，通过市场牵龙头，龙头带基地，基地联结农户，促进粮饲精调整，推动农业产业化发展，带动有机玉米种植基地 33.33 千米²，绿色玉米种植基地 133.33 千米^2，猪鸡牛羊养殖规模化养殖上千万只（头），充分发挥了产业化联合体作为区域涉农产业及产业链发展的"龙首"作用，有力促进了猪鸡牛羊产业链融合发展与增值创新（图 3-13）。

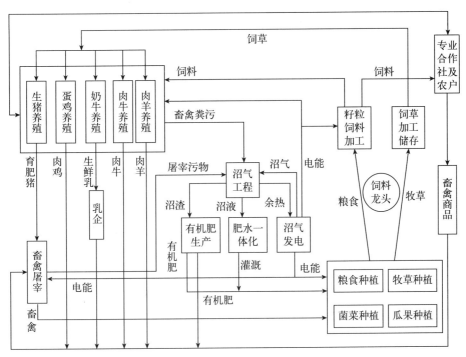

图 3-13　以饲料加工为龙头的产业化联合体种养循环模式系统框架

包头市北辰绿色农牧业产业化联合体种养循环模式的主要特点，主要是以饲料加工为龙头、"种养加"循环为纽带、绿色种养业为基础，带动农牧业产业链上、下游产业发展，延伸产业链条。其模式的运行机制，把饲草料加工作为种植业的下游产业，有效转化粮食及农副产品（包括农作物秸秆），解决农民卖粮难和农作物秸秆处理等问题。把饲草料加工业作为带动养殖业发展的龙头，为养殖业发展提供饲草料保障。同时，将养殖业产生的废弃物和种植业产生的副产物（农作物秸秆）加工成有机肥还给种植业，着力从饲料原料种植、饲料加工、养殖各环节打造有机、绿色产业链，形成了区域"种养加"绿色农业产业发展的格局。

（三）荷兰奶牛产业链种养加结合与金三角的关系生态发展模式

荷兰农业"金三角"，是指政府、企业、高校，三者相互结合，又互为依托，成为荷兰农业发展最坚实的"后盾"。所谓"金三角"机制，即从农民的实际需求出发，本着农民更有发言权的原则，负责政策扶持与工作协调的政府、进行基础研发或应用研发的大学和研究机构、应用研发成果的农用厂商和企业化农民，三方平等地坐在一起，共同寻找问题，研究解决问题的方案。其相互沟通过程是一个自动的协商过程，而不是自上而下的知识转移。政府、企业、高校各扮演好各自的角色。在荷兰，政府帮助农民建设配套的基础设施。有时对于荷兰的种植企业来说，研发成本太昂贵，有了政府的支持，他们就可以研发出更多种植新技术。当地农业技术服务公司拥有许多由温室组成的孵化中心，构成了大学与企业之间重要的桥梁。瓦赫宁根大学负责科研，将最好的科研结果放在某个温室基地进行孵化和推广，温室基地做更加应用型的一些研究，之后再将结果推广到公司企业，形成了良好的关系生态。

在"金三角"撑起来的奶牛产业链，发展形成了"种养加"循环关系生态模式。荷兰以奶牛养殖为龙头带动"种养加"循环模式，主要由五部分构成：一是产奶奶牛和幼畜的生产系统，二是农作物饲料生产系统，三是废弃物资源化利用系统，四是乳制品加工系统，五是社会化服务系统，五大系统构成了健全的生态循环体系，形成了以生态科技、生物科技和饲料科技为支撑，以主体、资源、要素以及体制、机制、组织联动为纽带的利益共同体和综合体。在种养循环方面，荷兰的农场和放牧牧场之间通过畜禽废弃物处理、还田，形成了生态循环关系。牧场一方面提供粪肥给农场自身的饲料生产，同时外购一部分肥料和粪肥用于支撑农场的饲料生产，这样就形成了一个循环的生态系统结构，建立了养殖种植和放牧之间的平衡机制。在荷兰，政府规定平均每公顷牧场养殖 2 头奶牛。碳排放配额可交易，如果一家牧场的配额不足，可以向配额过剩的牧场进行购买，这样就有利于整体养殖排放系统平衡。

荷兰以奶牛产业链为主导的"种养加"关系生态循环模式的形成，一是在于"金三角"的有力支撑，二是在于社会化服务体系的支撑。在农场生产的同时，有很多个机构同步为农场提供服务，包括饲料公司授权会计机构和银行等各类机构。他们在向农户提供配套的农资产品和服务的同时，还提供相应的饲料建议、医疗建议、会计服务、育种监控和金融支持。这是独立于农场生产的社会化的、第三方的服务机构，其通过咨询服务带动了服务链、人才链和产业链的发展，形成了综合的社会化服务体系和专业化的服务能力。在这个社会化服务体系构成和运行中，产业链上游农场主也可以持股饲料公司、兽医公司、会计服务公司、育种机构等各类服务公司；产业链中游，乳制品加工商实际上是平台型龙头，家庭牧场以及养殖场之间是由养殖单元组成的乳业生产集群，生产集群和平台型龙头结合，加之第三方的检测服务，构成了多栖互利、双栖互利的共生结构关系，进而形成共享、共建、共生的机制。

第四章 生猪产业链融合发展与增值创新

第一节 系统认识

自 20 世纪 90 年代开始，知识经济迅猛发展，社会分工进一步加剧，产业链在促进企业可持续发展、提升产业竞争力及优化产业结构等方面发挥出明显的作用，产业链由此引起了国内外众多研究学者的广泛关注。改革开放以来，我们见证了中国生猪产业的发展。进入新世纪以后，世界经济一体化加快，市场竞争日趋激烈，新的技术经济条件使得企业的竞争优势基础已经从单个企业扩展到整个产业链。中国是生猪生产和消费大国，自古猪就被誉为"六畜之首"，生猪产业也是中国的传统产业。根据中国统计年鉴数据显示，2018 年全国生猪出栏 6.94 万头，年末存栏量达 4.28 亿头，年猪肉产量 5 404 万吨，占猪、牛、羊三大肉品比例高达 91.26%，占肉类总产量 63.45%。自 20 世纪 90 年代以来，中国生猪产业获得了长足的发展，出栏量和猪肉产量呈逐年上升的趋势：年末生猪存栏数量从 2 亿头增长至 4 亿多头，净增长量超过 2 亿头；年出栏量增长至近 7 亿头，增长总幅度超过 250%；年猪肉产量由 1 000 万吨增至 5 000 余万吨，增幅超过 400%。但在世界范围内，中国生猪产业仍处于被动地位，一方面是由于中国生猪产业的生产力水平严重不足，无法适应瞬息万变的市场；另一方面中国的生猪产业模式相对陈旧，市场固有的弊病难以根除，亟须从产业角度出发进行组织、结构、模式的创新升级。

一、生猪产业链的主要类型与演化

(一) 生猪产业链的主要类型

生猪产业链是指与生猪产品生产密切相关的具有上下游关系的所有功能环节组成的整个链条，生猪产业链包括育种、养殖、加工流通和消费四个环节。育种环节包括核心群育种、祖代猪育种（一元猪）和父母代猪育种（二元），国内育种水平有待提升，行业较为分散；养殖环节主要是指三元商品猪养殖，养殖规模化程度不断提高，处在分散过度至集中的整合期；加工流通环节包括生猪屠宰加工和生鲜肉销售，与养殖行业相比屠宰行业相对集中，仍有较大提升空间；消费环节指整个市场对猪肉以及加工制品的需求和消费。生猪产业链由上至下逐渐集中，上游养殖行业最为分散，下游屠宰加工行业略微集中。生猪产业是我国农业的支柱产业，政府应当大力推动产业链管理的发展，以利益为联结，建立上下游企业间有效的利益分配、风险共担、信息共享机制。根据生猪产业链核心企业的不同，目前我国生猪产业链结构主要包括纵向一体化结构与核心企业主导战略联盟结构。

（二）产业链类型的内涵特征

产业链是多个相关产业主体基于上下游关系或者共同利益价值，相互分工协作而形成的具有一定价值增值的链式关联形态。其内涵是产业链所包含的相关产业和相关企业形成的分工协作关系，产业链中的相关企业或产业属于上下游的关系；产业链是以市场需求为导向而进行的生产交易活动；产业链的各环节都能产生增值作用，是一条价值增值链。

生猪产业链是指：由具有上下游关系，且与生猪产品生产密切相关的所有功能环节组成的产业链条，这些功能环节包括猪饲料的加工与销售、猪苗的培育、兽药的生产与销售、生猪的养殖、生猪的屠宰加工、生猪及肉制品的流通、肉制品的销售、肉制品的消费等。纵向一体化结构：以某一大型农业集团为核心，同时向上、下游两端延伸，并能涵盖整条产业链上所有环节与节点的产业结构，其基本模式如图4-1。目前市场上的大型企业大都采用纵向一体化的产业结构，不仅有助于管理的绿色化、高效化，还能实现市场信息的及时反馈，实现利润最大化。纵向一体化的典型企业代表是牧原股份有限公司，该公司采用"饲料＋养殖＋屠宰＋肉食品加工"的纵向一体化的产业链结构，截至2018年初，公司年可出栏生猪320万头，加工饲料300万吨，向社会提供高标准无应激纯种猪8万头，二元母猪10万头，此外该公司还拥有合资高档肉制品加工厂1个，年屠宰加工能力100万头。

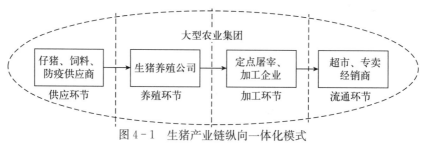

图4-1 生猪产业链纵向一体化模式

以核心企业为主导的战略联盟结构，根据核心企业所处环节的不同可以分为三种形式，即养殖企业核心模式、屠宰加工企业核心模式和零售商核心模式。不同核心企业主导的战略联盟结构的产权配置区分不同，相应的资金配置功能也有所差异，需应对外部冲击的种类与规模也不同，因此，不同核心企业主导的战略联盟结构也将面临不同的流动性风险与系统风险。

以养殖企业为核心的战略联盟结构的典型代表是温氏集团，该公司在2018年出售生猪超过 2 000 万头，实现销售收入 572.36 亿元，同比增长2.84%；实现归属于上市公司股东净利润 39.57 亿元，位居行业首位。以养殖企业为核心的战略联盟结构，核心企业需要向上游供应商采购饲料、仔猪和防疫等生产要素，同时为下游定点屠宰场、加工企业和超市等终端销售主体提供原材料，以满足下游节点企业的订单需求。就养殖企业而言，其核心竞争力在于能够兼顾产业链的上游和下游，有利于企业获取市场和技术信息，及时调整和稳定订单关系，破除流动性约束，实现全产业链的资金流通（图 4-2）。以屠宰加工企业为核心的战略联盟结构的典型代表是雨润集团，2017 年，雨润集团年屠宰量超过 1 800 万头，全球排名第六。该公司以屠宰加工厂为基础，通过企业标准、品牌标准和"政府＋公司＋基地＋农业经纪人＋农村合作社"五位一体的订单农业发展模式影响上游涉生猪养殖主体。同时，通过品牌直营店和大型商超进行产品销售，从而实现完整生猪产业链条。以大型零售商为核心的战略联盟结构的典型代表是首农集团，该公司立足于食品加工和现代农产品物流，通过订单、合约等方式同上游养殖主体和屠宰加工企业合作，从而形成完整的生猪产业链条。截至 2018 年，首农集团实现收入、资产均突破千亿元大关，成为中国农业产业的新龙头。

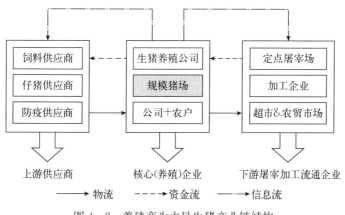

图 4-2　养殖商为主导生猪产业链结构

二、生猪产业链发展的现状与问题

智力资本、金融资本、政策资本和资源资本是生猪产业链发展的必需资本。不同的链型所处于的现状和面临的问题具有异质性，在自然与社会、经济与技术、文化与商业不断演化驱动的背景下，围绕着生猪产业链上游、中游、下游、衔接及循环的物质流的循环减损，应将不同类型不同层次产业链主体的长期、中期、短期的理念思路、智慧精神进行有效结合（图 4 - 3）。

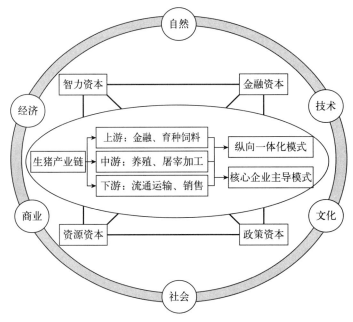

图 4 - 3　生猪产业资本运作示意图

（一）生猪产业链发展的现状

1. 智力资本方面　纵向一体化模式的生猪产业链包括产业链中的各个环节，组织模式趋于扁平化，这对纵向一体化企业管理者的专业素养提出了更高的要求。纵向一体化企业普遍是某一环节的企业通过向上下游不断延伸形成，对于生猪产业链而言，由生猪养殖企业和生猪屠宰加工企业演化而来的较多，其管理者和员工对于其扩展领域的了解相对薄弱，而新吸纳的员工与企业间需要一定的磨合期，以此了解企业文化，企业组织与人力资本会在企业链条延伸的初期面临巨大考验。核心企业主导的生猪产业链中各节点企业的现状有所不同,"小规模、大群体"是我国生猪养殖主体的典型特征,组织化、专业化程度低,经营不稳定。猪肉批发市场中从事猪肉产品运销的商人绝大多数是个体商贩、个体经营组织,市场主体发育不健全,同时众多的猪肉产品供应商、生产商、分销商、零售商,形成冗长复杂的猪肉产品供应渠道。猪肉加工、贸易和流通企业缺少相关市场策划、营销、信息、物流等方面的人才。这些人才的缺失,使创新和发展成为瓶颈。

2. 金融资本方面　纵向一体化的生猪产业链具有控制与协调的经济性,同时具有信息与存在的经济性,但企业要想形成一体化,需要有力的资金支撑,虽然相对于小型企业融资较为容易,但负债率过高企业的经营风险也随之加大。轻资产经营是企业很好的选择,省去可观的固定资本投入,有助于提高企业的核心竞争力,但融资约束是制约企业轻资产运营模式的关键,相对于传统模式,企业的无形资产占企业总资产的比例较大,无形资产较难进行估值,因此在融资方面面临困境。核心企业主导的生猪产业链模式中的节点企业在融资方面面临着更加严峻的形势,涉农企业的融资现状本就不容乐观,相对于其他农产品,生猪价格发生超常波动的频率更高,加大了企业的经营风险,增大了企业的融资难度。

3. 资源资本方面　纵向一体化模式的生猪产业链能够确保企业在生猪供应紧缺时得到充足的供应,或在市场需求很低时能有一个稳定的产品流出渠道。也就是说,纵向一体化能减少上下游企业随意中止交易的不确定性。但一体化也提高企业在生猪产业中的投资和退出时的沉没成本,从而提高退出壁垒,增加商业风险,增加企业调配资源时的限制。此外,由于一体化企业的前期投资高,采用新技术、新设备时需要置换的设备成本高,因此,与非一体化企业相比,一体化企业对新技术的采用通常会慢一些。现阶段,我国畜禽产品的产、销量虽然很大,但产业化程度较低,供应链综合性专业人才缺乏,核心企业对上下游企业的整合协调能力不足。生猪产业作为畜禽产业的典型代表,其供应链物流水平较低,亟须打通供应链中组织和管理、加工、配送等物流环节,整合生猪产业资源,实现全产业链闭环发展。

4. 政治资本方面　近年来国家对规模化养殖场的补贴力度持续增大,除了按规模给予的标准化规模养殖场建设补贴外,还为规模化养猪场设立的设备、环保、育种、保险和疫苗补贴,此外,2014 年后国家相继发布《畜禽规模养殖污染防治条例》新修订的《中华人民共和国环境保护法》《全国生猪生产发展规划(2016—2020 年)》,加强了对生猪养殖行业污染的防治工作,各企业也实行了配套办法要求养猪场对废物废水的排放进行治理。《畜禽规模养殖污染防治条例》《中华人民共和国环境保护法》的施行,推动了生猪养殖行业规模化标准化进程，在养殖门槛提升、环保成本上升、市场风险加大的行业背景下，规模企业的资金、技术实力及规模效益会进一步的推动行业横向整合。相对发达国家我国生猪屠宰行业较为分散，《全国生猪屠宰行业发展规划纲要（2010—2015）》的颁布，有利于刺激屠宰企业加速整合，进而促进生猪屠宰行业的现代化转型和持续健康发展。纲要提出，2015 年淘汰 50% 手工和半机械化等落后的生猪屠宰产能，其中大城市和发达地区力争淘汰 80% 左右。这无疑为大型企业提高市场份额提供了良机，而随着机械化程度的提高和冷链的发展，冷鲜肉市场将不断增长，企业的盈利水平也将相应提高。

（二）生猪产业链发展的问题

生猪的育种及养殖环节作为产业链上游、屠宰加工是产业链中游环节、而运输仓储消费是产业链下游环节。

1. 产业链上游：自主创新不足，社会激励机制缺失 育种环节：国内育种环节水平较低，缺少生猪优质种源，缺乏畜牧科技创新能力，缺少能够自主创新的组织机制，行业较为分散。育种环节是生猪产业链的上游环节，国内育种水平较为落后，缺乏自主创新，原种猪主要依赖进口，且行业较为分散。目前国内生猪主要品种基本源于国外，由于国内原种繁育技术相对落后，需要不定期从国外引种以补充国内核心原种群；下游客户主要是中等规模或者较小规模的养殖场，其中，中等规模的养殖场引进二元种猪，并生产销售三元猪，较小规模的养殖场引进仔猪，并养殖成三元猪销售；核心种群的性状维持依赖于不定期的外国种猪进口，处于"引种、维持、退化、再引种"的不良循环，亟须进行自主创新能力的提升。

2. 产业链中游：低质产能过剩，集群优势发挥失效 养殖育肥环节：目前国内生猪养殖环节处于由分散到集中的长期整合历程中，生猪养殖被经营为农民的家庭副业，生产规模普遍偏小，规模化程度和机械化水平较低，生产方式普遍粗放，缺少社会激励要素，亟须促进解决"小生产与大市场"的矛盾，同时，进一步解决环节中资金约束问题，引导金融下乡，支持三农发展；由于中国城镇化进程加快，农村劳动力持续转移，养殖规模化势在必行。农村人口持续减少，限制了技术过关，需要大量人力来维持日常运作的散养户和小养殖场的发展，大型养殖企业逐步摸索适合自身快速扩张的经营和养殖模式，中小散户在较为恶劣的行业环境中缓慢扩张，多数被淘汰。在养殖门槛提升、环保成本上升、市场风险加大的行业背景下，规模企业的资金、技术实力及规模效益会进一步推动行业横向整合。

生猪经过屠宰厂后主要有白条猪、分割猪肉、副产品以及深加工产品等几种产品形式。其中，白条猪主要流通至经销商、零售市场以及食品加工企业；分割冷冻猪肉主要进入超市销售。我国生猪屠宰行业产能总量严重过剩，落后产能比重过大，部分定点屠宰企业设备设施简陋，未达到相关标准，屠宰操作规范和检验检疫制度尚未落实；产业集中度偏低，约75％的定点屠宰企业实行代宰制，恶性竞争严重；屠宰从业人员专业技能欠缺；屠宰执法在人员、经费、装备和检测能力等方面仍严重不足。2012年末全国定点屠宰企业产能利用率仅为42％左右。产业链源头的分散化导致了我国屠宰及肉制品加工业的集中度较低，相对发达国家我国生猪屠宰行业较为分散，但集中程度高于养殖环节。2011年前十大屠宰企业的市场份额合计为14.63％，高于养殖业的集中度水平，但远落后于美国84％的集中度水平。

3. 产业链下游：价值分配失衡，资本运营风险过高　资源禀赋要素、流通渠道及风险都是影响生猪产业链价值分配的重要因素，不同产业链环节，其在价值分配上的差异明显。养殖环节与普通生猪产业链各环节相比，产业链上游育种养殖环节的总体收益水平、投资收益率、周期收益率显著高于普通生猪养殖环节的收益水平。生猪养殖环节与生猪流通环节相比，生猪流通环节收益水平、投资收益率小于普通生猪养殖环节的收益水平；而生猪收购环节周期收益率却显著高于普通生猪养殖环节的周期收益率。生猪繁育环节、生猪养殖环节及流通环节的资源禀赋越高，其获得的价值分配越大。

此外，风险是影响育种与生猪养殖环节之间的价值分配的重要因素，同时也是生猪养殖环节与生猪流通环节之间的价值分配的影响因素。风险因素对价值分配影响方向是多方面的。一般来说，价格风险与疫病风险，各环节面临的价格风险与疫病风险越高其获得的价值分配越低。而融资风险则相反，环节中面临的融资风险越高，其获得的价值分配越高，这也体现了风险与价值的对称性，对于主动承担风险的生产者应给予适当风险补偿，所以纵向产业链环节中承担风险较大的环节，分配的价值更多，如上游育种环节的价格风险、疫病风险高于普通养殖，所以育种环节总体收益水平、投资收益率、周期收益率高于普通生猪养殖环节；同样生猪养殖环节的价格风险、疫病风险远远高于生猪流通环节，所以生猪养殖环节单头猪收益水平、投资收益率显著高于生猪收购环节。所以，对于同一产业环节，其面临的不可控的系统风险越高，其获得的价值分配越小，而其主动承担的可控的非系统风险越高，其获得价值分配越高；两个环节相比，某个环节系统风险越大，该环节获得的价值分配越高。

目前生猪产业面临的关键问题是金融资本无法进入产业链，无法将产业链条的发展战略落实到生猪产品供应链中，同时也无法实现资本供应链的完整形成。无论是生猪产业规模化、自动化，还是生猪产业各环节科技等新技术运用，都需要强大的资金支持。现阶段，我国生猪产业发展及养殖户具有流动性约束，虽然社会资本流动性充裕，但因对行业不熟悉，不敢轻易涉足生猪产业市场，反映出我国城市资金富裕与农村资金短缺存在结构性矛盾，传统畜牧生产组织形式无法打通畜牧与金融、城市与农村的连接瓶颈。

三、生猪产业链融创发展时代需求

（一）生猪产业链"五化"协同发展

《关于加快推进生态文明建设的意见》中明确提出"要把生态文明建设融入经济、政治、文化、社会建设各方面和全过程，协同推进新型工业化、城镇化、信息化、农业现代化和绿色化"。中国未来的最大创新是绿色创新，最大的变革是绿色变革。在实现可持续发展的今天，工业化、信息化、城镇化、农业现代化都必须提升绿色发展质量，"不以牺牲后代人的利益为代价"。实现可持续发展，必须将绿色化与工业化、信息化、城镇化、农业现代化有机融合，将绿色化的理念、目标和行动融入新时期四化建设中，实现绿色工业化、绿色信息化、绿色城镇化和绿色农业现代化。

推进发展生态绿色的生猪产业链，是以农业供给侧结构性改革为主线，坚持以绿色为导向的发展方式，节约集约循环利用各类资源，大力发展绿色加工，优化产业布局，有利于推动生猪产品初加工、精深加工及副产物综合利用协调发展。坚持统筹规划、疏堵结合、政策引导、科技支撑，探索与追求生猪产业的高产、优质、高效、安全、生态的综合目标，注重生产过程，注重生态环境保护，注重产品绿色加工与绿色经营，推进畜牧养殖废弃物资源化利用，以源头减量、过程控制、末端利用为核心，重点推广经济适用的技术模式，有利于加快构建种养结合、农牧循环的可持续发展新格局，推动生猪产业发展方式转变，促进可持续发展。坚持生猪产业链的生态绿色可持续发展，加快推进集约生产，有利于加大绿色食品的科技含量，把先进的科学技术有效地注入绿色食品生产全过程，不断提高绿色食品集约化生产水平，建立起低碳、低耗、循环、高效的猪肉产品加工体系，推进生猪产业绿色发展，促进生猪产品加工业转型升级发展，加速绿色食品产业化进程。

（二）生猪产业链"三品三海"战略

生态环境保护的约束环境下、消费升级的市场环境下，生猪产业要想有大发展，一要靠质量占领高端市场，二要走差异化道路开发新产品。这就亟须推动实施"三品"联动，目前，品种、品质和品牌是生猪产业发展的短板，国家提出"增品种、提品质、创品牌"的三品战略，为生猪产业转型升级及增值创新指明了方向。品牌农业是发展农业的一种增值方式，品牌的形成促进了产业链的整体溢价，品牌农业主要依靠品牌体系建设、运营、管理及联通来实现农业的增值发展和利益相关主体的需求满足。强化生猪产业品牌建设，实施品牌强农工程，大力培育特色生猪产品品牌，是生猪产业链实现价值增值的必然选择，依托技术创新提升产品的质量，引领和对接多元化市场需求，不断提升产品附加值和竞争力，有利于延长产品的产业链与价值链。以优势企业、产业联盟和行业协会为依托，重点围绕优势产品培育一批市场信誉度高、影响力大的区域公用品牌、企业品牌和产品品牌，对生产经营主体申请并获得专利、品牌创建等给予适当奖励。有利于探索建立生猪产业品牌目录制度及品牌评价体系，提升农业品牌建设与管理的能力和水平。同时通过加大优势生猪产品品牌宣传力度，提升产品品牌社会影响力。

同时，生猪主产品、副产品、废弃物运筹优化组合给生猪产业链转型和变革带来了新的机遇和挑战。生猪主产品消费已处于典型的红海格局，降低成本向提升收益转型有助于开启生猪副产品、废弃物消费的蓝海格局。倚仗主产品、副产品、废弃物运筹优化组合，实施紫海战略才是理性的选择。紫色是红和蓝的结合，这也是当下市场的新常态。紫海战略意味着要在红海领域中开拓出新蓝海。在生猪产品消费市场下，生猪主产品、副产品、废弃物消费共存，原本处于绝对劣势的副产品、废弃物消费迎来了难得的战略机遇。依靠已经处于饱和状态的生猪主产品市场实现生猪产业链的增值创新空间有限，且增值重在降低成本，在此情况下，亟须增值创新开发挖掘蓝海领域，开发挖掘生猪副产品及废弃物综合利用市场，挖掘出消费者尚未被满足的潜在需求，生产出品质高档、成本低廉、市场广阔的优质产品。实现红海与蓝海相结合的紫海格局，这种红蓝结合、强弱均势的不对称格局决定了紫海战略是生猪产业转型发展理性而又务实的选择。

（三）生猪产业链闭环增值创新

随着经济新常态的发展，生猪产业也需要不断进行产业结构优化升级，产业融合一体化发展。在经济全球化、科技创新迅速发展的情况下，生猪产业正朝着集约化、规模化、产业化、精品化的方向发展，要有长远的战略眼光和全新的创新发展模式。就生猪产业链内要充分发挥产业链优势，集成产业链组织结构功能，带动农户从劳动脱贫逐渐转向科技脱贫，一是要重点鼓励、支持和发展"公司＋基地＋农户"等多种形式的一体化经营模式；二是要大力发展生猪生产专业协会；三是要开发生猪产品精细加工，创名品优牌；四是要以肉制品市场建设为抓手，充分发挥市场职能，逐步实现生产与需求的连接；五是要创新连锁经营、定点配送相结合的新型终端流通方式，拓宽生猪产品的流通渠道。生猪产业链间的产业及多链融合发展是新时代的需求。产业融合发展有助于延伸生猪产业链条，做强加工、扩繁育、活销售，培育核心企业，紧密联系产业链上各环节，保持全产业链的平衡发展。促进生猪产业生产环节与工业、服务业生产环节的有效连接，以实现生猪产业从生产、加工到流通、消费等环节的更长链条的产业化发展。在产业融合的过程中不仅涉及相互融合的产业、产业主体之间的利益连接，还能够拓展利益空间，实现产业价值增值，有效延伸农业利益链条（表 4 - 1）。

表 4 - 1　生猪产业链条创新与新突破及其增值创新

链条类型	创新突破点	经济突破点	价值策略
生猪产业链	生猪养殖主体一体化	产销一体化、信息一体化、畜牧加工一体化	环节依存、效率提升
	生猪圈舍标准化体系	《生猪养殖标准化建设规范》《生猪标准化规模养殖场（小区）建设标准》	成本节约、效率提升、风险规避
	畜牧饲料种养循环	"鸡＋猪＋渔"模式、"猪＋沼＋粮"模式	链条依存、成本节约、效率提升、风险规避
	高品质种猪品种开发	高保育、低料肉比品种	环节依存、机会获得
	精准养殖定制技术	互联网、无抗猪、实时监控、私人定制	机会获得
	生猪制品深加工	分割肉、熟食（白条肉，方便食品、火腿灌肠、香菇猪蹄、酱猪头肉）、食品辅料（在糕点、面包、香肠、蘸料、风味食品中进行调味）、功能成分开发（蛋白粉、转移因子、活性肽、油脂等产品）	机会获得
	副产品开发	低温沼气、有机肥料	机会获得、效率提升

此外，促进生猪产业融合发展有利于整合各方面科技创新资源，产业融合发展有利于提升生猪产业链中企业的创新能力，鼓励企业加快创新升级，构建高效协同产业科技创新体系、现代农业产业技术体系和科技推广服务体系，依靠科技创新激发产业链发展新活力，培育符合现代生猪产业发展要求的创新主体，有利于吸引科技创新人才队伍，从而建立起产业研发投入稳定增长的长效机制，逐步提高企业科技研发投入比重，引导社会资源投入创新。将科研、配

种、扩繁、加工、运输、销售等环节联结起来，推行"产""加""销"一条龙服务模式。坚持引进、开发和利用生物技术、信息技术等高新技术，用科技为效益保驾护航。大力推进生猪标准化生产，以创新提高技术，以技术保障质量，以质量打造品牌，鼓励企业加快创新升级，推动肉类加工业从初加工、低附加值向精深加工、高附加值全面升级，坚持"规模化、标准化、品牌化"发展方向，走品牌优质之路（图 4-4、图 4-5）。

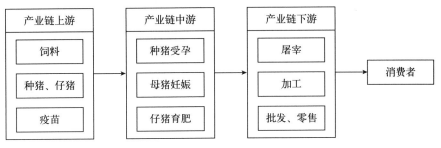

图 4-4　生猪产业链分布

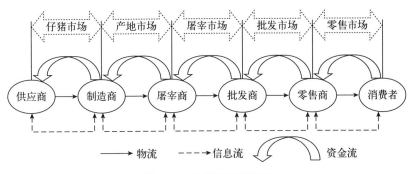

图 4-5　生猪供应链系统

第二节　理论解构

以增值创新为核心，产业链横、纵协同融合为载体的生猪全产业链融合发展与增值创新是一个复杂的系统，需要运用"产业融合理论、价值创新理论、系统论"等思想方法进行解构，为系统建设与运行的路径模式创构和组织机制设计提供理论支撑。同时，需要对系统构成的诸多概念进行解读，为系统建设与运行提供支撑，为系统的技术路线和运行机制提供依据和技术指导。

一、生猪产业链融创发展的理论基础

产业融合衍生理论：以生猪产业为主导的产业链横、纵协同融合发展需要以产业融合衍生理论为基础。生猪产业融合包括但不局限于同一产业内的不同行业之间通过相互渗透，也包括不同产业间的相互交叉，通过产业融合形成新理论、新模式和新业态，从而提高产业创新能力和核心竞争力。生猪产业融合包括四个阶段：技术融合、产品和业务融合、市场融合以及产业融合。其中，技术融合是实现产业融合演化的基础，产品和业务的融合是必要的积淀，市场融合是半成品。产业融合的本质是生猪产业中某一无形要素在另一产业的应用与发展，最终结果就是产生新业态，提高核心竞争力，实现产业的增值创新。

创新与增值的理论：生猪产业链融合发展过程中有很多的创新空间，需要通过协同创新以及"引进—消化—吸收—再创新"方式提升质量、提高自主创新的水平和数量、构建生猪产业增值创新的新模式。生猪产业的创新增值不仅是技术创新，还要包括模式创新、业态创新以及方法论的创新，通过不断改进产品和服务，从而使生猪产品和市场服务能够富含更多的价值，更切合消费者需求。为满足这一目的，生猪产业链各节点企业需要依据自身能力，尽可能优化组合关系，将组织创新与技术创新统一于食品加工环节，形成新的战略逻辑，使价值创新在高成长企业中发挥了巨大效力。

统筹兼顾协同理论：我国生猪产业集约化程度有限，产业基础仍然薄弱，从根本上解决生猪生产的周期性波动问题，应统筹兼顾综合发展。通过统筹生猪产业资源、产业链环节协同和产业链间协同，从各种系统的无序中抽象出具有相似性的有序，并应用于事物从旧结构到新结构转变与发展中，进而推广到更为广泛的领域。该理论基于"很多子系统的合作受相同原理支配而与子系统特性无关"这一公理，在不同学科和领域内，考察研究对象的类似性以探求事物发展的规律，其主要优势有两方面：一方面是研究对象的特性要求我们从多个角度对其进行分析，从而从整体上认知其结构和功能；另一方面，应用所获取方法和知识的过程也需要多个学科统筹安排，从而实现其价值最大化。

二、生猪产业链融创发展的概念解读

以增值创新为核心，产业链横、纵协同融合为载体的生猪全产业链融合发展与增值创新，还涵盖着产业链健康、产业综合一体化、三品联动等概念，基于生猪产业链健康绿色发展，横、纵协同创新发展和强品牌价值增值三大方面，从概念的内涵和外延对这些新概念进行解读，从感性认识上升到理性认识，把事物本质抽象出来加以概括。

（一）产业链健康绿色发展

生猪产业链高质量健康绿色发展以环境健康、动植物健康和产业链健康为核心。

1. 环境健康　主要包括自然环境健康、经济环境健康、政策环境健康，狭义的环境健康主要是指与健康养殖有关的生态环境的健康。指在健康绿色发展的生猪产业链建设与运营过程中，养殖环节、饲料生产环节、屠宰加工环节等不破坏生态环境，产生的废气、污水和固态排泄物总量不超过周边环境的消纳能力，或经过处理后对环境产生的负面影响不会超过周边环境其他相关主体或生物的最大忍耐度。环境包括大气环境、水环境和土壤环境。

2. 动植物健康　指动（生猪）植（饲料作物）物品种有着良好的遗传性能，动植物发育生长和成熟过程中都处于良好的状态，无病害（或兽药、化肥农药）侵害，使植物成熟的果实和动物成熟机体达到无公害及以上的标准要求。

3. 产业链健康　指以紧密的组织方式，将生猪产业链各环节链接起来，充分发挥各个环节的优势，降低产业链运营成本，提高产业链生产经营效率；以合理的运行机制，保证产业链整体利益最大化并实现个体的利益增加；以适合的技术和设施，提高生猪品种与设备设施技术的匹配度，最大限度地保障生猪健康，减少疾病发生，提高生猪及猪肉产品质量和数量安全，最终达到"实现生猪健康、人类健康、生态环境健康和产业链健康的可持续发展"，与生猪产品及猪肉制品密切相关的产业群所构成的网络结构。这要求种养主体、服务主体和核心企业具有较高的信用水平，产业链各环节生产能力能够协同发展，生产要素配置处于动态平衡状态，利益分配公平，各环节主体合作持续长久，各环节的风险防控能力较强。

（二）产业链横、纵协同创新发展

1. 一二三产业融合发展　一二三产业的融合，就是农产品生产业、加工业和销售服务业的紧密关联，相互依存，相互促进；是质量发展、绿色发展和高效益发展，是现代农业的新发展。因此，政府才积极倡导、引导、扶持和推动，力求达到产业链条完整、功能多样、业态丰富、利益联结紧密、产业融合更加协调的新格局。

2. 产科教融合发展　产科教融合主要是通过政府、企业、科教机构等融合联合，解决生猪产业生产力结构优化，产业竞争力支撑能力提升和产业智力资本短缺等问题，是生猪产业供给侧结构性改革的引致变量和深层因素，主要基于产业链的机制创新打造协同创新的动力模式。

3. 多链条融合发展　生猪产业链的载体除物质供应链以外，还包括组织链、物流链以及信息链等多个产业链条，想要实现增值创新发展需要将生猪产业链的多个载体链条进行有机融合。依靠组织链管理节本提效，通过龙头带动、规模效应实现生猪全产业链的不断升级和创新发展。就组织链而言，链上主体包括公司、中介、专业协会等。其组织模式包括"公司＋农户""公司＋中介＋农户"等多种方式，其目的是为了建立较为稳定的产销关系，将原本分散的社会资源集成统一，通过专业化、集约化、规模化的生产，抵御外部冲击和风险，最终实现节本提效。就物流链而言，链上环节包括猪肉的生产、加工、流通等。需要依靠物流链管理，不断提升效率，进而降低交易成本。促使生猪产业链上、中、下游节点企业有机结合，保障养殖主体在生产过程中供需求、运输、技术等相关服务的获取。通过生产风险共担，形成利益共同体，从而有效抵御市场不确定性带来的价格风险，不断提高猪肉产品及副产品的市场竞争力。就信息链而言，信息链的整合能够有效促进产业链中的物流链和价值链的升级提档。单个养殖户受资金、技术、信息等自身能力的限制，难以理性地调整生猪生产结构，进而造成猪肉市场供求的"波动不定"。通过信息链的整合，市场终端需求信息可及时反馈到养殖主体手中，从而缓解生猪养殖和终端市场需求的结构性矛盾，有效稳定猪肉产品及副产品的市场供求，大幅度降低价格风险。

4. 产业融合综合一体化　产业融合需要以生产性经营为基础，通过引入高新技术以及相关产业的技术成果和经营理念，创造新的"增值机会"和"增值空间"，逐步形成生猪产业链环节增值和闭环创新，提高生猪产业全产业链的竞争力。将生猪产业链的"纵向一体化产品链"和"横向一体化产业链"相融合，形成"综合一体化价值链"（图4-6）。综合一体化价值链是与初级产品密切相关的供给和需求所构成的网络结构，不仅有以生猪养殖为代表的中间产业部门，还包括以科研、农资为代表的前期"准备"部门和以加工、储存、运输、销售为代表的后期产业部门，是一种覆盖产前、产中和产后三大环节的产业一体化模式。

（三）产业链强品牌增值发展

品牌体系建设是生猪产业链强品牌增值发展的根本保障，是面向实践重大

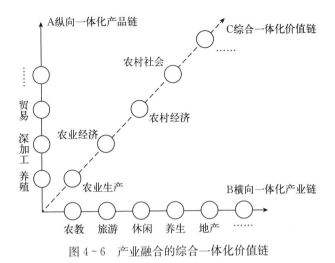

图 4-6　产业融合的综合一体化价值链

需求、解决生猪产业链价值提升问题并实现产业链协同创新增值的有力支撑；品牌体系建设是生猪产业供给侧结构性改革的特征变量，是能感知的表层因素，主要是解决产业链的组织创新问题。高价值高质量生猪产业链，品种、品质和品牌是相互依存、功能互补、不可割裂的，促进"三品"联动是品牌体系建设的基础。

品牌作为产品外延信息的集成载体，是顾客消费决策的重要依据，也是现代企业提升竞争优势的关键抓手。品牌在一定程度上能够帮助企业抑制风险损失的程度，同时降低风险发生的概率，如标准化生产、一体化供应、协商决策等，而"三品"联动则有利于强化供应链上节点企业的抗风险能力，有利于提高畜产品安全稳定供给能力，同时，提高行业整体的竞争实力。从供应链整体来看，分散独立的企业和产品品牌已不能满足消费者对质量安全和产品稳定的需求。消费者对品牌的需求从原本的单一的生产环节，逐渐转化为包括养殖、运输和销售等各环节的需求，然而现阶段中国肉制品市场品牌辐射范围不足、相关主体规模偏小、各环节间协同度较低，因此，急需以畜产品供应链环节一体化战略联盟为基础，系统、科学地构建生猪全产业链的品牌一体化战略，激发消费者信心，满足肉制品市场需求（图 4-7）。

由于我国生猪产业发展的历史较短，相比一些荷兰、德国、丹麦等生猪产业发达的国家和地区，培育和发展高品质生猪产业链的经验不足，因此要学习和借鉴他们成功的经验，培育发展我国全球化、国际化和特色化的高品质生猪产业链（表 4-2）。

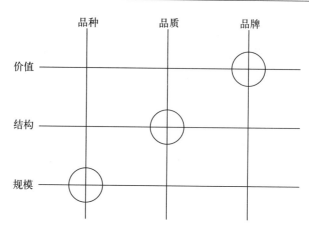

图 4-7　生猪全产业链三品联动与三大协同的关系

表 4-2　德国生猪产业发展成功经验与主要做法

方面	主要做法
养殖规模	① 推进规模化发展，通过规模效应提高利润水平；② 以州为单位，进行分工协作和专业化生产，形成"种猪场＋商品猪场"和"自繁自养"等多种结构层次，确保了养殖模式能够因地制宜；③ 推动养猪业的标准化和规范化：针对圈舍、设施、饲养流程、饲养环境制定规范标准
生产管理	① 推广现代设施、技术和自动化饲喂：结合育肥猪的生长周期定时、定量投喂；② 推广粪污清理的机械化和自动化，保持圈舍小环境的整洁和稳定
技术服务	① 推广"产""研"结合：开展饲料营养成分检测，通过特定配方实现研究成果到经济效益的转化；② 依托合作社和养殖协会等民间组织实现经营性服务推广
疫病防控	① 落实部门责任，以政府兽医部门牵头，制定疫病报告制度、监测方案、疑似病例处置等方案、逐步构建动物疫病监控系统；② 增强农户疫病防控意识，统一进入猪场人员的安全管理工作
质量监管	① 从立法、行政管理等角度对生猪产业链上各环节进行监控，构建质量安全监控追溯体系；② 推动食品安全和质量保证，促进行业组织自律体制的形成

三、生猪产业链融创发展的作用机理

在发展理念、主体需求和战略性问题的引导下，明确生猪产业链融创发展的作用机理。为实现生猪产业链健康绿色发展、产业链横、纵协同融合发展和强品牌增值发展的目标，以生猪产业链增值创新为核心，以产业链横、纵协同融合为载体，以生猪产业链转型升级优化目标体系为引导，以"产业融合理论、价值创新理论、系统论"理论体系为支撑，以机制优化为保障，政府宏观主体、产业中观主体、企业微观主体、市场消费主体等需求因素驱动，在政治、社会、经济、技术等发展的环境条件下，形成相互联系、相互作用的运行规则有序的有机体，最终使系统达到稳定物价、保障安全、规模适度、布局合理、资源节约、环境友好的理想状态。

第三节　路径模式

路径（path）在不同的领域有不同的含义。在网络中，路径指的是从起点到终点的全程路由，在日常生活中指的是道路，在经济领域中，主要是着眼于实现经济可持续发展的制度与政策。路径是通向产业链融合发展与增值创新目标的道路，模式是实现路径的重要条件和支持。生猪产业链双向融合发展与增值创新的系统中，"产业融合一体化发展""生态绿色可持续发展""品牌特色附加值发展"是路径，双向融合、产科教融合、加工物流的融合、种养结合、价值循环、以养定种、以种促养、绿水青山、合理消费、特色品牌产品联动、全产业链品质可控、品牌文化主题运作就是具体模式（图4-8）。

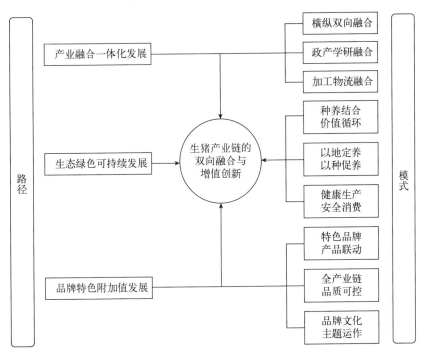

图4-8　生猪产业链的双向融合与增值创新路径模式关系

一、产业融合一体化发展的路径模式

产业是一个处于微观和宏观之间的抽象概念，指的是一系列涉及某些特定类型经济活动的公司行为集合。这些企业又共同构成了产业融合的基础。特定产业与特定经济活动之间的关系是确定的，但产业与企业之间的关系尚未明确界定。企业可以在单一产业内从事经济活动，即专业化经营，并可以参与多个产业的经济活动，即多元化经营。因此，在产业明确划分的前提下，产业融合应该是微观主体从事以前确定的经济活动产业发生了跨越原产业的情况，分工划分标准整合后产生新的产业定位。

（一）生猪产业为主导的双向融合创新发展

该模式是以生猪产业为主导，双维度融合创新发展，横向相同环节主题融合发展，纵向上下游企业间融合发展。三次产业融合发展水平是反映生猪产业现代化水平的重要指标。生猪业是农业产业中一个相对特殊的产业，生猪养殖环境的负外部性更加明显，政府的社会监管如环境保护等法规正在逐步加强，东部许多发达地区利用环境容量参考决定养殖发展数量，环境容量的下调将使得养殖主体减少以及养殖规模下降。产业融合发展是生猪产业实现可持续发展的重要途径，是通过产业耦合、产业化、技术突破和制度创新等手段，将外界高度相关的分工转变为生猪产业内部的组织行为，进而实现整个农田到餐桌的全产业链模式，其作用机制是技术创新和扩散、宽松的经济监管以及多元化生产服务体系的改善等，减少了产业或行业的进入壁垒，使得不同产业或行业的界限不明确，经营主体往往采取调整生产经营的方法，通过纵向扩张或横向整合来扩大产业链、提升价值链，进而完善利益链，以达到互利共赢的局面。横向融合有助于解决我国目前生猪养殖主体繁多、规模小，市场疲软等问题，有利于加强养殖主体之间的合作、资源集聚和要素互补，有利于提升产业组织化、管理专业化、产品标准化和市场影响，以实现规模化经济优势，提升市场竞争力；纵向融合往往是将生猪产业链上下游相关联的环节进行整合，强化主体融合、交易内化和主要产品的深加工，通过整合优化资源、技术、信息与资本等生产要素，实现饲料生产、种养结合、食品加工、物流配送、生态观光和休闲娱乐等相关产业的有机融合。生猪产业链的双向融合，能够兼具横向融合和纵向融合的特点，一方面能够促进产业链向上下游延伸及产业价值链的解构和重组，另一方面也能实现产业与市场、产业与资源的优势互补，从理论和实践上提高生猪产业的竞争优势，实现产业兴旺的发展目标（图4-9）。

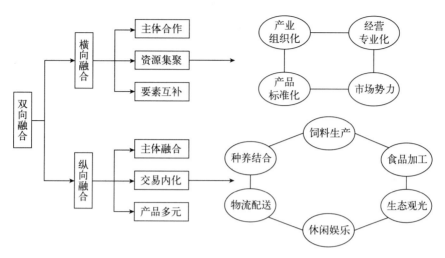

图 4-9 双向融合关系

生猪产业融合对产业价值链的提升作用如图 4-10。其中，曲线 ABC 表示产业融合前生猪产业链上各环节的附加值，新技术对产业各个领域的渗透融合以及产业内部融合后，技术改进和规模经济带来了生产经营成本降低，从而使产业附加值相对提高，即曲线会从 A 点上移到 D 点。而产业沿纵向延伸并向三次产业融合的动态演变过程中，主体融合增进了环节间的协作程度并降低交易费用，多样化的市场和产品促进范围经济的实现，使曲线分别向两端舒展，即曲线左边端点由 B 向左上方移动至 E 点，而右边端点由 C 点向右上方移动至 F 点，最终，在规模经济和范围经济的作用下，曲线由 ABC 整体向上移动和变化至曲线 EDF 位置。

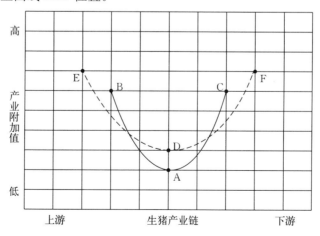

图 4-10 生猪产业融合对产业价值链的影响

（二）政产学研合作的产科教融合创新发展

该模式是以政府引导支持为基础，产学研结合发展。

1. 引导企业与学研方进行合作 对于有能力进行未知技术或成熟度较低技术的开发，以建立技术优势为发展战略的生猪繁育企业，应鼓励其与大学和科研院所合作完成相关科研项目；对于以建立长期、持续技术优势，希望通过长期学习提升育种水平，资金充分且技术吸收能力强的企业，应鼓励其与学研方通过共建机构合作育种等方式开展产学研合作；对于一些技术需求不高且技术实力不足的扩繁企业，应鼓励其通过聘请技术顾问和进行技术咨询等方式参与产学研合作。

2. 加强相关基础研究的支持 我国动物育种投资较少，以"973"计划、"863"计划、国家重大科学研究计划和国家科技支撑计划为例，2013年落实农作物种植及培育的资金总额为69 033万元，而涉及生猪产业的资金总额仅为24 461万元，不足农作物投入资金的四成。因此政府应考虑进一步加强对生猪和动物育种的支持。

3. 改革与完善科研管理体制 加强成果转化信息平台建设、建立健全产学研合作管理相关规定，以促进科技应用信息的反馈与更新，加快科技成果的转化率，提升科技扩散的辐射面，同时降低产学研合作中的"摩擦力"，保证产学研合作有章可依。促进生猪良种生产产学研合作的问题与科研体制改革等问题结合起来考虑，避免出现科研院所的生猪育种科研与生猪繁育企业的需求脱节，只追求科研成果、重视学术文章的数量和创新性等学术价值，忽视科研成果的实际应用价值的问题。

（三）加工带动、物流联通的融合创新发展

该模式是将养殖、加工、销售有机结合，通过全产业链联动，实现一二三产业的有机融合。在一二三产业的有机结合中，需要坚持以加工企业为核心，一方面由于其处于产业链的下游环节，是生猪产业的重要出口，能够及时获取生产、加工、科研与服务所需的信息；另一方面肉制品加工也是生猪产品附加值提升的重要环节，能够有效延长生猪产业链，实现生猪产品的高附加值生产，如常见的调味酱、罐头、红肠等其他特色的食品，均在加工环节获得了大量的附加价值。

以加工、物流联通带动产业融合创新发展需要坚持以科技作为主要依托，创建生猪产品智能物流体系。具体包括五方面内容：一是要深入贯彻"绿色"发展理念，在生猪产品的运输过程中实现降耗提效，推进加工、物流环节绿色发展；二是要坚持整体规划，分层推进的措施，统筹各地区生猪产业和经济发展水平，逐批次推进产业融合创新；三是根据"互联网＋"的行动计划和要

求，紧握时代脉搏，采用大数据、云计算等新型互联网技术，促进物流过程的智能化，通过构建信息实时追溯系统，实现物流精准化、智能化；四是以电子商务平台为依托，打造"线上＋线下"双通道物流平台体系，实现"互联网＋产业＋物流"的美好愿景，使生猪物流发展有产业支持、生猪产业发展有互联网引领；五是按照创新4.0、蚁运算和云消费等路径选择模式，选取市场最优路径，实现生猪产品物流便捷、高效和最优。

二、生态绿色可持续发展的路径模式

种养结合，循环饲养，建立生态可持续的生猪养殖模式，发挥东北地区土地集中连片的地区优势，大力推进"粮改饲"进程，合理确定"粮改饲"种植面积和作物品种，积极推广生态循环种养模式。加大青贮、秸秆饲料化以及其他技术的推广与应用，因地制宜推行牧区繁殖、农区育肥模式，提高畜禽生产水平（图4-11）。

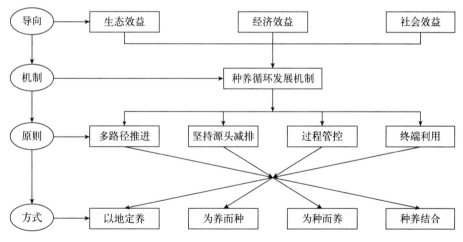

图4-11 生态绿色可持续发展关系

（一）种养结合、价值循环的绿色发展

种养结合是一种将种植业和养殖业有机结合的生态农业模式，与传统种植业和养殖业相互独立的生产模式相比，这种生态农业模式可以有效解决养殖污染所带来的环境问题，通过粪污的回收循环，实现废弃资源的充分利用。种养结合的循环农业模式需要以"就地消纳、资源循环、综合利用"为主体，坚持"生态、经济、社会"三大效益并重的原则，以"废弃物→清洁能源→有机肥

料"这一基本路径为向导，保证养殖品种和种植品种的科学配套，降低环境污染和生产成本，探索新的盈利模式，从而提高生猪产业相关主体的经济效益。通过科学测算土地承载能力，合理控制养殖总量。根据种植业品种和区域分布情况，合理规划养殖布局，配套建设粪污资源化处理设施，实现畜禽粪污就地就近利用。

（二）以地定养、以种促养的绿色发展

以地定养，为养而种，为种而养，种养结合，构建种养循环链。多路径推进，坚持源头减排，过程管控，终端利用。处理方式：一是肥料化。主要是堆肥还田、水肥一体化、商品有机肥。二是燃料化或叫能源化，以加工碳棒为主，解决有些地区燃料不足问题。在机制上，要积极探索建立养殖场（企业）付费处理＋政府补贴＋种植户（企业）购买肥料机制，建立政府引导、市场化运营、社会化服务的畜禽粪污资源化利用新机制。粪污资源化利用是新形势下提出的新任务，政府引导性投资不可或缺，但关键还在于发挥市场主体作用，市场化必须是有偿的，要使粪污变废为宝，真正成为商品，创造产品价值。社会化服务要探索培育第三方购买服务的新业态，鼓励引导发展粪污收集专业合作社、配送专业合作社、农田施肥专业合作社等新型经营主体。

根据环境承载力和养殖废弃物消纳能力，科学规划养殖、种植基地，支持生猪养殖向荒坡荒山地等适宜区集中，加快引导生猪养殖向饲料作物等种植面积较大和环境容量较大的区域转移，促进畜牧业生产与资源环境协调发展。按照"粮饲兼顾、农牧结合、循环发展"的原则，推进种养科学配套、资源充分利用的生态养殖模式，建立"以地定养、以养肥地"的种养正反馈机制，引导扶持生猪养殖场配套建设饲料基地或与种植大户"联姻"；示范推广粪污全量还田种养结合、区域生态种养循环等一批新型种养结合模式，既保障了优质饲料供给，又实现了种植业、养殖业与生态环境的和谐统一。

（三）健康生产、安全消费的绿色发展

该模式是为了确保人类利用、消费产品质量安全，确保猪肉生产及产品质量安全，着力推行生猪健康养殖，做到生猪健康、生产高效、产品优质、产品安全、环境友好。①创造良好的生猪养殖环境。生猪养殖场选址在符合规划用地和环境保护的同时，要注重选址场地既无病菌、病毒、寄生虫等病原微生物污染，也无水体、空气、土壤等大环境的污染，远离工业生产区，与公路、铁路保持一定距离，确保生猪养殖场选址区域环境的优良。为生猪营造良好的生长、生产环境，促进生猪的生长健康与猪肉质量安全。②安全规范使用猪肉生

产投入品。饲料是生猪养殖活动必不可少的物质基础，饲料添加剂在强化基础饲料营养价值、提高生猪生产性能、保证生猪健康、节省饲料成本、改善畜产品品质等方面有明显的效果；兽药及生物制品是预防、诊疗生猪疫病的必需投入品。饲料、添加剂、兽药及生物制品等猪肉生产投入品直接参与生猪机体的代谢活动，其使用的安全性、规范性将直接关系到生产及产品质量安全，只有确保饲料、添加剂、兽药及生物制品的使用安全性，才能确保猪肉生产及产品质量安全。做好生猪疫病防治工作，是确保猪肉生产及产品质量安全的重要因素。③监管工作常态化。质量安全的猪肉产品是生产出来的，检测仅是对已生产出来的产品的一种认定。要提高猪肉生产及产品的安全，就要对生猪生产整个过程的监管，做到监管常态化，从而确保猪肉生产及产品质量安全。实施对猪肉生产环境的监管，通过对生产环境的监管，提升生猪养殖环境质量来促进猪肉生产及产品的质量安全。实施对猪肉品质的监管，按猪肉生产用途对猪肉的品质进行认定、认证，达到相应标准条件要求的方可生产、推广，保障猪肉的品质。实施对饲料、添加剂、兽医、生物制品生产过程的监管、生产质量的监管、经营市场的监管、使用环节的监管，做到产品质量、经营市场、使用环节的安全可靠，保障猪肉生产投入品的使用安全和猪肉生产及产品的质量安全。

三、品牌特色附加值发展的路径模式

传统农业生产产值低，产品附加值低，实现产品增值的重要路径就是创建特色品牌，品牌建设已经成为产业发展的重要节点，延伸现代农业生命力的有力抓手。特色品牌建设对于生猪产业的转型与发展起到了很好的促进作用，促使生猪产业有粗放数量型产业转为效益生态型企业，不仅有利于生猪产业要素的合理配置，优化产业布局，也有利于提高猪肉的质量水平和企业的健康发展。

（一）特色品牌产品联动增值发展

该模式因地制宜，依托独特的自然资源和生猪品种，结合消费者偏好建设特色品牌。本土的生猪品种是我国珍贵的生物资源，且由于我国地域辽阔，在当地的自然条件下不同地区的猪种各具特色，且这些品种不同于外来猪种，对当地环境十分适应，繁殖能力和抗病能力都较为优秀，以本土猪作为品牌建设的对象，在经济文化等层面，效益显著。品牌猪肉产品相较于普通猪肉制品价格较高，但随着我国居民生活质量的提高，猪肉的消费层次趋于多元化，高质量猪肉的需求逐渐增多，品牌猪肉的市场前景良好，在增加养殖加工主体利润的同时，促进生猪产业链增值发展。以河南省"雏牧香"为例，雏牧香是雏鹰农牧集团旗下的高端猪肉品牌，其品牌"雏牧香"生态肉选自三门峡雏鹰黑猪，从饲料到养殖再到加工销售，雏鹰构建了完整的产业链，实现每一环节的质量可控。

（二）全产业链品质可控增值发展

该模式通过全产业链质量安全控制，打造特色优质品牌，提高附加值。生猪养殖环节造成质量安全问题的原因有很多，但发生较多的控制点只有 3 个，分别是入场环节的饲料、检疫环节的疫苗和出场环节的疾病治疗。在流通环节，猪肉主要通过批发和零售两种方式流入市场，其中猪肉批发又分为两种形式，一种是在屠宰厂批发，另一种是在专门的猪肉批发市场批发，目前我国猪肉批发主要为第一种模式。现今零售的媒介有多种，较为高端的专卖店、冷鲜超市，较为平价的农贸市场等。在质量安全的链条上，不论是哪一环节，信息对称都是极为重要的，通过将各个环节质量检测结果和相关交易信息上传到中央信息平台，实现消费者终端查询，同时通过生猪产业链上下游环节的相互确认监督，确保上传信息的真实性。基于链条的关联性，在处于信息劣势的消费者、信息优势的经销商和生产者之间形成信息链，解决信息不对称的问题，对质量安全进行监督，形成可信度高的追溯系统，消费者随时可以进行肉品溯源（图 4－12）。

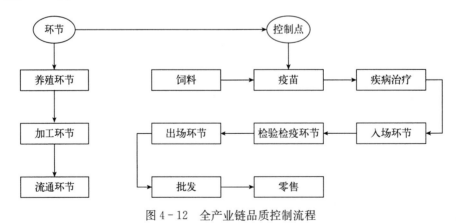

图 4－12　全产业链品质控制流程

（三）品牌文化主题运作增值发展

品牌文化主题运作增值发展要求通过品牌文化的建设，引起消费者对品牌的认同、共鸣，提高消费者的品牌忠诚度，进而提高该品牌产品的附加值。

1. 通过扩大销售能力提升价值创造力 企业的品牌文化建设投入，可以扩大企业的收入进而影响价值创造力。对企业来说，管理层通过提高员工素质，提高产品性能和质量，扩大产品的知名度，来开发客户，维护客户，留住客户。不断为企业挖掘收入增长的潜力，寻求新的增长点，从而提升企业的价值创造力。

2. 通过压缩成本提升价值创造力 高素质的员工可以用其掌握的知识创造新的产品性能和更高质量的产品，这些新的技术既可以申请专利形成自己的竞争优势，也可以将其许可给其他企业使用赚取专利费，提升企业的价值创造力。新的技术往往能够带来成本优势，在激烈的市场竞争中为自己节省成本，扩大利润。

3. 通过延长公司寿命，提升价值创造力 企业寿命对于企业价值创造力来说是很重要的影响因素，无疑，寿命越长的企业其价值创造力是越大的。根据企业生命周期理论，品牌文化建设比较好的公司往往能够在产品衰退期研发出适应时代需要的新产品，进而延长公司寿命。

第四节 组织运营

一、"种＋养＋工"纵向产业链运营组织

该模式是种植、养殖、加工的有机融合，与传统模式相比，生猪产业链纵向联合的成员包括种植户、养殖企业和屠宰加工企业，其中养殖企业作为纵向联合的核心企业，将种植户与屠宰加工企业联合起来，共同组成了生猪产业链纵向联合。该模式最大的特点在于通过生猪产业链上不同主体的贸易往来增加彼此收益，建立主体之间的合作模式。

养殖企业通过与种植户、屠宰加工企业的贸易往来，最大限度地降低了玉米和生猪的交易费用，其向屠宰加工企业提供高质量的生猪产品获得价格支持，同时种植户高质量的玉米使得生猪抵抗力提高，养殖企业的防疫成本降低。种植户与养殖企业的贸易往来使得交易费用降至最低，并通过提供高质量的玉米获得价格支持。屠宰加工企业与养殖企业的贸易往来使得生猪交易费用减少，其生产的高质量猪肉获得市场的价格支持。

二、"企＋基＋农"产业联合运营组织

"企＋基＋农"联合运营组织模式是以龙头企业为核心，通过上游政府的政

策引导以及科研支撑发展成为产业联合基地，进而整体带动全产业链上各节点企业发展。该模式在服务供给上与传统的生产模式有显著区别：种苗、饲料和设备的供给，以养殖合作社和相应的龙头公司为核心，通过对周边企业或合作社的协同带动，降低供给风险，提高效率；有机肥料的供应通过养殖合作社与种植合作社的结构，搭建有机肥料综合补充平台，实现有机肥料的精准供给。此外，上、下游企业或合作社对生猪产品进行回收和深层次加工，在保证质量的同时拓展效率，将生猪产品推广到大中型食品加工企业及商超终端商家，使该模式形成一个覆盖一二三产业的完整链条。"公司＋基地＋农户"的现代养殖模式，以养殖基地为核心，以"六统一"的模式运作，一方面能够直接促进生猪养殖户增收，另一方面也能间接增加玉米等粗饲料种植户增收，切实促进生猪产业链发展。"六统一"模式是指公司结合养殖户的实际生产成本，在养殖户自行建设圈舍的基础上与养殖公司签订购销合同，在养殖过程中所产生的饲养成本由公司为农户垫付，农户需要按照公司提供的标准和要求喂养生猪，当生猪达到出栏标准后，再由公司依合同规定价格进行收购的养殖模式（图4-13）。

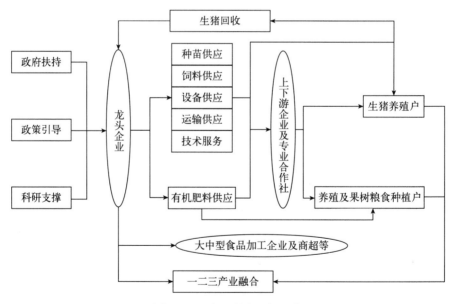

图4-13　产业联合组织运营

三、"政＋企＋研"跨领域运营组织

该模式是政府、企业、科研机构的有机结合，政府主导、企业主体、教研协调，建立政府、企业、科研三方联动的工作平台。政府重点负责政策引导，营造有利于全产业链发展的外部环境；企业等市场主体在产业链发展和实体运营中发挥主导作用，科研机构负责品种的改良繁育、市场状况的研究分析等。对于政府来说，该模式由政府负责政策引导，更加符合国家产业整体布局的要求，同时政府更为了解企业、科研高校的需求，避免政策与实际情况的不符；对于企业来说，作为该运营组织的主体，政企研的模式可以避免企业因政策变化带来的风险，同时可以及时更新生产技术、引进优良品种，增加收益；对于科研高校来说，该运营模式有效避免科研成果与企业需求脱节，只追求科研成果、重视学术文章的数量和创新性等学术价值而忽视科研成果的实际应用价值的问题。

四、"政＋融＋企＋销"全链增值运营组织

该模式是政府、金融主体、生猪企业和市场运营团队的有机结合，将生猪产业作为资本供应链条中的核心环节，将终端消费增值与前端金融资本筹措相统一，通过政府担保，建立融资、生产、销售三位一体的资本运作平台。政府重点负责政策引导，营造有利于全产业链创新增值的平台基础和外部环境；银行、券商等金融主体主要承担社会资本筹措和企业运营资金注入的功能；生猪企业等市场主体在产业链发展和实体运营中发挥主导作用，通过三品融合打造生猪产业的紫海布局；市场运营团队通过市场状况的研究分析，为企业提供定向增值方案，最终实现全产业链创新增值。政府在该模式下主要承担政策引导和外部监管的职能，在提供平台建设和市场发展的必要政策的同时，需要对平台运营情况和资本流向进行监管；银行、券商等金融主体处于资本供应链的上游，通过必要的资本投入，破除生猪企业的流动性约束，增强企业创新动力；生猪企业作为资本供应链的核心，承担着产品供给增值的艰巨任务，要充分结合产业链条内的智力、资本、技术资源，在更新技术、品种的同时创新商业运营模式，实现产业链上层建筑的创新；市场运营团队作为该组织架构中的反馈调节机制，承担着市场调研和供需对接等功能，这就要求市场运营团队能够及时、准确、透彻地了解市场需求，为企业创新和资本的全链增值提供导向。

第五节　实践探索

生猪产业链横、纵协同发展与增值创新的实践探索以广东浮云生猪产业为典型案例：广东浮云充分发挥地区自然和社会资源优势，结合地方优势种

质，以温氏集团等龙头企业为动力，围绕着中央、省、市加快推进农业供给侧结构性改革、农村一二三产业融合和乡村振兴战略等决策部署，加快生猪产业链的横、纵融合发展。以点带面、辐射扩散，集政府、科研院所、龙头企业、农户和市场之力，坚持绿色循环，创造性提出"公司＋基地＋农户"的典型模式，创新创构"龙头企业＋合作社＋综合服务＋销售推广"的生猪产业闭环增值模式，为生猪产业融创发展、闭环增值的模式设计提供实践依据。

一、广东云浮生猪产业链发展的基础条件

产业发展基础：广东地区水土、生物资源丰富，能够因地制宜地进行农业、林业、牧业、渔业等的生产。一是丰富的粮食资源能够有效保证饲料原料充足；二是广东地区拥有多种优质的地方生猪种质资源，经过与国外生猪良种杂交繁育，广东地区种猪供应体系逐步完善。此外，良好的地理位置和区位优势也使得广东地区的生猪运输存在比较优势，成为生猪全产业链发展过程中的重要支撑。

科学技术支撑：广东省农业科技力量雄厚，已形成了"农、林、牧、渔、机"五位一体的科研体系。据了解，经过多年的发展，广东省农业科技特派员总数已经达到1.3万人。投资生猪产业，针对种猪、饲料、兽药、肉食加工等环节进行改进，大幅缩短了云浮生猪产业科技水平与国际先进水平的差距。

生猪产业链延伸：为把云浮生猪产业链打造成全球化、国际化和特色化的高品质生猪产业链示范点，云浮政府以温氏集团的繁育中心为核心，带动周边生猪养殖农户、育肥企业，进而实现产业扶贫、科技扶贫、助农增收、富民强县等功能。

产业政策基础：近年来各级政府持续加大生猪产业政策支持，连续出台《国务院关于促进生猪生产发展，稳定市场供应的意见》《广东省印发生猪生产发展总体规划和区域布局（2018—2020年）》等多个生猪产业政策，重点强调要"加大对生猪生产的扶持力度"。要求加快推动生猪产业转型升级、着力加强生猪产业现代化建设、大力推进畜禽养殖废弃物资源化利用、统筹解决生猪养殖用地问题以及强化科技及装备支撑能力，切实推进生猪产业的产业化、标准化、规模化。在产业政策的指导下，各级政府单位在推进养殖生产的标准化和规模化、疾病防控和完善行业信息引导三方面获得了显著的成效。

二、广东云浮生猪产业链协同发展的路径模式

（一）普及高新科技，重点培育产业链龙头企业

1. 注重对龙头企业核心竞争力的挖掘　挖掘龙头企业核心竞争力，关键是为企业制定目标明确的发展规划，结合企业自身特点，扬长避短，切实可行地指导龙头企业进行生产经营活动。科技创新是企业核心竞争力的关键，生猪产业的龙头企业必须以高新科技为引领，提高自身的核心竞争力。通过生产技术创新、管理组织创新，产品增值创新，营销渠道创新深度挖掘龙头企业的核心竞争力。以长期的发展为着眼点，通过人才队伍的引进、经营理念的革新等方式，打造优势产品和品牌，多方面巩固和增强龙头企业的核心竞争力。

2. 引导龙头企业走品牌发展之路　结合生猪产品发展的核心项目和技术，形成地理标识，打造地区品牌，融入独特的地区和企业文化，打造精品品牌，扩大龙头企业的社会影响力，走品牌化经营之路。众多研究理论与实践案例证明，企业文化是社会文化中传统价值和人文精神与管理理念的融合，具有自身特色的企业精神和文化导向有利于凝聚企业向心力、教育企业员工，提升产品品质，形成强大合力，最终达到行业的顶峰，实现以文化兴企业。

3. 争取各级政府的政策支持与资金扶持　想要又快又好地培育生猪产业链龙头企业，就必须依靠政府惠民政策，通过大幅度的政府支持力度和明确的政策导向，紧握市场发展趋势，依托重大项目补助和环保、超产奖励进行资金扶持。政府应多方引导有潜力的生猪企业进行产业升级，通过科技创新和技术引进，提高潜力企业市场竞争力，带动产业链上其他节点技术进步，全面提高生猪产业的技术水平和产业规模，形成生猪产业、龙头企业、合作社、服务组织和农户的有机结合，良性循环。

（二）依托产业园区，推动多产业有机融合发展

1. 完善信用机制，搭建企业互信平台　通过建立企业信用信息数据库，完善企业信誉评级制度，为企业信誉评级搭建多层次、全方位的企业互信物联网平台，并逐步向社会全面开放。通过教育和激励等手段进行全社会的文化互信培养，促使各产业链的节点企业形成一股强大的凝聚力，信任是企业合作的基础，合作是产业链融合发展的基础，企业可通过互联网，查阅企业的信誉情况，从而选取更好的合作方式。在已有互信平台的基础上构建行业协会，通过组织跨行业、产业技术交流推荐会，促进不同产业节点企业相互了解，减少文化差异带来的隔阂，进而实现企业之间信息、市场、技术的交流，为多产业有

机融合奠定基础。

2. 完善基础配套设施，提高园区多产业吸引力 产业园区通过完善的基础设施建设吸引龙头企业入园或投资，同时以配套服务吸引行业优秀人才。园区内的主要基础设施包括交通、员工宿舍、园区绿化、运动场等。浮云农业科技产业园区贯彻以人为本的思想，以优越的交通条件和完备的生活条件吸引广东乃至全国的优秀人才服务三农。

3. 紧握园区综合服务，依托加工物流促进产业融合 浮云农业科技产业园区创新"网络支撑、加工带动、物流联通"的产业链条融合模式，将互联网产业、运输加工业与传统养殖业有机融合，引领带动湘东地区农副产品加工物流业发展，以网络技术弥补传统交通运输业和养殖业的匹配失调。借助浮云农业科技产业园区、企业互信平台等平台，快速推进以温氏集团为主导的有机生猪产品加工产业，联合打造横向、纵向多维融合创新模式，推动种养原料基地、加工企业、仓储物流配送、市场营销等环节的首尾相连和上下衔接，实现以园区综合服务为支撑的一二三产业深度融合。

（三）坚持绿色发展，实现全生猪产业闭环增值

1. 依托绿色技术创新，实现无污染循环发展 产业闭环循环发展离不开技术的支撑，核心龙头企业和主导产业都需要以技术为支点，高新科技在闭环循环产业链的形成、延伸、运行中起着决定性作用。首先要完善用人机制，为真正有能力的人提供多元化的晋升渠道，对一些专业性不强的员工要及时培训，提高专业能力；其次要拓宽与高校、研究所等科研机构的合作领域，实时更新生产技术和管理理念；再次要重视高新科技产业的引进，通过引入符合园区长远发展的高新技术产业，为地方企业和全产业的发展注入新的活力；最后要针对全产业链条的污染物制定针对性的处理方案，通过废弃物资源化处理和能源化处理，实现全产业链的绿色循环发展，实现产业链的闭环增值。

2. 搭建污染治理网点，提高资源再循环效率 通过产业污染的集中处理实现全产业链"零污染"的目的，以养殖污染为核心突破口，建立粪污处理中心，通过干湿分离、集中发酵的方式将养殖粪污转化为有机肥料，实现从养到种的回路，达到循环利用的目的。在此基础上拓宽污染物吸收再利用范围，拓展到种植领域、加工领域和生活领域，通过对垃圾废物的分类处理，提高废弃物的再利用率，并以此为契机促进农、牧、工、服多产业有机融合，通过信息、服务平台实现多产业有机结合，进而实现全产业链闭环增值（图 4-14）。

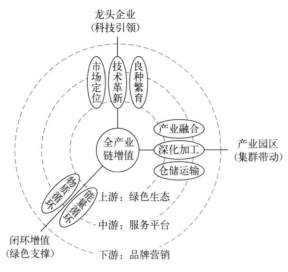

图 4 - 14　广东浮云生猪产业链协同发展的路径模式

三、广东温氏食品集团生猪产业链发展模式

　　广东温氏集团生猪的产业体系主要含有金融投资、农牧设备制造、生物制药、种猪繁育、肉猪养殖、食品加工、生鲜营销六部分。温氏集团采用"公司＋基地＋农户"这一公认的经典养殖模式，实行产业链全程管理的一条龙生产经营模式。温氏集团与合作农户形成了紧密型合作关系，将农民朋友纳入公司产业链条、共建共享体系之中，培育了家庭农场这一新型农业经营主体，有效地促进了周边养殖农户收入水平的提高、生活条件的改善，同时为广大消费者生产出质量过关的放心产品。温氏集团在发展公司主业的基础上，让农民成为"生猪生产车间工人"，带动农民养殖致富。据公司年报披露，2018 年温氏带动 5 万合作农户户均收益超 15 万元，合作农户全年合计获得养殖收益达 81 亿元。"精诚合作，齐创美满生活"是温氏企业的文化理念。公司注重与农户建立长期合作和平等互利关系，倡导"风险共担、利益共享"的经营准则。经营策略上以"用科学，办实事，争进步，求效益"的十二字方针为基础，在产品竞争力和综合服务能力两方面不断探索，使温氏集团能够在不断地提升公司核心竞争能力的同时，有效地实现企业社会效益和履行社会责任（图 4 - 15）。

　　温氏生猪产业链条上的整体经营目标是，依托肉猪养殖生产模式的核心——紧密型"公司＋基地＋农户（或家庭农场）"模式，逐步提升品牌知名

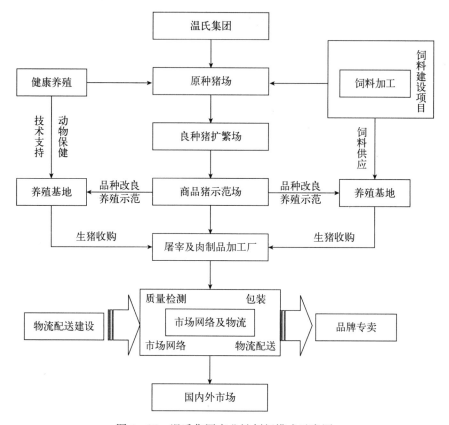

图 4-15　温氏集团产业链创新模式示意图

度和客户忠诚度，快速占领市场、扩大销售规模。公司根据养殖产业链中的技术难度、管理要求、劳动强度以及资金、市场等资源配置情况，以封闭式委托养殖方式与合作农户（或家庭农场）在养殖产业链中进行分工与合作，公司负责猪的品种繁育、种苗生产、饲料生产、饲养技术、疫病防治、产品销售等环节的管理及配套体系的建立。公司根据市场行情和需求采购饲料原料。饲料营养配方师根据测定和实验技术，测定每种原材料的营养成分以及畜禽各生长阶段、各季节的营养需求，建立饲料配方基础数据库，并根据生产需求，制订饲料配方下发公司各饲料厂；公司设立专业的猪育种公司，专门负责猪品种的培育、测定、选留和扩繁，着力打造高繁殖率、高瘦肉率、高屠宰率、低料肉比的"三高一低"种猪；养殖管理过程中，合作农户（或家庭农场），按照公司的养殖管理作业指导书做好每天的饲喂、环境卫生、疾病防治等饲养管理工作，同时需认真记录用料、用药、温度、湿度和淘汰畜禽数量等生产数据；最后，合作农户（或家庭农场）按照公司要求规范饲养达到上市日龄后，由公司统一组织完成市场销售。以此形成生产制造专业化、加工工艺一流的质量管理体系，确保肉制品制造领域稳健发展，并进一步通过品牌专卖和冷链物流形成闭环的肉制品供应链，同时通过产业链延伸和横向融合，实现污染再循环，从而达到全产业链闭环增值。

1. 基础环节——种猪繁育　温氏集团设有专业猪育种公司，专门负责猪品种的培育、测定、选留和扩繁，为公司提供充足、优质的父母代种猪群。育种时根据所需要的目标如外观性状、繁殖能力、上市体重、饲料转化率、肉质、抗病力等性能指标需达到的水平，通过遗传评估、分子标记、全基因组选择育种、性能测定等技术手段选留出具有优秀性能指标的个体进行纯系繁育，之后再次选育（图 4-16）。

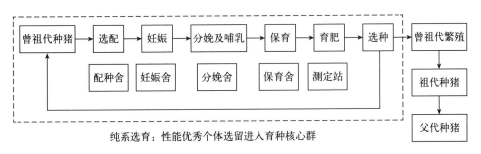

图 4-16　种猪育种流程

2. 核心环节——生猪育肥　肉猪养殖上温氏主要采用的是"公司＋基地＋农户"的养殖模式。养殖管理过程中，农户承担了肉猪产业链中的饲养管理。合作农户（或家庭农场），按照公司的养殖管理作业指导书做好每天的饲喂、环境卫生、疾病防治等饲养管理工作，同时需认真记录用料、用药、温度、湿度和淘汰畜禽数量等生产数据。"公司＋基地＋农户"模式下，公司与农户明确分工，农户以规范的流程进行生产，公司依据合同提供管理和服务，极大地提升了养殖户的专业化程度，该模式使公司和农户的特色资源有机结合，充分发挥资源优势，产生巨大的规模效应。

3. 增值环节——屠宰加工　温氏食品加工业务包含生猪屠宰和精深加工，沿用传统的制作工艺，引进具有国际先进水平的生产线，每一道工艺流程经过层层把关，传统的美味与现代化的生产相结合，形成了温氏放心猪与天露黑猪两种生鲜产品，还有经过深加工的天露黑猪腊肠、天露黑猪腊肉、天露腊肉、天露腊肠、天露腊味礼盒与天露黑猪腊味礼盒等多款产品。同时温氏严格按照食品标准进行加工，实行"规范生产、冷链运输、冷链销售"的现代化生产物流配送模式。公司种猪有五大品种 12 个品系；肉猪有 3 个配套系。公司培育出的肉猪品种满足了我国因地域广泛，饮食文化差异而导致的猪肉消费市场差异较大的需求。通过生猪产业链，肉品安全有了从源头到餐桌的全程保障，真正营养美味，放心消费。

4. 服务衍生——终端销售 生鲜营销主要就是生猪肉的营销。公司以"掌控渠道，直配终端"为目标，推进实施网上商城订货，批发与零售相结合的销售模式。在销售商品肉猪时，由客户在公司完成相应销售手续后，安排车辆至公司指定的已经完成产品上市前检测的合作农户（或家庭农场）处装猪提货，然后到公司、客户和合作农户（或家庭农场）三方认可的地方过磅，并完成产品交接。以"温氏食品，自然好品质"为品牌理念，建立"生猪养殖—屠宰加工—中央仓储—物流配送—连锁门店"的新型食品连锁经营模式，倾力打造"中国生鲜食品连锁领航者"品牌。

5. 辅助环节——融资支持 金融投资业务涵盖股权投资、证券投资、金融资产投资、发起设立股权投资基金/产业投资基金以及固定收益类理财等，形成了一级、一级半、二级市场联动的完整产业链发展模式。温氏农牧设备业务整合全球生猪养殖设备资源，探索适合国内本土化的工厂化猪场建设方案，为客户提供养殖场规划设计、土建工程、设备制造与采购、物联网环境控制、环保处理、养殖服务等，打造高质的 EPC 工程。

6. 辅助环节——技术研发 开发出养殖栏架、养殖场易耗品、自动清粪系统、自动喂料系统、自动环境控制系统、智能化母猪饲养管理系统等系列产品。生物制品在生猪产业链上主要是蓝耳病疫苗；兽用药物制剂主要包括抗菌药、营养药、杀虫消毒药及中药四大系列产品；饲料添加剂主要包括天然植物及其提取物、酶与微生态制剂、矿物质类、维生素类等多功能饲料添加剂。

第五章 蛋鸡产业链融合发展与增值创新

本章在详细界定蛋鸡产业链系统的基础上，阐明蛋鸡产业链增值发展的关键在于基于产品物质链的科技创新、基于生产要素链的服务创新、基于微观环节主体及其资源要素的中观产业的组织创新，三种创新是驱动蛋鸡产业链发展演进的根本。同时，利用演化经济学理论，分析了蛋鸡产业链的价值导向与组织形式的演化历程，并对蛋鸡产业链未来的发展趋势做出了预判。本章从终端产品、生产过程、创新、品牌溢价、全链条五个视角对蛋鸡产业链的增值体系进行了完整的理论解构，并在增值目标体系建立的基础上分析了产业链不同主体为实现目标所将面临的困境以及对应的策略，详细提出了蛋鸡产业链"多要素融合发展是趋势，跨环节协同发展是必然，产业链组织构建是关键"的增值路径模式。同时，指明增值路径模式实现过程中采纳的组织运营模式类型——上游投入品主导、下游交易价值主导、中游配套服务主导的全产业链闭环的倒金字塔组织模式及关键机制。最后，本章以北京华都峪口禽业有限责任公司为例，进行了"投入品龙头企业主导＋平台＋现代化综合服务＋养殖集群"的实践案例解读，为实践提供更形象具体的参考和支撑。

第一节 系统认识

本节对于蛋鸡产业链系统的环节组成及其要素构成进行了剖析，对于蛋鸡产业链融合发展与增值创新的内涵进行了解读，并阐述了蛋鸡产业链的发展现状及关键问题，在分析蛋鸡产业链的价值链与组织链演化历程的基础上提出了其发展的方向与趋势。

一、蛋鸡产业链的界定与内涵

（一）蛋鸡产业链的系统

蛋鸡产业链由上游养殖与生产、中游采集与加工、下游渠道与销售组成。

上游养殖生产核心是"品种"，不同品种所需养殖配套的饲料、防疫、技术与设施环境不同，影响肉蛋的产品质量功能以及营销。

中游采集加工核心是"品质"，与上游品种选择和养殖工艺有关，鸡蛋等物质产品品质的保障与上游养殖生产后的直接处理加工密切相关，关键表征是安全、营养、感官等质量指标（此处将蛋鸡肉蛋产品质量分为安全、营养、感官体验三个维度，分别对应的指标体系为安全指标、营养成分指标、感官指标），其中感官指标可以分为外观、新鲜度、口感三个维度，安全指标是对产品的基本要求，对营养成分指标的关注可以表征消费者的理性消费程度，感官指标则可表征感性消费程度。

采集加工的标准协同以及匹配的技术支撑，影响下游的渠道定位和营销策略。下游渠道与销售核心是"品牌"，由品种、品质支撑，市场消费者又对品牌的诉求对中游、上游提出要求。可见，蛋鸡产业链是一个由多环节多主体相互作用构成的复杂动态系统。

（二）蛋鸡产业链的界定

"蛋鸡产业链"是以养殖环节为主的上下游有机衔接的整体，从而保证产业链有效地运转及创造价值，由种鸡养殖、青年鸡养殖、商品鸡养殖、设备设施购置、疫病防御、饲料、鸡苗、蛋品流通加工与消费、副产品加工与消费等多个环节组成。蛋鸡产业链的构成通常包括投入品生产环节——蛋鸡育种、饲料生产、兽药生产、鸡具生产，蛋鸡养殖环节——公司、合作社、养殖大户的蛋鸡养殖及关联配套服务，产品加工、流通、营销环节——鸡蛋加工、淘汰鸡加工、副产品加工、废弃物加工，以及从批发市场配送中心经微商平台、电商平台、商超、社区便利店、饭店宾馆等渠道流通到消费者，及其循环过程。蛋鸡产业链示意图见图 5-1。

（三）蛋鸡产业链的内涵

根据产业链的内涵可知，构成蛋鸡产业链的各个环节均会有其各自的物质产品和价值活动，以及价值实现的主体组织及其资源要素，环节的衔接和匹配形成了构成产业链的多个子链条，同时多个链条的交互形成链网式结构。

蛋鸡产业链输出的主产品物质为鸡蛋，副产品物质为淘汰母鸡、鸡粪等废弃物，辅助产品物质为饲料、兽药、疫苗、鸡舍、土地等农资的配套。以主产品、副产品、辅助产品等物质形态链的供需对接为价值链的基础，需要人才、信息、资金、技术、物流等生产要素的配套服务，各环节的生产要素在中观产业层面进行有效组织实现产业链价值提升。

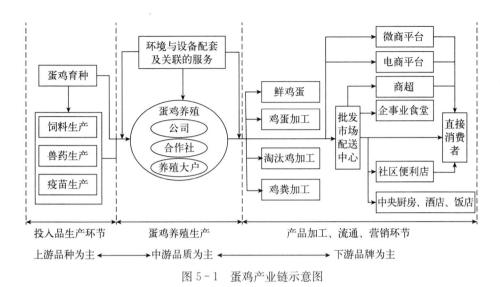

图 5-1　蛋鸡产业链示意图

因此蛋鸡产业链增值的核心在于基于产品物质链的科技创新、基于生产要素链的服务创新、基于微观环节主体及其资源要素的中观产业的组织创新，三种创新是驱动蛋鸡产业链发展演进的根本。蛋鸡产业链的链网关系示意图，见图 5-2。

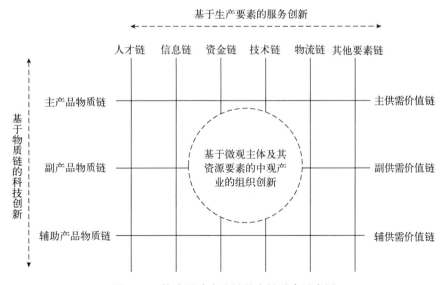

图 5-2　构成蛋鸡产业链的多链融合示意图

二、蛋鸡产业链的现状与问题

(一) 基本现状

鸡蛋是人类日常饮食中相当普遍的一种食材，是质优价廉的动物性蛋白质来源（刘合光等，2009）。作为人们日常营养结构的重要组成部分，蛋鸡产业发展对保障食品安全、舌尖上的安全具有重要作用。我国是世界上最大的蛋鸡养殖大国，1985 年以来禽蛋产量一直位居世界首位（杨宁，2015）。全球蛋鸡存栏大约 38.5 亿只，中国 13.5 亿只，约占全球 35%。我国蛋鸡产业生产布局主要集中山东、河南、河北、辽宁、江苏、湖北、四川、安徽、吉林、湖南等省份，呈现向华北玉米带集中的趋势。随着人们生活水平的改善，人们对鸡蛋的消费需求越来越大，消费结构也趋于多元化，逐步推进蛋鸡产业结构向规模化、标准化纵深调整优化（孙岩，2017）。作为生产效率和集约化程度都非常高的畜牧产业（王盛威，2011），蛋鸡产业的发展对我国农业发展、农民就业、农村增收等具有重大意义。经过多年发展，我国蛋鸡产业的综合生产能力稳步提升，蛋鸡养殖规模效益改善，生态建设意识显著提升。

从我国蛋鸡产业供给鸡蛋的数量、质量、结构视角：在产品数量上存在盲目扩张、产能长期过剩但出口额有限等数量增长型发展带来的问题（刘合光，2009）；在产品质量上存在鸡蛋质量一致性较差、质量安全无法保证、鸡蛋标准等级认证体系不完善等非质量效益型发展带来的问题（张莉，2012），在产品结构上存在产品品类较少、副产品资源化利用有限等问题（杨宁，2017；赵一夫秦富，2014）。从我国蛋鸡产业的生产、管理、服务、经营视角：生产方面存在专业人才匮乏、生产成本高居不下、养殖密度高传染性疾病多防疫压力大、经营规模小而散等问题（赵一夫等，2012）；管理方面存在疫病防御意识淡薄防疫体系不健全、喂食饲料分类不严格、规章制度不健全且执行不力等标准化、规范化不足问题；经营方面存在销售渠道较为单一、品牌意识薄弱忽视品牌建设等产业化不足、废弃物资源化水平较低等问题；服务方面存在建设资金严重短缺金融服务不足、科技支撑服务、市场信息服务等配套要素服务缺乏问题（李艳红，2015）。

(二) 对标差距

1. 养殖模式存在差距，面临再次转型升级的风险 全球 90% 左右的蛋鸡为传统笼养，10% 为福利养殖，其中 8% 为层架式散养、2% 为散养。欧盟从

2012 年 1 月禁止传统笼养，以家庭农场为主，欧盟总共 3.85 亿羽蛋鸡，截至 2016 年，55.6％为福利大笼，25.7％舍内散养，14.1％为舍外放养，4.6％有机养殖。美国计划到 2025 年 2/3 以上蛋鸡转为福利养殖，届时 30％的养殖成本转嫁到消费者。我国近几年刚逐步向规模化笼养模式转型，若未来受到国际协议或国际贸易影响，将面临笼养固定资产的沉没，重新投资向福利养殖模式转型的风险。

2. 集中度存在差距，规模化现代化发展还有较长路要走　美国 1970 年代，约有 1 万家蛋鸡场，1987 年有 2 500 家，2016 年 175 家蛋鸡场生产了美国 99％的鸡蛋，60 家公司养殖规模超过 100 万羽，占整个美国蛋鸡总量的 90％，17 家公司养殖规模超过 500 万羽，平均每家蛋鸡公司有 150 万羽蛋鸡。其中 86％笼养，14％福利养殖，福利养殖中 9％福利大笼，5％放养。我国蛋鸡养殖规模百万只以上的企业屈指可数，蛋鸡养殖产业分散，未形成养殖和服务的规模经济，产业整体集中度不高。

3. 交易成本存在差距，信息化信用化发展面临着挑战　我国蛋鸡产业链整体效益较高，1 只蛋鸡 1 个生产周期使产业链中所有从业者得到了约 23.91 元的总利润，世界上大多数发达国家难以比拟；蛋鸡产业链效益在产业链各环节分配情况具体如下：饲料供应环节占 20.58％，养殖环节占 39.31％，流通环节占 40.11％。然而，国外养殖企业的饲料与养殖、养殖与市场一体化程度高，产业的交易成本几乎为零，我国蛋鸡产业链的各个环节主体分离、利益分割、产业集合度不够，流通环节过多、流通环节效益分配相对过大、价值稀释明显，导致生产者和消费者福利大幅下降。

（三）存在问题

1. 综合生产能力居世界领先地位，产业自主创新与国外仍有差距，国际竞争力较弱　我国蛋鸡产业规模庞大，鸡蛋是普通百姓的重要优质食品。我国以占世界 21％左右的人口，生产并消费世界 36％左右的鸡蛋，约为世界平均水平的 1.7 倍。中国的现代鸡蛋加工业起步较晚，鸡蛋主要以国内鲜蛋消费为主，而鸡蛋加工比例低于 1％，大型生产加工类企业较少，且经营规模很小，区域间的鸡蛋加工能力十分不平衡，与海内外的差距更大，低于日本、美国、欧洲等国家或地区，导致我国一二三产业融合程度低，且蛋鸡国际贸易非常低。蛋鸡品种和商品鸡养殖技术的自主创新成果的国际竞争力较低，有些品种和技术仍受制于国外。

2. "大群体、小规模"特征突出，养殖主体知识水平偏低，风险抵御能力弱　商品蛋是蛋鸡产业链的重点，随着环境保护、食品安全与政策法规的推进，近几年户均蛋鸡养殖规模逐步上升。通过国家蛋鸡产业技术体系监测，可知 2018 年户均养殖已提升至 8 177 只蛋鸡，然而养殖规模最大的两家所占鸡蛋市场份额不足 1％、养殖规模最大的十家所占鸡蛋市场份额约为 8％，由此可见我国蛋鸡养殖规模集中度不够且分布离散度大、方差大等特征仍然显著。我国产业结构中，养殖负责人年龄以 40～50 岁居多，文化程度以初中为主，经营执照拥有率在 10％～40％，饲养规模大都较小，标准化现代化饲养特征不明显，绝大多数没有建立自己的产品品牌，依靠商贩上门收购进行鸡蛋销售，加之我国蛋鸡产业面临包括饲料成本、人工成本、防疫成本的生产成本居高不下的问题，难以抵御短期价格波动带来的巨大风险，使得无奈退出导致无法挽回的损失，产业链应对外界干扰的弹性较差。

3. 产业实践中有些龙头企业进行了创新探索，仍需理论支撑　蛋鸡产业存在着其特有的问题——区域协同发展、产业主体协同发展、产品供给质量安全、生态资源的保护及约束、产品品牌打造、产业平台建设等。为解决蛋鸡产业发展面临的难题，我国龙头企业北京华都峪口禽业有限责任公司、北京大伟嘉生物技术股份有限公司等大型公司主导进行蛋鸡协同产业价值链打造，基于智慧蛋鸡平台、蛋鸡产业联盟、京津冀协同创新研究院、产业互联网平台等组织模式，大胆进行产业服务模式和商业模式的探索，试图解决京津冀乃至全国蛋鸡产业行情预测、疫病防御、食品安全、环境保护、人才金融要素服务等痛点问题，但仍需进一步的理论解构和理论支撑。

三、蛋鸡产业链的演化与趋势

（一）演化阶段

根据经济发展历程，鸡蛋等物质产品的消费主体经历了"有的吃足够吃"到"吃得安全、营养、感官体验好"再到"吃得健康平衡"三个阶段，因此从演化的角度，相应的可以将蛋鸡产业链的发展模式分为初期、成长、成熟三个阶段。

1. 初期阶段：基于数量规模的生产效率　20 世纪 50 年代，我国开始发展蛋鸡养殖，并出现了国营养鸡场，但养殖户的概念还没有出现，存在一些家庭散养的情况。随着城市化的发展、城乡二元结构的形成，20 世纪 80 年代至 20 世纪 90 年代初期，鸡蛋是短缺的，供给数量有限，不能够满足市场消费主体的需求，属于卖方市场。20 世纪 80 年代为满足消费主体能够吃到足够鸡蛋的需求，中国蛋鸡养殖开始起步。1988 年国家提出"菜篮子工程"，对蛋鸡饲养给予政策与资金方面的支持，在国营工厂化养鸡的示范与带动下，有些农村剩余劳动力转移至蛋鸡养殖产业，逐渐形成兼业养殖户和专业养殖户，并开始形成养殖大户和养殖企业；20 世纪 80 年代末期，国家允许农民工进城打工，农村人力成本的提升使得大批量的笼养模式实行，并采用设备进行蛋鸡养殖，实现了一定的规模经济；养殖组织之间进行"横向联合"，直接或间接通过协会或技术企业会议进行学习并相互借鉴，且因为共同的需要形成了设施配套等公共服务，降低比较成本提升相对收益；20 世纪 90 年代随着社会主义市场经济体制的逐步建立，蛋鸡产业链一直追求基于数量规模的生产效率提升，涌现了大量小规模的养殖专业户、专业村，并形成了连片的蛋鸡养殖基地，成为蛋鸡养殖的主力军。该阶段，鸡蛋的生产主体与消费主体的距离增加，产品交易和交换距离半径增大，促进了产业关联各类业务的专业化分工。

2. 成长阶段：基于质量结构的综合效益　20 世纪末鸡蛋的供需基本达到平衡。21 世纪初，从 2007 年开始，国家大幅度增加资金投入，安排了 4.62 亿元采取"以奖代补"方式对蛋鸡标准化规模养殖场进行扶持，经过"十二五"期间的发展，蛋鸡产业的标准化、规模化发展趋势越来越明显，蛋鸡行业整合进程也不断加快，商品代蛋鸡养殖规模化程度已有较大提升，2013 年下半年国家蛋鸡产业体系调查结果显示养殖规模 5 000 只以上的养殖场比例约 70%。鸡蛋质量安全提升方面：21 世纪初，中央和地方各级政府出台了关于种蛋鸡、动物防疫、饲料和饲料添加剂、兽药使用方面的法律、制度和条例，保障鸡蛋、鸡肉等的质量安全。该阶段，有些产业链主体因无法负荷高成本的投入，为追求价值最大化，在产品渠道营销市场竞争中寻租、投机现象十分严重，出现"劣币驱逐良币""优质不能优价"现象，严重抑制了产业创新主体的积极性。加之，有效监管的成本与难度较大，"劣币驱逐良币"的现象较为严重，有些规范的企业为了生存甚至也加入生产假冒伪劣的行列。

3. 未来成熟阶段：基于专用功能的品牌溢价　随着政府监管法规体系的逐渐完善，市场监管力度加强、监管有效性的提升，以及消费者对鸡蛋等物质产品的感知和认知水平的提升，寻租投资现象逐渐减少，市场氛围得到改善，逐步支持和鼓励具有实际才干和能够创新的主体。同时，随着互联网、物联网、区块链等技术的探索和应用，行业公共信息平台的建立及信息的披露，以及有能力的龙头企业围绕自我产品和服务搭建的"全链条闭环"信息平台（Rezaei 等，2017），使得市场产品实现"优胜劣汰、优质优价"，对创新的价值认同和鼓励得以提升。产业链组织中，龙头企业和集群进行多次博弈后，会形成专业化分工的格局，形成良好的"合作竞争"关系。龙头企业对蛋鸡产品的供应链能够形成一定的垄断，容易进行面向产业实践集成配套创新成果的应用推广，起到鼓励创新的效果。平台主导的"平台＋集群＋龙头"的组织模式，因为所参与的主体数量、类型、层次不同，对综合型的服务的依存度增加，需要集信息、人才、资本等要素的综合服务。平台组织的决策是基于全方位信息采集和大数据分析而制定的，具有客观性和精准性，平台中的主体以此为依据进行自己专业化分工决策的制定，有利于形成基于消费者个性化需求的品牌。

（二）阶段特征

1. 演化的增值特征　通过对蛋鸡产业链演化增值阶段的分析，可以发现产业链增值目标的驱动除最根本的消费主体需求效用结构的变化外，上一阶段增值模式所引致的问题以及为解决问题而进行的制度安排也是重要的驱动因素。未来，蛋鸡产业链的价值链呈现结构多元化、精细化、复杂化的特征，增值模式将按照"基于环境变化进行体系化的链条输出"的规律演变发展。蛋鸡产业链增值模式演变阶段及其特征，见表5－1。

表5－1　蛋鸡产业链演化增值的阶段特征

价值演变	特征项目	初期阶段	成长阶段	未来成熟阶段
价值导向 （动力）	市场期初状况 消费者需求	产品供不应求 终端产品数量	质量问题频出 终端产品质量	层次化分级明显 全过程质量信息专用性产品方案
价值转换 （能力）	增值驱动要素	人力资源	科学技术	金融资本
	产业增值模式	生产效率	综合效益	品牌溢价
	产消相对距离	较近	较远	一体化
	专业化分工程度	较低	较高	一体化下的专业化
价值实施 （效果）	产业创新氛围	创新动力不足	贬低创新价值	认同鼓励创新
	市场终期状况	供给过剩 资源消耗	劣币驱逐良币 良币生存困难	优胜劣汰 优质优价

通过对蛋鸡产业链的增值模式演变分析，可知蛋鸡产业供给侧结构性改革的根本是实现基于不同类型消费者生理和心理效用结构维度的针对性的产品供给，为消费者提供"有效质量"，终极价值目标是消费者生理和心理、蛋鸡养殖方式和养殖过程进而蛋鸡产业链发展的充分和均衡。蛋鸡产业链增值模式演变的突破点及其价值分析见表5－2。

表5-2　蛋鸡产业链增值模式演变的突破点及其价值分析

链条类型	科技创新突破点	科技经济分析	价值策略
蛋鸡产业链	整个养殖场鸡群全进全出技术	避免因不同生命阶段鸡群发病率不同所引起的交叉传播与感染，并避免鸡群结构性进入从外界带来的安全隐患	环节独立、风险规避
	鸡舍环境指标自动化监控设备	实时监控鸡舍的环境条件，及时调整或者采取措施为蛋鸡提供最佳的生产福利条件	环节独立、效率提升、风险规避
	鸡舍密闭及保温性材料	规避外界带来的生物安全隐患，并避免因外界环境温湿度变化引起鸡舍内温湿度的骤变，降低鸡舍的发病率	环节独立、效率提升、风险规避
	节粮高产、免疫力高的蛋鸡品种	降低料蛋比，提升饲料的利用与转化效率；同时提高蛋鸡机体素质，奠定较好的抗病基底，降低全生命周期的疾病发生率	环节依存、成本节约、风险规避、效率提升
	蛋壳产品的多元化开发	原蛋、洁蛋；普通鸡蛋、土鸡蛋、有机鸡蛋、初产蛋、乌鸡蛋等	链条依存、机会获得
	鸡蛋深加工技术及产品	再制蛋、食品辅料、功能成分开发等	链条依存、机会获得
	规模化养殖场配套技术标准体系的建立	由原来的小而散的养殖经验与技术，升级到针对规模化养殖场的技术配套与精益化管理	环节依存、成本节约、效率提升、风险规避、机会获得
	淘汰母鸡与鸡粪的深度开发	淘汰母鸡不再产蛋后，再放养两个月，增加鸡肉品质和羽毛丰度等多元化的价值开发；鸡粪的沼气发酵、有机肥开发等	链条依存、机会获得

2. 演化的组织特征　组织的根本是通过个体间的协同合作或多个体系的联合，提升目标实现的效率并提升目标实现的层次，完成绩效获得价值。蛋鸡产业链组织目标的设定与产业链增值模式息息相关，根据蛋鸡产业链增值模式为价值导向进行每阶段组织的目标设定，并根据所设定目标进行组织的变革，调整组织主体的构成以及主体劳动能力和资源要素的聚集，形成实现目标获得价值的条件。因此，蛋鸡产业链组织的演化对应也可分为三个阶段，从组织演变的驱动主体和驱动因素两个角度进行系统梳理和研究。蛋鸡产业链组织模式演变阶段及其特征，见表5-3。

表 5-3 蛋鸡产业链演化增值的组织特征

组织演变	特征项目	初期阶段	成长阶段	未来成熟阶段
	政策因素	政策扶持引导	政策规制监督	政策辅助鼓励
	主要成本结构	进入学习成本高	要素升级、固定投入及管理和交易成本均高	管理和交易成本双低
驱动响应（动力）	主要风险类型	进入风险与市场风险	违规风险与质量风险	环境风险与系统风险
	关键驱动因素	节约成本降低风险	节约成本降低风险	获得机会降低风险
	核心主导主体	国有农场示范当地能人引领	新型经营主体产业龙头企业	平台
	响应主体结构	兼业与专业养殖户	养殖与服务主体	多层次多类型主体
	主体之间契约	环节横向链接不紧密	纵向跨环节链接较紧密	全链条闭环依存紧密
响应传导（能力）	信息传递方式	环节内横向传递	跨环节线性传递	网络式非线性传递
	信息传递周期	较短	非常长	实时
	依存服务类型	基础设施公共服务和养殖技术等简单服务	技术集成和信息金融等配套专业化服务	信息、技术、人才、金融、政策等多要素综合服务
	依存创新类型	需求低，环节自主创新	需求高，集成和配套创新	需求高，体系化精准创新
	链条组织模式	集群	集群+龙头企业	集群+平台+龙头企业
传导反馈（效果）	创新价值认同	偏低	较低	较高
	创新成果推广	外部性大，较难推广	容易推广	敏捷性推广

由上述分析可知，蛋鸡产业链组织的演变，主要驱动因素是产业链上主体降低风险、减少成本、提升效益、获得机会的诉求和动力。产业链组织形成的主导主体多是具有产业资源要素组织领导能力的企业或个人，未来的主导主体是基于信息和数据进行客观决策的平台主导的，所有主体依存于平台。

3. 演化增值的机理 通过上述对演化增值阶段的分析，根据演化经济学与系统科学理论，可知蛋鸡产业链系统的演化增值受到五个方面的驱动：来自外界环境的国家宏观战略导向驱动、来自上一演化阶段的产业中观遗留问题驱动、来自市场消费者的微观主体需求驱动、来自产业内部微观生产经营主体的创新和需求驱动,这些驱动因素,会形成蛋鸡产业当下阶段发展的价值目标。

面对驱动因素和发展目标,蛋鸡产业不同类型不同层次的政府政策主体、生产经营主体、科教机构主体,依据其感知和认知的价值参照会对变革带来的预期收益与可能风险进行预判,并根据自己所具备的资源要素、能力条件对驱动因素设定具体微观目标并做出行为选择,不同主体的不同选择形成新的产业链的组织架构和治理关系,将会打破原来产业的均衡状态。也就是说,通过产业链层面的组织创新,实现新阶段的产业中观发展的价值目标。

蛋鸡产业链演化增值发展的示意图见图5-3。蛋鸡产业链发展基础背景 Z 轴为国家宏观战略导向、中观产业遗留问题、微观市场消费需求三维度的驱动,形成了蛋鸡产业链中观价值目标 Y 轴,目标实现的方法手段为 X 轴组织创新,关键是链接 X、Y、Z 轴的原点 O ——产业主体的心理预判与倾向、产业主体的行为选择、产业主体的组织架构、产业主体的治理关系。

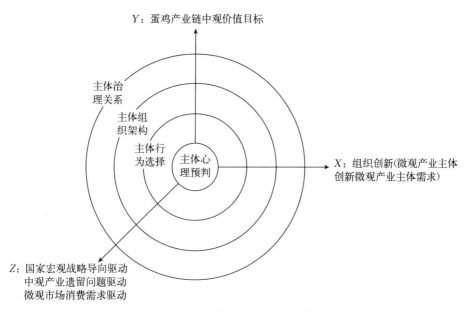

图5-3　蛋鸡产业链演化增值发展的示意图

根据上述演化增值阶段的分析,可以利用类变量分析进行演化增值的机理分析,这种方法是管理学与运筹学等多方法的集成创新,适合于产业链系统问题的研究。产业链外部与内部环境变量是进行产业链变革的根本驱动引致因素,也是价值的根本来源,并由此可以设定产业链内关联主体演化增值的关键变量——减少成本(减少并消除无效成本、减少固定成本投入)、降低风险、提升效率、增加机会；同时产业链面临的内外环境变量通过价值转换成为产业链发展的目标变量——产业国际竞争力提升和产业健康可持续发展；关键变量通过价值转换成为关联主体的行为变量，最终实现产业链的特征变量和目标变量。蛋鸡产业链演化增值的机理模型，见图5-4。

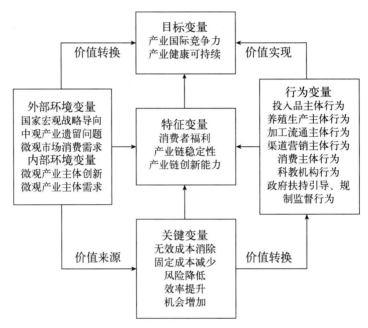

图5-4 蛋鸡产业链演化增值的机理模型

（三）发展趋势

从经济新时代、国家新战略、产业新形势、区域新背景四个方面，分析宏观背景环境对蛋鸡产业链增值发展面临的新挑战和新要求。新时代新战略新形势新背景下，蛋鸡产业链增值发展的价值链、企业链、空间链、供需链都将发生显著变化，必然促使产业链组织创新以增强对外部环境的适应性。

全球化步伐加快的国家新战略下，蛋鸡产业链的品种研发、技术开发、蛋品加工、产品质量面临新的挑战，促使蛋鸡产业链基于全球的价值链分工进行重新定位，作为蛋鸡产业链宏观导向的价值形态发生变化，必然引起实现价值的产业链组织载体发生变革。

互联网物联网的信息经济新时代下，网络技术模式凸显了信息要素的重要性，时间、空间距离变短，事物生命周期变短，促进了商业模式变革，改变了人们的生产、消费、分配、交换及生活方式，作为生产力与生产关系作用的载体，蛋鸡产业链组织方式必然发生变化。

农业农村现代化优先的产业新形势下，农业供给侧改革持续推进、环境保护生态约束加剧、乡村振兴与城乡融合加快，诸多产业政策的导向与落实，改变了蛋鸡产业链增值发展的目标模式，产业链组织目标的变化势必引起组织绩效、功能、结构进而组成要素的变化。

协同发展的区域新背景下，蛋鸡产业区域空间布局将发生较大的调整，原有产业配套半径与迂回形态及供需范围与物流网络将被打破，形成区域一体化协同发展的布局，蛋鸡产业链空间载体的改变，使得产业链组织主体构成及主体衔接关系发生变化。

基于专用功能的品牌溢价阶段，蛋鸡产业链为响应不同类型不同层次消费主体的需求，增值发展目标越来越精准化，生产的产品功能将越来越具有专用性，将增加双方价值函数中产品功能结构与产品效用结构的匹配精准性，加速实现蛋鸡产品供给侧结构的改革。同时，为响应消费主体对生产过程质量信息和动物福利的关注，并保证产业链上游品种和中游品质及时有效响应产品功能专用性需求信息，促使蛋鸡产业链上下游标准的体系化、行为的协同化、管理的精准化，需要进行全产业链的协同创新，形成多环节质量和品牌的背书。因此，未来较长一段时间，蛋鸡产业链将进入基于产品专用功能的品牌溢价发展阶段。

第二节　理论解构

功能成本方法主要针对面向大众消费者的终端产品及服务的价值分析。功能效用有其结构，如生理、心理、精神等方面，同时不同的产品及服务对于不同的消费者每个层面有细分的维度结构；投入成本的结构，如实际的成本、节约的成本、损失的成本等方面，同时每个层面有细分的维度结构。基于功能成本分析法，所列增值层次结构见表5-4。

表5-4　基于功能成本分析法的增值层次结构

增值视角	增值方面	增值维度
功能效用	生理方面	安全
		必需营养
		保健营养
	心理方面	
	精神方面	

（续）

增值视角	增值方面	增值维度
投入成本	实际的成本方面	管理成本
		生产成本（含固定成本）
		交易成本
	节约的成本方面	组织架构有效
		制度流程有效
		技术改善有效
	损失的成本	质量引致的损失
		效率引致的损失
		风险引致的损失

"增值"的根本在于增加效益、减少损失，即"增益减损"。增值的维度是非常丰富的，所涉的关联主体的发展阶段、空间位置、类型、层次非常多，因此基于产业链系统的增值更为复杂。蛋鸡产业链增值，从不同的视角可以分为不同的类型。

一、四个分视角的增值分析

（一）终端产品视角的增值

蛋鸡产业链所输出的终端物质产品为主物质产品鸡蛋、副产品物质淘汰鸡、废弃物产品物质鸡粪，这三类物质产品的功能效用的提升、投入成本的下降是蛋鸡产业链增值的关键着力点。根据市场上消费者对于三种终端物质产品的不同使用方式与习惯偏好，可以将其细分为不同类型，不同类型又可以分为高端、中端、低端（图5-5）。

（二）生产过程视角的增值

蛋鸡产业链输出鸡蛋、淘汰鸡、鸡粪的前置生产过程存在物质资源与生产要素两个维度的投入，物质资源与生产要素的投入成本降低、配置效率提高、利用效益提升是增值的根本。这些资源要素与养殖环境的匹配程度、与养殖模式的匹配程度、与养殖工艺的匹配程度、彼此之间的匹配程度、应用方式的规范程度，影响其作用效果提升与投入成本节约（图5-6）。

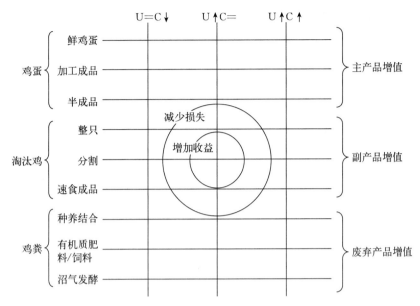

图 5-5 基于终端产品视角的增值

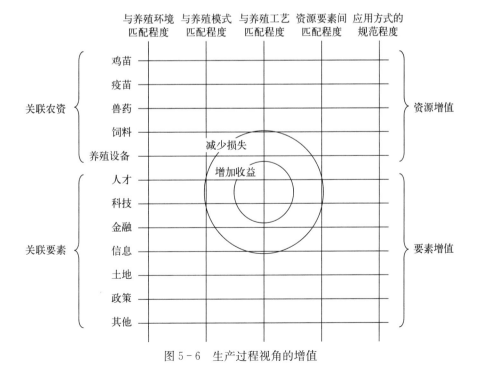

图 5-6 生产过程视角的增值

（三）多元创新视角的增值

创新是价值的根本来源，"增值"离不开创新。蛋鸡产业链增值离不开组织管理创新、科学技术创新、要素服务创新（图5-7）。

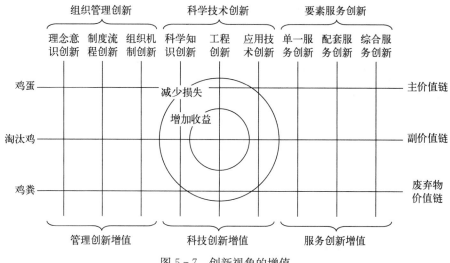

图5-7 创新视角的增值

（四）品牌溢价视角的增值

鸡蛋、淘汰鸡、鸡粪三个终端产品的品牌溢价增值，离不开品种与品质的支撑。例如：鸡苗良好，饲料转化率高、产蛋率高，所产生的鸡粪较少；鸡苗良好，发病率低、用药少，发生药残、抗生素残留的情况极少甚至没有，不仅蛋品质量高、淘汰鸡安全性高，而且鸡粪的质量也会高。因此，品种、品质、品牌是联动的，鸡苗良好不仅仅繁殖孵化性能高而且养殖生产性能高、商品性能高，具有品种与品质支撑的品牌容易形成溢价增值。品牌溢价视角的增值，详细见图5-8。

二、全链总视角的增值分析

蛋鸡产业链增值更侧重于从整个链条的角度体系化地提升蛋鸡产业的价值链。从链条角度进行增值的层次划分，可以分为环节增值、链接增值、全链增值。环节增值中更侧重于环节内资源要素的匹配增值，链接增值中更侧重于完成市场交易价值过程中环节之间交互的协同增值，全链增值中更侧重于链条闭

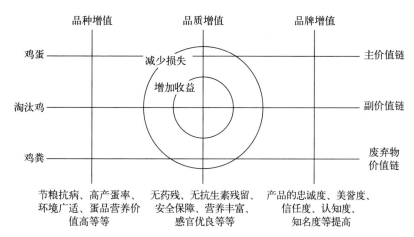

图 5-8　品牌溢价视角的增值

环一体化网络式交互的融合增值（表 5-5）。

表 5-5　链条视角的增值

增值类别	增值维度	增值方面	主要增值指标
环节增值	上游投入品增值	饲料营养	安全守规、营养匹配、免疫提升
		疫苗防御	净化安全、预防有效、体系完整
		兽药治疗	安全守规、减抗无抗、绝无药残
		品种提供	无垂直疾病、生产性能高
	中游养殖生产增值	养殖场外环境	地区气候环境、场外生物隔离
		养殖场内环境	空间布局、车流人流物流规程
		舍内环境控制	温度、湿度、风速、氨气、硫化氢等指标感性和调控智能性
		舍内养殖设备	故障率低、清粪效果、集蛋效果
	下游加工流通营销增值	鸡蛋采集	鸡蛋破损率、粪污沾染程度
		处理加工	蛋品破损率、新鲜度、营养保持
		包装流通	蛋品破损率、新鲜度、营养保持
		终端营销	蛋品安全、外观、营养、新鲜度
	环节内匹配增值	上游匹配增值	品种主导的投入品匹配带来的各项成本的减少和效果的增加
		中游匹配增值	环境设备匹配带来的成本减少与产蛋率/料蛋比/死淘率改善
		下游匹配增值	分级处理、包装、流通半径、营销渠道等匹配带来的节本增效

（续）

增值类别	增值维度	增值方面	主要增值指标
链接增值	环节之间协同增值	上中游链接	对中游成本、效用、便捷等需求敏捷反映，提升复购率，增加合作刚性和黏性，降低交易成本
		中下游链接	对下游成本、效用、便捷等需求敏捷反映，提升复购率，增加合作刚性和黏性，降低交易成本
		下游与消费链接	对消费者成本、效用、便捷等需求敏捷反映，提升复购率，增加合作刚性和黏性，降低交易成本
全链增值	平台型融合增值	下上游闭环	下游终极市场价值引导上游投入品的开发，上游投入品为下游终极市场价值提供科技支撑，降低上游开发成本、下游营销成本，提升开发效果、营销效果
		上游主导平台	主要是上游品种、疫苗为核心主导的平台，改变信息传递机制和行为决策机制，节本增效、降险增机会，重要促进创新成果的有效转化与敏捷性创新与开发
		中游主导平台	主要是中游养殖服务配套为核心主导的平台，改变信息传递机制和行为决策机制，节本增效、降险增机会，重要促进养殖主体与其他主体的管理和交易成本
		下游主导平台	主要是下游终端交易渠道为核心主导的平台，改变信息传递机制和行为决策机制，节本增效、降险增机会，重要促进不同层次产品的价格合理性，降低营销主体与消费者的辨识和交易成本

因为功能效用结构、投入成本结构的存在，无论从哪个视角进行增值，都有可能出现不同增值维度之间的相互作用，如此消彼长等，因此蛋鸡产业链的增值需要以不同消费市场的消费群体的功能效用追求为导向，依靠组织管理创新、科学技术创新、要素服务创新，进行链条整体价值最大化的运筹优化。

三、价值视角的系统解读

为满足蛋鸡产业链未来发展的趋势要求，蛋鸡产业链融合发展与增值创新是必然的。蛋鸡产业链环节的融合在于主体目标、行为、效果的协同，主体目标、行为、效果的协同的根本在于主体价值认知与价值理念的协同。需要从价值核算四个维度、价值协同四个层面、不同主体价值感知的差异解读对蛋鸡产业链融合发展的影响，为蛋鸡产业链的增值目标构建、问题解决的策略抓手、发展路径方向提供思路。

（一）基于经济、交换、网络、资本四个维度的价值核算的视角

蛋鸡产业链主体组织的生态体系中每个主体可以从多个维度获得价值，包括：①投入产出价值 $V11=U1/C1$，即核算参与体系是否值得；②交换效应价值 $V12=U2/C2$，即以自身所长可以换取的其他价值空间；③网络化效应价值 $V13=U3/C3$，即在信息网络、知识网络、智慧网络中传播推广的杠杆效应；④累积资本效应 $V14=U4/C4$，即形成了素质能力具有长久后效性的价值。因此，个体对于价值的考核方式可以分为两种：

一种是价值之和，函数为 $V1=V11+V12+V13+V14=U1/C1+U2/C2+U3/C3+U4/C4$；

另一种是综合价值，函数为 $V1=(U1+U2+U3+U4)/(C1+C2+C3+C4)$；

在两个函数的公式中，分子为经济学范畴，整体为工程学范畴，加上约束条件则为运筹学范畴。两种价值考核的方式决定了主体对体系依存的模式——仅仅是某个维度依存于体系还是整个主体全部依存于体系，即兼职存在于体系还是全职存在于体系。前者属于分离的价值，如果某个维度的价值过低，可以选择不进行时间和资金的投入，即不将资源要素配置到其中，决定了主体从体系中的获得感，决定了体系对主体的黏性与主体对体系的依存度；后者属于综合的价值，如果整体价值感觉满意或者具有相对价值优势，则会全身心地依存于体系。

同样的，一个体系生态中，体系根据每个个体能力维度可以将其价值分为三类，体系根据其建设目标的需要进行功能结构或能力体系的构建。在筛选某一维度的功能或者能力的时候，会根据经济性考量利用整个人的综合能力或某个维度的能力，若仅是利用个体不可替代的某个维度的能力则只需要用数字的标准进行工作目标的考核。然而，对于体系生态的可持续发展而言，在衡量发展价值时，需要综合评价整体的价值，并利用增量价值进行生态补偿。

（二）基于需求、目标、标准、数字四个层面价值协同的视角

蛋鸡产业链融合的重要表现，是需求、目标、标准和数字层面上的价值协同。四个层面的协同具有传递性，低级协同容易实现，但由于协同关系较粗，在具体操作过程中不易具体实施，但能够促进不同环节和要素产生共同愿景，并为高级协同铺垫基础；高级协同虽然在落实与操作上存在优势，但由于协同的基础差，容易产生偏差，因此需要以低级协同作为前提和保障。成熟的产业

链要素的协同大多是从"标准与数字协同"开始，而不是从最根本的"需求与目标协同"开始。四个协同的路径模式、方式方法、措施策略都可以降低成本、减少风险、增加机会、提高效率，使产业链能够持续、稳定、快速发展（图5-9）。

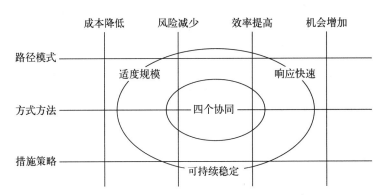

图5-9 四个协同的效果与价值示意图

在四个协同的过程中，把需求进行目标化尤为重要。需求是有多层次的结构性的，例如宏观的、中观的、微观的、上游的、中游的、下游的、链接的、循环的，需求目标化过程中需要条件，所以目标也是具有情境性的高中低多层次的结构性体系，因此标准也应该是具有层次等级性的标准体系，标准有其适度性适用性，而不是单独一个标准。但是，目前存在标准滞后的问题，以及标准体系化严重滞后的问题。唯有基于数字化的标准体系，产业链条环节或主体之间才能联动、协同、融合或一体，并且四个合作程度的比例是逐步降低的，也并不是要求所有的部分都要一体化。如此，就可以实现品牌倒逼的品质与品种，促使餐桌上的烹饪工艺、食用方法与品种及养殖过程协同，并形成基于信息的供需关系的定价机制。

我国大多数蛋鸡产业链因为缺乏数据支持，产业链上的生产经营管理主体、投资运营主体和消费主体的价值需求是比较模糊的，所以理性化程度低。因为有些地方条件不均衡，目标模糊也难以协同。基于宏观的、中观的模糊的需求与目标，较难在长链条上进行协同，那么形成理性较难，科学决策就更加困难，因为需求与目标的差异性会产生行为冲突。链条越长，有效的利益链接机制越是困难。"需求驱动，问题导向，成果分享"中的"问题"就是指"冲突"，冲突产生的原因有动力不足、条件不具备、能力不够、效果不满意、标准过高（涉及标准经济学），不能够产生足够基于投入产出、网络体系、交互、资本的价值。

（三）基于传统主体、探索主体、高层主体的价值感知的视角

从发展现状来看，蛋鸡产业链上的主体的受教育水平低，知识化、组织化程度较低，偏好停留在舒适区，对未知信息和领域的探索欲望低且存在恐惧感，对新技术和事物的接受能力较低。蛋鸡产业链链条较长，涉及环节主体较多，如消费、经销、加工业、农资、生产等主体及各环节的服务主体，越向产业链上游现代化理念意识越偏低。不同主体之间的差异非常大，理念不一价值认同较难，导致不同主体的信念、激励、绩效等机制设计不同，以致环节之间或全产业链条价值传递、目标协同、行为规范的复杂程度较高，难以实现融合发展。

依据蛋鸡产业链知识信息的复杂程度，可以将其分为知识信息的舒适区、过渡区、恐惧区，不同的主体在不同区的价值感知是不同的（图 5 - 10）。根据马斯洛的需求理论：①在知识信息的舒适区，领域高人（素质能力）感觉无聊无趣，所感知的价值大多是负的；求知欲较高、勇于开拓的人感觉一般，所感知的价值较低；追求安逸、不思进取的人感觉不错，所感知的价值较高。②在知识信息的过渡区，高人所感知的价值升高、探索的人所感知的价值稍有下降、安逸的人所感知的价值直线下降。③在知识信息的恐惧区，高人从取得的创新成果中获得乐趣，所感知的价值非线性增长；探索的人会面临困难和困惑，所感知的价值缓慢下降，直至知识信息复杂到使其所感知的价值有可能变

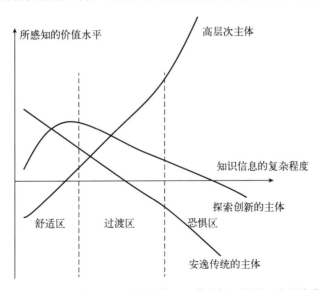

图 5 - 10　蛋鸡产业链上相关主体基于信息知识的学习发展演化

为负的；安逸的人会面临较大的恐慌和恐惧，所感知的价值持续下降。不同类型的主体对不同复杂程度的知识信息的价值感知不同。

三类主体对同样的信息感知认知价值差异，难以形成价值共识，对产业链的融合发展与增值创新会造成较大的困难，因此学习创新共同体的建立是必要而迫切的。学习创新共同体，是指蛋鸡产业链的生产运营和服务运营等关联主体学习交流的平台，具有学习、沟通、交流、传播等多种功能。在蛋鸡产业链上建立学习创新共同体，有利于相同环节或不同环节之间供需变化、技术革新、工艺改良等的沟通，促进不同环节主体之间对基于新知识、新技术等信息的了解与理解，提升关联主体的理性认知程度，促进对新技术的及时采纳，以及对创新的依存程度，有利于环节主体之间的认同与合作，能够有效促进蛋鸡产业的价值链整体提升。

第三节　路径模式

本节在第二节蛋鸡产业链增值体系分析的基础上，对其增值目标体系进行了定性的目标规划，对于不同主体可能面临的不同困境提出了可行的策略，并形成了蛋鸡产业链发展典型的增值路径模式。

一、增值的目标体系

根据产业链系统外的宏观国家产业定位和微观市场主体需求，以及中观产业链系统本身对标存在的问题，进行一级目标体系的构建。其中，产品质量安全（广义的产品质量）分为安全、营养、感官体验三个维度，分别对应的指标体系为安全指标、营养成分指标、感官指标，其中感官指标可以分为外观、新鲜度、口感三个维度，安全指标对于产品的基本要求是约束性指标。对营养成分指标的关注可以表征消费者的理性消费程度，感官指标则可表征感性消费程度。狭义的质量是指除安全之外的指标（图 5 - 11）。

二、主体的困境与策略

（一）增值主体困境

从蛋鸡产业链中的农户、企业、科教、行业组织四类主体，分析产业链组织内部生存与发展的基本状况和压力。主体与组织生存发展的压力和动力，是导致组织创新的根本因素。为了生存与发展，产业链主体寻找更合理的组织生

图 5-11　产业链增值的多目标规划

态，降低风险和成本，提升机会与效益。蛋鸡产业链中占比例较大的养殖农户的知识化、组织化、智慧化程度相对较低，其信息收集、疫病防御、养殖计划性的能力较低，存在跟风养殖、盲目进入现象，养殖目标、过程、行为的不确定性较大，而农户抗风险能力较弱，容易受产业周期性波动和突发事件影响。

资源与环境"双紧"、土地和资金"双难"、成本和风险"双高"、有效供给和质量安全"双高"，新常态下单独一个企业无法获得较为全面的信息、科技、人才等资源要素，也无法靠独自的劳动和能力应对环境的挑战并及时有效地响应不断变换的市场。蛋鸡产业链中科教主体面向产业需求的科技创新精准度有待提升，科技创新成果的转化利用缺乏面向生产和产业实践的技术、管理、服务的集成创新，创新成果转化利用率较低，而蛋鸡产业企业的自主创新的动力和能力不足，制约着我国蛋鸡产业的转型升级。蛋鸡产业链中的协会、联盟等行业组织的发展遇到了瓶颈，出现"会而不协""联而不盟"等形同虚设的现象，产业公共信息价值挖掘不够，产业内主体间的对接服务不足，会员或盟员的依存程度偏低，不能很好地发挥政府与产业之间的界面功能。

（二）增值发展策略

知识经济时代，需要知识要素与其他生产要素结合的复合生产要素，实现有形与无形价值链、虚拟与实体经营融合的价值网络结构升级（王树祥等，

2014）。价值创造、价值传导、价值循环是产业链持续增值的核心，产业链增值通过价值的组织与协同实现。因此，为实现产业链增值发展的目标需要通过"组织"完成，而组织中的产业链主体协同的首要条件是对产业链价值增加的认同和共识。产业链增值发展通过主体组织实现过程中，应当考虑主体需求和价值的差异性和多样性，培养相关产业主体对产业链增值模式及其他关联主体的价值认同和价值共识，注重产业链最终增加价值的直接贡献与间接贡献的考量，平衡不同主体多元价值需求的满足，保证组织主体的创新性以使价值持续增加。产业链组织的关键在于基于内在技术经济联系规律，用契约方式将各环节有效连接，实现优势互补，实现一体化经营，降低交易成本和风险，达到全链条利益最大化及链条各主体增收的目标，保持农业可持续发展的动力，形成敏捷性的开发、管理、服务，促进农业产业化水平提升（图 5 - 12）。

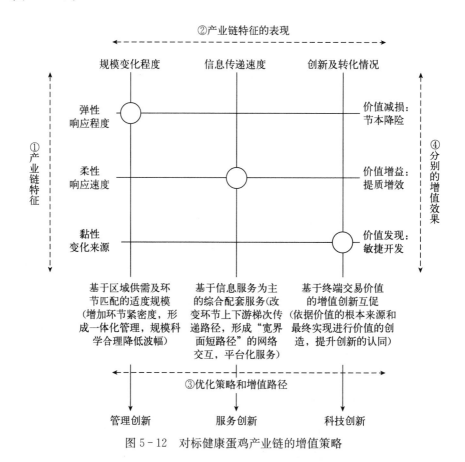

图 5 - 12　对标健康蛋鸡产业链的增值策略

三、增值的路径与模式

（一）多要素融合发展是趋势

我国蛋鸡产业链中的龙头企业采用链条横向拓展纵向延伸的方式解决不确定性问题，没有能力解决不确定性问题降低风险的企业主体选择委托给有能力的企业家所主导的产业链组织，以不同类型的龙头企业为主导形成了全链条闭环的平台一体化的组织模式雏形，使得我国蛋鸡产业链由"哭泣曲线"变为"微笑曲线"（图 5-13）。

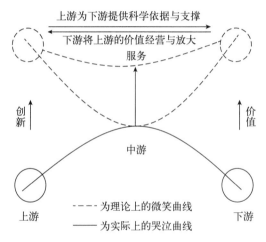

图 5-13　产业链组织探索下蛋鸡产业链的提升

目前，政府重视、科教部门参与、龙头企业主导、协会服务，引领农户一体的生产经营体系，利于推动蛋鸡产业的规范化、标准化、规模化、生态化、产业化。发展具有中国特色的蛋鸡产业，建立精品、极品蛋鸡育种基地，建立出口创汇的生产、加工、上市基地，有利于我国成为世界第一产业化强国（李东，2009）；动物科技的发展，尤其遗传育种科技理论和技术的推广应用，推动蛋鸡产业化和国际化（成朋来等，2013）。互联网蛋鸡养殖保险平台、鲜蛋电商平台、产业技术联盟、鸡蛋保险平台的建立和金融资本等要素的引入促进了蛋鸡产业化发展的进程（王芸娟，马骥，2017）。我国蛋鸡产业的国际竞争力较弱，产业化研究方向逐渐清晰，并开始结合现代互联网技术的发展，引入信息服务、金融服务、电商平台等，进行多种产业发展的育种模式、生产模式、运营模式及商业模式的探索。

（二）跨环节协同发展是必然

　　未来一段时间，我国蛋鸡产业链将面临消费者对原生态的规模需求与原生态环境的稀缺、蛋鸡福利养殖的平衡无效率与原有笼内养殖不平衡有效率、专用性功能产品生产规模不经济与普通同质化产品规模经济等三大矛盾，处于产业转型升级整合的低谷期（图 5-14）。因此，必须在全链条范围寻求"产业链充分均衡发展"的解决方案，实现蛋鸡产业增值创新的可持续发展。通过上述产业链组织演变分析，我国蛋鸡产业链正处于快速成长成熟阶段。

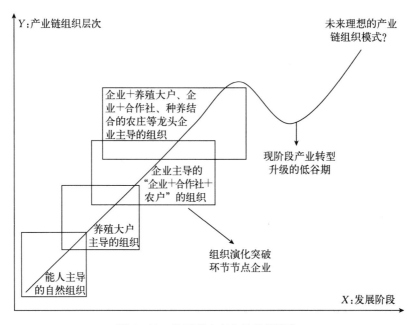

图 5-14　我国蛋鸡产业链组织演化

　　未来，我国蛋鸡产业链组织发展的目标状态是配套有综合性服务体系的"集群＋平台＋龙头企业"。其中，龙头企业注重专业化，侧重生产规模化同质性较高的产品，追求规模经济和生产效率；集群以养殖的家庭农场为主，侧重生产特色功能性小品类产品，注重循环生态经济和均衡发展；龙头企业主导的平台进行全链条综合性服务体系，以信息平台为主，通过对称完备的全链条信息，指导上游专用性品种的精准创新，建立环节之间彼此衔接的体系化标准，形成质量责任共同体，促进养殖基地品牌、加工品牌、产品品牌联合的链式品牌联合体，同时形成集信用、金融、人才、科技服务为一体的综合解决方案，促进产业链的稳步提升。

（三）平台链组织构建是关键

网络共享经济时代企业无法靠独自的劳动和能力获得较为全面的信息、科技、人才、资金等资源要素，应对环境的挑战并及时有效地响应不断变换的市场（孙军，高彦彦，2016；李仪，夏杰长，2016）。因此，龙头企业主导形成的基于全链条的平台一体化的主体联合形式是我国蛋鸡产业链组织发展的趋势，未来产业发展的理想状况是由一个个平台组织形成的组织生态系统。因此，未来蛋鸡产业龙头企业以最终产品和服务的市场交易价值实现为导向，主导形成全链闭环的平台型产业链组织。同时，龙头企业及其主导的链条上的企业，也拥有其他主导或参与的或大或小或多或少的交互平台，最终形成不同类型龙头企业主导形成全链条主体闭环链接且各主体带圈（即其他交互平台）入链的"平台链"模式（图 5-15），可以看出这种产业链组织模式尤其促进了以市场主体效用需求为导向的品种原始创新，使得蛋鸡产业链形成寡头竞争的市场结构，形成"鼓励创新、合作竞争"的平台组织生态。

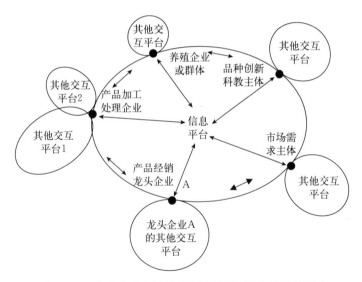

图 5-15　龙头企业主导的"全链闭环"平台链组织模式

随着宏观增值模式的演变，我国蛋鸡产业链的环节主体势必以实现最终市场交易价值为导向、以产消一体化为目标，形成与上下游环节主体的多元化契约关系，既能够保证产业链的稳定性又可以保证产业链的敏捷性。这种具有价值创造容易、价值实现高效、价值循环可持续的特征的全链条闭环增值创新的平台型组织是发展的终极目标。

第四节　组织运营

本节解读了实现增值路径模式的组织运营模式,并在此基础上,阐明了"倒金字塔平台型组织模式"的静态组织架构、动态运行机制以及各类型主体的发展对策。

一、实践中模式归纳

通过实地调研发现,我国蛋鸡产业链中一些龙头企业为解决产业发展存在的问题做出了创新性探索。根据整个产业链系统的上游、中游、下游,将实践探索的产业链组织模式归纳为三类。

(一)上游投入品创新主导

上游与科教结合比较紧密的企业,为了将合作研发或自主研发的蛋鸡鸡苗、疫苗、饲料、兽药等推广的范围半径更广,实现范围经济,会逐步建立特定蛋鸡品种的示范养殖场,并在一定程度上联合关联的动物保护和农资服务进行创新品种推广过程中的集成服务。这种模式有利于上游蛋鸡品种繁育企业及时有效地处理蛋鸡品种推广中存在的性能不稳定性、环境不适应性等问题,提高品种产业化所带来的效益,更好激励关联动保投入品的创新主体,并获得政府的资金支持,最终提升基于产业创新的核心竞争力。

(二)下游交易价值主导

下游进行鸡蛋等产品营销的企业,为了促进市场消费者对于产品品牌和产品价值的认同形成最终的市场交易价值,将逐步向供应链前端进行延伸,建立蛋鸡产品加工体验店,甚至建立自有的蛋鸡养殖基地或与具有养殖基地的企业达成战略合作。这种模式有利于下游蛋鸡产品营销企业获得更多的供应到市场上的产品信息,降低产品营销过程中产生的数量供给不稳定性、质量安全不确定性所带来的风险,并及时有效地将产品市场需求信息反馈至前端生产主体,调整生产决策,最终减少或缓冲产业波动。

(三)中游配套服务主导

中游主要是为养殖主体做服务的企业,为更好地提供集成的配套服务提升各环节基于禀赋优势的专业化分工效率,提供饲料服务的主体会与智能设备设施、品种提供、动保服务、蛋商渠道等关联主体开展产业链上横纵向的合作，同时采用"协管""托管""租赁自养""合资""自建""公司＋用户"等多种形式与养殖主体建立合作，保证养殖户行为的规范性和生产过程信息的透明性。这种模式对于资源要素能力较弱的养殖农户是非常有益的，并以中间带两端的方式搭建了"服务桥"，促进产业链上下游信息的传导，最终保证全链条全过程的质量安全。

二、倒金字塔组织模式

产业链组织模式是静态的主体在组织系统中的功能角色以及相对关系，组织机制设计是使主体的功能角色匹配衔接、协同发挥的动态关系，是促使产业资源要素流动匹配的关键。组织机制设计的核心是促使驱动参与主体，促进组织系统的有序高效持续运行。根据新时期我国蛋鸡产业存在的问题及产业链组织模式的创新实践，总结新时期蛋鸡产业链组织发展的内涵和目标并进行机制设计。

（一）产业链组织的目标

依据组织变革理论，新时期我国蛋鸡产业链面临的外部宏观环境变化和内部微观主体发展诉求，引致更高层次价值链的重组，需要更高端的资源要素实现（钟真，孔祥智，2012），这与近年来我国蛋鸡产业链组织的资源要素的配置效率较低且所实现价值偏低的状况矛盾。为实现更高层次的价值形态，需要更大范围的产业主体协同，需要重新组织产业链上的多环节主体（王文海等，2014），并重新配置主体的劳动能力与资源要素。这是新时期我国蛋鸡产业链组织发展的内涵，通过组织和机制创新，使产业链组织适应外界环境变化、满足主体发展需要并解决产业目前存在的问题（图5-16）。

由上述分析可知，我国蛋鸡产业链组织的根本目的是增强环节间的关系、降低交易成本、提高效率，形成联合力量、抵抗风险、提高质量，促进整体效益的提升。因此，我国蛋鸡产业链组织发展的关键目标是，聚集产业链关联主体委托的包括核心优势在内的资源要素、劳动能力，形成跨环节合作的价值，满足更高价值层次的市场需求，吸引更高端资源要素，形成更大范围联合的价值，促进蛋鸡产业链的健康发展，提升产业国际竞争力。我国蛋鸡产业链组织发展的目标三维模型（图5-17），其中 Z 轴为发展背景、Y 轴为发展目标、X 轴为目标实现的方式、原点 O 是发展的关键。

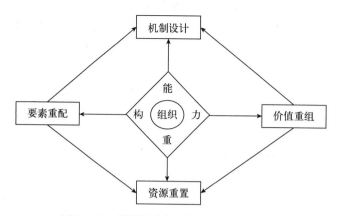

图 5-16　我国蛋鸡产业链组织发展的内涵

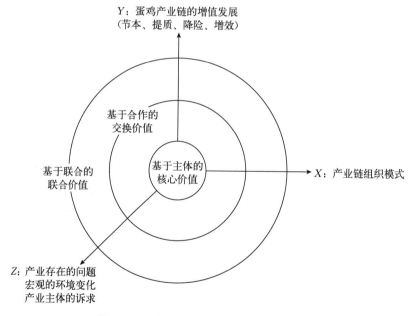

图 5-17　我国蛋鸡产业链组织发展的目标

（二）倒金字塔组织架构

根据交易成本理论，以龙头企业为核心，拓展了原有微观企业组织的边界，形成了"倒金字塔"的中观蛋鸡产业链组织，减少了跨环节主体间不必要的博弈，降低了交易成本，但管理成本的降低依赖于有效的机制设计（Sun，

2013；Xu 等，2015；Borodin 等，2015）。根据产业链组织发展的内涵和目标，设计政策扶持机制、增值分配机制、分工协作机制，三个机制是保证产业链组织成功构建、契约稳定、健康运转的关键（图 5 - 18）。

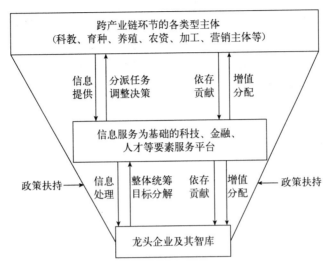

图 5 - 18　倒金字塔产业链组织模式的机制设计模型

（三）组织机制设计内容

以政策扶持机制保障组织的成功构建。"三农"的发展不仅是经济效益问题，更多的包含政治和社会效益（廖彬彬，2016），蛋鸡产业龙头企业的联合发展带有构建产业"命运共同体"的使命，不能彻底抛开原有的传统养殖户，而应带动养殖户共同发展，政府应当给予政策扶持。因此，蛋鸡产业链组织初期建设过程中，涉及产业公共信息平台、公共质量标准体系的搭建，具有外部性，需要政策扶持；同时，基于全产业链的组织模式正处于探索期，需要政府给予相关政策支持，降低企业探索的门槛，提升探索的积极性，助力蛋鸡产业链组织的成功构建。

以增值分配机制保障主体契约关系的稳定。蛋鸡产业链组织所涉主体类型和层次不一，不同主体的价值诉求不同，驱动机制不同，但最关键的是"利益共同体"。因此，龙头企业维持与关联主体良好契约关系的关键是进行基于增值的二次分配，核心是依据主体贡献程度，对弱势参与主体进行生态补偿鼓励其尽快适应组织发展，对贡献较大的主体给予生态奖励激励其继续创新助力组织发展，形成"依存→贡献→适应→增值→分配→依存…"良性互促的组织主体生态。主体不断缩差或创新，将分配更多的时间精力到组织发展中，保证主体间契约的稳健。

以分工协作机制保障组织的健康运行。蛋鸡产业链组织中各主体是接收和采集信息的触角，经组织综合分析形成解决方案和最终决策，并将目标任务进行分解，派出指令给各主体，关键是建立"责任共同体"。因此，蛋鸡产业链组织需要对各种信息做出综合地及时响应，整体统筹形成不同环节不同类型主体不同层次主体的责任、权利、利益、能力的明确划分，发挥主体专业化的核心优势，不断分工协作，实现了组织的增值发展。责任共同体的建立，保障了集体理性的整体利益高于个体理性的局部利益，保证了利益具有长期性，促进组织的持续运行。

三、主体组织运营对策

新时期我国蛋鸡产业链组织模式发展的理想状态是品种创新主导、交易价值主导、配套服务主导等不同类型的龙头企业主导、全链条闭环、倒金字塔式的平台型组织。这种平台型产业链组织模式的构建和运行的关键是形成命运共同体、利益共同体、责任共同体。产业链组织生态中，科研机构重点以了解市场需求的市场主体——企业的创新需求为导向，在政府的扶持下共同开展相应的基础研究、应用研究和技术开发等科研活动。为了更好地助力我国蛋鸡产业的转型升级，主要从企业、政府两个层面提出针对性的建议。

（一）企业层面的发展对策

第一，建议龙头企业在扩大组织边界的同时，侧重整合利用现有的符合发展条件的养殖场、养殖主体以及市场等，减少固定资产的投入；第二，建议龙头企业注重联合的组织中不同层次主体的需求，对于不同类型主体制定针对性的规则、策略和措施，降低关联主体的违约概率，减少管理成本；第三，建议龙头企业在组织内形成不同主体的信息的采集、处理、传导、响应、反馈机制，增加主体之间的价值认同和目标一致，保证过程中主体行为的确定性，最大程度增加可控性；第四，建议上游主导和中游主导的龙头企业应当关注蛋鸡产品终端市场的交易信息，做到以最终价值实现为目标的产业链组织内部的调整和控制。

因此，建议有能力的产业龙头企业或养殖的专业化服务公司，联合多个专业领域的服务公司和科研院所，形成品种利用的养殖生产全过程的综合性一站式服务体系；互联网共享经济新时代，这种联合组织有利于形成寡头竞争的市场结构、合作竞争的产业生态，建议无能力主导建设平台型组织的企业以及养殖场，具备参与进入平台生态并争取获得平台生态中重要角色和位置的发展意识和认知。

（二）政府层面的政策建议

第一，建议政府多部门联合形成蛋鸡产业发展的协同规划和统筹布局性的框架性政策，提升不同产业主体对接政策的可行性；第二，建议政府采用合适方式进行补贴，并建立补贴退出制度，避免因扶持方式、扶持过度而扰乱市场秩序、降低市场效率；第三，建议政府对龙头企业的产业链组织建设给予支持，采用政府扶持企业主导的混合管理、混合投资、混合运行方式共同建设蛋鸡产业公共服务体系；第四，建议政府对于政策资金违规使用主体、违反质量安全法规主体加大惩罚力度，同时对遵守的典型主体给予政策奖励，降低博弈的监督监管成本、提高产业资源要素利用效率、营造健康发展的市场体系。因此，建议政府持续性扶持对种质资源开发利用有责任心、有能力、有资质的企业主导的跨环节的联合性的组织，并重点扶持联合性组织的体系化能力建设和产业急需人才的孵化。

第五节　实践探索

峪口禽业是目前国内唯一不受国外控制的蛋种鸡企业，是世界三大蛋鸡育种公司之一，拥有自主知识产权的高产蛋鸡品种——京红 1 号、京粉 1 号、京粉 2 号、京白 1 号，已占全国市场的 50% 以上，在良种繁育体系上占据了行业制高点（孙海龙等，2016）。同时以自主研发的"小优鸡"肉鸡良种切入，拟破局由少数发达国家控制的白羽鸡品种垄断的产业现状（赵楠，2017）。峪口禽业在蛋鸡和肉鸡种质资源开发利用上取得的成绩和成就有目共睹，其从根本上解决了蛋鸡种质资源开发利用存在的问题，在科技创新模式、服务模式、组织模式上进行了探索，值得借鉴。

一、种子链与产品链契合，形成全链闭环的品种开发创新模式

（一）为蛋鸡种质资源开发构建"创新协同体"

峪口禽业在蛋鸡种质资源开发创新中，形成了"以消定育、以消定产、产消一体"的模式，以终端产品市场价值的实现引导前端价值的创造——种质资源开发方向，种子链和产品链高度契合。以此为基础考虑中国特色的养殖环境

因素，使得创新蛋鸡品种获得了养殖户和鸡蛋消费者的认可，形成了全链闭环的品种创新与产业增值良性互促的发展格局。峪口禽业作为 1999 年底改制后的企业，坚持以市场为导向，投资建立"峪口禽业研究院"，联合中国农业大学、中国农业科学院以及多个地方院校进行品种创新，同时争取国家政策资金支持，形成了以企业作为市场创新主体，主导高校及科研院所，聚集多方资本进行蛋鸡种质资源开发的"协同创新共同体"。

（二）进行逆向精准的种质资源的开发创新

在与海兰分手后，峪口禽业以中国特色的养殖方式和养殖环境为切入点，联合高校和科研院所联合攻关，2009 年终于开发创新拥有自主知识产权的"京红 1 号""京白 1 号"蛋鸡品种。蛋鸡新品种的种蛋合格率、受精率、健母雏率、不同时期成活率、产蛋率、料蛋比、鸡蛋质量等繁殖、生产、商品性能，已获得养殖户和消费者普遍认同。针对消费者对产品功能的需求、养殖户对生产性能的要求、品种对养殖环境条件的敏感程度，峪口禽业将获得的利润又投入在两个品种的优化改良和新品种开发中。另外，依托"峪口研究院"在种质资源上的研发资源，针对不同细分市场的需求，投资研发了以特色的肉杂鸡种质资源为素材的"小优鸡 WOD168"良种，以及细分品种 WOD168 - 1 分割型、WOD168 - 2 快餐型、WOD168 - 3 冻品型、WOD168 - 4 冰鲜型（赵楠，2017），形成了专门需求市场专门烹饪厨艺的专门改良品种，初步获得了市场的认可。同时，为满足当前不同地域对鸡蛋、鸡肉的层次化、特色化的多元需求，峪口企业还将联合云南等各地方高校，以大数据为基础、以市场需求为导向，开发和利用地方蛋鸡种质资源，精准培育满足不同地方不同口味不同工艺的特色品种，引动和开拓更大的消费市场，切实传承和保护我国蛋鸡种质资源。

（三）全链闭环进行种质资源开发创新的机理解读

2014 年农业部公布的第一批国家蛋鸡核心育种场和国家蛋鸡良种扩繁推广基地名单中，1/5 的蛋鸡核心育种场、3/10 的蛋鸡良种扩繁推广基地都来自峪口禽业（农业部网站，2014）。峪口禽业进行育种和良种扩繁推广有着自己的模式。首先依据市场需求和养殖环境，筛选假设 A、B、C、D 四个原种蛋鸡亲本种质资源，分别经过祖代、父母代的驯化，然后将商品代蛋鸡分别放在饲养环境和方案 1、饲养环境和方案 2、饲养环境和方案 3、饲养环境和方案 4 下饲养，对应饲养环境和方案下的鸡蛋与淘汰母鸡等产品分别命名为 A1、A2、A3、A4，B1、B2、B3、B4，C1、C2、C3、C4，以及 D1、D2、D3、D4

等。根据不同原种鸡在不同饲养环境条件下的生产性能，筛选出不同饲养环境条件下最佳的蛋鸡品种，终端消费者对鸡蛋和鸡肉功能效用的需求信息反馈给前端，进一步优化原种鸡的驯化过程，引发专用特用蛋鸡品种的定向培育，蛋种鸡创新链与蛋鸡产业价值链的衔接和融合，形成了蛋鸡全链闭环的育种模式（图5-19）。

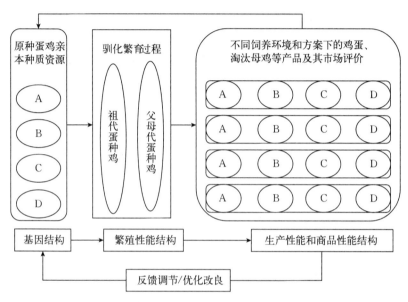

图5-19　全链闭环的蛋鸡种质资源开发创新模式

二、生产要素配套服务，形成品种养殖全过程的综合服务模式

（一）为蛋鸡种质资源利用构建"服务综合体"

峪口禽业在蛋鸡种质资源开发的品种利用过程中，对创新蛋鸡品种的应用基础研究与应用研究进行了大量投入，围绕蛋鸡的全生命周期中的各个阶段各个时期，形成一系列技术标准协议、操作规范规程，解决了养殖户新品种养殖全过程中的难点问题。通过建立"峪禽大学"培养了一批能够为养殖户提供蛋种鸡全过程的饲料营养、兽药治疗、疫苗免疫的科技服务人员。同时，2014年搭建的"流动蛋鸡超市"除提供蛋鸡养殖中的科技服务，还提供信息、资金、政策、渠道、物流、人才等多重养殖生产要素的配套服务，与养殖生产资料供应商、鸡蛋与鸡肉批发商、蛋品加工企业签订战略合作协议，共同服务于养殖户，切实解决了蛋鸡创新品种产业化过程中的痛点问题，形成了有利于种质资源利用的"服务综合体"。

（二）提供品种利用全过程的集成解决方案

峪口禽业根据疾病流行机理，研究出适合中国饲养环境的"峪口禽业4335 生物安全体系"建设模式、"4321 疾病防控精髓"理论、"1234 鸡群减负"操作规程，为养殖户提供优质商品代蛋鸡的同时，更好地为养殖户提供疾病防控和免疫的服务（邵磊等，2015）。峪口禽业联合中国农业大学以及专门的饲料公司，共同研究不同蛋鸡创新品种不同养殖环境不同阶段的蛋鸡营养标准和饲喂模式，开发出专业研发团队、专一研究对象、专用供给方案的"三专"饲料体系。联合高校及科研院所与专业化服务企业进行蛋鸡创新品种应用基础研究的同时，通过"峪禽大学"孵化出蛋鸡养殖全过程的专业化系统服务的人才，如操作规程标准统一的免疫队，为"蛋鸡流动超市"综合服务平台的搭建提供了人才资源。"蛋鸡流动超市"为养殖户或养殖场提供针对性的"私人订制"的集成解决方案和综合配套服务，既提供科技产品、科技服务，又通过战略合作、联合开发等方式聚集了生产资料供应商，保证养殖质量和效益。通过"智慧蛋鸡"平台将全产业链的相关主体聚集，育种、生产、销售等全过程数据的采集和分析，对相关主体发展的痛点问题分别给予综合服务方案，使得种质资源开发创新的良种利用过程中所有相关主体的成本降低、风险减少、机会增多、效益增加，确保鸡蛋和鸡肉的质量与营养，推动了蛋鸡种质资源良种更大范围的利用。

（三）服务配套进行蛋鸡种质资源利用的机理解读

种质资源的开发创新是峪口禽业的核心竞争力，为了使得蛋鸡创新品种能够被养殖户再次购买并持续利用，峪口禽业需要服务养殖户使其节本降险、提质增效，解决种子链到产品链的难点、痛点，提升养殖效益，增加养殖户对蛋鸡创新品种的复购率和依存度，满足消费者的需求，切实有效促进蛋鸡种质资源的利用和推广、传承和保护。峪口禽业为更好地为直接客户——养殖户、终极客户——消费者提供服务，还需要为养殖户的所有相关的服务主体——生产资料和专业化服务的供应商、批发商、育种专家、政府等提供解决难点、痛点的服务。全产业链相关的主体，形成了为蛋鸡创新品种更好被利用的"服务集群"，养殖全过程生产数据以及各服务主体经济行为活动数据的留存，形成了支撑所有配套服务的基础信息服务，各环节各专业化领域服务主体形成智库，针对产业共性关键难点问题形成政策支持，基于信息、政策和智库形成不同养殖户的针对性综合服务方案，这种"精准运营"的服务模式有效促进了蛋鸡种质资源的利用，形成了综合配套服务模式（图5-20）。

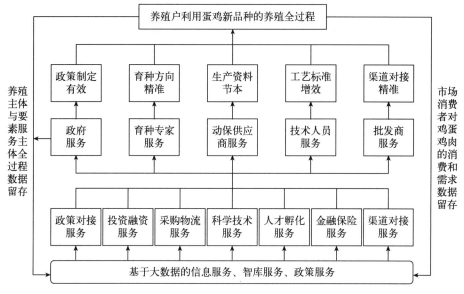

图5-20 蛋鸡种质资源良种利用的综合配套服务模式

三、开发创新与利用推广组合运作，形成平台生态组织模式

（一）为蛋鸡种质资源推广构建"运作组合体"

峪口禽业建立的综合配套服务体系，使得鸡蛋和鸡肉获得市场的认同、蛋鸡创新品种获得养殖户的认同，关联的主体都获得了增值分配和发展。基于种质资源的汇聚、信息知识的服务，吸引战略性基金伙伴、银行、政府多元化资本的进入，产生更快速更高通量的终端价值导向的育种，育种科学家及其团队的创新成果创造了产业价值且转化率提升，更加依附于服务集群；创新品种利用过程中的生产资料供应商、产品加工商和渠道商的服务效率提升，服务规模增大，也更有动力与峪口禽业合作共同发展，更有效地促进种质资源的开发创新和利用推广。同时，基于人才的智库，具有思想和智慧，能够形成基于产业巨系统的工程化集成解决方案及其子方案；基于公益性，政府支持产业公共平台建设和产业共性关键问题突破的体系能力的培育；逐步形成以峪口企业为龙头企业主导、多环节多主体协同合作的"大界面、短路径"高效的平台型"运作组合体"。

（二）采用开放共享的方式推广蛋鸡种质资源

产业链上游的育种环节，既有"峪口禽业研究院"的研究团队，又与中国农业大学、中国农业科学院及云南农业大学等地方委托合作。产业链中游的养殖场，既有自主建立的孵化和养殖示范场，又有合资共同联合建立的示范场，也有示范养殖场当地加盟的养殖单元较小的养殖集群；生产资料投入品环节，既有峪口禽业自主研发的饲料，又有与其他专业化领域的科技公司合作研发的饲料、疫苗、兽药等；养殖科技服务环节，既有"峪禽大学"的人才团队，又有与养殖场所在地地方高校紧密合作的服务人员。产业链下游的加工销售环节，既有峪口禽业的销售配送渠道，又有与其签订战略合作的加工商、经销代理商。峪口禽业形成了各个环节都有公司内部的主体，又开放包容的与外部关联主体联合，以"环节自建与联合""养殖场示范与加盟"方式打造了内外部资源整合、利益共享、协同发展的平台共生生态（张晶鑫，杨衡东，2015），促进蛋鸡创新品种的良种化，并被持续性利用推广。未来，"小优鸡"肉鸡品种也将通过不同细化品种的养殖方式、饲料营养卫生、保健方案等"养殖示范的方式"提高行业的标准化水平。

（三）组合运作进行蛋鸡种质资源推广的机理解读

峪口禽业形成的"自建与联合""示范与加盟"的蛋鸡种质资源利用推广的方式，切实促进了其综合服务体系服务的规模经济和范围经济，也促进了养殖生产和品种创新成果转化的规模经济和范围经济。根据特定自然禀赋、特色种质资源及区域化鸡蛋鸡肉的不同偏好，峪口禽业能够主导地方蛋鸡种质资源开发创新及全国或国际市场不同需求的引动和满足，地方示范养殖场和加盟养殖场的模式，高效推进了种质资源的利用和推广，形成依靠市场经济价值促进地方特色蛋鸡种质资源传承和保护的格局。峪口禽业主导的全产业链中，纵向产业链环节之间以技术标准、规模匹配等进行有效衔接，示范养殖场和加盟养殖场之间以服务协议、规模匹配等进行有效衔接，网络式交互的主体之间以多元化的委托代理关系形成了以峪口禽业为中心的紧密、半紧密或松散的关系，形成了基于上游品种创新、中游质量责任、下游产品品牌的责任共同体，打造了全链闭环的多环节、多类型、多主体、多层次的种质资源开发利用的平台生态圈（图5-21）。

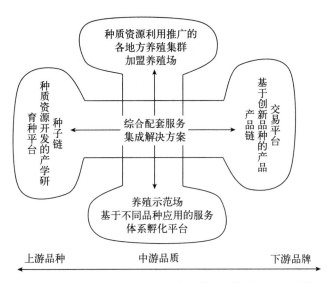

图 5-21 种质资源开发利用的平台运作组织模式"双哑铃模型"

第六章　奶牛产业链融合发展与增值创新

本章节以"问题导向、需求驱动、成果分享"的研究思路，运用产业链理论、钻石理论、价值链理论等思想方法，结合荷兰、伊利、三元乳业的发展模式，体系化开展"奶牛全产业链增值的创新机制与路径模式"研究，从系统认识、理论解构、增值机制、路径设计、模式创构、组织治理、体系支撑等方面着手，探索基于价值来源、价值形成、价值循环和价值留存的奶牛产业链增值创新的机理机制、路径模式和策略措施，为我国从事奶牛养殖业及乳业龙头企业、行业协会、科教机构、产业化联合体等相关主体，研究探索奶牛全产业链增值创新的"价值来源、价值形成、价值放大、价值留存"的路径模式，提供理论基础与实践指导。

第一节　系统认识

奶牛产业链是指与奶牛产品生产经营密切相关的产业群，包括奶牛良种繁育、犊牛培育、奶牛养殖、牛奶营销、牛奶加工与贸易、有机肥加工与贸易以及与此相关的饲草料加工、疫病防治等所有环节和整个流程。其中，核心的产业环节是养殖环节。正是由于该环节的存在，通过拉动作用向上游引致了繁育环节的发展，通过产品延伸向下游推动了加工环节的发展。奶牛产业链是由各产品产业链构成的产业链族。产业链链族是以各环节产品为中心构成的，如原奶产业链、犊牛产业链、奶制品产业链、有机肥产业链等。在奶牛产业链族中，

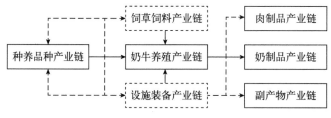

图 6-1　奶牛产业链概念逻辑关系示意图

按照产品产业链对整个链族价值提升的作用方式，可以分为推动性产业链（如犊牛产业链）和拉动型产业链（如奶制品产业链）；按照各个产业链在整个链族价值提升中的作用大小，可以分为主导产品产业链和副产品产业链。奶牛全产业链增值是基于以上这些链族增值而言。

一、奶业发展及全产业链增值创新综述

（一）我国奶业及产业链发展的基础现状

乳制品产业链是指与乳制品生产和经营密切相关的产业集群，包括奶牛养殖、牦牛养殖、牛奶营销、牛奶加工和贸易、有机肥加工和贸易、相关饲料处理以及疾病预防和控制的所有方面和过程。其中，核心产业环节是养殖环节。正是由于这种联系的存在，通过拉动作用将育种环节的发展带到了上游，并通过产品延伸促进了下游的加工环节的发展。乳制品产业链是由各种产品产业链组成的产业链。产业链由各个环节的产品组成，如原料奶产业链、牦牛产业链、乳制品产业链和有机肥产业链。在乳制品产业链族群中，根据产品产业链的方式提升整个连锁家族的价值，它可以分为驱动产业链（如牦牛产业链）和刺激产业链（如乳制品链）；产业链在连锁家族整体价值中的作用可分为主导产品产业链和副产品产业链。乳制品行业整个产业链的增值是基于上述连锁增值。

1. 产业链上游　近年来，我国奶牛散养转型养殖小区再转型规模牛场，规模化牛场建设速度加快，规模化养殖比例迅速提高，由 2008 年的 16.5％提高到 2018 年的 61.4％。现代化的养殖技术和理念迅速推广，养殖的装备水平和饲料条件迅速提升。产业结构发生了质的变化，奶牛单产由 4.6 吨提高到了7.4 吨，部分牧场奶牛单产可达 8～9 吨，达到了奶业发达国家水平。规模化养殖水平提升和先进技术引进，促使我国奶牛养殖场标准化、规模化、组织化水平不断提高，现代化的产业技术和装备不断推广。现代化的饲料制作和营养管理技术、奶牛发情监测和同期发情技术、疾病和生鲜乳快速诊断技术、青年公牛全基因组检测、现代犊牛饲养技术、环境控制和粪污处理技术得以普遍应用。规模牛场 100％实现机械化挤奶，其中，80％以上的牛场使用的是奶厅挤奶模式，93％的牛场配备全混合日粮（TMR）搅拌车，全株青贮的使用率达到 90％，进口苜蓿干草的使用率是 50％。

2. 产业链中游　加快加工转型，不断优化产业结构。婴幼儿配方奶粉企业合并重组，淘汰了一批布局不合理，奶源不安全，技术落后的生产企业。乳品企业的加工设备，技术和管理运作接近甚至达到世界先进水平。2018 年，中国乳制品产量 2 687 万吨，10 年来增长近 50％。乳制品行业规模以上企业为 587 家（新华社，2019），比 2017 年减少了 24 家，市场集中度进一步提升。顶级生产和销售 20 家乳制品公司（D20）占全国市场占有率 50％以上。中国伊利、蒙牛两家企业蝉联世界乳业前 20 强。

3. 产业链下游 2018 年中国乳制品行业市场产量约 2 687.1 万吨，人均消费乳品量为 34.3 千克（国家市场监管总局，2019），乳制品需求的增长与新品类的快速增长之间存在着显著的相关性，中国人均乳制品销量水平提升主要来自于农村消费水平提升、城镇化和品类多元的贡献。分品类来看，我国脱脂奶粉的消费主要为进口产品，全脂奶粉、脱脂奶粉、液体奶进口量占国内消费量的比例分别为 92.7％、25.4％、2.1％，液体奶由于运输成本高，故在国际贸易中占比较小。脱脂奶粉目前国内消费市场仍较小，2018 年仅 27.5 万吨，是全脂奶粉消费量的 15％，另外脱脂奶粉生产线的副产品黄油等在国内的需求不足，国内乳企拥有脱脂生产线的不多，产量本身就比较少。

（二）奶业及奶牛产业链增值的环境影响

奶业及产业链增值受乳制品消费、国内外乳制品价格波动、国际乳制品产量和供给，以及宏观环境、行业发展和国际贸易影响。在人均消费方面，虽然发达国家与发展中国家差距较大，发展中国家的增长速度明显高于发达国家，但全球乳品消费的增长速度因全球经济增长而下降。从国际贸易的角度来看，中国乳制品行业的发展受到进口乳制品影响的极大影响。进口乳制品的完税价格远低于国内生产成本，导致乳制品进口急剧增加。从我国宏观环境看，消费升级、二孩、政策利好于乳制品消费增长，此外，整个乳品产业链的质量安全监管体系也越来越完善，监管不断加强。

1. 乳制品行业消费量及政策影响着增值 从市场潜力来看，中国的人均牛奶消费量仅为世界平均水平的 1/3，是发展中国家的 1/2。随着城乡居民收入水平的提高，城市化进程的推进和二胎政策的实施，牛奶消费增长潜力巨大。从生产发展的角度来看，经过八年的整合和发展，乳业已经取得了很大的进步。随着产业政策的不断完善和国际市场的不断融合，以及农业供给侧的结构性改革，中国乳业将通过转型升级、创新驱动、质量改进迎来更大的发展空间。从政策支持的角度看，未来国家将加大政策支持和市场调控力度，整合优化现有资本项目，重点支持奶业质量安全监督和追溯体系建设，优质奶源建设基地，高产和优质牧草种植。从以上三个方面来研判，都利好于乳业及产业链的增值。

2. 产业链增值受原奶价格波动的影响大 鲜奶价格的变化，无疑会影响乳制品企业的阶段性、长期性经营战略和盈利能力。我国大多数乳品企业倾向于将轻资产的乳品加工业与重资产的乳品行业分开，这使得鲜奶的价格更加难以控制。生乳价格波动趋势具有一定的周期性，平均周期为3～4年，波动周期与奶牛的投产周期有关。养猪要一年左右，奶牛要两年左右才能产奶。近几年，由于我国大规模育种率的提高，生奶供应基本稳定，进口等价格套期保值模式日趋成熟，鲜奶的价格波动在 3.4～3.6 元，范围介于 1.5%～3.5%。随着进出口贸易的增加，我国鲜奶价格已逐步与世界接轨。

3. 党中央、国务院高度重视奶业发展　2018 年九部委印发《关于进一步促进奶业振兴的若干意见》，以振兴乳业向整个社会发出了一个强烈的信号，指出了乳业更好发展的目标和方向。一是大力引进和培育优质奶牛，建设国家级核心农场，加强优质饲料生产，发展规范化大规模农业，建设优质奶源基地。二是加强奶源质量和安全监管，修订和改进鲜奶和消毒奶等国家标准，并建立三年质量追溯系统。国内婴幼儿配方奶粉的质量、竞争力和声誉得到显著提高。三是加强金融保险对乳业和畜牧业的支持，为振兴乳业创造条件。因此，这对我国奶业的振兴具有重要的作用和深远的影响。

（三）奶牛全产业链增值创新的相关理论

奶牛全产业链增值创新是一个复杂的系统，需要运用"产业链理论、钻石理论、价值链理论"等思想方法进行解构，研究系统形成的机理机制，明晰系统构成的功能元素、功能模块、功能版块之间的驱动、传导、响应、反馈和调优关系，为系统建设与运行的路径模式创构和组织机制设计提供理论支撑，指导理论与实践结合的产业链增值策略方案设计。

1. 产业链理论　产业链理论认为，产业链是指一系列基于核心技术或流程的互联企业，旨在提供一种能够满足消费者特定需求的公用事业系统。产业链不同于一般供应链，它是特定产业集群区域内的相关企业集合，与集群区政府等重要相关机构密切相关。

2. 钻石理论　拥有国家和地区的工业竞争优势与四个因素密切相关：①生产要素；②需求条件；③相关行业和配套行业；④企业战略、结构和横向竞争。钻石模型体系提供了一个系统地分析产业链竞争力，并在分析基础上提升竞争力的有力工具。

3. 价值链理论　根据这一理论，任何一个组织都可以看作是由一系列相关的基本行为组成的，这些基本行为与物流、信息流和从供应商到消费者的资金流相对应。在最初的以制造业为基础的观点中，价值链被视为一系列正在进行的活动，将原材料转化为一系列最终产品。新的价值链视图将价值链视为一系列流程，在这些流程中，一些团队以某种方式共同创新，为客户创造价值。通过对价值链理论的分析，最重要的是确定产业链中相关实体的地位和增值点（表 6-1），提高竞争优势。

表 6-1　奶牛产业链条增值创新突破点及其价值分析

科技创新突破点	科技经济分析	价值策略
奶牛育种技术创新与 奶牛性控技术	提升育种自主创新能力 强化奶牛产业竞争力	规避品种缺陷 降低疫病风险
奶牛高效养殖技术	提升养殖环节效益 改善生态循环效应	养殖效率提升 疫病风险防控
牛奶加工技术创新	多种风味牛奶制品开发 奶牛副产品开发	加工成本节约 价值功能拓展
牛奶电商品牌营销技术创新	拓展市场营销网络 增强奶制品销售份额	市场机会拓展 品牌影响提升

二、我国乳品产业链特征与价值链分配

（一）我国乳品产业链的特征及其隐忧

产业链是指从一个或多个资源到下游产业的整个路径，通过多个产业层面，最终由各种消费者以各种产品形式使用。乳业是一个涉及农业、畜牧业、加工业和服务业的特殊产业。产业链很长，包括草原（环境）生态、饲料、畜牧业、环境保护、物流、加工和包装、商品批发和零售、健康的生活习惯培训、健康知识传播等环节。经过几十年的培育和发展，从乳品行业的原料供应、生产加工、销售、消费和废物处理的角度来看，它具有相对完整的产业链。然而，这是一个由乳品加工公司主导的产业链，其基本特征见表 6-2。

表 6-2　我国乳品产业链的基本特征

产业链	各链节特征
上游奶牛养殖与原料奶生产	① 目前奶业占我国总饲养量的比例较大，规模化养殖比例较小。奶农不重视奶牛的育种，缺乏优良品种； ② 奶源区域分布不均，主要分布在北纬 45°以北的中温带季风气候区，即华北、东北和西北草原，集中了全国 70%以上的奶牛和原料奶； ③ 国内原料奶供不应求，年缺口 300 万吨。原奶购买价格北部较低，南部较高。奶站已成为连接奶农和加工企业的特殊利益，并具有一定的话语权和定价权。下游企业对这一环节关注较少，投入不够

（续）

产业链	各链节特征
中游乳品生产加工	① 目前，我国乳品市场集中度高，但竞争力不强； ② 乳品加工企业的技术和设备差异不大，外资垄断包装材料； ③ 主要产品有液态奶、酸奶、奶粉、黄油、奶酪和冰激凌，液态奶是主要品种
下游市场销售与废弃物处理	① 目前，我国乳制品市场结构具有双寡头垄断的特点，每个企业的市场占有率与其规模、品牌和营销能力有关； ② 高档产品的消费者主要是我国大中型城市的居民，其中长江三角洲、珠江三角洲、环渤海三大消费地区竞争激烈，国内乳制品市场占有率很高，进口乳制品主要占据高端市场； ③ 废弃物回收与处理比较简单

对我国乳品产业链发展的关注主要集中在以下几个方面：①乳品产业链上游乳源基地建设投资高、风险高、回收期长；价值链中的价值分配率较低，其贡献与价值分配不匹配；②产业一体化程度低，奶农与加工企业脱节。在乳制品工业发达国家，普遍采用"牧场＋乳制品加工企业"的发展模式，乳品农户在产业链中有很强的话语权。另一方面，我国大部分采用"奶农＋奶站＋乳品企业"的模式，乳品加工环节与奶源环节之间的风险分担与利益共享的产业整合机制尚未建立，奶农的利益得不到保障。因此，这种不考虑产业链上下游利益的松散合作机制很容易引起原料奶生产的周期性波动。③产业集中度高，但竞争力不强。从产业集中的角度来看，中国乳制品的特点是寡头垄断。但是，与国际乳业巨头相比，中国乳制品企业的竞争力不强，差距很大；④外国垄断包装材料供应。乳制品公司的生产成本主要由两部分组成：原料奶和包装材料。目前，国际包装巨头利乐和康美已与国内乳品公司结成战略联盟，占中国乳制品包装市场份额的 90％ 以上。

（二）我国乳品价值链与价值分配状况

价值链整合了上下游企业和核心企业的各种价值活动，实现了价值链各方面最合理的增值和整体增值。同时，它也反映了各利益相关者在增值方面的份额。正常值曲线应该是类似于 U 形的微笑曲线，而不是倒置的 U 形微笑曲线。从增值的角度来看，乳制品价值链应该是"微笑曲线"。其增值链包括奶牛场，饲料生产，废物资源利用，产品开发，加工公司和产品销售。此外，各种物流和社会服务也涉及每个环节的附加值。长期以来，中国农产品价值链的扭曲发展和价值链中的不公平分配使得原料奶供应环节成为中国乳业发展的一个缩影，导致奶粉事件发生率高。

　　发达国家乳制品价值链的价值分配比例约为加工企业30%，奶农25%，经销商25%，包装材料20%（图6-3），基本上反映了乳制品的价值链各环节的贡献。奶农和奶牛场分配率为25%的原因是奶农，奶牛场和加工企业之间的密切合作。另一方面，奶农具有高度的社会组织并具有一定的话语权。这种分布模式有利于保证产业链和价值链的稳定。与发达国家相比，乳制品价值链中的价值分布从大到小不等。乳制品加工企业约占25%，供应商约占20%，奶牛场约占15%，奶农和奶牛场约占10%（图6-2）。从图6-3可以看出，中国乳业价值链中的价值分布呈现出倒置的U形微笑曲线。其中，弱势奶农和奶站是最不公平的，他们处于"廉价牛奶和农民，而不是农民"的尴尬境地。此外，在价值分配方面有两个强势实体，即乳制品站（原料奶采购垄断）和国际包装巨头（包装材料供应的垄断），具有较高的分配比例。价值链中的价值分配不均，特别是奶农和奶牛场之间的价值分配不均，导致其对生产性投入的激励较低。

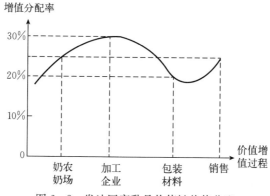

图6-2　发达国家乳品价值链价值分配

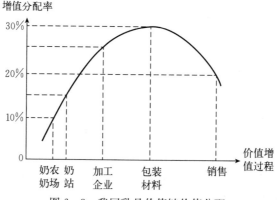

图6-3　我国乳品价值链价值分配

（三）荷兰乳品产业链增值创新的启示

荷兰著名的乳制品产业链，从牧场到乳制品，引起了全世界奶农的关注。它对中国的乳制品链及其增值创新有影响：乳制品的质量取决于其生产质量，即奶牛的品种、饲料、健康和动物福利；奶农的安全意识和质量控制，生产材料和乳制品加工商的生产者，加上尖端的技术创新，严格的政府监管和法律约束，荷兰乳业的成功是整个产业链各方真诚合作和创新的结果。首先，奶农"拥有"乳制品公司。在荷兰，奶农自愿组建合作社来经营乳制品行业。合作社的商业模式是允许奶农向公司供应牛奶，公司利用现代工业和技术将牛奶加工成各种乳制品进行销售。荷兰皇家渔场是世界知名的乳品公司，是典型的当地合作机制的代表。该公司拥有一个由 13 名成员组成的监事会，其中 9 名来自合作社董事会。合作社制度的优势在于，奶农的利益与企业密切相关。每个奶农都是公司的所有者。在享受公司业绩带来的红利和利益的同时，有权决定公司的主要决策和发展方向。

不可忽视的是，依托"从牧场到餐桌"的整个产业链发展模式，荷兰乳业建立了相应的可追溯机制和一系列食品安全管理体系，有效保证了质量安全。其中，荷兰皇家费思兰公司为乳制品产业链制定了一系列质量和安全控制标准和规范，如确保食品安全和质量的 Foqus Planet 计划。该计划涵盖饲料认证、兽药认证、各种添加剂认证、粪便污染控制、回收的具体要求、草地肥料的数量和时间等。大多数企业标准体系都高于相关的欧盟标准。只有严格要求，才能从食品安全、质量、员工安全和环境等方面确保整个产业链的安全和质量。

其次，荷兰乳业拥有完善的社会服务体系，涵盖奶牛养殖、饲料营养、动物福利，牧场设备和牲畜环境。例如，世界领先的乳品检测机构作为一个完全独立的第三方检测机构，凭借其高效、专业和可靠的分析工具在产业链中发挥着极其重要的作用。根据 Qilip 的数据，世界著名的奶牛养殖公司 CRV 为奶农提供健康报告和改良种子选择方面的建议，帮助农民提高牛的质量和品种。在消费者和金融方面，著名的荷兰合作银行向荷兰农民提供了 90% 的农业贷款，这有力地支持了荷兰乳业的稳步发展和进步。此外，荷兰乳业的生产和研究联系密切，非常典型的"金三角"由公司、政府、大学和研究机构组成。三方履行职责，同时保持联系与合作，以满足消费者。在要求质量的同时，不断加强对乳品质量和安全的控制。对于全球乳制品行业而言，荷兰被称为欧洲乳品研发的"大脑"。其中，荷兰瓦赫宁根大学附近的食品谷（food valley），包括大量食品研发机构和食品公司，超过 15 000 名乳品研究人员活跃于此。公司与科研人员之间的沟通非常密切，相关的研发工作旨在满足行业的需求，每一项新的技术应用都直接影响到乳品行业的创新和发展。

三、奶牛全产业链增值创新的问题挑战

（一）良种低且牛群结构不合理，奶源规模收购质量差异大

中国乳业存在品种改良少，畜群结构混乱等问题，从源头上影响了整个乳业产业链的增值发展。80％的中国奶牛是荷斯坦奶牛及其杂交种，仅有不到50％的奶牛为荷斯坦纯种。在世界主要乳制品国家，纯种奶牛的比例约为80％。澳大利亚为75％，新西兰为80％，美国为93％，日本和以色列为99％。畜群结构的紊乱也是中国奶牛产量低，质量差的重要原因。老弱牛和低产牛不仅影响奶牛的产量和品质，还会增加育种成本。为此，引进优良品种，优化畜群结构，淘汰低产低效奶牛，提高奶牛产量和奶牛品质，是目前市场机制中的奶牛提高育种效率，促进增值的重要手段。

我国大部分乳制品产业链处于重工业和轻农业状态。由于奶源建设投资大，风险高，恢复期长，大多数乳品企业选择先建立市场，然后建立奶源基地。我国采用了非强化的"个人自由放养"模式。由于农民管理和卫生方面的差异，鲜奶采购的质量不一致。牛奶的生物学特性是"新鲜和易腐"，需要及时冷却，收集，储存和运输，以确保鲜奶及其产品的质量。即使将其妥善储存在冷藏库中，也不能阻止有机物的自然繁殖。提高乳制品质量涉及协调关键方面，如原料奶生产，收集和运输，乳制品生产和加工以及分销和销售。基于分散的小规模农户和半分散奶站的原料奶供应模式可以保证中国乳制品行业的原料奶供应，但食品安全问题不容忽视。

（二）饲草饲料保障体系不健全，防治污染环境保护成本高

奶牛饲料不发达，饲养管理水平低。我国奶牛饲料的研发较晚，不能满足乳业发展的需要。缺乏优质饲料和饲料作物，能源供应和营销日益紧张，蛋白质饲料成分也稀缺。同时，由于长期过度使用天然草地，导致草地严重退化和荒漠化，大多数草原迫切需要降低使用强度。饲料工业的生产结构不合理。奶牛专用饲料仅占工业饲料总产量的4％左右，而欧美发达国家的比例可达30％以上。大多数奶农使用低水平的粗饲料，膳食结构不合理，优质饲料缺乏。导致奶牛营养代谢疾病发病率高，生产水平低。

奶牛生产导致周边地区环境污染，环境保护问题突出。目前，中国从事乳制品行业的农民人数仍然很多，约占全国农民总数的50％。这些奶农谷仓设施简单，卫生条件差，大多数都没有特殊的粪肥处理设施，奶中排泄物对周围

环境的污染很大。根据测量，体重 $500\sim600$ 千克的成年母牛每天排出 $30\sim50$ 千克粪便，尿量为 $15\sim25$ 千克，甲烷（CH_4）体积为 500 升。氮、磷等营养物质的环境排放公斤牛奶中的甲烷含量很高。粪肥处理成本高，牛奶成本增加 0.2 元/千克。由于缺乏有效的粪便控制措施，周围的空气和水环境污染严重。随着中国环境保护的加强和农村环境整治行动的推进，奶牛养殖污染将得到彻底整顿，奶牛养殖的环保门槛将越来越高，投资将变大。

（三）国际竞争力不强，进口乳品影响加剧，消费信心不足

1. 竞争力不强　与奶业发达国家相比，我国奶牛单产水平、资源利用效率和劳动生产率仍有一定差距。泌乳奶牛每头平均产量比欧美国家低 30％，饲料转化率 1.2，比欧美国家约低 0.2；大型牧场人均饲养奶牛 40 头，仅为欧美国家一半。农业与畜牧业的结合并不密切，奶牛养殖污染问题越来越突出。产业整合程度低，培育和加工不同步，缺乏稳定的利益关联机制，产业周期性波动。国产乳制品竞争力不强，品牌缺乏影响力。

2. 乳制品进口的影响有所增加　中国的乳制品进口量从 2008 年的 38.7 万吨增加到 2017 年的 247.1 万吨。2017 年，进口乳制品转化为 1 485 万吨鲜奶，占国内鲜奶产量的 40.6％。乳制品的进口主要是原料粉。2017 年，进口量为 71.8 万吨，相当于 570 万吨原料奶。一方面，国内乳品行业竞争力不强，特别是饲料养殖成本高于国外。另一方面，我们对乳制品的关税很低。乳制品的国际进口关税平均为 55.6％，而我们的关税为 122.2％。随着欧盟取消牛奶生产配额，中新保税区乳制品关税继续下降，中澳自由贸易区协议全面实施，国际竞争压力进一步加大。

3. 消费者信心不足　消费者对国内乳制品，特别是婴儿配方奶粉仍然缺乏信心。与此同时，国外婴幼儿配方奶粉的价格明显低于国内婴幼儿配方奶粉的价格。近年来，消费者纷纷到国外购买，邮购婴幼儿配方奶粉，乳制品溢出，外国品牌的市场份额增加。受此影响，国内乳制品消费增长放缓。

以上三个方面对中国乳业产业链的增值创新产生了重大影响。

第二节　机理机制

全产业链增值是指产业链建设与运营全过程中能够给关联主体分配的价值，需要对产业链各个环节过程中的价值增值点进行挖掘，清楚增值活动、增值目标、增值关系、增值循环和增值体系等。创新是全产业链增值的方式，全

产业链发展只有创新才能实现增值，要提高奶牛养殖产业、乳制品加工产业和企业的竞争优势和核心竞争力，就需要创新，包括科技创新、制度创新、管理创新、商业模式创新、业态创新和文化创新等。奶牛产业链关联主体增值是全产业链发展的目的，全产业链发展如果不能实现增值，产生增量分配，相关主体就只能分配存量，往往是"各家自扫门前雪"，不能形成价值和利益共同体。而发达国家一般都是通过农业联合体的方式去做，如协会、合作社等，自身形成了一个产业联合体或服务综合体。在奶牛产业链建设与运营过程中，增值的来源很多，提高链条运行效率和发展质量是增值，节本降耗和防控风险也是增值，卖出好的价格是增值，实现链条减损也是增值（图6-4）。

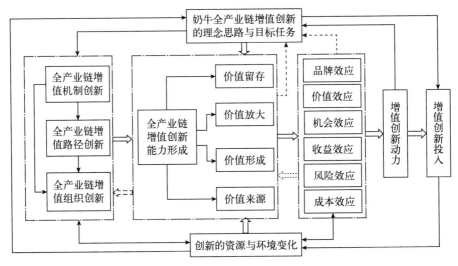

图6-4 奶牛全产业链增值创新的机理逻辑关系示意图

奶牛产业链增值创新发展是在一定的资源、环境和条件下，通过各类主体实施有目的创新行为实现的。在这一过程中，产业链的相关主体为了满足自身对价值的需求，通过理念思路提升作用于机制创新、路径创新和组织创新，以及目标任务的实施，驱动奶牛全产业链增值创新能力的形成和提高，从而放大价值形成关键点、改善主体间关系和化解发展风险。上述过程的结果表现为风险效应、价值效应和品牌效应等，而它们将强化或弱化主体的发展动力，进而影响主体对产业链发展的要素投入行为；投入行为的改变将促使全产业链发展资源和环境变化，这不仅会影响产业链目标任务的实施、调整和更新，也会影响创新机制、创新路径和创新组织的谋划与实施，从而实现对产业链发展过程的调控。

一、奶牛全产业链运营的价值形成机制

价值形成过程是生产要素价格的转移和活劳动创造新财富的过程，这两重过程是以生产商品的劳动的二重性为基础的。生产商品的劳动是具体劳动和抽象劳动的统一。相应的商品生产过程是具体劳动创造使用价值的劳动过程和抽象劳动形成价值的价值形成过程的统一。同一人类劳动，作为具体劳动，它通过有目的的活动，改变劳动对象的物质形态，创造出商品的使用价值，并把消耗掉的生产资料价值转移到新产品中去；作为抽象劳动，它由人类劳动力（即体力和脑力）的消耗而形成新价值，并不断追加到新产品中去，产品生产与销售又形成成本、价格、利润和数量。同时，在产品形成与销售过程中会遇到技术、管理、经营和市场等各种风险。奶牛全产业链运营的价值形成也是如此，但奶牛产业链形成的商品链条很长，链条上各环节产生的商品和新产品（如牛奶、饲草料、品种、有机肥等）以及劳动消耗形成的价值也很多（科研成果、技术专利、服务模式等）。因此，奶牛全产业链运营的价值形成机制非常复杂，机制的表达方式也很多。所以，本文从产业链发展机制研究的框架出发，采用量本利"利润＝（价格－成本）×数量"的原理，针对奶牛产业链的各个环节价值来源、风险生成和关系形成等影响因素，以及实现价值、减少风险和培育关系所产生的能力需求，研究和探索奶牛全产业链建设与运营的价值形成机制，剖析产业链整体价值形成的关系。

1. 影响奶牛产业链整体价值形成的关键点　奶牛产业链的整体价值由各周期内各环节的产品价格、成本和数量决定，即由各生产期内的犊牛、原奶、乳制品的价格、成本和数量决定。产品价格是成本和数量的函数，而成本又是上一环节产品价格、原材料利用率和数量的函数，奶牛产业链整体价值由各环节产品的生产数量、原材料价格及利用率决定。上一环节的产品是本环节的原料，因此本环节产品数量由上一环节产品数量及转化系数决定。因此，影响价值形成的关键点，即：周期犊牛数量、产品转化系数、原材料利用率、奶牛淘汰率和死亡率、各周期各环节原材料价格、各期各环节区内自产增量、各期各环节区外引进增量。

2. 奶牛产业链价值形成关键点的影响因素　产业链价值变化由"关键点"决定，改变"关键点"要通过改变影响它的因素入手，摸清影响因素的内在实质，将指导价值形成的途径及策略，不至于偏离方向。部分因素对产业链整体价值形成的关键点影响很大。具体包括部分饲料等原材料的利用率、原材料的价格、奶牛单产、加工损耗率、养殖及加工规模、奶牛淘汰及死亡率、贸易等，这些影响因素其内在的实质是产业链长度、规模、技术、成本和信息。

3. 影响奶牛全产业链整体价值实现的风险 影响奶牛产业链价值实现的风险形成的引致因素，主要包括外部环境条件因素和内部管理决策的不确定因素（表6-3）。两类因素的变动都可能引起资产、负债和权益结构的变动，从而引发产业链上风险的产生。具体来讲，导致风险的关键点包括市场风险、政策风险、环境风险、技术风险、决策风险，以及其他不可预知的风险。根据风险理论，风险可以表述为某种不利事件或损失发生的概率及其后果的函数，即：

$$R=f(P，C)$$

式中：R——风险；

P——不利事件或损失发生的概率；

C——该事件或损失发生的后果。

表6-3 影响奶牛全产业链整体价值实现的风险因素

主要风险	导致风险形成的关键点
市场风险	市场引致的风险因素包括产品市场和资本市场环境变化引致的风险，市场环境的不确定性最终表现为产品供求关系和市场价格的不确定性，其风险效应的大小可以用利润对价格变动的敏感性来衡量
环境风险	产业链发展所面临的政策环境可以分为宏观经济政策和产业政策两个层次。宏观经济政策的变动包括国家安全、利率、汇率变动、贸易政策、税收政策的变动都会引发企业资产收益率和净资产收益率的变动，从而给相关主体带来风险；产业政策的变动即国家产业结构调整和产品结构调整又必然会给相关产业带来一定的经营风险
技术风险	技术是产业发展的重要基础，企业利润的增长很大部分依靠先进技术的应用，因此，技术环境的变动和研发能力的不确定性都会带来一定风险
决策风险	在产业链发展过程中，由于产业链上核心主体（企业、产业联盟、产业化联合体等）掌握信息不全面或不准确，决策偏好、决策思维或决策方法的不恰当，便会导致决策风险。核心企业等领导人的盲目决策等行为是导致决策风险的主要因素
其他风险	受产品宣传力度不足、消费者认知度低、同类产品市场竞争等因素影响，产品销售价格过低引发的经济效益偏低风险。受加工企业争夺原料、原料供不应求、协议收购价过高等因素影响，由于原料成本高导致的产品成本过高引发的项目经济效益偏低、投资难以收回的风险

4. 奶牛全产业链整体价值实现的关系形成 奶牛产业链发展过程中，主要涉及加工企业与政府的关系、加工企业与养殖基地的关系及养殖合作社之间的联盟关系，以下因素有利于关系的形成：①企业与政府建立良性的合作关

系，争取更多的优惠政策、专项资金。同时，企业按期向政府交纳税金，并为
农业农村现代化及乡村振兴等事业做贡献以减轻政府负担。②加工企业与养殖
基地（合作社）建立稳定的长期合作关系，实现"利益共享、风险共担"机
制。③养殖场和合作社之间要形成联盟，养殖向规模化、一体化、标准化方向
发展。

5. 奶牛全产业链整体价值形成的能力建设　奶牛全产业链整体价值形成
的能力主要包括筹融资能力、组织化能力、科技研发及培训能力和营销能力
等。①筹融资能力。产业链发展要通过延长产业链条、增加旁侧链条、扩大规
模来提升产业链的总价值，资金是最大的障碍，为此，需要各主体广泛动员、
多方融资。②组织化能力。奶牛产业及产业链要以供应链形态为发展目标，为
此，需要形成组织化，要求政府、企业、养殖户在思想和利益上形成协调统
一。③科技研发及培训能力。提高繁育环节的技术水平有利于延长奶牛寿命、
提高单产水平等；提高养殖环节的技术水平有利于降低奶牛死亡率、延长淘汰
时间、提高饲料的利用率、提高料奶比、降低防疫费用等；提高加工环节的
技术水平有利于提高原转化为产品的比率、提高产品的价格。因此，奶牛产
业链增值要切实做好科技研发及培训工作。④营销能力。奶牛产业发展面临
的国际国内"大市场"，包括产品市场、原料市场、要素市场和投资品市场。
为此，奶牛全产业链整体价值的实现，要在四大市场均形成谈判能力和销售
能力。

二、奶业产业链价值系统内部传导机制

奶牛全产业链增值创新与奶业产业链价格系统内部传导机制密切相关。我
国奶业产业链价格系统自身存在协整关系，但仅依靠市场供求系统调节很难实
现价格均衡。奶业各价格间一直存在着引导关系。在长期均衡的作用下，价格
体系可以促进各种价格达到均衡，但乳品价格体系的自我调节能力有限，不足
以影响价格变化的总体趋势。乳制品产业链的价格传导主要是由成本驱动的，
乳制品产业的发展依赖于玉米生产和豆粕。以玉米、豆粕、鲜奶三者之间的价
格传导关系为例（排除产业链上其他环节的价格因素），在乳品价格体系中，
上游玉米和豆粕价格与中游原奶价格和下游鲜奶价格之间存在着传递关系，表
明奶业价格传导机制属于典型的成本提升型，表明奶业的发展在一定程度上依
赖于玉米生产和豆粕加工。生乳和鲜奶价格对豆粕价格变化敏感，豆粕价格的
传导强度大于玉米。

奶业产业链价格内部系统传导的周期，与玉米价格相比，上游豆粕价格向

中下游原料奶价格和鲜奶价格传递更快、更强（图6-5）。上游玉米价格对原料奶价格和鲜奶价格传递有时滞效应。玉米价格与原奶价格之间存在4个月的时间差，新鲜牛奶价格与上游玉米价格之间存在7个月的时间差。原奶价格和鲜奶价格的传递明显快于玉米价格，只有1个月的滞后，其中玉米的价格传递3个月，鲜奶的价格传递4个月。原料奶的价格可以更快地传递到下游鲜奶价格，仅1个月滞后；下游鲜奶价格可以快速传递到中游原料奶价格，没有时间滞后；中下游的原奶价格，鲜奶价格不能传递到上游豆粕价格，玉米和大豆产业（假设对进口玉米和大豆没有影响）促进了中国乳制品行业的发展。

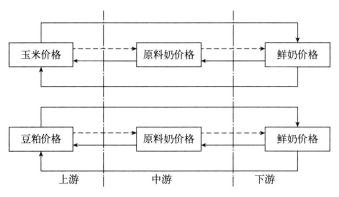

图6-5 奶业产业链价格内部系统传导关系示意图

三、奶业全产业链运营的价值协同机制

奶牛全产业链运营的价值协同机制主要由引导机制、演化机制和动力机制构成。引导机制是指在全产业链运营过程中，由于产业链各环节相关主体的层次不同（有的是偏收益驱动型、有的是偏利益驱动型、有的是偏价值驱动型），依据各层次主体对产业链的依存和贡献，建立起收益引导、利润引导、价值引导的关系，使不同层次主体基于对产业链的依存和贡献都能够得到合理的收益、利润和价值分配，使产业链各环节各层次主体之间的关系更为稳定和良性互促。演化机制是基于产业链运营的价值实现不同阶段（包括价值减损阶段、价值形成阶段、价值放大阶段等），各环节各层次主体基于"引导机制"对产业链价值实现从感知、到认知以及到认同的演化过程，这一过程与产业链上的偏利益主体、偏责任主体和两者兼顾主体有关，产业链发展的最高级形态是各环节各类层次主体对价值的认同。动力机制是基于"产业链核心价值（包括科

技创新、特色优势和核心竞争力等)、产业链内部各环节交换价值及与外部交换价值、产业链内部各类主体联合价值及与外部的联合价值"的实现,进而促进全产业链上各主体创新能力提升、各环节各主体之间价值交换及合作联合,提高产业链的运营能力和价值实现能力,使主体参与产业链运营得到的预期价值回报实现稳定性增强(图6-6)。

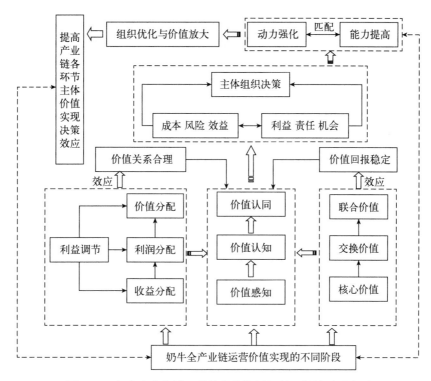

图 6-6　奶牛全产业链运营的价值协同机制逻辑关系示意图

协同机制则是为了解决价值实现产业链各环节各主体之间的动力与能力匹配、依存与贡献匹配、收益与价值匹配等问题,以保证全产业链运营节本减损、增效控险和提质增信,同时不断壮大产业链规模、核心竞争力和品牌影响力。协同机制构建的直接目标是提高产业链建设与运营组织体系内主体动力与能力,且提升动力与能力的匹配程度。在基本价值目标的引导下,改变奶牛全产业链健康可持续产业发展过程中的各类因素,促进各类主体行为的优化,提高产业链运营的绩效,形成产业链各主体的利益、责任和价值三者之间关系的良性互促格局,进而实现动力与能力匹配与协同、依存与贡献匹配与协同、收益与价值匹配与协同。

第三节 路径策略

奶牛全产业链增值创新，主要是以产业链上游做绿色生态、中游做平台服务、下游做健康生活的发展理念，把与全产业链相关联的"种养品种创新链与饲草饲料供应链、奶牛养殖产业链与乳品品牌价值链、奶牛肉用辅助链与副产资源（副产物）循环链"等进行总体统筹。奶牛全产业链增值创新的路径模式，主要是运用产业生态原理，将与全产业链相关联的链条融为一个生态或代谢系统，构建链条之间互促的增值关系。产业生态指的是对生产活动中自然资源代谢全过程的组织管理、生产消费、行为调控等与生命支持系统的相互关系。

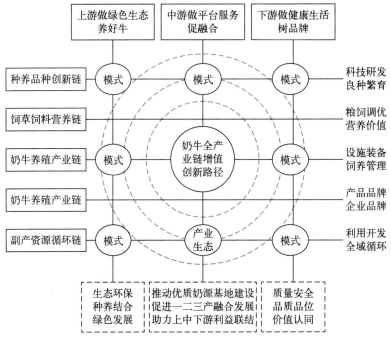

图 6-7 奶牛全产业链增值创新路径模式的逻辑关系模型

一、奶牛全产业链增值创新的主要途径

（一）全产业链发展，提高乳业的整体竞争力

奶牛产业链发展是在一定的环境和条件下，通过各类主体实施有目的的行为来实现的。在这一过程中，产业链的相关主体为了满足自身对价值的需求，

通过战略谋划、项目建设和策略实施，驱动奶牛产业链发展能力的形成和提高，从而放大价值形成关键点、改善主体间关系和化解发展风险。上述过程的结果表现为价值效应、风险效应和资源环境效应，政治与社会效应、技术与管理效应和商业与经济效应。而它们将强化或弱化主体的发展动力，进而影响主体对产业链发展的要素投入行为。投入行为的改变将促使奶牛产业链发展环境和条件的变化，这不仅会影响产业链发展、调整和更新，也会影响发展战略的谋划与实施，从而实现对产业链发展过程的调控。目前，许多上市乳企都着眼于通过对上游奶源的控制来加快奶业全产业链的布局，例如伊利、蒙牛、光明、麦趣尔等大型乳企，这种趋势促使我国乳业逐渐步入以品牌竞争为核心的全产业链整合阶段，并且这种趋势在未来将会进一步发展。为了从整个产业链的角度应对市场竞争，我们需要注意两个"末端"，即产业链源头的养殖端和面向客户的消费端，育种是产品质量的基本保证，从源头上保证充足、优质的供应和食品安全；消费端的目的是与市场接轨，消费端与消费者接轨，扩大市场份额，赢得终端利益安全。只有控制产业链的关键环节，带动其他环节与关键环节的发展，整合产业链，才能进一步提高乳品产业的整体竞争力。

（二）上游养好牛，中游促融合，下游树品牌

产业链上游"养好牛"。一是产业链上游"夯基础"。大力推动全国奶牛业发展，加强高产优质苜蓿基地建设，加大粮食再喂养力度，实施奶牛遗传改良计划，建设全国核心奶牛养殖基地，推动奶牛标准化规模养殖，大幅提高百头以上规模养殖比重。稳步提高奶牛的产量。二是产业链中游"促融合"。完善养殖、加工、利益联结机制。培育和加强奶农专业合作组织，加强奶牛养殖业的整合，增强养殖环节应对市场风险的能力。鼓励乳品企业通过自建、收购、参股、托管等方式加强奶源基地建设，提高自身奶源比例。三是产业链下游"树品牌"，增强我国奶业的影响力。定期发布乳品产业链质量报告，举办乳品行业"绿色生态、健康营养、美好生活"主题活动，推动乳品品牌实施，继续开展中国小康牛奶运动和奶酪推广活动，推荐休闲观光牧场，加强对国产乳品质量安全的宣传引导，组织乳业公益宣传活动，普及科学饮用牛奶知识，提振乳品消费信心。四是全产业链"强监管"，提高生鲜乳的质量安全水平。完善奶牛养殖标准和规范，建立健全鲜奶标准化生产体系，落实育种者主体责任，不断提高生产水平。实施生鲜牛奶质量安全监测计划，加强对饲料、兽药等投入的监督控制，对所有奶站和奶业经营者实行精细化、全时管理，构建严格的全产业链质量安全监督体系，不断提高管理能力。树立质量兴农品牌强农的旗帜。

（三）种养加循环，促进奶牛产业链增值创新

种养循环是我国奶牛业由传统生产方式向绿色发展方式转变的关键，也是全链增值的关键环节。传统奶业经济是一种由"饲料—奶牛养殖—污染排放"所构成的不断消耗饲料资源的物质单向流动经济。在这种经济活动中，是把越来越多的粮食、饲草料资源源源不断地应用于奶牛业生产，又把奶牛粪便和大量的废弃物源源不断地排放到环境中，对饲料资源的利用粗放简单，大多是以饲料资源持续不断地变成废弃物来实现奶业经济的数量型增长的方式，最终导致饲料资源的短缺与枯竭，并酿成灾难性环境污染后果。乳品业循环经济是运用科学发展观理论和生态学原理，总结传统乳品业发展的经验教训。它是一种基于饲料资源可持续循环利用的可持续发展经济。这就要求乳品业的经济活动要按照自然生态系统的循环模式来发展。组织成"饲料—奶牛养殖—牛粪—饲料"资源循环的乳业经济生产模式，使整个乳业经济体系和生产消费全过程，基本不产生浪费。其特征是饲料资源的低投入、高利用和奶牛粪便等有机废弃物的循环利用，从根本上消解长期以来奶业发展与环境污染之间的冲突。同时，也拓宽了奶牛全产业链增值创新的空间（图 6 - 8）。

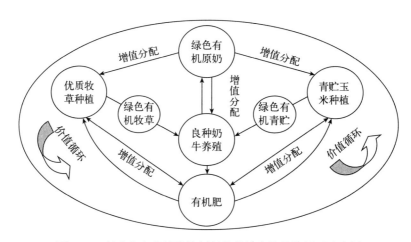

图 6 - 8　奶牛全产业链增值创新种养结合的价值循环示意图

二、奶牛全产业链增值创新的模式类型

奶牛全产业链增值创新的关键是发展模式（表 6 - 4 至表 6 - 6）。中国乳业发展模式是采取农业共同体、乳业协会、欧盟家庭牧场的形式，或美国的集约

化、规模化饲养模式。业内人士（包括专家学者、行业巨头等）一直在探索和验证，以及在辩论中。蒙牛副总裁胡苏东在多个论坛上倡导"北奶南奶"的规模化生产发展模式；走过从乳品加工到养牛再到牧草种植的整个产业链的邓久强，认为欧洲家庭农场在中国行不通，大力倡导现代畜牧业的集约化、规模化饲养模式。基于连续六年增长30％的行业经验，总结牧草、养牛、乳品加工、销售"多位一体"全产业链经营发展模式。部分奶业发达地区还推出"公私混合"发展模式。此外，一些业内人士正在推广欧洲家庭农场模式。事实上，到目前为止，我国乳品产业的发展模式仍处于"类型无限"和"多元化的同时，适者生存"的试验阶段，我国乳品产业的发展模式仍处于"类型不确定"和"多元化同时"的阶段。发展模式既能影响到整个奶业的可持续发展，也能影响到奶牛全产业链的增值创新。

表 6 - 4　我国奶牛产业链上游发展模式

模式	发展模式与特点及评价
奶联社模式（合作社）	奶联社模式是指某一企业召集奶农散养的奶牛入社，并对入社奶牛进行"八统一"服务，即统一防病防疫、饲料采购、配种、饲养、参加奶牛保险、挤奶、组织管理、规划建设，最后对入社奶农进行入股分红、保本分红、固定回报。这种模式是中国奶牛业阶段过渡性的产物，它通过统一的饲养管理，可以有效地提高奶牛的产奶水平和产奶品质，进而促进企业快速发展，奶农利益得到有效保障。目前这种模式在内蒙古较为普遍，南方地区较为少见
家庭规模牧场模式	家庭规模牧场，是以家庭为单位而养殖规模一般在 100～1 500 头不等的一种养殖模式。这种模式的重要特点是以家庭为单位实行全独立投资，自主经营，风险自负，且所产牛奶直售乳品厂。此类牧场在南方的广东、福建、广西为多，近几年来也有向内地发展的趋势，是未来发展的一个大方向
乳企自办牧场模式	乳企自办牧场模式是国家最近大力号召的一种养殖模式。在这种模式下，乳制品加工企业需自己投资建立牧场，并自行经营管理、产权归己、风险自负、奶源自用。例如北京三元，上海光明，广东燕塘、风行，广西皇氏，南京卫岗，四川新希望和贵州好一多等企业，都拥有自己的自办牧场，但自办牧场大多只能满足其 50％～70％的奶源需求，仅有个别企业的自有牧场可满足其全部奶源需求
专业化经营牧场模式	专业化经营牧场，是指以经验、技术、资金优势，专门投入和从事经营奶牛养殖业而开办的牧场。此类牧场规模较大、管理较到位、产奶水平较高、效益较好，一般不兼做乳品加工与销售。目前中国境内这种类型的牧场多为外资开办，例如新西兰恒天然的在华牧场、以色列的在华牧场以及印尼的在华牧场，但属内地投资开办的也开始出现，例如宁夏农垦在银川开办的约 7 万头的贺兰山牧场，黑龙江原生态 4 个万头牧场（由原飞鹤转让）。今后，此类模式的牧场还会有所增加

（续）

模式	发展模式与特点及评价
合作合资经营模式	合作、合资模式牧场，是指由 2 个以上的投资人以各种方式开办的牧场。例如现代牧业牧场、圣科牧业牧场，以及美素佳儿与辉山乳业合资在华开办新的联营企业
外资独资牧场模式	外资独资牧场，是由境外投资人在华投资开办的牧场。独立投资、独立经营、自负盈亏、自负风险，恒天然在华开办的牧场是此类牧场的一个典型代表

表6-5 我国产业链乳品加工业的发展经营模式

模式	发展模式与特点及评价
传统单一乳品加工模式	只做乳品加工和产品销售，不养牛
贴牌生产模式	2012 年前的蒙牛，依托贴牌生产的工厂就超过 350 家
产业链一体化模式	涉及全产业链，既种牧草、养牛，又做产品加工和销售，例如好一多乳业，这类企业多为只做地方区域市场，销售半径一般不跨越省际
专攻品牌与市场型模式	通过大量的广告投入来建设品牌进而扩充市场，蒙牛、伊利、现代牧业等是此类企业的典型代表
资本运营型模式	把企业包装成功上市，然后从股市中或出卖股权中赚取大钱，原经营业主赚小钱。蒙牛、现代、圣科便是此类典型的企业代表
企业股权多元化模式	合资企业、特别是上市企业，让 1 家以上的企业加盟进自身的企业，使企业的股权实现多元化。蒙牛、现代牧业即属此类企业。现在的蒙牛，有国企中粮、有外资法国达能和荷兰爱氏晨曦、有私企原蒙牛的持股人。蒙牛现在的股比是：中粮占 16.4%（为最大股东人），法国达能 9.9%（第二大股东），荷兰爱氏晨曦 5.7%，蒙牛原众股东人总占股为 68%
外资独资独立经营模式	如印度尼西亚人投资的东营澳亚牧场，恒天然牧场等
私募基金风投模式	摩根士丹利、高盛、英联、鼎辉、KKR 等这些国际私募风投基金，都曾先后在蒙牛、现代收业等这些企业显露过他们的踪影与足迹，而且，他们都成了资本投资合作的大赢家
区域市场经营模式	这一类企业多为中小品牌企业，由于受资金、产能、规模、市场份额、资源等众多因素制约，他们的产品只能做家门口的区域市场，一般产品不出省际。重庆的天友、广东的燕塘、风行等这些企业，即属此类企业

表 6-6 一些乳业发达的国家奶业发展模式与特点及评价

国家地区	奶业发展模式及特点
美国集约化规模化饲养模式	美国奶业高度产业化和集约化的发展模式，形成了许多大中型牧场，最大规模牧场的存栏量达到 4 万头。奶牛平均单产达到 9 万吨以上，机械化挤奶代替传统的人工挤奶方式，且牛奶全程密封冷藏，安排原奶质量监管专员定期检查，对不合格奶采取严格的惩罚措施，从而使奶制品的品质得到了严格的把控。在育种和繁殖技术方面，建立了非常完善的奶牛育种体系；在管理上，牛场非常重视饲料组成和日粮配方，基本都采用 TMR 饲喂方式；在疾病防治上，有完善的疾病管理规范；在牛场粪污处理与环境保护技术方面，现美国对牛粪的使用方向主要有 3 种：腐熟堆肥后直接还田，固液分离后做垫料以及产生沼气
印度的奶牛生产合作社模式	作为传统的畜牧大国，印度的奶牛养殖业尤为发达，奶牛和肉牛的存栏总量超过 2.6 亿头，大约 7 000 万农户饲养 9 800 万头奶牛，其养殖模式主要为散户饲养，多为分布在各个乡村地区的小型农户，他们是整个印度奶业的核心力量，组织化程度较高。这些养殖散户中养殖数量为 1～2 头的养殖场约占印度养殖场的 78.5%。印度的主要养殖奶牛品种为水奶牛，约占总体奶牛数量的一半，产奶量也占印度总产奶量的 50%
日韩小规模的家庭牧场模式	日韩小规模家庭牧场，户均 50～60 头。其特点是资源外来型，生产成本高。以韩国为例，韩国奶牛业从无到有，逐渐壮大，现在韩国奶牛单产经过不断进行良种选育，改善饲养方法，已达到世界先进水平，已进入规模化、高质化阶段。但由于受到土地和饲料的制约，近年来发展速度逐渐变缓，奶牛存栏数和总奶产量均呈下降趋势。目前，韩国奶牛养殖规模以 50～100 头为主，占养殖场数的 47%，其次为 20～50 头的养殖场占 28%，养殖规模在 100 头以上的占 20%，存栏数低于 20 头的约占 5%。韩国的奶牛养殖高度发展适度规模

从表 6-4 至表 6-6 分析和评价，可以得出以下结论：未来我国奶业及产业链发展的趋势，散养户会逐步被淘汰，特大牧场会受到资源与环境紧约束的遏制，适度中等规模牧场将成为主导牧场，家庭规模牧场将占中国奶牛养殖业的半壁河山，社会专业牧场、企业自办牧场仍将会兴起一个时期。在奶源主产区将会出现少许的恒天然模式新的经营实体"多家奶农联盟成立自己的加工厂"。"好一多"奶业全产业链独家经营的模式将会受到推崇，传统的乳品销售模式必将受到电商、新零售等猛烈挑战。因此，奶牛全产业链增值创新对奶业发展模式（奶牛养殖、种养结合、加工经营模式）的选择，要依据国际国内两个市场、两个资源环境和区域特色优势，并依据规模竞争型产业链、功能融合型产业链或两者兼容型产业链，选择有利于"三类"产业链增值创新的奶牛养殖、加工经营和产业链发展等模式。

三、奶牛全产业链增值创新的策略措施

(一) 加强良种繁育及推广，促进优质饲草料生产

加强优质高产奶牛良种繁育与奶牛核心群建设，为产业链增值创造基础条件。①深入实施《中国奶牛群体遗传改良计划 (2008—2020)》，完善生产性能检测、育种牛遗传评价和育种公牛后代确定制度，开展中国荷斯坦牛品种登记，推广优良种牛冷冻精液，增强种牛自主育种能力。创新奶牛养殖模式，建立奶牛养殖联盟，探索市场化运作机制。②加强高产奶牛核心群建设，促进幼牛全基因组选择，提高种源质量和种子供应效率；提高种用奶牛进口技术要求，推动引进国外优质奶牛，积极引进国外优秀奶牛胚胎。③加强水奶牛等种质资源的开发利用。④大力推动优质饲草料生产，为产业链增值提供有力的保障。⑤推进国家振兴奶业行动的实施，不断创新优质苜蓿种植基地的增建改造模式，积极建设土地整理、灌溉、机耕排水设施，配置和扩大储藏棚、堆库、农机库、加工车间等设施和检验检测设备，提高国内优质苜蓿生产的供应能力。在"镰刀弯"地区和黄淮海玉米主产区，扩大粮改饲试点，推进全株玉米等优质饲草料种植和养殖紧密结合，培育以龙头企业和合作社为主的新型农业经营主体，提升优质饲草料产业化水平。

(二) 推进奶牛粪污综合利用，加强奶牛疫病防控

全面推动奶牛养殖粪污综合利用，促进奶牛副产物资源增值。坚持"源头减量、过程控制、末端利用"原则，推进种养结合农牧循环。因地制宜推广种养结合、深度处理、发酵床养殖和集中处理等粪污处理模式。在奶牛养殖大县开展种养结合整县推进试点，根据环境承载能力，合理确定奶牛养殖规模，配套建设饲草料种植基地，促进粪污还田利用。支持规模养殖场建设干清粪等粪污处理设施，提高粪污处理配套设施比例。支持社会服务机构和专业公司在奶牛养殖区建立集中处理中心或有机肥加工厂，促进牛粪的储存、收集、运输、处理和全链综合利用。加强奶牛疫病防控，为奶牛产业链增值与全产业链质量安全，以及降低产业链运营风险保驾护航。加快推进国家中长期动物疫病防治规划实施，加大防控工作力度，切实落实各项防控措施。根据《全国口蹄疫和布鲁氏菌病防治规划》的要求和《奶牛结核病防治指导意见》，全面推进口蹄疫防治和监测工作。净化布鲁氏菌病、结核病，加强奶牛乳腺炎等常见疾病的防治。加强奶牛场综合防疫管理，完善卫生消毒体系，不断提高生物安全水平。

（三）加快推进产业一体化，打造乳业产业链品牌

大力发展龙头企业、家庭牧场、奶农专业合作组织等新的管理主体，提高组织程度和抗风险能力。支持加工企业建设、收购、参股、托管农场，提高乳源比重，促进一二三产业融合发展。实施"鲜奶购销合同（范本）"，督促严格执行购销协议，建立长期稳定的购销关系，实施订单生产，并逐渐形成一个长期的机制，以分担奶农和乳制品公司的利益和风险。在主要乳品省进行鲜奶质量第三方检测实验，以提高鲜奶质量。积极发展社会化服务，提高奶牛养殖和饲养管理的专业化、规范化水平。打造国内乳品品牌，启动国内乳品品牌建设行动，树立优质品牌，重塑乳品行业形象，提升消费者信心。努力把 D20 峰会办好，使 D20 品牌不断壮大，带领国内乳制品企业提高品牌知名度，增强品牌影响力。加强乳品市场的研发，适应消费者需求的变化，开发新产品。创新流通模式，开发"互联网＋"等新的营销模式，满足乳制品方便个性化的消费需求。通过对乳制品行业信息的引导普及以及对国内乳制品质量安全和监管有效性的宣传展现国内乳制品的优良品质，从而赢得消费者的信任，提升消费者信心，为国内奶业的快速发展创造优良的舆论环境。

第四节　组织治理

一、我国奶牛产业链发展阶段及其组织演化

我国奶牛产业链经历了数量增长阶段，质量提高阶段，现在已经进入价值全值阶段。在数量增长阶段，饲养规模小而分散，质量得不到保证。在质量提高阶段，面临着产业结构不合理，规模经济没形成，创新能力不足，资金支撑不够等问题。产业经过转型升级以后，形成大企业主导的产业链一体化模式，这些问题得到相应的改善。但是，进入价值全值阶段的过程也面临着一系列的问题。一是进入价值全值阶段，奶牛全产业链建设与运营是一个全新的理念、全新的知识、全新的路径、全新的模式、全新的管理和全新的方式，需要一大批智慧型领导人才、知识型专业人才和匠心型技能人才，需要建立知识型学习共同体加快人才的培养；二是产业链质量不稳定、规模不经济、要素供给不持续和龙头企业支配产业的能力低，导致奶牛产业链相对比较松散，需要建立聚智创服联合体促进产业链各环节关系的紧密；三是产业链环节主体之间目标利益协同难，制约了价值及信息的传导，无法实现价值和利益最大化，需要建立品牌增值联合体协调各环节的价值和利益。

二、新常态下奶牛全产业链增值的组织创新

松散型产业链的最大弊端是容易造成乳品质量信息不对称，紧密型全产业链最大的弊端是企业资源投入量大且内部管理协调成本极有可能高于市场交易成本，使得企业的资金链很难运转，金融资金不敢轻易进入，最终资金链断裂。笔者及其研究团队从全产业链的整体出发，提出"倒三角"组织机制治理的创新模式。实施"三全战略"，建立平台网络，构建全产业链平台生态圈，在全链条上闭环，在环节上向小微主体、区域龙头开放。打造构建智慧平台，将信息、数字和标准有机结合起来，来影响和支配小微主体和区域龙头的行为，达到产业链上各类目标一致，协同合作效果。以期通过以上途径，可以在达到产业链"倒三角"模式的效果下，保障轻资产的良性运行，最终达到闭环增值的目标，推动联盟和集群建设。

（一）构建平台生态圈

"新常态"带来的经济增长速度放缓，"新模式"带来的经济增长方式变化，互联网"新经济"带来的消费和投资的转变，对奶牛养殖全产业链增值模式的落实提出了新要求，带来了新挑战。从全产业链运营的角度，需要围绕着产业链上游做绿色生态、中游平台服务、下游做健康生活等，构建平台生态圈，支撑"三全战略"的实施，推动联盟和集群建设，调优企业的资源支配力、强化企业的带链竞争能力和提升企业的区域影响力。奶牛全产业链增值的演化趋向：第一阶段是通过绑定政府，发挥产地政府的作用，打造全产业链增值的工商企业投资现代农业的路径模式；第二阶段是通过与社会资本结合，构建平台生态圈，通过全息的信息增值实现全产业链的闭环增值；第三阶段依存平台支持全产业链的卡位点、链接点，构建产销互投的（销地向产地延伸）跨域共生的增值模式。上游主要进行组织创新，构建以标准基地为核心的农业服务业体系，解决资源的再配置问题；中游主要进行机制创新，构建以平台生态为核心的现代农业服务体系，解决产业链条上资本盘活提升问题；下游环节主要进行商业模式创新，形成以组合和品牌营销为核心的业态体系，解决产品和品牌增值的问题。

（二）实施"三全"战略

"三全战略"是指全域运营、全链增值和全息服务。全域运营解决的是区域资源有效配置问题；全链增值是构建合理的价值增值分配机制；全息服务是

通过现代服务业，寻求全链信息的全息，解决风险损失、过程灰色、系统的不确定性和状态概率问题。奶牛全产业链增值创新，需要依靠顶层设计、专家智库和平台服务来落实"三全战略"的思想。其一，路径模式落实和推广，必须依靠"全域运营"来解决现代金融服务、信息服务等问题，这就需要借助政策的层级协同来实现，即全面推进政策从中央到省、市、县、镇政策落实的联动机制和杠杆机制；其二，"全息服务"就是打造奶牛全产业链的信息链、数据链，通过建设全息的原料基地、样板加工工厂，以及全息的品牌销售连锁店和连锁餐饮店，来为其他孤立的、分散的农产品生产基地、工厂和配送店服务。因为标准链条才能够实现全息，只有实现全息，才能解决信息完备和不对称等问题，才能引入供应链金融，核心企业、供应商、采购商、经销商、银行、保险、物流等主体才能实现"联单"，整个产业链系统的运营也才能进入闭环。

（三）发展产业链联盟

未来，奶牛产业链上、中、下游各环节主体只有联合起来才有希望，单一主体很难在环境变化等不确定的情况下能够自身发展，需要借助行业协会成立股份制产业战略联盟，各自去做最擅长的部分，实现企业之间的优势互补和合作共赢。产业链的上游生产环节、中游加工流通环节和下游渠道销售环节均可以形成集群或者联盟，联盟的成立一方面能够提高市场的谈判能力，另一方面基于产业联盟提供更大范围的规模化服务，有利于现代服务要素的差异化供给和配置。对于地方或区域众多小企业而言，产业链上游基地建设打造"企业＋政府"的现代农业服务模式（产业链上游平台联盟，即平台企业化、企业股份化、股份多元化的联盟模式），产业链中游的"加工龙头企业＋集群"综合服务集群模式（N＋1个总部联盟，即全产业链增值服务总部），产业链下游创新"安全食品联盟＋消费会员"的健康服务模式（传统渠道、电商渠道和会员渠道），通过现代服务业实现类分、类选、类服务、类管理。进而实现链条的成本节约、效率提高、风险防控、价格稳定和机会增加，以及链条的溢价和增值。

三、创新全链闭环环节开放轻资产运营机制

奶牛全产业链模式由飞鹤乳业率先提出以后，君乐宝乳业、辉山乳业、光明乳业等乳企纷纷加入全产业链模式的构建中。但是，我国现有的全产业链模式本身就是一种待商榷的模式。企业需支付买奶牛、供给饲料、基地建设等一

切高成本费用，而牛奶价格几年来持续走低，企业除了不亏损这一个境遇外，几乎没有其他可选择余地。从质量安全控制的角度分析，乳业全产业链模式是必须走的一条路，企业如何做到轻资产运营是一个急需探讨的问题。全产业链的构建周期长，资金投入大，仅仅依靠一家企业的资金实力很难维持到收支平衡点，从而导致资金断裂，全产链难以运行。笔者提出"龙头＋平台＋现代服务业＋产业集群"利用群体力量分摊个体风险的轻资产运营模式，以及"倒三角"组织模式值得探讨。就是利用龙头企业在产业链上的支配力，主导构建乳业全产业链模式，建设平台网络，聚集企业发展产业集群，并通过平台管理和现代服务业的黏合，将企业群体目标统一化、行为规范化、过程透明化，从而分担全产业链运行风险，实现轻资产运营。

第五节　实践探索

一、荷兰奶牛产业链融合发展的路径模式

荷兰的乳品产业成熟，是欧洲第五大牛奶生产国，奶业占整个食品工业的1/6，占整个荷兰贸易顺差的8％。荷兰的奶业是经济和国际贸易的重要组成部分。2014年，荷兰乳品工业的产值为50亿欧元，奶制品业的产值为70亿欧元。从2005年到2015年，荷兰向中国出口的乳制品平均每年增长25％。荷兰凭借着气候、土地、战略地理位置、物流基础设施、知识和教育等方面的优势，通过持续的创新和发展，形成了符合自身国情的独特发展思路和方向，获得了乳品工业的巨大成功（荷兰乳制品协会，2015年）。虽然中国与荷兰的国情不同，乳制品产业的发展过程、发展阶段、发展战略也有自身的特点，但中荷两国都具有地少人多的特点，存在发展集约化畜牧业和优质产业链的客观要求。随着中国居民对营养健康、安全牛奶及奶制品的需求愈加强烈，以及在时代背景下奶业产业链的结构性调整，荷兰奶业发展的经验值得中国学习。

（一）科学的饲草料结构，适度的牧场规模

荷兰等奶业发达国家的奶牛单产已经突破了10吨，而目前我国奶牛的单产水平平均仅在5.5吨。影响奶牛产量的因素有品种、营养水平、饲养管理水平等。其中，饲料因素占到了50％。与澳大利亚、新西兰和其他主要依靠天然牧场的国家的畜牧业不同，耕地面积仅105.4万公顷，草地和牧场面积82.6万公顷。每个家庭牧场有着90公顷以上的农场提供饲料，牧场每天户外放牧6小时以上，总共120天的户外放牧。奶牛在牧场自由采食，不仅增加产

奶量，还可以提高奶牛自身免疫力，减少兽药投入，显著提高牛奶质量。除了自由喂养外，奶牛的日常饲料配方结合专家建议，利用多年的牧场经验，在保证基本养分的前提下逐步优化饲料结构。截至 2015 年，荷兰的奶牛数量只有160 万头，分布在 18 000 多个牧场，平均每个牧场只有 87 头，这与中国 5 000多个大型牧场的规模不同。在荷兰，超过 200 头牛的牧场是公认的大型牧场。超过 300 个大型牧场只占总数的 1/7。以 Arjan Stokman 牧场为例，经过近百年的发展，牛场规模在 30～300 头。荷兰土地由牧场私有，现有土地面积为135 公顷，其中不仅包括农场，还包括奶牛场、牧场等。奶牛放牧饲养的范围主要取决于牧场供给能力和奶牛场面积，粪便的清除能力和支付昂贵服务费的能力。

（二）合理的利益结构，完善的社会化服务

荷兰的奶产业链各个环节连接紧密，一体化程度高。由于各环节利润分配比例不同，不同时段各环节的利润实现模式与利润率差别大，为了实现奶业发展均衡稳定，政府鼓励奶产业一体化发展，牧场主加入奶业合作社，通过合作社把牛奶卖给合作社所有的牛奶加工企业。对于牛奶加工企业来说，合作社就是一个股东，能够长期领导企业。合作社运营状况及加工企业的业绩与牧场的盈利息息相关，这种方式使得荷兰的奶产业链上各个环节的合作变得顺理成章，利润分配也更趋合理。在荷兰的合作社、乳制品协会和其他社会服务机构提供从奶牛场建设到基础设施的一切服务，包括废物处理设备、生物发电设备、乳制品饲料、各种运动监测设备，以及奶牛体温监测及喂养、挤奶设备、奶牛养殖、疾病防治等专业、快捷、优质的服务。这使得小、弱的牧场也能够实现生产的专业化和标准化。大量中小型家庭牧场的存在提供了大量的就业机会。2015 年，荷兰乳品行业提供了 4.5 万个就业岗位。

（三）强大的第三方检测机构，高质量发展

气候、土地和其他自然环境因素，奶牛品种、饲料成分、奶牛福利、健康状况、奶牛群体结构、牛奶运输等其他环节的链接都会影响牛奶质量。由于多因素的影响，同一牛场不同季节、甚至不同批次的牛奶质量会有较大差别。因此，为了保证乳制品的质量，鼓励奶牛场提高乳制品的质量，有必要对乳制品的质量进行检测和评价，并根据检测结果确定乳制品的价格。在荷兰，农场生产的每一批牛奶都经过第三方检测机构的严格检验，没有检测证书的牛奶是不允许出售的。每年牛奶运输环节就要进行 230 万次监测分析。牛奶加工厂根据测试结果确定牛奶价格，农场根据测试结果确定进一步改善牛奶质量的措施。

更重要的是，由于第三方检测机构与乳品行业利益链中的各方之间没有利益关系，不可能产生利益传递，从而保证了检测结果的公平性和公正性，易于被各方接受，这对保证乳品行业的健康发展起着重要的作用。同时，也为乳业及奶牛产业链高质量发展提供了支撑保障。

二、伊利奶牛产业链增值发展的路径模式

内蒙古伊利实业集团股份有限公司是一家规模大、产品线健全，稳居全球乳业第一阵营的国际化集团公司，蝉联亚洲乳业第一。2017 年 8 月 30 日，北京冬奥组委与伊利集团正式签约并对外宣布：伊利集团成为北京 2022 年冬奥会和冬残奥会官方唯一乳制品合作伙伴。伊利成为中国唯一同时服务夏季奥运和冬季奥运的健康食品企业，成就中国乳业新的里程碑。2018 年伊利企业年报显示，伊利全年实现营业总收入近 800 亿元，同期增长 16.89％；营收较上年实现百亿级增长，创历年来最大增幅；净利润 64.52 亿元，扣除非净利润同期增长 10.32％，再创亚洲乳业新高，其中加权平均净资产收益率 24.33％，持续稳居全球乳业第一。

（一）补强产业链条的关键环节

为了控制成本，获得足量的高质量原奶，伊利提出了创新性的奶联社模式（2006 至今）：奶农—奶联社—伊利，伊利帮助各零散中小奶牛联结成奶联社，并介入奶联社的经营中，帮助奶联社实现规模化和标准化养殖，公司将先进养殖技术给奶联社，奶联社提供高质量原奶给伊利，奶农、奶联社和伊利在这一过程中初步形成一个利益共同体。伊利在 2010 年成立了奶牛学校，并通过奶牛学校帮助奶联社建立奶牛饲养管理、原奶质量安全管理等系统。

（二）信息化系统进行产业联结

介入奶联社的养殖，帮助奶联社向标准化、规模化、集约化、智能化的"四化牧场"发展。如何与数量庞大的供应商实现更紧密联系，依靠的是伊利的各大信息化系统：奶牛管理系统、原奶管理系统、全生命周期管理系统等。伊利的供应商管理系统是逐步搭建而成的。2016 年，伊利就致力于打造多用户一体化的业务提升平台"SRM-全球供应商协同平台"，2017 年将其供应商管理系统统一为全生命周期管理系统，全面管理供应商的进入至退出这一过程：开发准入—分类—绩效管理—风险管理—关系维护—能力提升—退出。系统会对这一过程的每一个环节进行细化管理，确保每一个供应商都能够提供符

合战略需求的高质量原奶。

（三）金融平台联结风险和收益

致力于打造产业链普惠金融平台，打造"核心企业承担实质性风险责任"为特色的产融结合模式，同时借助大智移云技术对供应链金融进行严格把控。伊利全生命周期供应商管理体系，是通过《供应商风险管理方案》和 BIEE 系统上的风险模型来进行供应商风险管理，引进供应链金融后，伊利对其供应商的金融风险的管理尤为重要。伊利通过大智移云建立了授信分析模型和信用档案，授信分析模型对供应商进行分析后，伊利才会对供应商进行授信，获得授信的供应商才有资格享受伊利联合金融机构推出的项目贷、青贮贷等融资产品。伊利在供应链金融中起到了重要的担保作用，供应商和伊利的风险实现了联结。此外融资产品的设计是有目的性的，供应商获得的融资将必须用于牧场养殖等活动，这进一步扩大了奶联社的规模。时至 2018 年末，融资产品的种类达到 13 个，融资平均年化利率为 6%～8%。

三、三元奶牛产业链创新发展的路径模式

三元乳业涵盖了屋型包装鲜奶系列、超高温灭菌奶系列、酸奶系列、袋装鲜奶系列、奶粉系列、干酪系列及各种乳饮料、冷食、宫廷乳制品等百余品种，日处理生奶能力超过 3 000 吨，生产基地遍布华北、河北、天津、广西、江苏、山东等地，拥有"三元""三元梅园""三元及递""极致""燕山"等著名品牌；销售网络覆盖北京各城区、郊县，全国各省、市及地区。三元食品在多年的发展过程中，始终坚持"以质量求生存"，注重奶源质量，重视奶源基地建设，不断提高奶牛饲养水平，积极推行科技创新，建立企业诚信体系，履行企业社会责任，发挥龙头企业带头作用。自成立以来，三元食品不惜重金投入奶源基地建设，以确保奶源质量。公司推行"公司＋牧场"模式，与传统的"公司＋农户"模式相比，实现了统一饲养、统一防疫、统一配种、统一管理、统一挤奶五个统一现代化管理模式，为北京奶牛饲养业的健康发展树立了榜样。北京奶牛饲养业也因此成为全国奶牛饲养业的楷模。

（一）均衡稳定地按计划收购合同户的奶源

为维护广大奶农的切身利益，公司积极与奶牛养殖户建立长期的、紧密的合作关系。公司通过与奶户订立长期原料奶供需合同，消除了奶农的后顾之忧。在奶源相对过剩的季节里，奶农最大的顾虑就是奶源质量被恶意压级，奶

源价格被恶意压价，又或是无故拒收应收奶源，严重拖欠奶资。三元食品从不恶性降低奶价损害奶农的利益。为保护广大奶户的利益及养殖积极性、保证消费者的利益，从不使用低价还原奶，从不压级压价或无故拒收奶源。公司合同户从没有出现过全国普遍存在的卖奶难和"倒奶"甚至杀奶牛事件，企业为此增加了巨额的奶源收购成本。及时兑现奶资是三元食品奶源管理一贯坚持的原则，即使是在企业资金非常紧张的时候，也要按时支付奶农的奶资，以确保牛奶生产不受影响，维护首都乳品市场的竞争秩序，最大限度地保护奶农利益，为首都奶业产业链健康发展创造良好的环境。

（二）完善原料奶收购标准严格原料奶检测

在国内率先推出了按质论价的原料奶收购政策，引进抗生素指标检测，同时也是国内最早将体细胞检测纳入原料奶收购体系的乳品企业。此举推动了北京奶牛饲养业向高水平、高标准发展，进而引导北京乃至全国奶牛饲养业的健康良性发展。三元通过实行原料奶收购按质论价、优质优价的办法，鼓励广大奶农提高奶牛养殖水平，引导奶农通过提高饲养管理水平，实现提高奶质与单产并最终增收的目的。为保护广大消费者的利益，引导养牛业的健康发展，三元食品于 1999 年在国内率先提出对原料奶抗生素实行严格检测，引导了原料奶的健康生产；2001 年在国内首家提出对原料奶体细胞指标的严格控制，引导了奶牛健康养殖。这两大指标推出的根本出发点在于保护广大消费者及广大奶农的利益。"好牛出好奶"，三元食品为此做出了示范。通过北京奶牛养殖者的努力，北京奶业产业水平得到了较大的提高。

（三）创新发展与节约资源的全产业链模式

在新的时代背景下，三元食品不断以科学发展观武装自己，探寻未来乳企科学发展的模式，探索奶业产业一体化的科学发展新方向。奶牛养殖、乳品加工、市场营销等产业环节有机结合的一体化经营方式是实现乳业可持续发展的必经之路。三元食品率先在行业内提出并实践了以"全产业链"为标志，以自建原料奶基地为原料供应主体，乳品加工生产为保障，市场营销为手段的"三元模式"。如今，三元食品也在努力与行业其他企业携手，通过推进乳品行业科学体系的建设，在保障自身品质的同时，推动整个行业朝着健康、和谐的轨道发展。

第七章 肉牛产业链融合发展与增值创新

本章节以健康为主题、营养为主线、多链融合为载体，运用产业融合理论、价值创新理论、系统工程理论等思想方法，结合广南高峰牛（云南文山牛）高品质肉牛全产业链的建设实践，体系化开展"基于健康营养的肉牛多链融合发展与增值创新"的路径模式研究，从系统认识、理论解构、模式创构、机制设计、组织治理、体系支撑方面着手，探索基于"三类健康""三维营养""三品联动"肉牛产业链融合发展与增值创新的机理机制、路径模式和策略方案，为我国从事肉牛产业的龙头企业、协会联盟、产业化联合体等相关主体，打造高质量绿色发展、深融合创新发展、强品牌增值发展的肉牛全产业链，提供理论与实践指导。

第一节 系统认识

我国肉牛业是随着改革开放的持续深入逐步发展起来的。改革开放 40 多年来，在一系列政府扶持政策的引导下，我国肉牛业的发展取得了明显成效，生产体系逐步完善，科技支撑能力逐渐加强，产业布局不断优化，形成了中原、东北、西北、西南肉牛产区，区内龙头企业带动作用日益凸显，牛肉年产量长期列美国、巴西、欧盟之后，居世界第四位。随着我国全面进入小康社会和中产阶级快速崛起阶段，人们越加注重膳食质量和结构的改善，对牛肉特别是品质牛肉消费需求将与日俱增，优质中高档品质牛肉产品在我国消费市场呈现出持续稳步上升的局面。与美国、欧洲、日本等肉牛产业发达的国家和地区相比，我国肉牛产业发展的历史短，产业体系尚不健全，加之产业技术体系还不够成熟和产业链组织能力、运行机制弱，导致我国大多肉牛产业链各环节链接不紧密，品种育繁、饲草料供给、肉牛养殖、屠宰加工、质量控制、品牌营销等环节相对割裂，产业链健康程度低、动物营养不平衡和"三品"联动难度大，以及产业链上相关主体责任、价值和利益等目标不协同，大多产业链很难形成高质量绿色发展、深融合创新发展、强品牌增值发展的局面。因此，要站在全球化、国际化和特色化的视角，去审视我国肉牛产业及产业链发展的主要类型、状况问题和时代需求。

一、肉牛产业链的主要类型与演化

（一）肉牛产业链的主要类型

肉牛产业链是指以牛肉产品及副产物精深加工为终端产品，包含从投入品到最终产品的各类生产经营主体的总和。按照价值形成的先后，可将肉牛产业链分为品种育繁环节、饲料环节、养殖环节、防疫环节、屠宰加工环节、牛肉及副产品储运贸易环节。各单个环节产品的生产和贸易企业总和构成了相应肉牛产品产业链，如饲料产业链、养殖产业链、屠宰加工产业链、仓储物流产业链等。可以说，肉牛产业链是由各种产品产业链构成的产业链族（集合）。以育肥牛产业链为例，产业链的上游即育肥牛的养殖，该环节还包括母牛繁育、犊牛保育、架子牛养殖、饲草料生产、兽药投入等环节，产业链的中游包括屠宰加工和副产物精深加工等环节，产业链的下游，包括冷链仓储物流和市场销售等环节。目前，我国肉牛产业链主要存在"一体化型、半紧密型、松散型"三种链型，三种类型产业链所占的比例，紧密型大约占 10%，半紧密型大约占 30%，松散型大约占 60%。总体来看，这几种链型比较而言，一体化型和特色型产业链进入退出壁垒最高，质量保障能力最强，其次是半紧密型产业链，松散型产业链进入退出壁垒最低，质量保障能力最差。就组织柔性化程度而言，一体化组织链接型产业链柔性较差，战略联盟链接型的柔性较好。目前我国肉牛产业链型中占主导地位的是松散型，但比重不断减少，半紧密型和一体化型产业链在快速提升。

（二）产业链类型的内涵特征

"一体化型产业链"是指一体化组织（带链龙头企业）链接型肉牛产业链和战略联盟链接型肉牛产业链。一种形态是一体化组织链接型肉牛产业链，是指一个产业链核心企业的业务涉及肉牛产业链的全部环节；另一种形态是战略联盟链接型肉牛产业链，是指产业链的参与企业以一两个环节发展核心业务，遵循优势互补的原则建立长期合作的战略联盟关系，这两种链型都是以责任关系为链接的。"半紧密型产业链（也称过渡性产业链）"是指中短期合同订单链接型肉牛产业链和市场交易链接型肉牛产业链，两种链型大多是以价值关系链接的。目前，这种产业链型中，市场交易链接型产业链占据绝对的主导地位，合同订单链接型所占的比例很小。"松散型产业链（也称传统型产业链）"，主要以利益关系存在，也是通过市场交易链接，但是它与市场交易链接的过渡性肉牛产业链还是存在一定的区别，主要表现在养殖主体的目的和养牛收入占总收入的比重。还有一类是特色型肉牛产业链，一种是以我国地方自主培育特色肉牛品种为主导的产业链，另一种以我国地方特色肉牛品种为基础，通过与国外品种杂交，由我国特色肉牛品种自主培育研发环节驱动和连接的肉牛产业链（表7-1至表7-3）。

表7-1　一体化型肉牛产业链的主要特征

要项	具体表现
链接方式	表现为肉牛良种育繁、母牛繁育、犊牛保育、架子牛养殖、肉牛育肥等养殖环节，以及饲草料生产、屠宰加工、仓储物流、产品销售等环节，质量品质、技术工艺、管理流程、运营成本控制以及人才队伍建设和品牌创建等高度的一体化
管理控制	产业链各环节管控尺度、规模与质量平衡管控尺度的把握要求高，管控过严容易出现效率低下、活力不足，管控过松容易出现失控，成本上升和风险增加；盲目追求市场规模会导致质量失控，一味追求质量发展就会丧失市场竞争的机会
链条运营	可以使链条上的信息、技术、人才和资金等要素得以整体统筹和调配，产生聚合协同效用；进入和退出壁垒高，产业链组织的自律性较好，市场监管成本低且惩罚较为容易；产品质量水平较高且一致性好，能够实现批量均衡生产，满足市场的持续供应；猪肉及制品标识性和追溯性强，有利于消费主体对质量和品质等级的辨识
障碍因素	产业链环节多、生产经营的链条长，投入的固定成本大和占价格比例大，运营的成本高和效率低；对市场变化的应变能力低、竞争能力弱，应对市场变化的风险大；养殖密度和集中度过高，容易造成污染，不利于环境健康；容易产生寡头的市场格局、操控一个区域整个行业，如果寡头间进行恶性竞争，不利整体生产主体健康
融合发展	产业链上游各环节、产业链中游各环节和产业链下游各环节融合程度要求高
增值创新	以龙头企业为主导的全产业链闭环增值创新的素质、能力和水平要求非常高
典型模式	集"良种育繁、母牛繁育、犊牛保育、架子牛养殖、肉牛育肥，以及饲草料生产、屠宰加工、仓储物流、产品销售等环节"于一体的带链龙头企业或战略联盟组织

表7-2　半紧密型肉牛产业链的主要特征

要项	具体表现
链接方式	养殖公司、养殖协会、养殖合作社和养殖大户是契约链接的产业链组织主体，表现为各类养殖主体与上游良种繁育、饲草料加工和兽药生产等企业，以及下游屠宰加工企业等关键环节结成产业联盟或产业化联合体

（续）

要项	具体表现
管理控制	产业链各环节各类生产经营主体都能发挥功能作用，对内提供饲料、防疫和技术培训等服务，对外提供商品猪均衡生产、持续供应和运输等服务；产业链核心企业可以通过强化利益分配或产业链各环节生产经营主体之间的道德约束来降低各主体之间的违规行为，进而降低链条运营的管理成本
链条运营	可以充分利用不同等级的资金、土地和人力资本；产业链运营规模一般比紧密型产业链组织规模大，但固定成本投入相对紧密型产业链组织的固定成本投入较小，产业链整体固定成本投入被产业链各环节生产经营主体所分担；容易形成规模经济，主要体现在各生产经营环节通过生产投入品统一采购、产品统一销售，进而降低市场交易成本，增加各环节利益主体的收益；另外，产业链各类生产经营主体，在价值目标的驱动下，各自发挥专长，优势互补有利于生产主体的健康
障碍因素	产业链组织对各环节生产经营主体的目标一致性、环节和环节之间能力匹配以及资源配置等的协同度要求高，需要产业链联盟组织（或产业化联合体）的主导者有较高的沟通能力、计划能力和组织能力；产业链组织的发展与运营对当地政府的支持依赖程度较高，政府是否愿意投入，影响其运营效果
融合发展	要求产业链上、中、下游各环节核心主体带动的良种繁育创新链、饲草料生产加工供给链、健康养殖链、种养循环链、屠宰加工链、牛肉主产品与副产品链等多链融合
增值创新	要求产业链上、中、下游各关键环节的核心主体基于价值进行协同创新，与一体化型产业链比较，产业链增值创新的主体多、创新的成本由多主体分担，形成创新成果多
典型模式	"核心企业＋养殖协会＋养殖大户""核心企业＋合作社＋养殖大户""核心企业＋养殖大户""龙头企业＋平台＋现代服务业（或生产服务业）＋种养基地集群"等

表7-3 松散型肉牛产业链的主要特征

要项	具体表现
链接方式	产业链核心企业主要以短期合同或订单的方式与产业链其他功能环节生产经营主体进行链接。一般情况下，主要表现为肉牛屠宰加工企业与养殖户或贩运户签订育成牛收购协议，以保障屠宰加工企业的肉牛屠宰加工及其产品的加工原料供应
管理控制	产业链各环节生产经营主体以利益关系存在，其管理控制主要是以屠宰加工企业对收购（或贩运大户送来）的肉牛进行价格、等级评定和检疫检验控制
链条运营	产业链投入的环节和固定成本少，运行的费用低。一般情况下，产业链核心企业只投入一两个环节，其他产业链环节由各环节的生产经营主体来投入。产业链各环节生产经营主体之间是共生的关系，既分工协作又相互独立，规避了相互依存连带的风险，又不失自由度。如养殖环节生产经营主体可以规避企业肉牛收购价不合理的价格风险，加工环节生产经营主体可以节约上游投资成本、规避养殖风险（疫病风险）

（续）

要项	具体表现
障碍因素	链条上的信息、技术、人才和资金等要素不能整体统筹和调配，目标协同的效用低；进入和退出壁垒低，产业链组织的自律性较差，政府市场监管成本高、且对食品安全管理的违规者惩罚约束的效果差；产品质量参差不齐、一致性差，对市场牛肉及制品的质量安全的危害性较大，肉牛价格及牛肉产品价格超常波动主要影响产业链类型；牛肉及制品无标识和不可追溯性，消费主体对其质量安全无法辨识，食品安全隐患大；产地发展的配套服务水平要求高，与养殖户直接对接管理成本高
融合发展	产业链上游养殖环节与产业链中下游各环节相对割裂，融合性差
增值创新	产业链上、中、下游各环节相关主体利益目标不协同，很难推动产业链增值创新
典型模式	企业＋散养户、企业＋肉牛贩运商/经纪人＋散养户、企业＋产业基地＋散养户

通过肉牛产业链类型特征分析比较，一体化组织链接型肉牛产业链由于链条比较长，整个产业链的形成和发展壮大需要较大规模的固定资本投入，且市场柔性差，固定成本在价格形成中所占的比重较大，企业难于根据市场变化及时调整生产经营，投资风险较大，短期内易于出现亏损，因此实力弱的企业不适合发展一体化组织链接型肉牛产业链。与一体化型肉牛产业链相比，半紧密型产业链稳定性较差，合同订单链接型产业链有可能转化为战略联盟链接型产业链。与松散型产业链相比，半紧密型产业链由于养殖规模较大，进入退出壁垒相对较高，供给的计划性较强，在未来较长一段时间内还将占据主导地位。松散型产业链相对一体化型和松散型肉牛产业链而言，产业链的固定投入少，进入退出壁垒低，供给调整速度快，容易导致肉牛和牛肉市场不稳定。这种链型在过去很长一段时间内占据主导地位，随着经济水平不断提高和疫病威胁不断增大，农村的环境治理和居民改善人居环境、要求人畜分离的要求越来越强烈，加上新农村建设政策的推行，这种产业链型所占的比重越来越低。

（三）产业链发展阶段与演化

从全球化、国际化和特色化的视角来看，我国肉牛产业链发展可分为"培育发展、整合发展、创新发展"三个阶段，由于我国肉牛产业发展的历史较短，肉牛产业体系尚不健全，加之产业技术体系还不够成熟、产业链组织能力和运行机制弱，可以初步判断目前我国大多肉牛产业链仍处于培育发展阶段，部分产业链处于整合发展阶段，极少部分产业链处于创新发展阶段。由于生态环境保护和资源约束、绿色发展和质量发展政策环境、国内外市场环境等约束程度变大，人们消费理念、消费质量和消费水平不断提升，以及"互联网＋"

的快速发展导致产业发展方式"颠覆性"变化的频率变高，加速推进了我国肉牛产业链由培育发展阶段向整合发展阶段和创新发展阶段快速推进。一体化型产业链向绿色高质量发展和强品牌增值发展的竞争型和特色化的路径模式演进；半紧密型产业链向战略联盟型（或产业化联合体）深融合创新发展的路径模式演进；一部分松散型条件较好产业升级到战略联盟组织链接型（或产业化联合体组织链接）产业链，一部分发展不好的产业链逐步被削弱，直至被淘汰。其演化的路径，一体化型产业链形成责任共同体，半紧密型产业链形成价值共同体，一部分较好的松散产业链形成真正意义的利益共同体，链接更为紧密，向价值共同体演进。

二、肉牛产业链发展的现状与问题

（一）我国肉牛产业的品种现状与问题

肉牛产业是畜牧业的重要组成部分，种群资源又是影响肉牛产业发展的关键。我国肉牛生产率不高的首要原因是肉牛良种化程度偏低。尽管我国肉牛业在育种领域取得了一定成效，通过国家鉴定成功培育的专门化肉牛已有夏南牛、延黄牛、辽育白牛、云岭牛四个品种，但是我国自主培育的新品种的市场优势尚未充分体现，难以满足国内对于优质肉牛生产及消费的需要。近十几年，全球肉牛育种领域百花齐放，不断涌现新品种，对国内贡献较大的几个引进品种也是在这个时候进入我国的。西门塔尔牛、安格斯、夏洛来等国内大范围推广的品种，几乎在国内各个省份都可以进行培育和养殖，引进品种对国内肉牛存栏量和产量的贡献，远远大于自主育种。"我国肉牛产业发展面临种群资源不足、技术突破困难、资金投入不足等问题，当前，国外的肉牛品种的确远优于国内品种。"国家肉牛牦牛产业技术体系首席科学家、中国农业大学教授曹兵海认为，推广我国自主培育的肉牛仍任重道远。

（二）我国肉牛产业的品质现状与问题

国内肉牛生产效率低于世界平均水平。我国肉牛屠宰胴体重长期处于世界平均水平之下，暴露出肉牛生产效率较低的问题。一是肉牛良种化程度仍然偏低。当前全国改良肉牛比例不及50%，且部分地区由于管理不善，出现引种退化的现象；二是肉牛饲养管理方式落后，饲料转化率较低。这一点在农户养牛群体中较为集中体现，由于观念落后，养殖知识贫乏，从圈舍、喂料到防疫等环节的饲养管理方式过于粗放，导致肉牛生长的状况不良，育肥效果差，产品缺乏市场竞争力。三是国内肉牛屠宰环节缺乏有效监管，私屠滥宰及肉牛产品注水掺假等行为仍十分普遍，市场的无序竞争严重影响了肉牛实际生产水平。四是我国牛源短缺，其主要原因：其一，我国肉牛品种少，良种肉牛繁育体系不健全，优良品种育繁推一体化的模式和机制还没有形成；其二，基础母牛严重不足、肉牛养殖户（场）大量减少等，是影响当前牛源短缺的突出问题。五是与肉牛产业发达的国家地区相比，由于我国肉牛产业政策体系、产业技术体系、良种繁育体系和现代产业体系、生产体系等不健全，加之屠宰加工企业对牛源恶性竞争，形成高品质肉牛产业链很难。

（三）我国肉牛产业的品牌现状与问题

与全国农业及农产品品牌建设一样，加快农产品的品牌建设已经成为农业现代化的一个标志。我国的农产品品牌建设在政府各部门的支持下已经取得了一些成绩，但总体情况仍不容乐观，越来越多的问题、凸显出来。一是农业产业化体系还未形成，缺乏集聚地向心力。另外，农产品还未形成区域地集约化生产，处于分散状态，根本不能满足市场化的需求，经济效益也就无从谈起。我国肉牛产业也是如此。二是我国大部分的涉农产业及农产品（包括肉牛产业及产品）管理者都是在长期的实践中自学成才的，并没有接受过正规的、统一的专业教育，成为农产品品牌建设的障碍。三是销售平台和市场渠道狭窄，宣传力度不够。网络平台的品牌推广已成为 21 世纪市场竞争中司空见惯的一种手段。国内农产品（包括肉牛产业及产品）要想快速地融入整个大环境中，就必须快速实现农产品的信息化，从生产到消费形成网络市场，从而推动农产品品牌建设，提高农产品品牌竞争力。这是加大市场竞争力度的必然。四是我国农业产业及农产品品牌（包括肉牛产业及产品品牌）单一，品牌体系建设的能力不足，一个品牌的形成，难以持久的管理和维运。

三、肉牛产业链融创发展时代需求

2013 年 9 月 7 日，习近平总书记在哈萨克斯坦纳扎尔巴耶夫大学发表演讲提出了"绿水青山就是金山银山"，表明我党和政府明确把生态环境保护摆在更加突出的位置；2018 年 2 月 5 日，中共中央办公厅、国务院办公厅印发《农村人居环境整治三年行动方案》，提出了"改善农村人居环境，建设美丽宜居乡村，是实施乡村振兴战略的一项重要任务"的总体方针；2015 年 12 月 30日，国务院办公厅发布了《关于推进农村一二三产业融合发展的指导意见》，提出了"推进农村一二三产业融合发展，是拓宽农民增收渠道、构建现代农业产业体系的重要举措，是加快转变农业发展方式、探索中国特色农业现代化道路的必然要求"的文件精神；2016 年 12 月 31 日，中共中央、国务院发布了《关于深入推进农业供给侧结构性改革加快培育农业农村发展新动能的若干意见》（中央 1 号文件 2017 年），提出了"农业的主要矛盾由总量不足转变为结构性矛盾，突出表现为阶段性供过于求和供给不足并存，矛盾的主要方面在供给侧。调整工作重心，深入推进农业供给侧结构性改革，加快培育农业农村发展新动能，开创农业现代化建设新局面"的策略措施；2017 年 12 月 29 日在北京召开的全国农业工作会议上，农业部部长韩长赋提出"推进质量兴农、品牌强农"的发展部署。以上这些文件精神和发展部署都鲜明地表明了我国已开启了农业向"绿色高质量发展、深融合创新发展、强品牌增值发展"的新时代，是历史的必然、时代的要求、战略的选择和特色的凸显。

（一）高质量绿色发展

高质量绿色发展是推进农业供给侧结构性改革的重要抓手，也是推动"农业增效、农民增收、农村增绿，加强科技创新引领，加快结构调整步伐，加大农村改革力度，提高农业综合效益和竞争力"的重要举措，紧扣时代发展的要求。高质量绿色发展，一是有利于统筹调整粮经饲种植结构。按照稳粮、优经、扩饲的要求，加快构建粮经饲协调发展的三元种植结构。发展青贮玉米、苜蓿等优质牧草，大力培育现代饲草料产业体系。二是有利于大力发展规模高效养殖业，引导产能向环境容量大的地区和玉米主产区转移。加快畜牧品种改良，大力发展牛羊等草食畜牧业，促进粮食、秸秆和饲草等作物过腹转化和过腹还田，提高粮食作物及秸秆的附加价值，改善地力、提高土壤有机质成分。三是有利于推进农牧业生产全程机械化，强化农机、农艺、信息化技术融合，推进农机化技术集成应用，推动"镰刀弯"地区玉米青贮、玉米籽粒收获、牧草收获等收获机械化示范推广。四是有利于加快绿色发展迈出新步伐，使化肥农药使用量进一步减少；使畜禽粪污、秸秆、农膜综合利用水平进一步提高；使农业资源要素配置更加合理，农业发展的质量效益和竞争力有新提升。五是有利于大力推进农业标准化，全面提升农产品质量安全水平，深化质量兴农，突出优质、安全、绿色导向。

（二）深融合创新发展

深融合创新发展是产业链发展及多链融合的历史的必然、时代的需求、战略的选择和特色的凸显。当今全球经济正发生着深刻变化和颠覆性变化，产业之间的渗透融合日益清晰地向人们展现出了 21 世纪的发展趋势。在不同的产业领域内，产业融合以不同的方式演进，最终将促成整个产业结构的高度化、合理化，并构架出融合型的产业新体系。理论分析表明，产业融合是在经济全球化、高新技术迅速发展的大背景下，产业提高生产率和竞争力的一种发展模式和产业组织形式。深融合创新发展，一是有助于促进传统产业创新，进而推进产业结构优化与产业发展。由于产业融合容易发生在高技术产业与其他产业之间，产业融合过程中产生的新技术、新产品、新服务在客观上提高了消费者的需求层次。同时产业融合催生出的新技术融合更多的传统产业部门，改变着传统产业的生产与服务方式，促使其产品与服务结构的升级。二是有助于产业竞争力提高。产业融合与产业竞争力的发展过程具有内在的动态一致性。技术融合提供了产业融合的可能性，企业把融合过程融入各个运作层面，从而把产业融合的可能性转化为现实。不同产业内企业间的横向一体化加速了产业融合进程，提高了企业竞争力、产业竞争力。三是有助于推动区域经济一体化。产业融合能够提高区域之间的贸易效应和竞争效应，加速区域之间资源的流动与重组。产业融合将打破传统企业之间和行业之间界限，特别是地区之间的界限，利用信息技术平台实现业务重组，产生贸易效应和竞争效应。产业融合将促进企业网络发展，提高区域之间的联系水平。

（三）强品牌增值发展

强品牌增值发展，是肉牛产业及产业链发展的必然趋势，符合时代发展的需求。《农业部关于 2017 年农业品牌推进年工作的通知》提出：紧紧围绕推进农业供给侧结构性改革这个主线，以创新为动力，以市场需求为导向，以提高农业质量效益和竞争力为中心，着力强化农业品牌顶层设计和制度创设，加快培育一批具有较高知名度、美誉度和较强市场竞争力的农业品牌。通过开展丰富多彩的品牌创建活动，激发全社会参与农业品牌建设的积极性和创造性，凝聚各方共识，提振发展信心，加速建设进程，确保农业品牌工作取得实质性进展。2018 农业农村部发布《关于加快推进品牌强农的意见》提出：以推进农业供给侧结构性改革为主线，以提质增效为目标，立足资源禀赋，坚持市场导向，提升产品品质，注重科技支撑，厚植文化底蕴，完善制度体系，着力塑造品牌特色，增强品牌竞争力，加快构建现代农业品牌体系，培育出一批"中国第一，世界有名"的农业品牌，促进农业增效、农民增收和农村繁荣，推动我国从农业大国向品牌强国转变。以上这些文件精神和战略部署都鲜明地表明了强品牌增值发展符合时代发展的要求，是经济高质量发展的迫切要求，是推进农业供给侧结构性改革的现实路径，是提升农业竞争力的必然选择，是促进农民增收的有力举措。

第二节　理论解构

以健康为主题、营养为主线、多链融合为载体的肉牛全产业链融合发展与增值创新是一个复杂的系统（以下简称"系统"），需要运用"价值创新理论、产业融合理论、系统工程理论"等思想方法去进行解构，探索研究系统形成的机理机制，明晰系统构成的功能元素、功能模块、功能版块等之间的驱动、传导、响应、反馈和调优关系，为系统建设与运行的路径模式创构和组织机制设计提供理论支撑。同时，需要对系统构成的"三大"健康"三维"营养"三品"联动"多链"融合等概念进行解读，设计概念模型，为系统建设与运行的体系支撑和实践探索的策略方案设计提供支撑。另外，需要明晰系统的构成原理和运行机理，为设计系统高质量、高效率、高速度运行的技术路线和运行机制，提供依据和技术指导。

一、融合发展与增值创新的理论综述

（一）产业融合理论

以肉牛产业为主导的多链融合发展主要理论依据是产业融合理论。在世界第三次新技术革命和经济全球化的双重推动下，产业间相互渗透、相互融合的现象日趋增多。产业融合最早源于数字技术的出现而导致的信息行业之间的相互交叉。20 世纪 70 年代的通信技术革新和信息处理技术的革新推动了通讯、邮政、广播、报刊等传媒间的相互融合；20 世纪 90 年代以来，通信技术的进一步革新和个人电脑的普及导致互联网的广泛应用，这进一步推进了出版、电视、音乐、广告、教育等产业的融合。伴随着新科技革命的迅猛发展和企业跨行业、跨地区的兼并重组活动，产业的边界逐步趋于模糊化，全新的融合型产业体系逐渐形成。产业融合的含义：日本学者植草益认为产业融合是通过技术革新和放宽限制来降低行业间的壁垒，加强各行业间的竞争合作关系；美国学者 Greenstei 和 Khanna 认为产业融合是为了适应产业增长而发生的产业边界的收缩或消失；中国学者卢东斌认为产业融合是高新技术及其产业作用于传统产业，使得两种（或多种）产业合成一体，逐步成为新产业；中国学者厉无畏认为产业融合是指不同产业或同一产业内的不同行业通过相互渗透、相互交叉，最终融为一体，逐步形成新产业的动态发展过程。产业融合的方式：主要有"高新技术的渗透融合、产业间的延伸融合、产业内部的重组融合"等类型。产业融合的动因：①技术创新是产业融合的主要推动力；②竞争合作的压力和对范围经济追求是产业融合的企业动因；③跨国公司的发展是主要推动力；④放松管制为产业融合提供了外部条件；⑤生产力进步和产业结构高度化直接导致产业融合。肉牛多链融合发展，要遵循产业融合这一理论。

（二）价值创新理论

肉牛全产业链增值创新的理论依据，来自价值创新理论。价值创新（Value Innovation）概念最早由 W. Chan Kim 和 Renee Mauborgne 于 1997 年提出。他们通过对全球 30 种行业的 30 余家高成长企业的研究发现，这类企业的高成长性主要受到企业所遵从的创新逻辑的影响，由此提出了基于顾客的价值创新战略。"价值创新"这一概念将顾客价值提升到了战略逻辑的高度，给企业战略提供了一个全新的战略视角。"价值创新"方法从更广阔的视角重新审视了企业的战略观念，开发出适应当今复杂多变市场环境的提高产品价值、开发新产品和新市场的思路和新方法。2005 年，两位学者在继续研究的基础上进一步丰富了"价值创新"的内涵，并推出了基于价值创新的"蓝海战略"。W. Chan Kim 和 Renee Mauborgne 指出，价值创新的重点既在于"价值"，又在于"创新"。在没有创新的背景下，价值的焦点是规模扩张型的"价值创造"，它提供了价值，但并不足以使企业超越市场。在缺乏价值的背景下，创新往往是技术拉动型、市场推广型的，或者是理想主义的，即忽略客户是否愿意接受并支付相应的价格。在此意义上，把价值创新与"技术创新"及"市场推广"加以区分是十分必要的。W. Chan Kim 和 Renee Mauborgne 的研究证明，区分蓝海拓展中的成败标准既不在于是否拥有"杀手锏"性质的核心技术，也不在于进入市场的时机。尽管某些时候上述两种因素的确存在，但在更为一般的情形下，它们并不重要。只有在企业把创新与效用、价格和成本进行有机结合的时候，价值创新才可能发生。如果企业不能使创新围绕价值而进行，则作为技术创新者和市场推广者的企业往往生出蛋，却被其他企业给孵化（表 7-4）。

表 7-4　肉牛产业链科技创新突破及其价值分析

科技创新突破点	技术经济突破点	价值策略
地方特色品种提纯复壮等技术创新	品种资源保护、提纯复壮和繁育扩繁 扩大地方特色品种的优良种群的规模 形成自主肉牛品种培育的发展优势	创新科技链 提高国家竞争力

（续）

科技创新突破点	技术经济突破点	价值策略
日粮营养摄入控制 技术开发	TMR 肉牛各阶段全日粮开发 日粮营养平衡的饲草料配方	饲草料营养价值 饲草料转化效率
牛肉品质提升技术 集成创新	高档肉牛育肥技术的集成开发 屠宰加工与排酸、分割技术的集成应用	肉牛胴体的等级 肉产品品质价值

（三）系统工程理论

以健康为主题、营养为主线、多链融合为载体的肉牛全产业链融合发展与增值创新系统建设与运行的理论依据来自系统工程理论。1984 年，钱学森第一次来中国农业科学院，为李毓堂等农业科技专家讲解了两天的大农业产业革命，当时李毓堂在农业部具体主持占国土 41% 的草地管理和建设工作。之后的 20 多年，他和钱学森通信 50 多封，只为落实系统工程在草业的发展。20 世纪 80 年代初到 90 年代中叶，在系统工程理论的指导下，李毓堂在全国十多个省、自治区的 20 多处草场试点系统工程管理，将草地技术、经营体制、产业结构、农牧区发展模式综合到一个优化产业系统中一并解决，也就是说，草场农民不只负责草场作物的生产，还将技术提升、产品加工和出售融入产业系统体系，效率提高了，农民也逐渐富了起来。"根据国家审计部门的调查，这些试验区投资效果、经济、生态、环境评估都远超同期其他项目"李毓堂告诉记者。在实验场之一的内蒙古，逐步形成了甘草、沙棘、肉苁蓉等沙产业系列和绒、肉、乳、药、薯等草产业系列。在李毓堂看来，钱学森的系统工程思想，至今仍有指导意义。以农业为例，仅化肥，中国使用量就是世界平均水平的 2.5 倍，有效率却仅有 30%，70% 的化肥不仅造成土壤污染，还降低了农产品质量，使得农业生产成本上升，价格倒挂。"现代农业要在全面提升效率的同时，增加农民收入，确保环境可持续发展，只有通过系统工程理论。因为系统工程不是头痛医头、脚痛医脚，而是从根本上进行改革，将所有问题纳入一个体系进行思考、寻求解决之道"。在更多学者看来，钱学森的系统工程理论可说是贯穿自然科学、社会科学和哲学之间的通道，至今仍不过时。

二、健康营养的概念解读与关系模型

概念（idea，notion，concept）是人类在认识过程中，从感性认识上升到理性认识，把所感知的事物的共同本质特点抽象出来，加以概括，是本我认知意识的一种表达，形成概念式思维惯性。在人类所认知的思维体系中最基本的构筑单位。概念可以是大众公认的，也可以是个人认知特有的一部分。表达概念的语言形式是词或词组。概念都有内涵和外延，即其含义和适用范围。概念随着社会历史和人类认识的发展而变化。中华人民共和国国家标准《术语工作》（GB/T 15237.1—2000）："概念"是对特征的独特组合而形成的知识单元。德国工业标准2342将概念定义为一个"通过使用抽象化的方式从一群事物中提取出来的反映其共同特性的思维单位"。从广义上讲，事物能够改变模型的性质称为事物的概念。概念具有两个基本特征，即概念的内涵和外延。概念的内涵是指这个概念的含义，即该概念所反映的事物对象所特有的属性。概念的外延就是指这个概念所反映的事物对象的范围，即具有概念所反映的属性的事物或对象。以健康为主题、营养为主线、多链融合为载体的肉牛全产业链融合发展与增值创新，还涵盖着"三类"健康"三维"营养"多链"融合等新概念，需要从内涵和外延对新概念加以解读，从感性认识上升到理性认识，把事物本质抽象出来加以概括。

（一）"三类"健康

"三类"健康主要是指环境健康、动植物健康和产业链健康。环境健康是指在高质量绿色发展的肉牛产业链建设与运营过程中，养殖环节、饲草料生产环节、屠宰加工环节等不破坏生态环境，产生的废气、污水和固态排泄物总量不超过周边环境的消纳能力，或经过处理后对环境产生的负面影响不会超过周边环境其他相关主体或生物的最大忍耐度。环境包括大气环境、水环境和土壤环境。动植物健康，是指高质量绿色发展的肉牛产业链建设与运营过程中，动（肉牛）植（饲草料作物）物品种有良好的遗传性能，动植物发育生长和成熟过程中都处于良好的状态，无病害（或兽药、化肥农药）侵害，植物成熟的果实和动物成熟肌体达到无公害及以上标准要求。产业链健康是指肉牛养殖产业链发展稳定、持续和高效，表现为产业链上产生的各类产品（包括牛肉主产品、屠宰加工副产品、秸秆生物饲料和有机肥等）价格相对稳定或持续小幅上升，总量供求基本平衡。这要求种养主体/服务主体和核心企业具有较高的信用水平，产业链各环节生产能力能够协同发展，生产要素配置处于动态平衡状态，利益分配公平，各环节主体合作持续长久；各环节的风险防控能力较强（图7-1）。

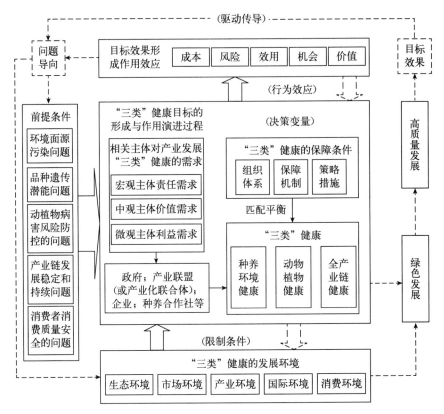

图 7-1 高质量绿色发展的"三类"健康运行机理

(二)"三维"营养

营养（nutrition）指食物所含的养分，生物从外界摄取养料滋补身体以维持其生命。营养学家对营养所作的解释是：食物中的营养素和其他物质间的相互作用与平衡对健康和疾病的关系，以及机体摄食、消化、吸收、转运、利用和排泄物质的过程。营养素是维持正常生命活动所必需摄入生物体的食物成分。现代营养学对于营养素的研究，主要是针对人类和禽畜的营养素需要。营养素分蛋白质、脂质、碳水化合物（糖类）、维生素和矿物质（无机盐）、水、纤维素7大类。"三维"营养在本文指的是粮饲作物营养、饲草饲料营养、肉牛产品营养。粮饲作物营养是指为肉牛饲草饲料提供营养成分的作物，包括提供能量的玉米等，提供蛋白大豆（豆粕）、油菜籽（菜粕）和苜蓿等，提供纤维素的农作物秸秆和饲草等；饲料营养是指按照动物的不同生长阶段、不同生理要求、不同生产用途的营养需要，以及以饲料营养价值评定的实验和研究为基础，按科学配方把多种不同来源的饲料原料，进行科学配比并依一定比例均匀混合形成全价营养饲料，来满足动物的发育生长对营养摄取的要求。肉牛产品营养，是指牛肉产品中含有的热量、蛋白质、脂肪、碳水化合物、胆固醇、维生素、常量元素和微量元素等营养物质的总和。这些营养物质有益于消费人群的健康，以及嗜好（如大理石纹牛肉）的满足。"三维"营养在发展高质量肉牛产业链中是功能互补的关系，提高牛肉产品的营养，就得提升饲料的营养和粮饲作物的营养，三者缺一不可（图7-2）。

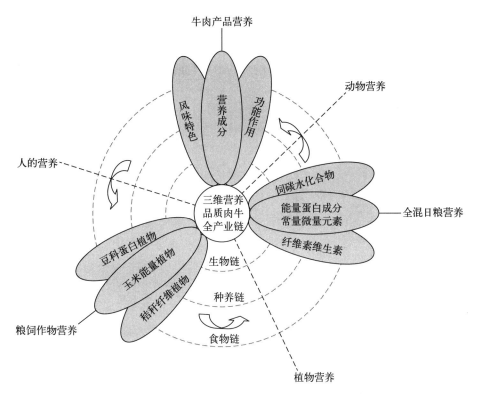

图7-2　"三维"营养循环品质肉牛产业链的关系模型

（三）"三品"联动

"三品"指的是"品种""品质""品牌"。品种是指与肉牛产业链有关的动植物遗传性能还的优良品种，包括肉牛、粮饲作物、饲草等优良品种；品质指的是在产业链上流动的所有产品品质，包括牛肉产品品质、饲草料品质、副产物品质；品牌是指与产业链发展有关的所有品牌，包括产地品牌（涵盖品种品牌）、企业品牌、产品品牌、产业链品牌和渠道品牌（如肉牛火锅等餐饮连锁）。"三品"联动从生态链、生物链和食物链的三个维度来看，品种、品质和品牌之间存在必然联系，好品种是由优良品质和品牌影响力体现出来的；好品质是以好品种的优良遗传性能为支撑的，以品牌影响力进行表达的；品牌是以品种的优良特色为基础（如日本和牛），以产品优良品质（包括品形、品色、品味、品香、品构、品名、品相、品衬、品境、品位、品文、品意、品示）为支持的。高价值高质量肉牛产业链，品种、品质和品牌是相互依存、功能互补、不可割裂的，同时，"三品"联动也是肉牛产业链绿色高质量发展、深融合创新发展、强品牌增值发展的根本保障。目前，我国"三品"联动的高品质肉牛产业链还是极少数。同时，由于我国肉牛产业发展的历史较短，相比日本、美国等肉牛产业发达的国家和地区，培育和发展高品质肉牛产业链的经验不足，因此要学习和借鉴他们成功的经验，培育发展我国全球化、国际化和特色化的高品质肉牛产业链（图7-3）。

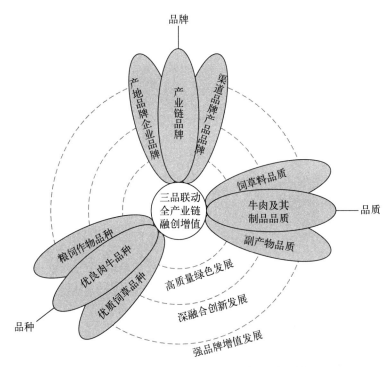

图7-3 "三品"联动全产业链融创的关系模型

结合我国国情，借鉴日本注重高品质和牛产业链"三品"培育发展的经验和做法，对我国培育发展"三品"联动高品质肉牛产业链，会有更多的启示。

日本和牛从无到有发展起来的成功历程经历了近百年。"和牛"是日本的国宝，是目前世界上公认的品质最优秀良种肉牛。"和牛"肉中富含铁和不饱和脂肪酸，其脂肪多为雪花状在肉中均匀分布，秘诀是最大限度地育肥和品质的控制，提高牛肉中的脂肪率，使瘦肉中也生长出大量的犹如大理石花纹般的油脂，即"霜降牛"。"和牛"肉以细嫩多汁、质地柔软、香而不腻、入口即化的独特风味而在世界范围内被誉为牛肉中的极品，因此具有较高的市场价值、价格十分昂贵。

表 7-5　日本和牛"三品"培育发展的成功经验和主要做法

方面	主要做法
品种培育与繁育方面	长期进行品种改良：明治 33 年（1900 年）全面展开杂交培育，1920 年，日本各县分别建立登记制度开始，到 20 世纪 60 年代初为止。1938 年被日本政府确认为一个品种，确定了和牛的名称，制定了体形审查标准。日本和牛零散饲养居多，育种工作困难很大。但由于长期坚持，同时紧紧抓住和牛适应本地特点这一关键问题，避免了盲目杂交造成本地牛优良基因丢失，终于育成了既有较高肉用生产性能，又具有适应本地特点的肉牛品种 和牛品种扩繁途径：在和牛扩繁上，主要用冷冻精液配种，自群繁育，适当利用生产鲜胚，移植生产。在实施过程中为防止近亲配种，利用各种渠道从国外引进公牛精液及胚胎，或从外省购进公牛精液，进行繁育；利用和牛精液改良当地杂种肉牛或地方良种，利用和牛精液主要与杂种肉牛进行三元杂交，杂种母牛选择安格斯、蒙古牛的杂种，利木辛与蒙古牛的杂种
饲养与品质控制方面	育肥牛选择与饲养管理：选择年龄 2～3 岁、体重 350 千克以上的和杂牛，公牛必须去势。具备完整的个体生长及其父母情况记录档案。和牛以生产高档大理石花纹肉为主。育肥期一般为 10～12 个月，分为增重期和肉质改善期。前期为增重期（6～8 个月），体重应达到 550 千克以上，不能低于 450 千克；后期为肉质改善期（4～6 个月），一般和牛要求体重达到 500～600 千克 即可出栏。育肥前期主要以长肉为主，在这期间以高蛋白质饲料为主，让牛充分育肥起来；后期主要以沉积脂肪为主，让脂肪充分沉积到肌肉纤维层，在此期间饲喂高能量低蛋白质饲料 和牛牛肉产品等级判定：日本国产牛肉由社团法人日本食肉等级协会来进行评级。牛肉的评级分两种，一种是出肉率等级，另一种是肉质等级。出肉率分 A、B、C 三个级别，以 A 级为最高；肉质分 5、4、3、2、1 五个级别，以 5 为最佳。出肉率等级 A—B—C（从高到低），去掉牛皮、骨和内脏后的屠体所占比重高于标准值的为 A 级，达到标准值的为 B 级，低于标准值的为 C 级。在体重相等的情况下，出肉越多则级别越高。肉质等级 5—4—3—2—1（从高到低），根据"脂肪的分布（雪花）""肉的色泽""肉的松弛程度和肌理""脂肪的色泽和质量"等 4 个项目，肉质 5 级为相当好，4 级为偏好，3 级为达标，2 级为准达标，1 级为劣质

（续）

方面	主要做法
品牌打造与营销方面	差异化打造品牌：致力于提高"地方和牛品牌"的质量并开展宣传活动，它们分别制定各自的"品种""原产地"及"肉质"标准，并建立认证制度。目前，日本国内大小共计约有 300 个和牛品牌。最高级品牌有"神户牛（兵库县）""松阪牛（三重县）""近江牛（滋贺县）"和"米泽牛（山形县）"等。而"仙台牛（宫城县）"，则是和牛中唯一只有 A5 等级方可冠以此名的牛肉，同一产地的 A4、A3 等级的牛肉以另外的名称—"仙台黑毛和牛"命名
	注重全球化营销：日本不遗余力地向全世界推销和牛。日本的畜牧业人士现在强烈关注的还是海外市场。日本和牛出口最大宗的地区是中国香港，第二名是美国，第三名是新加坡。跟日本国内相比，中国香港及新加坡购买和牛的成长率更高。日本政府长年推广日本和牛出口，与禁止和牛进口国家不断协商盼开放，并制订"统一和牛标志"，与他国的和牛区隔。同时，在世界各地举办研讨会或品尝会等各种措施，促进和牛的出口，不遗余力地向全世界推销和牛

（四）"多链"融合

多链融合是肉牛产业链融合发展与增值创新的依托载体，伴随着"互联网＋"、平台经济、区块链等新科技革命的迅猛发展和企业跨界竞争、资源要素跨领域配置整合，产业链的边界逐步趋于模糊化，全新的融合型产业链、产业链族、产业链网和产业链群将逐渐形成。单一产业链的建设与运行由于受成本过高、风险过大、效率过低、竞争力不强和要素配置渠道狭窄等因素的影响，已经不适应资源环境、生态保护紧约束加剧和绿色高质量发展的时代要求，以及国内外市场环境、产业环境、经济环境等频繁变化甚至颠覆性变化的时代发展要求。因此，单一的产业链必须捆绑和融合更多的东西作为支撑，才能持续、稳定和高效发展（图 7-4）。

多链融合，是以平台链为界面、服务链为纽带、区块链为管控、产业链为基础、价值链为引领的复杂系统。平台链是一个共生的界面，主要起汇聚"政策链、物质链、信息链、资金链、人才链"等作用，使各链条在平台链界面上共生；服务链主要起链接作用，通过各种服务使汇集到共生界面中的各链条进行融合；区块链主要起对平台链及汇聚到平台链上的各链条进行管理及支持作用，通过对各类链条上主体行为记录、各类链条运行信息和数据的采集、分析和处理，及时反馈给共生界面上及各类链条上相关主体，来维护共生界面的生态。

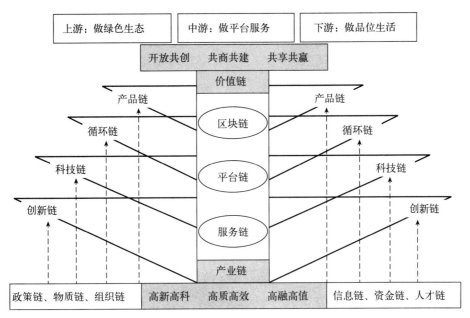

图 7-4 深融合创新发展的"多链"融合系统的关系模型

三、肉牛产业链融合增值创新的机理

"机理"是指为实现某一特定功能，一定的系统结构中各要素的内在工作方式以及诸要素在一定环境条件下相互联系、相互作用的运行规则和原理。借助这一概念，基于肉牛产业链融创发展的作用机理，是为了实现肉牛产业链"高质量绿色发展""深融合创新发展""强品牌增值发展"的功能（路径），在"三类"健康、"三维"营养、"三品"联动肉牛产业链融合发展与增值创新构成的系统中，由发展理念、环境限制、创新机制等问题导向，政府宏观主体、产业中观主体、企业微观主体、市场消费主体等需求因素驱动，"倒三角"创新型组织响应和传导，使系统中构成的"三类"健康、"三维"营养、"三品"联动和"多链"融合等要素（模式），在资源、政策、国际、市场、区域和产业等发展的环境条件下，形成相互联系、相互作用的运行规则有序的有机体，最终使系统运行的成本、风险和效率等达到理想（政府宏观主体、产业中观主体、企业微观主体所期待的）的状态（效应）（图7-5）。

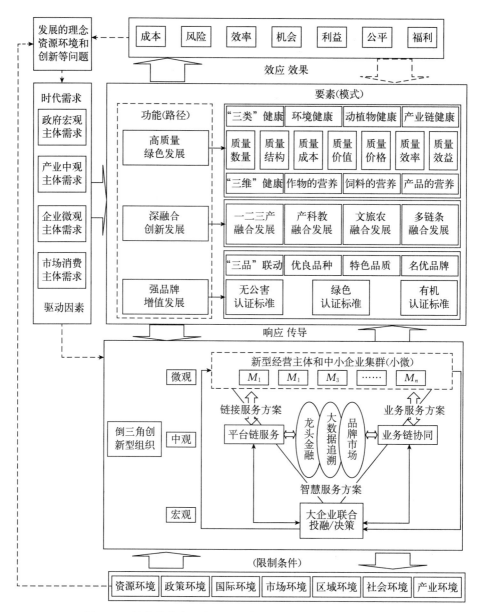

图 7-5 健康营养肉牛产业链融合发展与增值创新的作用机理

第三节 路径模式

路径一般是指实现目标的具体方式或运行轨迹，或是指通向某个目标的道路。在经济领域中，主要是着眼于实现经济可持续发展的制度与政策。路径选择主要是指对制度变迁方向和政策调控方式的选择，经济可持续发展路径选择就是按照经济可持续发展所要求的方向进行制度创新和政策调控。模式（Pattern）其实就是解决某一类问题的方法论。把解决某类问题的方法总结归纳到理论高度，则称为模式。模式是一种指导，在一个良好的指导下，有助于完成任务，有助于作出一个优良的设计方案，达到事半功倍的效果，而且会得到解决问题的最佳办法。模式也是典型形式，即在某一特定环境下，事物的状态和构造。模式即事物的标准样式，具有普遍的适应性和发展性。路径与模式的关系，一条路径可能是由一个模式或诸多模式组成，路径是前提条件，模式是关键变量，两者互为作用。基于"三类"健康、"三维"营养和"三品"联动的肉牛产业链融合发展与增值创新的系统中，"绿色高质量发展""深融合创新发展"和"强品牌增值发展"是路径，"三类"健康、"三维"营养、"三品"联动和"多链"融合如果能够形成复杂有序、相互联系和良性互促的结构，则称为模式。路径是通向产业链融合发展与增值创新目标的道路，模式是实现路径的重要条件和支撑（图7-6）。

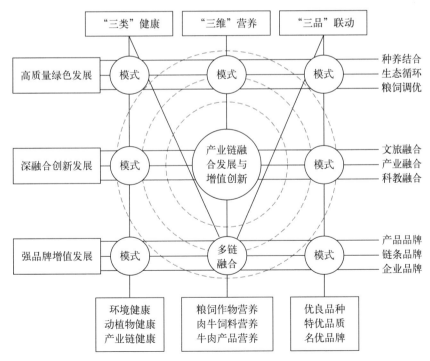

图7-6　肉牛产业链融合发展与增值创新路径模式的关系模型

一、绿色高质量发展

（一）种养结合全链价值循环的绿色发展

该模式是以"生态优先、种养结合、草畜平衡、资源高效、结构调优"的发展思路，围绕种养业发展与资源环境承载力相适应，按照"以种带养、以养促种"的种养结合循环发展理念，以就地消纳、能量循环、综合利用为主线，以经济、生态和社会效益并重为导向，采取政府支持、企业运营、社会参与、区域推进的运作方式，构建集约化、标准化、组织化和社会化相结合的种养加协调发展模式，促进集"农作物种植、肉牛养殖、饲草料加工和有机肥加工、生物科技"融合发展，延伸肉牛产业链，拓展产业链功能。实现物质循环促进价值循环、价值循环带动物质循环的顺向和逆向的良性互促，形成完整的种养加循环产业链链条。

（二）以养定种、以种促养的绿色发展

以养定种、以种促养的粮饲调优模式，是粮食等作物主产区和农牧结合地区调优玉米等作物种植结构，促进粮食过腹转化和还田，提高粮食作物附加价值，增加地力和改善土壤质量的模式。该模式以大规模开展土地综合整治，打造以玉米种植为主的高标准现代化粮田，提高土地生产率为基础。同时加强玉米作物秸秆、粮食加工副产物等资源的综合利用，实现秸秆和副产物饲料化。在秸秆收储方面，大力推广秸秆收贮加一体化装备技术集成匹配模式，以及秸秆生物饲料发酵技术，提高秸秆的收贮效率及营养价值。同时，大力推广青贮玉米与苜蓿等豆科类植物间作、套种技术，改善土壤，提高饲草和青贮饲料搭配综合营养价值。

（三）环境生命和消费健康的绿色发展

该模式是以龙头企业与科教机构合作建立全产业链工程中心，以打造健康全产业链条为目标、开展关键环节的技术研发攻关和示范推广为基础，从环境健康、动物健康、生产健康、生命健康、消费健康等视角，开展基础性、关键性和应用性等技术的研发创新。该模式运用生态科技、生物科技、生命科技和营养科技，重点在"生态承载与养殖规模、环境保护与种养循环、良种繁育与品系培育、饲养管理与高效育肥、秸秆牧草与 TMR 日粮、疫病防治与动物健康、生产环境与人员健康、福利屠宰与加工分割、肉品品质与检测检验"等方面，形成一套完整的产业技术体系和技术标准体系，为产业链持续发展及核心

竞争力培育提供支撑。

二、深融合创新发展

(一) 肉牛产业为主导的多链融合创新发展

该模式是按照"高新、高质、高效、高融、高值"和"开放、共商、共建、共享、共赢"的发展理念思路,集政府之力、企业之力、科教之力、集体之力(村社集体、合作社等),以及市场之力、合作之力和联合之力,多力并举"做大产业链规模经济、做高科技链创新水平、做强循环链带动能力、做特产品链品位品质"的路径模式。该模式在创构和运行过程中,需要不断强化以价值链为核心的产业链、科技链、循环链和信息链等融合创新,拓展产业链的融合功能、创新产业链的新型业态、培育发展新型产业链条。该模式主要以产业链"上游做绿色生态、中游做平台服务、下游做品位生活"为特色,以建立产业化联合体为支撑。

(二) 政产学研合作的产科教融合创新发展

该模式是以搭建政产学研用合作平台为基础,提升产业链各环节生产经营管理主体创新能力为目的。模式的创构与运行需要以全球化、国际化和特色化的视野,依托产业创新联盟龙头企业搭建政产学研用合作平台,建立开放共商、合作共创、交流共享和研发共赢合作机制,吸引政府科技部门、大学科研机构、龙头企业等政策资本、知识资本、智力资本和产业资本聚集,促进肉牛产业及关联产业低级要素向高等级要素转化升级,进而促进产业及关联产业的能力效率和质量效益提升、优势资源比重增大和要素质量不断调优,最终实现产业及产业链核心竞争力和市场竞争力的不断增强,对高等级要素资源的吸引聚集力不断提升(图7-7)。

(三) 加工带动、物流联通的融合创新发展

该融合发展模式,是以"加工为带动,物流为联通,延伸农牧业产业链,促进一二三产业融合发展"为主要特色,依托区域农畜产品加工园区、物流园区、电子商务园区等搭建农畜产品加工或食品物流平台,聚集生产规模大、经营管理好、发展后劲足、市场渠道宽、带动作用大的农畜产品加工企业、饲料企业、物流企业和电商企业,通过创建产业化联合体,打造"肉牛屠宰加工分割为纽带向产业链的前后端延伸融合型、生物饲草料加工为纽带向农牧产业链上端延伸融合型、畜牧养殖产销服一体化扶贫为纽带全产业链融合型"等融合

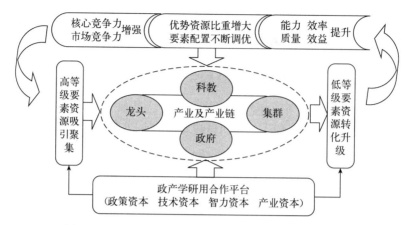

图 7-7　政产学研合作产科教融合创新发展的关系模型

发展产业链条，促进种养原料基地、加工企业、仓储物流配送、市场营销等环节的首尾相连和上下衔接，形成农畜产品加工物流产业化联合体为支撑，加工物流为延伸的一二三产业深度融合。

三、强品牌增值发展

（一）生态、拳头和品牌产品联动增值发展

该增值发展模式，是以"生态产品立本、品牌产品兴农、拳头产品强业"的经营理念思路，体系化打造以品质肉牛全产业链为基础的品质品位产品链。产业链上游基于生态做优绿色饲草料、做特种养优良品种、做高品质肉牛养殖品质和做精副产物资源化产品；产业链中游做新福利屠宰方式、做高胴体精细分割水平、做强加工副产物精深加工能力；产业链下游精准市场定位、精益营销渠道和精细产品客户，做强产地品牌、产业链品牌和产品品牌。基于生态绿色、安全健康和品质品位，积极与国内外绿色有机等认证机构、标准制定科研院所和专家学者合作，研究制定品质肉牛全产业链关键环节并能够与国际接轨的标准，加强品质肉牛全产业链关键环节和关键主体的"GNP""ISO 9001、ISO 9002、ISO 2001"等质量管理体系认证，以及国家绿色食品、中国质量环保产品等认证，提高品质品位产品的市场和社会公信力（图 7-8）。

（二）品质全产业链品牌体系建设增值发展

该增值发展模式，是以做高做响产品链的名优品牌产品为着力点，以着力推进基于生态绿色、安全营养、品质品位的品牌体系建设为基础，梯次推进安

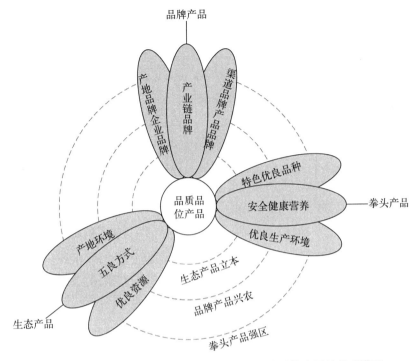

图7-8　生态产品、拳头产品和品牌产品联动增值发展的关系模型

全产品向无公害产品以及绿色产品乃至有机产品方向发展为目的，按照产业及产业链发展的培育阶段、成长阶段、稳健等各阶段，以及一般收入人群、中等收入和高等收入人群的消费层次结构，科学设计一般牛肉、中档牛肉和高档牛肉生产的层次结构，让各类层次的消费人群都能分享到优质肉牛产品带来的实惠、获得的满足。该模式的创构与运营，需要打造品牌联合体，加强品质肉牛集"产地品牌、企业品牌、产业及产业链品牌、产品品牌"等于一体的品牌体系建设，科学周密设计基于一般客户群、中等客户群和高等客户群等，精益营销、渠道建设和品牌传播新方式（图7-9）。

（三）"三化"联动文化主题运作增值发展

该增值发展模式，是以草原、牧场和田园综合体为载体，以地方传统或自主培育的优良品种（如云南文山牛）为特色，培育发展牛文旅创融合新型产业，为地方肉牛特色产业及产业链增加附加价值、品牌打造和主题运作提供支撑。该模式的创构需要深入挖掘"牛"文化，结合当地民族民俗文化，积极开展"跨界牛王＋品种鉴赏＋体型审查"和"文化创意＋民俗演艺＋特色餐饮"等主题活动。同时，依托草原美景、牧场风光和田园综合体等，创意设计牛与

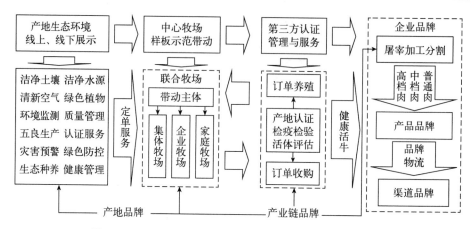

图 7-9 品质全产业链品牌体系建设增值发展的关系模型

草、牛与山、牛与水、牛与林、牛与田、牛与园等生态景观，发展休闲观光旅游业，打造牛与环境、人与动物和人与自然和谐发展的景象。建设国际观光牧场，展示国内外优秀品种、先进技术、文化艺术和品牌产品，加强国际交流，推动产业发展的特色化、国际化和全球化（图 7-10）。

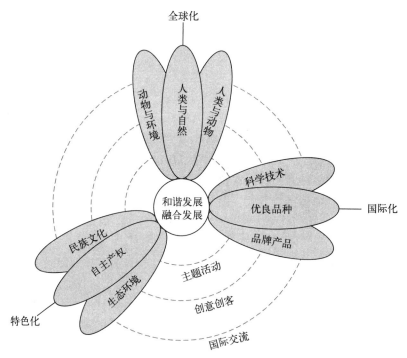

图 7-10 "三化"联动文化主题运营增值发展的关系模型

第四节　组织运营

实现基于"三类"健康、"三维"营养、"三品"联动的肉牛产业链融合发展与增值创新，用以往传统产业链的发展方式很难，在组织运营中，最为关键的是"倒三角"创新型组织。因为传统的方式属于"正三角"的组织治理模式，高级主体高高在上，决策链长而效率低下，很难应对当下和未来"互联网+"、平台经济等快速发展和商业模式发生颠覆性变化频率变高的形式趋势。"倒三角"创新型组织则可以应对这些问题。在"倒三角"这种创新型组织模式中，组织决策链的角色发生倒转，形成上有活力、中有连接互为转换、下有压力的组织形态。在"倒三角"产业运作模式中，高级主体即大企业集团（或带链运营的大龙头企业）存在于底部，通过联合的方式主要在宏观的视角进行投融和决策，为平台提供智慧服务方案支撑；上部主要为接近市场端或实务端的活力主体，包括新型经营主体和中小企业（小微）集群等，形成基于平台服务的优胜劣汰机制；中部主要是平台链和业务链，通过龙头金融、大数据追溯和市场品牌形成服务平台，形成一个共生共享的大界面，转化底部决策层的智慧方案，并为活力主体提供生产性服务、人力资源服务、管理咨询服务、品牌营销服务等。

一、"龙头带动＋平台服务＋集群创新"产业链运营组织

该产业链组织模式，是以开放合作、共商共建和共享共赢，健全优化全产业链运营体系为基础，以妥善处理好政府、企业和农民三者关系，确定合理的全产业链建设与运营管理模式，形成健康发展的合力为目的。政府重点负责政策引导，营造有利于全产业链发展的外部环境；企业等市场主体主要发挥在产业链发展和实体运营中的主导作用，带链运行；农民通过合作化、组织化等方式，实现在全产业链建设与运营中的"收益分配、就近就业"等为原则，创新肉牛产业及产业链运作与服务组织机制，建立由"创新驱动、梯次传导、快速响应、反馈调优"四大机制构成的平台运行机制，最终形成"龙头带动＋平台组织＋现代服务＋集群创新"的肉牛全产业链的新型组织业态，实现产业生态、平台生态和组织生态的互促融合。

二、"收储加服务＋绿色储蓄银行"饲草料供给运营组织

该运营组织模式，是以建立饲草料产业化联合体为基础（如包头市以北辰

集团为龙头的饲料产业化联合体），以保障养殖主体优质饲草料供给和提高肉牛饲草料营养价值为目的，依托联合体搭建的饲草料生产经营和技术支持综合服务平台，建立线上、线下专家咨询支持系统，孵化培育饲草料"收贮加一体化"服务公司、农机服务合作社和农机服务大户等新型经营主体，开展饲草料种植业技术指导，田间机械化作业，集中收购、加工、贮运，饲喂技术指导等服务工作。建立饲草料生产服务指挥调度中心，促进各类生产服务经营主体有序开展服务工作，提高各主体服务效率，节约投入和成本，降低消耗。建立粮食、牧草和秸秆绿色储蓄银行，为资源拥有主体提供代储、销售、交易等增值服务，提高资源拥有主体参与的积极性。

三、"产业链融合十要素聚集强化"服务综合体运营组织

该服务综合体运营组织模式，是以建设服务综合体为基础，聚集产业链发展所需各种要素，培育基于"土地、政策、科技、信息、金融、保险、人才"等要素优配高端服务业，促进优势要素资源向产业链各环节相关载体和主体聚集，通过服务充分释放要素资源的活力，进而突破产业链建设发展等要素资源配置不足的壁垒，充分释放各要素彼此间活力，促进优势要素资源的整合优配。在此基础上，以政府为主导，企业运作，科教支持，合作组织参与，搭建肉牛全产业链生产服务平台，建立专业能力强、技术水平高和仪器装备好的专业服务队伍。重点在"良种繁育、日粮供给、信息支持、生产指导"等方面开展服务，为产业链上的养殖主体，扩大良种规模、改善牛群结构、提高养殖效率、降低养殖风险等提供支持（表7-6）。

表7-6　肉牛良种繁育与肉牛养殖全过程生产服务内容

服务要项	具体服务内容
良种繁育	① 在牛群中实施准确、规范、系统的个体生产性能测定，获得完整可靠的生产性能记录，以及与生产效率有关的繁殖、疾病、管理、环境等各项记录； ② 在牛群中通过个体遗传评定和体型鉴定，对优秀牛只进行良种登记，选育和组建高产稳产的良种及品系扩繁核心群，不断培育优秀母牛带犊生产群； ③ 组织中心牧场和联合牧场及广南县高峰牛的青年公牛联合后裔测定，经科学、严谨的遗传评定选育优秀种公牛，促进推动牛群遗传改良和提纯复壮； ④ 在牛群中应用和提高人工授精技术，大量推广使用验证的优秀种公牛冷冻精液，快速扩散优良公牛遗传基因，改进高峰牛商业生产群体的生产性能

（续）

服务要项	具体服务内容
日粮供给	① 以国内外权威肉牛专家知识库作为支撑，结合国外最新肉牛科学管理经验，参照我国肉牛饲养标准，建立地区饲料数据库、营养数据库、标准数据库； ② 对于肉牛不同时期的营养需要和采食量要求，为牧场及养殖主体提供肉牛日粮配方设计，以达到选择实用的饲料、标准的营养、最低的成本等目的； ③ 根据设计的配方采用规模化制作日粮，进行整体饲料、日粮的高效管理
信息支持	① 为中心牧场和联合牧场提供警示服务，包括首次发情、适配牛何为返情预警；产前围产期、产后子宫检查和产后围产期预警；后备牛转群预警、休药预警、淘汰牛预警、未妊娠和未配牛预警等； ② 牛群信息服务，包括母牛血缘追踪、公牛血缘追踪；牛群月龄胎次分布、当前牛群结构分布；生长测定、体形评定和体况评分分析；犊牛成活汇总分析、犊牛出生明细和犊牛断奶明细分析等； ③ 繁殖信息服务，包括发情配种信息、妊检信息、产犊（预产）信息、早产（正产）分析；以及流产信息、流产早产日报、繁殖汇总、空怀母牛汇总； ④ 疫病防治信息服务，包括牛群牛只疾病诊断服务、疫病及流行病定期不定期检测检疫服务和统一免疫服务，检疫项目、疾病诊治和处方汇总服务
生产指导	① 指导母牛繁殖管理：指导制定选种选配方案；调整牛只始配天数；监控产后牛只生殖系统恢复状况；筛选淘汰牛只； ② 指导饲养管理：改进日粮配合、改进饲喂及管理方式、改进饲养环境等； ③ 指导母牛保健：帮助牧场分析当前牛群的健康状况，判断牛群中是否存在着隐性疾病，利于及时采取相应保健措施； ④ 生产态势评估：帮助牧场及养殖主体分析牛群的整体生产态势，并进行科学评估，为牧场提供全年生产态势的预测

第五节 实践探索

　　基于健康营养肉牛多链融合发展与增值创新的实践探索，以广南高峰牛田园综合体建设的案例，充分发挥高原特色山地牧业、高峰牛优秀特色品种、民族地区养殖传统和谷多公司龙头带动等优势，围绕着中央、省、州加快推进产业扶贫开发、供给侧结构性改革和农村一二三产业融合等决策部署，举广南县全县之力把高峰牛作为"一县一业"重点产业来扶持发展的机遇，围绕田园综合体定位，集龙头之力、政府之力、科教之力、农民之力，以及市场之力、合作之力和联合之力，创新创构"龙头＋平台＋现代服务业＋产业集群"高峰牛高品质全产业链闭环增值的路径模式，为本文路径模式设计提供实践依据。

一、广南高峰牛品质产业链打造的基础条件

(一) 广南高峰牛产业发展基础

广南高峰牛(文山牛,以下简称"高峰牛")是我国优良的地方品种,也是云南省六大名牛之一。品种繁衍、民族养殖传统历史悠久(大约有 2 000 多年的繁衍和养殖历史),是我国自主培育出的适合热带亚热带地区高热高湿、寄生虫种类多等条件饲养的优良肉牛品种。具有很强的耐粗饲抗病等特色优势,以肉质细腻、纯香度高、净肉率高、肌间脂肪丰富、具有生产高档雪花牛肉、耐粗饲等优点在行业内得到高度的赞誉,具备很大的市场优势和竞争力。有基础打造成为我国的高品质肉牛与牛肉品牌,具有"带动地方产业经济发展,给农村农民带来稳定经济收入"的巨大潜力。近 10 年,在保种与开发利用方面,取得较大的成果,肉产量和经济效益明显提高。2011 年,高峰牛首次被录入《中国畜禽遗传资源志·牛志》,2012 年被确定为云南六大名牛。近几年,广南县政府把高峰牛作为"一县一业"来打造,并把高峰牛作为精准扶贫精准脱贫和全县脱贫摘帽的主导产业来培育发展。目前,广南县大约有 22 万头、文山州大约有 200 多万头的养殖规模,有着坚实的发展基础。

(二) 广南高峰牛产业链的打造

具专家分析和评价,当今世界最优秀的肉牛品种"日本和牛"的基因 70% 与文山高峰牛相似(是日本和牛的鼻祖),高峰牛作为最纯的原牛品种,有潜力成为世界性生产高品质牛肉(即"霜降牛")的优良品种。具云南谷多农牧有限公司(以下简称"谷多公司")对高峰牛的产品开发,已经开发出"瘦肉中也生长出大量的犹如大理石花纹般的油脂,肉以细嫩多汁、质地柔软、香而不腻、入口即化的独特风味"高峰牛品种为主导的高档牛肉产品。近些年,谷多公司掌控了高峰牛保种和家系选育繁育关键环节,谷多公司的那朵牧场是国家肉牛良种场,目前存栏高峰牛优良品种种群近千头,已经自主研发培育出以高峰牛为基础的八大家系。为把高峰牛产业链打造成全球化、国际化和特色化的高品质肉牛产业链,同时推动高峰牛产业扶贫脱贫,广南县政府以谷多公司等为龙头带动,以全县高峰牛养殖专业合作社(包括粮饲种植合作社)为骨干,建档立卡贫困户为基础,围绕着"种公牛选育、母牛分户扩繁、肉牛集中规模育肥"的养殖模式,构建"龙头企业+基金平台公司+生产服务业+种养合作社+建档贫困户"的产业链运营模式,重点在广南县的莲城、董堡、

杨柳井、八宝、南平、黑支果、珠街、那洒、珠琳、者兔和者太等 11 个乡（镇）发展标准化规模化养殖，辐射带动广南全县高峰牛养殖。目前，参与产业链建设的签约养殖合作社（养殖场）近百家，可带动养殖户（包括贫困户）万余户，可发展紧密型的养殖规模 3 万～5 万头。

（三）广南高峰牛发展部署布局

为加快高峰牛产业及产业链的培育发展，广南县以广南高峰牛田园综合体建设为依托，确定了"一核一特高端驱动、两心五场延伸拓展、三区多点承接示范"高峰牛产业发展的总体部署布局。"一核"是指集"高峰牛育种、提纯复壮和育繁"为核心的全产业链工程技术研究中心；"一特"是指以屠宰加工为驱动的集"高峰牛品质牛产品和牛伴侣（药食同源）配套食材品尝畅饮、民族餐饮文化和云南特色食品展示品尝"等美食连锁店；"两心"是指谷多公司建设的"饲草饲料集采配送中心"和在昆明市建设的"高峰牛文化交流与品牌展示中心"；"五场"分别是指高峰牛保种繁育场、家系扩繁场、集约化育肥场、屠宰加工场、牛文化传播竞技斗牛场；"三区"是指高峰牛田园综合体规划的核心区、拓展区（莲城镇）和示范区（广南全县域），"多点"是指分布在"三区"内的与谷多公司签约的各类养殖基地、养殖场、养殖合作社和养殖大户等各类主体。意在做强龙头带链竞争的发展能力、做高高峰牛产业发展的规模质量水平、做大高峰牛品种特色的国际化影响。

二、广南高峰牛品质产业链打造的路径模式

（一）创新高峰牛高品质产业链的规模经济模式

加快广南高峰牛产业及产业链的规模经济培育，为促进当地农业农村经济发展、带动贫困乡镇村庄脱贫致富，支撑农村一二三产业融合先导区和文旅农融合示范区，以及莲城吾彩田园（田园综合体）和广南乡村振兴先导区建设等，奠定产业基础和经济基础。加快优良品种的扩繁规模，培育母牛带犊生产核心群，为扩大高峰牛产业的规模奠定基础；高标准高质量加强中心牧场建设，提高谷多公司龙头的示范带动能力，为联合牧场的建设提供示范样板，以及联合牧场的发展壮大提供综合支撑；不断健全和完善高峰牛全产业链条，补齐全产业链缺失或不足的环节，为实现高峰牛全产业链闭环增值的路径模式，提高核心竞争力创造条件（图 7-11）。

1. 加快优良品种的扩繁规模，培育母牛带犊生产核心群　充分发挥谷多公司那朵牧场"国家级肉牛核心育种场、云南省重要的文山牛基础科研基地，

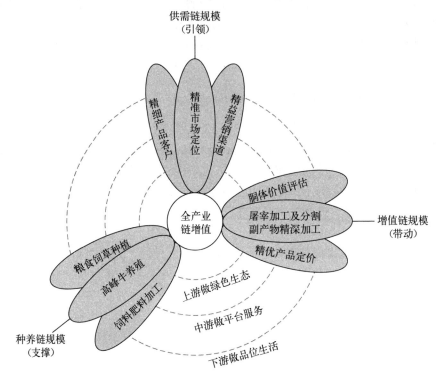

图 7-11　做大广南高峰牛产业经济规模的关系模型

以及拥有 8 个文山牛家系群和近千头核心种群"等基础优势,对接国家及各级政府的扶持政策,积极争取财政资金支持。同时,加强与国内外肉牛产业领域科研院所合作,不断提升"胚胎移植、母牛同期发情、人工授精"等快繁及配套技术的应用、示范和推广水平,为母牛带犊生产核心群的培育提供支撑。以联合牧场的形式,大力培育以村社集体牧场、企业和合作社牧场、家庭牧场为主的母牛带犊生产集群,建立基础母牛生产经营体系,不断增减育肥牛源的供应渠道和规模。

2. 着力推进中心牧场的建设,提高对联合牧场带动能力　不断提升谷多公司对高峰牛产业发展的龙头带动能力,将谷多公司那朵牧场升级为中心牧场,进而推动"母牛带犊生产示范场、标准化育肥示范场、饲草料生产示范场、双创体现培训示范牧场"等建设,为联合牧场的建设发展提供示范样板。加快推进联合牧场的建设,由莲城政府、谷多公司等联合发起,创建高峰牛养殖基地联盟,整合莲城镇养殖园区、养殖小区和养殖大户等养殖资源,围绕"母牛分散扩繁、肉牛集中育肥"模式,培育发展村庄社区集体牧场、政府委托扶贫牧场、老弱病残托管牧场、养殖大户家庭牧场、文旅融合多创牧场，逐步实现一业多模式经营。

3. 不断健全和完善产业链条，实现全产业链的闭环增值　以"产业链上游做绿色生态、产业链中游做平台服务、产业链下游做品质品位"的发展理念，集政府之力、龙头之力、市场之力、非农之力和联合之力，多力并举，健全完善高峰牛全产业链，补齐缺失的环节。上游基于绿色生态，健全"优良品种繁育、母牛带犊生产、肉牛福利育肥、有机肥料加工、粮食牧草种植、生物饲料生产"的种养链；中游基于平台服务联动上下游，健全"肉牛收购疫病检测、屠宰胴体价值评估、精细分割肉品定价、副产物精深加工、快捷冷链物流配送"的增值链；下游基于品质品位，健全"精准市场定位、精细产品客户、精益营销渠道"的供需链。

（二）探索牛文旅创融合的多功能创新发展模式

以高峰牛产业为基础，培育发展牛文旅创融合发展新型产业，为高峰牛产业及产业链增加附加价值、品牌打造和主题运作提供支撑。深入挖掘高峰牛的"牛"文化，结合壮族苗族民族文化，积极开展"牛王节＋丰收节＋山歌节""文化＋演艺＋餐饮"，以及高峰牛鉴赏、斗牛等主题活动。依托田园综合体"一核、两区、三节点"，创意设计牛与山、牛与水、牛与林、牛与田、牛与园、牛与草生态景观，培育发展休闲观光旅游业，打造牛与环境、人与动物和人与自然和谐发展的景象。建设国际观光牧场，引进展示国内外优秀品种、先进技术、文化艺术和品牌产品，加强与国际的交流，推动莲城五彩田园的特色化、国际化和全球化。

1. 做好景观基础设施配套，挖掘句町古国和壮族文化，发展牛文旅　加强高品质产业链建设与广南高峰牛田园综合体核心区的景观基础设施配套，拓展观光休闲旅游功能，结合骨朵牧场的谷间路和周边环山绿道，建设"句町漫游"牛车体验游线，以牛与句町古国文化脉络为线索，营造回到田园乡野享受慢生活闲时光生活方式的环境，通过"古道寻踪"的文化追溯演绎出"重回句町"的文旅游线，让游客感受到不同于马车的内敛、舒适、沉稳、雅致的牛车体验。深入挖掘广南牛文化、句町古国文化、壮族文化深厚内涵，开发一批具有在地文化和民族文化特色的文旅农融合标杆项目。继续发扬壮族牛王节等传统文化节日，将牛王节的民族仪式感放大并演绎出来，设置牛图腾建筑或构筑物，建设具有鲜明壮族特色的民族演艺中心，创意策划展现句町牛王节实景演艺主题活动，打造牛文旅的文化品牌形象。

2. 积极与"句町王城"规划衔接，建设与其相配套的文化旅游节点　借助广南县"句町王城"的规划建设，紧紧围绕以骨朵牧场为核心的启动区，充分挖掘当地具有休闲娱乐体验的旅游元素，打造独具广南特色的田园山水生态休闲旅游度假目的地，开发一批兼具休闲、娱乐、田园、乡野、山水、生态、互动的特色项目。规范提质当地斗牛赛事，建设谷多国际水准斗牛竞技场，开展牛王争霸赛和"跨界牛王"等主题活动，营造自然、充满原始野性的场地氛围，把那朵牧场品牌做响。依托田园综合体环山路打造 50 千米环山风景道，串联临近乡野度假村庄，形成集观光、休闲、自驾、运动赛事等于一体的风景道。建设小广南自驾车营地、革假村骑行驿站、那朵村骑行驿站、老龙村骑行驿站、端鸠村骑行驿站、端讽村骑行驿站。举办环山马拉松赛，以赛事提升田园综合体以及高峰牛高品质产业链的知名度和人气。

3. 推进场城镇村融合发展，建设场城镇村线联动的牛文旅服务体系　以谷多公司那朵牧场、莲城、村庄和环线融合为着力点，将广南县莲城镇的经济、产业、信息、技术等优势充分融入环线乡村，以莲城镇区为核心（建设旅游综合服务中心），环线各村庄社区为主要旅游服务节点，建设集旅游接待、多创体验、设施健全的城乡休闲旅游度假服务体系。结合旅游市场发展的需求，以品质品位牛肉美食为特色吸引，通过酒店、休闲娱乐等设施的完善，打造由中高端酒店、特色美食和休闲娱乐组成的轻度假综合体。依托莲城商贸资源和客户群体，打造集生态木屋酒店、全牛美食餐厅和休闲娱乐设施、特色购物商店等于一体的旅游综合体；依托近城的区位优势与建设空间，开发集文化、演艺、餐饮于一体的跨界项目，将高峰牛产业从牧场向餐饮美食延展，建设高峰牛民族美食一条街、美食博物馆，融入句町文化、壮族歌舞。依托环线不同村庄的独特资源，打造一批以高峰牛为特色的文化艺术村。

（三）创新构建龙头带动产业链扶贫的运作模式

落实《广南高峰牛"一县一业"带动精准扶贫实施方案（2018—2020 年）》，在政府引导支持下，以谷多公司为龙头带动，以与广南县政府签约扶贫的 95 家企业和合作社（包括养殖场和粮饲种植专业合作社）为骨干，创新创构"政府＋龙头＋基地＋合作社＋贫困户"于一体的全产业链助力精准扶贫模式。以广南县高峰牛现代化产业发展基金、捆绑政府扶贫资金为支撑，建立政府扶贫资金为建档立卡贫困户入股加入高峰牛全产业链运营获得增值分配的扶贫机制，促进贫困农户脱贫持续稳定增收。鼓励支持产业链各环节农牧企业、种养合作社不断创新"扶贫＋托管＋投资""扶贫＋赊销""扶贫＋订单＋融资"等模式，增强产业链扶贫能力。不断完善利益联结机制，让贫困农户分享高峰牛高品质全产业链增值带来的收益。

1. 加快高峰牛全产业链运营混合组织建设　以广南高峰牛田园综合体管理服务平台公司建设为依托，以谷多公司为龙头、签约合作的95家农牧企业及农民合作社为骨干，以谷多公司国家良种场、屠宰加工厂和饲草料配送中心为纽带，以广南县政府高峰牛现代化产业发展基金为支撑，构建"龙头企业＋平台公司＋纽带连接＋骨干集群＋产业基金"高峰牛全产业链运营组织体系，建立参与全产业链运营各类主体贡献考评、诚信联保、增值分配等利益联结机制，提高高峰牛全产业链高效运营、节约成本、风险防控能力。加强市场营销，在推进高品质牛肉产品营销的同时，要加大高峰牛优良品种的市场营销，联合广南县及文山州肉牛贩运大户成立市场营销公司，建立现代营销体系，为高峰牛优良品种开拓高价值市场渠道（图7-12）。

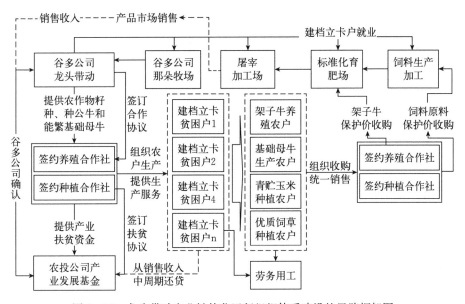

图7-12　龙头带动产业链扶贫运行组织体系建设的思路框架图

2. 构建高峰牛田园综合体投融资运行机制　遵循公益性项目政府主导、公共性项目政府和企业共同主导、商业项目企业和市场主体主导的原则，建立政府、企业和相关市场主体投融资分工协作机制，有序推进广南高峰牛田园综合体基础设施和服务设施的建设。广南县政府主要是积极争取国家、省和州农业综合开发等财政支农资金，投入田园综合体公益性基础设施和服务设施建设。同时，加快升级国家级田园综合体试点申报工作，争取国家和省财政资金支持。公益性项目（饲草料配送中心等服务性项目）采取企业和市场主体先建后补或以奖代补等方式，政府按照对当地农村经济和产业发展的贡献大小，按照一定比例给予长征支持。商业性项目（如高峰牛育肥场、屠宰加工厂）完全由企业自筹资金解决。

3. 健全全产业链稳健发展的保险信贷体系　积极推动"政府支农财政、农业发展银行和农村信用社、龙头企业、保险公司和担保公司"等信贷资源的整合，建立基于"政府财政补贴、农业发展银行和农村信用社信贷、龙头企业和担保公司担保、保险公司控险托底"的保险信贷体系，为高峰牛产业及产业链稳健发展提供保障。建立基础母牛风险金制度，主要用于免疫过程中疫苗过敏造成的母牛死亡、流产损失补偿，以及用于高峰牛养殖过程中疫病导致的死亡等损失补偿，以减轻养殖户的负担，同时激发养殖户的积极性。积极开发联合担保贷款业务，为养殖场、养殖户扩大养殖规模牛只增加、设施增加等提供资金对接支持。

三、高峰牛品质产业链打造的体系支撑策略

充分发挥高原特色山地畜牧业、高峰牛优良特色品种、少数民族地区养殖传统和谷多公司龙头带动等优势，紧抓广南县把高峰牛作为"一县一业"和扶贫支柱产业的机遇，围绕广南高峰牛田园综合体定位，做大高峰牛产业链的规模经济、做高科技链的创新水平、做强循环链的带动能力、做优产品链的品位品质，为贫困村镇及农户脱贫致富和实现高原特色农业现代化、推动乡村经济发展和乡村振兴提供新动能。加强高峰牛产业及产业链与文旅融合的功能拓展，不断创新"牛文旅"新型业态，为高峰牛产业及产业链提升附加价值、品牌打造和主题运作提供支撑。依托广南高峰牛田园综合体，加快推进高峰牛产业及产业链的现代生产体系、产业体系、经营体系建设，提高高峰牛高品质产业链融合发展与增值创新的支撑能力。

（一）开拓新方式，着力推进高峰牛产业生产体系建设

积极探索和开创农业生产发展的新方式，不断提升谷多公司内部发展的基础条件、设施配套、物质装备、生产技术和经营管理等现代化水平，引领高峰牛产业及关联产业的现代农业生产体系建设。逐步实现用现代物质装备武装农业、用现代科学技术服务农业和用现代生产方式改造农业，提高高峰牛产业及关联产业良种化、机械化、科技化、信息化、标准化的水平，增强高峰牛产业发展及产业链运营综合生产能力和抗风险能力。联合政府加强"农业综合开发"等项目的整合，实施标准化战略，健全农产品质量和食品安全标准体系，持续推进规模养殖、饲草料种植、屠宰加工等标准化建设；对接国家肉牛产业

技术体系，培育发展以高峰牛为核心的现代种业、推进优良品种育繁推一体化；加强高峰牛产业及全产业链的关键环节、关键技术科研攻关，推进成果转化和技术推广；大力发展生态循环农业，开展清洁生产，减少化肥农药使用量，实现农作物秸秆、畜禽粪便和屠宰加工副产物的资源化利用。

1. 培育发展现代种业，促进育繁推一体化 充分发挥谷多公司那朵牧场国家文山牛核心育种场和国家文山牛原种场的优势，按照广南县发展壮大"一县一业"对高峰牛优良品种的需求，不断扩大高峰牛八大家系核心种群的规模，到2025年通过7年的时间从目前700头，培育发展到2 000头。以签约养殖场、养殖合作社等联合发展方式，不断扩大基础母牛生产核心群，加强人工授精、胚胎移植和母牛同期发情等核心技术及配套技术的引进转化和应用推广，加快基础母牛生产核心群规模扩张的速度。以谷多公司为龙头带动，推动村集体养殖场、公司养殖场、养殖合作社、养殖大户等基础母牛生产集群发展。到2025年以谷多公司签约的95家养殖场、养殖合作社等为主，发展基础母牛生产集群规模达到10万头。

2. 补齐短板，发展加工物流促进产业融合 建设高峰牛高质量绿色屠宰加工分割生产线，创新"加工带动，物流联通，延伸农牧业产业链"发展模式，引领带动广南县补齐农副产品加工物流业发展相对落后的短板。借助广南县工业园区、商贸开发区等平台，加快推进以谷多公司为主导的绿色农畜产品加工物流平台建设，加大招商引资力度，引进聚集一批规模大、经营管理好、发展后劲足、市场渠道宽、带动作用大的农副产品加工物流企业，联合打造"肉牛屠宰加工分割为纽带向产业链的前后端延伸融合型、生物饲草料加工为纽带向农牧产业链上端延伸融合型、畜牧养殖产销服一体化扶贫为纽带全产业链融合型"三大循环链条。推动种养原料基地、加工企业、仓储物流配送、市场营销等环节的首尾相连和上下衔接。培育农副产品加工物流产业化联合体，实现加工物流为支撑的一二三产业深度融合。

3. 体系化推动高峰牛全产业链的科技创新 积极争取国家肉牛产业体系支持，大力推动广南高峰牛全产业链的科技创新，提高科技链的创新水平，为产业链、循环链、服务链和产品链等建设发展提供支撑。以政府政策为引导、谷多公司为龙头、谷多那朵牧场为载体及合作的科教机构为保障，搭建政产学研合作平台（广南高峰牛全产业链工程技术研发中心），建立开放共商共建共享共赢合作机制，吸引汇聚云南农业大学、中国农业大学等大学科研院所良种繁育与动物防疫、牧草产业与饲料营养、屠宰加工与肉品研发、草畜平衡与生态循环等领域专家资源，以及科技成果。大力开展高峰牛全产业链关键环节的关键技术攻关，突破障碍和制约全产业链高效运行的技术问题。加强相关科技成果的引进、实验示范和转化推广。

（二）全产业链开发，构建高峰牛为主导的现代产业体系

以饲草料生产、高峰牛养殖、屠宰加工和副产物精深加工、冷链物流等高峰牛全产业链打造为重要抓手，系统构建以高峰牛为主导的畜产品产业体系，支撑当地种植业、养殖业、加工业、饲料业、肥料业等关联产业发展，推动当地调优粮饲结构、青贮玉米和饲草规模化种植、高峰牛规模化养殖，促进当地农村经济发展、带动贫困乡镇、贫困农户脱贫致富。加快谷多公司"农业小巨人"培育和挂牌上市的进度，增强谷多公司对高峰牛产业发展的龙头带动能力。积极土地规模化利用和一二三产业融合发展，为关联产业集群发展创造条件。全面推进高峰牛"优良推广体系、肉牛产业技术体系、饲草饲料保障体系、屠宰加工标准体系"等建设与完善，为高峰牛产业及产业链健康可持续发展，以及实现全产业链增值提供支撑。

1. 完善高峰牛产业技术体系　着力培育中国特色具有国际竞争力的高峰牛产业技术体系，按照这一战略目标，加快现代种业、育繁推、饲草料开发、疫病防控、畜产品安全和市场信息等科技支撑服务体系建设。以广南县肉牛试验站为依托、县畜牧技术推广站为基础、谷多公司为支撑，制定《高峰牛饲养管理技术规程》，并报省级审定，以行业标准发行并在全县推广应用，从而规范高峰牛的饲养管理行为。以"科技推广培训、适用技术培训、职业教育培训"为抓手，加大先进适用技术的孵化集成和组装配套示范推广工作，增强科技创新能力和成果转化能力，加快形成牧科教、产学研紧密结合的科技创新和人才培养体系。

2. 建立饲草料供给保障体系　充分利用广南县丰富的草山、草坡资源、林下土地、冬闲田等土地资源，发展人工种草、草粮轮作和间作套作，推行"粮—经—饲"三元种植结构，增强饲草料的供应能力和增加草地载畜量。加大农作物秸秆等非粮食饲料资源的开发力度，大力推广普及农作物秸秆青贮养畜技术，积极引进生物发酵技术，发展生物饲草料，提高秸秆饲料的利用率、消化率和营养率。积极整合"退耕还草、退牧还草、坝上区生产方式转变和农作物秸秆养畜"等项目，进行人工草地建设、草地改良。大力实施粮改饲项目，鼓励支持种植户和贫困户种植全株青贮玉米，推动青贮玉米成为农民增收和贫困户脱贫的新兴产业。

3. 制定高峰牛屠宰标准体系　着力推动高峰牛育成牛定点屠宰，促进屠宰加工（副产物精深加工）分割的增值部分留存在产地。高起点、高水平和高标准加快谷多公司肉牛屠宰加工厂建设，配备国际先进的福利屠宰、排酸处

理、精益分割、冷链储运等设施装备，制定与国际先进标准接轨的保证安全、保证品质和保证营养等方面，高峰牛屠宰加工分割卫生管理规范和技术规程、高峰牛屠宰加工质量控制体系和标准体系，完成谷多公司肉牛屠宰加工厂 ISO 9001、ISO 22000、GMP、HACCP 等质量安全管理体系、质量体系认证。制定高峰牛全产业链质量标准，制定高峰牛牛肉质量分级标准，逐步形成广南高峰牛牛肉标准化生产体系。

4. 创建高峰牛品牌战略体系　以谷多公司企业品牌、高峰牛全产业链品牌打造为着力点，扶持企业开展肉食品生产许可证认证（SC）、无公害牛肉认证、绿色食品认证、有机食品认证和 QS 认证。充分利用"广南高峰牛"地理标志证明商标，打造高原特色山地畜牧业品牌。对接综合国内外高档牛肉的分级标准打造高峰牛高档牛肉品牌，加强与中国农业科学院北京畜牧兽医研究所畜产品质量研究室合作，加强高峰牛高档牛肉"品形、品色、品味、品香、品构、品名、品相、品衬、品境、品位、品文、品意、品示"品质指标及技术要求的研究，不断深化高峰牛高档牛肉的品质内涵，在国内外高档牛肉丛林中树立一面独特的旗帜。

5. 构筑高峰牛质量安全体系　加强高峰牛全产业链质量安全体系建设，以肉牛屠宰加工环节检疫、检测和检验为核心，向产业链上游延伸，强化检疫、检测和检验对上游养殖环节、饲草料生产环节和运输环节等农畜产品质量安全的追溯，提升园区对农畜产品生产经营主体质量安全源头把控能力。大力推进高峰牛规模化标准化养殖和饲草料标准化生产，实施高峰牛全产业链质量安全追溯制度。加强"三品一标"认证服务，提升农畜产品质量安全水平。完善高峰牛疫病防控体系，提升高峰牛疫病预防控制、检疫、疫情应急处置、外来物种入侵防范等方面的能力，提高执业兽医、动物诊疗、兽药和饲料行业等社会化服务的水平。

（三）发展新动能，加快全产业链增值的经营体系培育

创新多种形式适度规模经营的新模式，大力培育新型经营主体和新型职业农民，提高经营的集约化、组织化、规模化、社会化和产业化水平。以"生态产品立本、品牌产品兴农和拳头产品强区"的经营理念思路，积极探索和创新创构以高峰牛产业为主导、关联产业为辅助的"生态产品、品牌产品、拳头产品"开发和经营模式，打造品质、品位和品牌产品链。

1. 探索构建生态产品经营体系　加强农作物秸秆、畜禽粪便和加工副产物的资源化利用，大力发展基于高峰牛规模化养殖饲草料保障供给、有利生态保护及环境美化农作物产品，以及农作物秸秆、畜禽粪便和农村生活垃圾等资

源化利用生态产品，维系生态安全、保障生态调节功能、为乡村提供良好人居环境。以那朵牧场为展示示范，养殖基地承接转化，积极探索基于材料学、物理学、环境学和生理学等领域知识运用和传播路径，创新良种、良田、良法、良管和良服集成应用的模式，打造一个集"涵养水源、保持水土、净化水质、调节气候、清洁空气、保护生物多样性、减轻自然灾害"于一体高原生态产品生产的田园综合体。

2. 做强做大拳头产品经营体系　按照"一品当先，多品争艳"的发展理念，持续提升高峰牛"优良家系提纯扩繁、基础母牛生产、架子牛催肥和育肥饲养管理及饲养环境、肉牛屠宰加工、精细分割和精准排酸，以及安全营养多功能生物饲草料供应"等综合水平，进而不断强化"高峰牛（文山牛）生产高档雪花牛肉其品质能与日本和牛相媲美，品种有皮薄骨细、鲜嫩多汁、膻味小和味道香纯且持久"等特性，为打造兴业、强区和惠民的品质品位拳头产品提供有力的支撑。强化拳头产品对区域不同层次生产经营主体的带动性，按照不同层次生产经营主体类型，优化拳头产品的档次结构，实现低中高层次类型主体都能受益（表7-7）。

表7-7　高峰牛品质产业拳头产品品质品位层次特性

产品特性	普通牛肉	中档牛肉	高档牛肉
一、牛肉品质特性			
1. 肉质鲜嫩，肉丝纤细，肉色鲜艳明亮	较明显	明显	极明显
2. 口感极佳，清爽可口，柔软多汁	较好	好	极好
3. 无腥膻气，风味独特	较明显	明显	极明显
4. 缩水率低、保水性好	较明显	明显	极明显
5. 大理石花纹	一般	明显	极明显
6. 具有滋补保健作用	较强	强	极强
7. 安全无激素、无药残、无重金属残留	一般	较高	极高
二、屠宰加工特性	四分体	一般分割	精细分割
三、产品包装特性	大块包装	小块包装	精包装
四、产品执行标准	无公害及以上	绿色食品标准	绿色有机和欧盟标准
五、主体组织类型	素质能力一般的养殖主体	素质能力较高的养殖主体	素质能力水平高的养殖主体

3. 全力打造品牌产品经营体系　着力推进基于生态绿色、安全营养、品质品位的品牌体系建设，梯次推进高峰牛牛肉产品等向无公害产品、绿色食

品、有机产品方向发展，按照产业及产业链发展的培育阶段、成长阶段、稳健阶段，以及一般收入人群、中等收入和高等收入人群的消费层次结构，科学规划设计一般牛肉、中档牛肉和高档牛肉生产的层次结构，让各类层次的消费人群都能分享到广南高峰牛产品带来的收益，获得相应的满足。加强高峰牛集"产地品牌、企业品牌、产业及产业链品牌、产品品牌"于一体的品牌体系建设，科学设计面向一般客户群、中等客户群和高等客户群的精益营销、渠道建设和品牌传播新方式（表7-8）。

表7-8 高峰牛品质品位产品链不同档次产品的市场定位

指标	普通牛肉	中档牛肉	高档牛肉
目标客户	中低收入、对牛肉品质品位缺乏认知的消费者	中高收入、对牛肉品质品位有所认知的消费者	高收入、对牛肉品质品位认知程度很高，并偏好高档牛肉的消费者
销售渠道	批发/零售食品店、便利店、农贸市场等	宾馆和酒店、学校和团体、商场和超市、饭店等	高档韩、日、西餐厅，高档饭店，高收入人群等
目标市场	项目所在地及周边500千米以内地区的牛肉市场	云南、贵州、四川、东南亚等中大城市牛肉市场	北京、上海、天津及港澳地区大城市牛肉市场
认证标准	食品卫生标准	绿色认证	绿色及有机认证

第八章　肉羊产业链融合发展与增值创新

我国养羊历史由来已久，早在公元前 2000 年夏朝与商朝就有相关的记载。唐宋时期南方饲养山羊逐渐形成规模。养羊业在我国具有非常广泛的分布，包括农区和牧区，因为羊具有高繁殖力、易管理和适应性强等特点。改革开放以来，我国相关政策和文件不断出台完善和落实，养羊业成为农村经济发展及农牧增收的重要部分，极大地促进了养羊业的迅速全面发展，这也促使了我国成为全球肉羊养殖和生产大国。同时，我国肉羊产业存在着产业链上游创新动能不足、中游产能过剩和下游价值不高等问题，需要从全球化、国际化和特色化视角，来分析肉羊发展现状、问题与趋势，在理论解构基础上，以绿色高质量发展、深融合创新发展、强品牌增值发展的维度，来谋划设计肉羊产业链融合发展与增值创新的路径模式，为我国肉羊产业及产业链提高质量效益、增强国内外市场竞争力，以及健康可持续发展，提供理论与实践指导。

第一节　系统认识

肉羊对环境适应性强，其食物广泛、饲料挑剔性低、病患少，养殖肉羊投资回报高、成本较低。此外，羊肉属于高蛋白、低脂肪、低胆固醇的营养保健肉质食品。随着我国城乡居民对羊肉低脂肪、高蛋白、绿色健康等优点的认知度不断提高，羊肉产品已成为我国居民尤其穆斯林民族不可或缺的动物性食品。2018 年，我国羊肉产品价格延续了 2017 年下半年的上涨趋势，肉羊产业发展迎来新机遇，养羊场（户）生产积极性迅速提高，肉羊产业供给能力增强，但国内政策和消费环境以及国际贸易情况发生较大变化给肉羊产业发展带来新的挑战，也存在着规模化程度低、畜牧业技术推广机制不完善、畜产品品质仍需提高等问题。为此，要从国内外肉羊产业发展和产业科技的视角，来系统地认识肉羊产业发展的现状与趋势。

一、肉羊产业发展的现状与趋势及产业科技

肉羊养殖业投资小、周期适中、效益稳定且较高，从 20 世纪末逐渐成为世界畜牧业发展的重要产业。肉羊以草饲和自然放养为主，肉质好污染小，羊肉蛋白质含量高，脂肪含量较低，铁钙等矿物质含量比猪肉、鸡肉高，是人类比较理想的动物蛋白来源之一。从 20 世纪 80 年代开始，肉羊产业发展呈多样化发展趋势，羊肉需求快速增长，供求两旺，国际市场上羊肉价格逐步上升，甚至已经两倍于羊毛价格，促使了全世界养羊业多年来的结构持续调整。

（一）国外肉羊产业发展的现状与趋势

从 20 世纪 80 年代开始，世界养羊业呈多样化发展态势。欧美很多国家将养羊业重点由毛用型转向了肉用型羊生产。很多国家充分利用养羊的先进技术和集中的养殖方式，结合本国的不同条件，建立起适应自身的肉羊产业体系。随着世界羊肉生产和消费的增长，全球很多国家和地区逐步趋向生产瘦肉型优质肉羊。除了数量上的变化，肉羊生产的结构性调整表现也很明显，很多国家都大力促进肥羔羊的生产，主要表现为肉羊生产大国美国、英国、新西兰、澳大利亚等其羔羊肉产量超过全羊肉的 70%，其中美国、英国、新西兰超过了90%。在很多养羊大国中，羔羊养殖已经实现了集约化、良种化、规模化、专业化。有些养羊大国十分重视肉羊杂交育种技术等先进高新技术在养羊业的应用，如新西兰实现了开放性育种体系，促进了优质种源的交叉流动。同时，动物福利技术、动物应激减弱技术、绿色和有机养殖等技术的应用，也大大提升了优质肉羊的生产比重。

（二）国内肉羊产业发展的现状与趋势

我国肉羊产业发展较晚，到 20 世纪 90 年代才进入快速发展期。进入 21 世纪以来，我国引进了大量的世界名品种肉羊，如波尔山羊、夏洛来、萨福克等，划分重点生产区，建立重点良种基地，通过育繁推等方式，与本地具有优良特性如产子率高等品种进行二元三元杂交，极大地促进了我国肉羊产业发展。羊肉产量从 1980 年的 44.48 万吨增长到 2017 年的 467.5 万吨，增长了9.51 倍；羊存栏量和出栏量由 1978 年的 16 993.7 万只、2 621.9 万只上升至2017 年的 29 903.7 万只、31 218.4 万只，分别增长了 75.97% 和 10.91 倍。多年来，我国引进了很多优质品种来满足肉羊产业快速发展的需求，这些品种具有肉质好、生产效率高、产子率高、投资回报率好等特点。同时，我国还重

点培育各个地方特有的肉羊优良品种，包括乌珠穆沁羊、阿勒泰羊、大小尾寒羊等。培育保护自主优良品种，开发优质肉羊产品，促进提升肉羊精深加工能力，提高整体肉羊竞争力是我国肉羊产业的主要发展趋势。

（三）国外肉羊产业技术状况与发展

从产业技术体系发展的角度看，在肉羊遗传育种方面，国际肉羊选育方向仍旧以放牧型肉羊品种为主，主要是尽可能选择产子率高、多胎性好、产乳率高的母本，关注胴体品质好、生产周期短的品种，更多选择杂交优质品种进行肉羊养殖。从营养与饲料方面来看，主要是将遗传学、免疫学、营养学相结合，研究肉羊不同生长发育及生产阶段营养素供给对其生长发育的影响，开发高性能、全价营养和高消化率饲草料；在肉羊养殖疾病防治方面，采取保护及生态和谐等宏观策略，特别是欧洲、南美、澳洲等畜牧业发达国家，凸显了其防控理念的科学性和前瞻性。在技术上不仅一贯注重防控关键技术，更注重技术集成与推广以及技术标准化；屠宰加工方面建立羊肉品质的评价体系，找到羊肉品质精准评价的关键指标，促进肉羊屠宰加工分割的品质提升；在生产与环境控制方面，养羊业发达国家正在向管理的智能化和信息化转变，如采用电子监控、物联网等高科技手段对所有羊进行实时有效管理。肉羊产业链条技术创新突破点及其价值分析见表8-1。

表8-1　肉羊产业链条技术创新突破点及其价值分析

科技创新突破点	科技经济分析	价值策略
多羔绵羊品种崛起	更广泛使用小尾寒羊和湖羊作母本，引进品种作父本，开展二元或三元杂交；培养舍饲高繁殖力新品种，集成适合全舍饲的繁殖力新技术	环节依存、效率提升、机会获得
营养与饲料体系逐步建立	肉羊对脂溶性维生素的需求以及肉羊饲料营养成分（蛋白质）的相关预测模型，尤其是蛋白质的预测模型。开展微生态制剂以及植物提取物为主的肉羊专用饲料添加剂的开发与利用	环节依存、成本节约、效率提升
治病防治系统化和专门化	羊病防控技术研究；羊病流行病学与生态学研究；肉羊寄生虫防治技术研究；营养代谢病的防控技术研究	环节依存、成本节约、风险规避
屠宰与加工技术创新	肌联蛋白调控羊肉嫩度；传统烤羊腿工业化加工技术；羊肉非定向鉴定方法；饲料营养降低羊肉滴水损失机制；羊尾油脂非靶向代谢组学研究；新西兰"太空舱"技术	环节依存、成本节约、效率提升、风险规避、机会获得

（续）

科技创新突破点	科技经济分析	价值策略
生产与环境控制体系化	羊舍环境监测及预警系统的设计和实现方案，便携式割草机及一系列羔羊人工哺乳设备；规模化羊场粪污资源化利用的坑储羊粪处理法、密闭式大棚发酵处理法等几种方法	成本节约、风险规避

二、肉羊产业链发展基本状况、阶段与问题

（一）肉羊产业链发展的状况

改革开放以来，国际羊产业已经不再以毛用为主，也加快了向肉毛两用甚至以肉为主的方向发展，随着国民收入的增加和大家对饮食健康的需求增长，羊肉产品需求持续增加。同时，国家和各级政府不断出台相关支持政策，我国肉羊产业生产能力和水平持续提高，肉羊饲养量、出栏量、屠宰加工量和羊肉产量均有不同幅度的增长，肉羊产业在畜牧业中的地位稳步上升，肉羊养殖规模化程度不断提高，2013 年我国肉羊年出栏量在 100 只以下的占总出栏量的82.74%。肉羊生产及产业发展布局也凸显出区域化特性，内蒙古、新疆、甘肃和宁夏等牧区的肉羊生产集中度高，规模优势明显。同时，我国羊肉产品的质量安全水平也在不断提升，国内的羊肉产品进行无公害以上认证的数量逐步提升，2014 年我国羊肉产品无公害认证达到 5 000 吨，截至 2015 年，羊肉产品获得绿色食品认证的产量共 26 928.6 吨。

1. 肉羊产业链上游生产的基本情况　我国肉羊产业在原有布局上持续优化，基于西南、西北、中东和中原四个优势生产区域形成了产业集聚集群效应，涌现了很多肉羊龙头企业，包括小尾羊、蒙羊、阿牧特等，大幅提升了我国肉羊产业的综合能力。主要表现在：第一，产量持续增加，区域带动影响力逐步提高；第二，良种覆盖提升，从 2002 到 2013 年，我国肉羊产业优势区良种率由 30% 增加至 45%；第三，饲养方式转变，实现良种良法推广，有效提升肉羊产品的质量；第四，组织化程度加强，使关联主体降低了风险、提高了谈判力、增加了收益。

2. 肉羊产业链中游加工的基本情况　根据相关机构对全国 80 家肉羊屠宰加工企业的调查，我国肉羊产业中游加工情况如下：大型企业和大中型企业少，资产规模占比低，肉羊加工还是以中小企业和小作坊为主；大型企业和大中型企业利润占到利润总额的 36%，中型占 39%，表明中型以上企业虽然不多，但利润占比并不低；在营业收入方面大型企业和大中型企业占到了全部营

收的 41％，也表明中大型以上企业虽然不多，但生产能力强，从另个侧面反映了大中型以上企业的肉羊生产品质较好并相对稳定，价格相对中小企业和小作坊高。

3. 产业链下游羊肉产品的消费情况 肉羊产品消费持续增加，随着互联网等发展对羊肉及相关产品的健康营养特性宣传不断加强，以及人们生活水平提高对健康营养食品消费需求增强，也拉动了对羊肉产品的消费量，羊肉产品的需求自然而然的增加。据统计资料，仅仅家庭人均消费羊肉，就从 2002 年的 0.79 千克，达到 2014 年的 0.98 千克，且还未考虑目前越来越多的外出就餐和外卖消费方式。品牌不断涌现，形成了包括小肥羊、小尾羊、阿牧特、波尔旺、蒙羊/澳利蒙多、贺兰山、华凌、宁夏滩羊等国内外知名的企业或品种品牌，但还不足以带动整个肉羊产业明显升级，需要更多具有核心竞争力的名牌企业和产品。

4. 羊肉产品消费方式及国际贸易情况 由于文化、收入、城乡、地域不同，羊肉消费业有差异。羊肉及其制品的消费跟文化、收入、城乡、地域有很大关联性，羊肉产地如内蒙古、新疆、宁夏、青海等地，羊肉产量大，且生活习惯、文化传统、民族特性等原因，羊肉消费量较大，消费的方式也较多，包括手抓羊肉、烤羊肉、羊肉干等；城市收入较高，消费更注重健康营养和产品品质；农村居民更注重口味和数量等，消费频率相对低。近些年，我国羊肉及其相关产品进口增加、出口减少，贸易逆差呈扩大之势。我国在世界羊肉贸易中所占的比例非常小，只有不到 0.2％的羊肉用于出口，大约占到世界羊肉出口总量 1％的份额。

（二）肉羊产业链发展的阶段

从国内外肉羊产业发展历史和趋势来看，我国肉羊产业链发展可分为"培育发展、整合发展、创新发展"三个阶段，由于我国肉羊产业发展的历史较短，肉羊产业体系尚不健全，加之产业技术体系还不够成熟、产业链组织能力和运行机制弱，可以初步判断目前我国大多数肉羊产业链仍处于培育发展阶段，部分产业链处于整合发展阶段，极少部分产业链处于创新发展阶段。由于生态环境保护和资源约束、绿色发展和质量发展政策环境、国内外市场环境等约束程度变大，人们消费理念、消费质量和消费水平不断提升，以及"互联网＋"的快速发展导致产业发展方式"颠覆性"变化的频率变高，加速推进了我国肉羊产业链由培育发展阶段向整合发展阶段和创新发展阶段快速推进。一体化型产业链向绿色高质量发展和强品牌增值发展的竞争型和特色化的路径模式演进；半紧密型产业链向战略联盟型（或产业化联合体）深融合创新发展的路径模式演进；一部分松散型条件较好产业升级到战略联盟组织链接型（或产业化联合体组织链接）产业链，一部分发展不好的产业链逐步被削弱，直至被淘汰。其演化的路径，一体化型产业链形成责任共同体，半紧密型产业链形成价值共同体，一部分较好的松散产业链形成真正意义的利益共同体，链接更为紧密向价值共同体演进。

（三）肉羊产业链发展的问题

从宏观层面来看，地方政府为了发展经济，不断招商扩大肉羊产业链产能规模而忽略区域产业链内部提升。另外，随着 2011 年国家开始鼓励进口羊肉，对国内市场产生严重冲击；前两年肉羊价格大跌，出现 2011 年前羊肉供不应求到 2006—2007 年羊肉难卖出去、养殖企业和加工企业大面积亏损的惨况。从中观微观层面来看，我国大多肉羊龙头企业注重数量为主的生存竞争力增加而忽略了品牌质量为主的可持续内质竞争力提升。产业链上游肉羊养殖水平不高，优良品种覆盖率低。从中观层面来看，产业链上游创新的动力和能力不足，产业链中游屠宰加工能力过剩，产业链下游价值减损不够，这些都严重影响了肉羊产业链融合发展与增值。

1. 肉羊优良品种覆盖率低，科学饲养水平有待提高　良种覆盖率一直是我国肉羊产业发展之痛。长期以来，我国肉羊产业试图通过大量引种来解决种羊优质化率偏低的问题，但由于行业监管不足、专门性政策不够、利益驱动等问题，我国的肉羊品质优良率一直不高，品质单一化严重，肉羊品质和生产率提升有限，与发达国家相比差距大。肉羊养殖基础设施整体较差，标准化水平还较低。即便富有经验的养殖户有意愿扩大养殖规模并实行标准化养殖，因标准化养殖场前期基础设施投资较大，养殖户普遍缺乏资金和融资渠道，加上社会化服务体系极不完善，导致现有养殖业基础设施投入不足，养殖业发展受到制约，呈现无法改变现状的困难局面。另外，基于技术推广和肉羊养殖等生产性服务体系不健全，新技术、新品种、新设施、新模式的推广具有较大难度，导致肉羊产业链上游科技发展的水平提升能力较低。

2. 上游创新力不足、中游产能过剩、下游减损不够　目前，我国产业链发展对上游创新的价值认同不足，逆向分配不够，导致产业链的创新依存度不足以持续优化产业链发展。上游的创新依存度提升需要破解创新的五大约束，聚集创新，包括组织、制度、机制、流程等创新，形成创新生态，促进创业，带动就业。产业链中游产能严重过剩，主要表现在布局不合理，规模不经济，代谢不顺畅等方面，这其中有由政策造成、领导决定造成的，也有由规划主体造成的等原因，产业链组织不强、体系不合理、投资回收难、上市难。产能过剩导致基于加工的物流巨大浪费，需要优化布局，与下游主体合作投资，增加代加工形式，变部分加工为物流服务。下游价值减损不够，全产业链增值的关键在于下游渠道如何增值，但目前由于下游消费者的消费习惯、餐饮方式、物流装卸等会造成产业链下游的严重损失，另外还往往出现适销不对路、物流不精准等情况，因此，导致产业链价值的逆向分配不足。全产业链融资困难，传统农业经济是反现代经济，不算成本，只算收益，无法资本化，不能基于资本追求利润，不可持续，难以融资。另外，我国很多农牧业产业化龙头企业特别是内蒙古等北方的农业龙头企业，容易从多股东创业到最后变成一股独大的龙头企业，而不是持续的多股东合作的企业，这样，产业链金融资本不愿意进入，不利于产业链的健康发展。

3. 产业链环节联动不足，优质饲草生产供给能力低 产业链核心企业过于重视投入品和市场端。综述我国肉羊产业链的大量文献和理论，经过专家咨询和调查研究，导致肉羊产业链供给侧出现问题的主要原因是大多数产业链主体都是抓投入品和市场端两头为主，中间环节创新、投入不足，标准体系不完善，全产业链价值分配不均，难以实现产业链环节协同和闭环增值。"群羊"龙头带动作用有待加强，企业与农户利益联结机制尚不健全，农牧民得到的实惠有限；肉羊产业整体发展水平与龙头企业经营规模和品牌建设不相适应，羊肉流通基本处于无序状态，市场监管尚不到位。优质饲草供给短缺，专用饲料供应不足。过去肉羊养殖以牧区为主，自然放牧饲养，自然生长，很少用到专业精细思路，但随着农区养羊业的快速发展，甚至已经超过牧区养殖的规模，舍饲养殖和半舍饲养殖不能全靠粗饲料供应，其营养供给需要一定量的精饲料补充，然而我国专用、专门饲料生产能力较弱，品种较少，导致供不应求和成本高等问题。

三、肉羊产业链组织、主要类型与之间差异

肉羊全产业链模式是指基于肉羊产业发展的目标，以满足市场对羊肉及制品数量和质量安全需求的消费主体为约束条件；以肉羊及制品加工原料需求为支撑条件；以满足生产主体的需求，持续增加支撑动力和能力，降低肉羊养殖的资源消耗和环境污染、促进肉羊生产环境友好和可持续发展为保障条件，基于肉羊及制品储运贸易、屠宰加工、肉羊养殖、生产投入品等单个环节产品的生产和贸易企业总和，构成的以肉羊健康养殖业为核心的、集肉羊及其加工制品数量和质量安全的全产业链。肉羊全产业链融合发展与增值创新，与产业链的组织模式、产业链主要类型，以及产业链建设发展面临的问题息息相关。因

此，了解和把握产业链组织模式、主要类型和关键问题，才能有效推动肉羊产业链融合发展与增值创新（图8-1）。

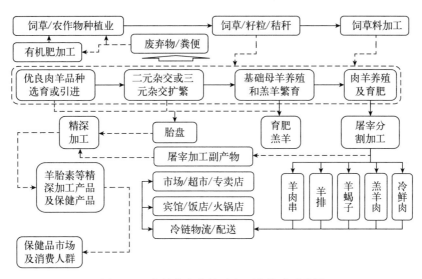

图8-1 肉羊全产业链及各环节构成示意图

（一）肉羊产业链组织模式研究综述

近年来，国内专家学者对肉羊产业链组织模式开展了大量研究，主要有：那达木德（2009）指出肉羊产业化经营是指饲草料的种植加工到肉羊的生产到加工销售的一体化问题，实行肉羊产业化经营能够促进肉羊生产各个环节的高效运转、和谐发展。安娜、盖志毅（2012）提出肉羊产业链的组织模式为肉羊产品从生产到加工，再到运输、销售的合作组织模式，并提出草原牧区肉羊产业链组织的三种模式。夏晓平、李秉龙（2012）提出我国肉羊产业的发展处于矛盾重叠期，现存矛盾制约着我国肉羊产业的发展，通过对肉羊产业链各个环节进行优化整合，赋予传统肉羊产业新的内涵，能够促进我国肉羊产业的可持续发展。王明秀、夏永波（2013）对龙里县实地调研提出，鼓励规模养羊场户与大型超市、屠宰加工企业建立直接的产销对接关系，完善肉羊产业链建设是促进龙里县肉羊产业发展的关键。陈晓勇（2013）等指出产业化经营是畜牧业发展的必由之路，完善产业链、搞好配套设施、建立物流网络是实现产业化的重要环节。朱永毅（2014）在对贵州省肉羊产业化发展现状实地调查的基础上，根据贵州省肉羊产业化发展实际提出贵州省肉羊产业化发展的方案。总之，专家学者对产业链组织的研究，意在推动我国肉羊产业及产业链健康可持续发展、提高肉羊养殖及其屠宰产品的质量效益和国内外市场的竞争力。

（二）肉羊产业链组织模式主要类型

肉羊全产业链包括饲料、防疫、繁育、育肥、流通加工、产品销售等环节，每个环节都有不同的生产经营、投资运营和管理服务的内容，所形成的产品也不同。饲料环节主要包括饲草种植、饲草加工等，产品主要是饲料；繁育环节主要是种业引进、选育等，产品主要是种公羊、基础母羊、相关繁育技术等；育肥环节包括羔羊采购、饲养、防疫、技术支持等，产品主要是活羊；流通加工环节主要包括活羊交易、屠宰加工等，产品包括主产品羊肉和副产品下货、羊皮、羊毛等；销售环节包括品牌销售、直营店销售、代理销售等。其肉羊产业链组织类型大致分为"一体化型、半紧密型、松散型"三种类型。一体化型产业链是指一体化组织链接型肉羊产业链和战略联盟链接型肉羊产业链。一种形态是一体化组织链接型肉羊产业链，是指一个核心企业的业务涉及肉羊产业链的全部环节；另一种形态是指产业链的参与企业以一两个环节发展核心业务，遵循优势互补的原则建立长期合作的战略联盟关系，这两种链型都是以责任关系为联结。半紧密型产业链是指中短期合同的订单链接型的肉羊产业链和市场交易链接型的肉羊产业链，两种链型大多是以价值关系为联结。松散型产业链，主要以利益关系存在，也是通过市场交易链接，但是它与市场交易链接的半紧密型肉羊产业链还存在一定的区别，主要表现在养殖主体的目的和养羊收入占总收入的比重。

（三）肉羊产业链组织模式类型差异

一体化型肉羊产业链，主要表现为"良种育繁、母羊繁育、肉羊育肥、饲草料生产、屠宰加工分割、冷链仓储物流、产品销售、管理服务"等环节高度的一体化。半紧密型，主要是养殖公司、养殖合作社和养殖大户等为契约链接关系，表现为各类养殖主体与上游良种繁育、饲草料加工等企业，以及下游屠宰加工企业和销售公司等关键环节结成产业联盟或产业化联合体。松散型肉羊产业链，一般情况下，主要表现为肉羊屠宰加工企业与养殖户或贩运户签订育成羊收购协议，以保障屠宰加工企业的肉羊屠宰加工及其产品的加工原料供应。一体化组织链接型肉羊产业链由于链条比较长，产业链的形成需要较大规模的固定资本投入，且市场柔性差，投资风险较大，易于出现亏损，因此实力弱的企业不适合发展一体化型产业链。与一体化型肉羊产业链相比，半紧密型产业链稳定性较差，合同订单链接型产业链有可能转化为战略联盟链接型产业链。半紧密型产业链由于养殖规模较大，进入退出壁垒相对较高，供给的计划性较强，在未来较长一段时间内还将占据主导地位。松散型产业链相对一体化型和半紧密型产业链而言，产业链的固定投入少，进入退出壁垒低，供给调整速度快，容易导致肉羊和羊肉市场不稳定，随着经济水平的提高和疫病威胁的增大，农村环境治理和农村人居环境改善，要求人畜分离的要求越来越强烈，这种产业链型所占的比重越来越低。

第二节　理论解构

一、理论综述

（一）博弈演化理论

博弈演化理论是研究主体行为决策和选择的重要理论，不同的组织阶段的博弈也有所不同。涉农全产业链的博弈存在委托与监管，消费者委托的是消费者需求和期望，政府委托的是责任和期望，企业委托的是责任和利益。有了委托也就存在契约结构、责权机制和监管机制，政府主体会监管生产主体的行为并进行奖惩。企业与消费者或生产者的博弈过程中可能存在信息不对称及信息不对称导致的败德问题，容易出现逆向选择，导致博弈失效。首先，涉农全产业链的博弈主体多且复杂，因此需要明晰主体类别，区分主博弈主体、次博弈主体和影响博弈的主体。其次，农产品生产关联主体的博弈是连续的，因此是多次重复博弈；过程中存在淘汰机制，应用"法理情"（这里强调不能用"情理法"）淘汰违约概率大、监管成本高的博弈主体。最后，影响培养和博弈效果的另一因素是农产品生产主体的层次以及驱动生产主体努力的主导因子。肉羊全产业链所涉及主体类型多样，主体数量多和主体的素质不同，各主体参与经营活动的目标也不同。因此，如何保障在目标和条件不同的情况，实现各参与主体的利益达到均衡，是肉羊全产业链融合发展与增值创新的重要内容之一。

（二）经济机制设计理论

根据经济机制设计理论的内涵，以及《经济学、组织与管理》中对交易、组织、协调问题和激励问题的诠释，笔者通过研究和实践得出了组织、协调与激励的关系（图8-2）。具体解释为，在一定的目标引导下，一方面由于任务数量、任务完成时间、任务所需资源等环境和条件的约束，另一方面由于个体能力素质、时间精力和方式方法等的限制，在一定程度上独立履行任务的个体会逐步产生对分工合作（专业化）的需求，群体或团队主导的工作状态会逐步替代个体主导的工作状态。这种基于优势差异的交流互换与分工合作的个体与个体之间的联系便是组织形成的源动力。然而，为了保证具有无限可能选择的个体的集合（组织）既能够完成任务、实现目标，又能够充分发挥各自的优势和潜力、满足各自的需求和利益，所谓的"协调与激励"便成为组织建设与运行过程中的关键问题，而个体之间的信息分散化使得问题变得更加复杂。理论上，对于该问题的解决存在两种可能的极端方法，一是将分散的信息完全集中化（组织行为策略），即完全的统一计划和统一配置，但其最大的风险在于信息主导者能否做到及时决策；二是使分散的信息更加分散化以致不需要太多的信息传递，即完全的价格显示和市场调节，但其最大的风险在于决策过程中能否产生行为一致，而问题解决的好坏则由价值、效率和费用等指标来评价。

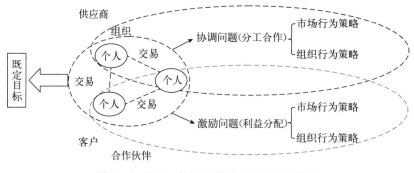

图 8-2 组织、协调与激励的逻辑关系模型

（三）共生模式理论

共生模式是指共生单元相互作用的方式或相互结合的形式，它既反映共生单元之间作用方式，也反映作用强度（高惠，2011）。共生模式主要有共栖互利型、寄生型、偏利型、附生型（异生型）、混合型等。混合型共生介于暂时共生与持续共生之间，在产业链共生的模式中，存在着寄生、偏利共生、附生及共栖互利等多种共生关系，属于过渡性共生（王文海等，2014）。笔者提出，共生模式是研究畜牧产业链共生机理的核心，基于共生模式、共生路径、共生机制和共生策略等能够转化为畜牧产业链主体组织的行为。共生模式代表共生系统内在结构，主体组织使实际系统能够发挥作用。畜牧产业链共生系统是开放性的共生系统，其基于新能量与新价值与其他的系统共生，把新能量与新价值作为新系统的输入，新系统的变化反过来改变畜牧产业链共生的环境与条件，形成共生生态圈。笔者的畜牧产业链共生的价值模型为研究肉羊全产业链

增值模式提供了很好的理论支撑和思路拓展。涉农产业全产业链增值模式，主要就是通过信息显示机制、目标机制、协调机制、激励约束相融机制的建立和运行来实现全产业链关联主体增值的。

二、相关研究

（一）肉羊产业链增值方面的研究

国内外学者从收益分配、成本分摊、风险防控等角度勾勒出畜禽产业链的价值来源、增值的基本特征以及增值行为识别的基本框架。首先，经济利益是农业产业化经营机制的核心（郑立平，龙文军，2005），农业产业化的各经营主体都应获得正常合理的利润（庄丽娟，2011），且应遵循"风险共担、利益均沾、公平分配"（Phillips，2010；牛若峰，夏英，2010；冯永晔、李东坡，2010；铁晓明等，2010；王刚毅，2011）和"利益、效率、协调和平衡"（卢凤君、彭涛，2012）等原则，因此，利益的合理分配是畜禽产业链价值来源的前提。合作伙伴能否获取剩余利润是畜禽产业链能否长期持续稳定运行的关键因素（刘贵富，2011）。畜禽产业链增值方面，养殖模式、饲草料总成本、饲养管理水平会导致育肥羊养殖的效益差异（巫亮等，2015），肉羊养殖相关主体既要做大自身养殖规模，也需要形成更大的联合规模，实现增效、降本、降险和稳价（郭磊等，2015）。肉羊产业链利益主体之间的"风险共担、利润共享"联结机制会影响肉羊产品的加工转化程度、产品附加值、市场适应能力和产品质量安全（夏晓平，2012）。肉羊的饲养管理水平与养殖规模是肉牛产业链增值的关键因素，肉羊产业链利益主体之间的合作关系是肉羊产业链增值的影响因素。在肉羊产业链增值过程中，肉羊养殖规模及产业链上下游的关系是肉羊产业链增值的关联因素，适度扩大肉羊养殖规模、强化产业链环节之间的关系，能够降低产业链运行的成本，进而达到产业链增值的目的。这将为肉羊产业链创新增值机会的发掘和增值路径的探索提供支撑。

（二）肉羊产业价值链研究的现状

在提升肉羊产业价值链方面，产业链上游生产环节要放弃粗放的养殖模式，采用集约养殖化、标准化和现代化生产模式，提升生产环节的价值，中游也可通过引进先进的加工技术与设备，生产符合不同受众群体要求的深加工产品（张凯，2014），全产业链发展需要尽可能多地聚集资源要素，形成产业集群的规模，进而使产业链上的关联主体特别是农牧民分配更多的增量效益（冯春久，2015）。提升肉牛与肉羊价值链一方面需要产业链各环节协作分工，改变发展方式，另一方面需要平衡各环节的利益分配。总之，在目前的肉羊产业价值链中，养殖环节的投入收益率处于比较低的水平，要提升肉羊产业价值链竞争力，需要在改变发展方式的基础上利用产业链融资模式、明晰肉羊精深加工的客户导向性等提高上、中、下游的投资回报率，让产业链上关联主体关联环境的收益平衡，进而加快肉羊产业链的增值发展。

（三）肉羊产业链增值创新的研究

产业链增值创新需要通过技术创新、管理创新和服务创新来实现。在技术创新方面，通过搭建科技创新平台，推进资金、人才、技术、信息等要素的聚合，消化先进技术，促进科技成果转化，增强技术链向产业链的充分渗透（冯长健，2013；刘小红，2013），还要充分发挥养殖技术研究机构及国家肉羊产业技术体系及其综合试验站的作用，研究推行轻简化技术，提升养殖技术水平（杨春，2013）。李胜利、曹滨海、杨宁等畜牧产业技术体系首席专家均表示，品种、品质、品牌是我国畜牧产业链稳定健康发展的核心，也是我国畜牧产业链做强做大的核心竞争力。在管理创新方面，有学者认为政府是畜牧产业组织发展、创新的培育者和服务者，区域政府应用必要的法律或行政手段帮助协调好组织内部各相关主体的利益关系，促进产业可持续健康发展（田丽，2012）。还要引导龙头企业，通过创新生产经营管理模式，发展适度规模，进行专业化生产、一体化经营，形成稳定的利益共同体（沈银书，2012；郑长山等，2012）。杨振海等（2014）认为通过优势资源整合、发展全产业链经营模式创新，利用金融保险手段化解土地流转和生产风险，对于新形势下破解畜牧业发展难题，有着重要的借鉴意义。在服务创新方面，对肉羊产业链服务创新的研究主要是关于金融与保险服务创新的研究，缺乏物流服务创新与信息服务创新的研究。相关研究主要包括金融的积极参与是地方肉羊产业化发展的重要支撑（李大刚，2013），复制推广"公司＋农户＋信贷"支农方式应用于地区饲养业发展取得显著成果、有效破解了当地农民和涉农企业在饲养扩大生产中遇到的"资金筹措难、品种改良难、市场风险抵御难"等突出问题（万玉华，2013）。

三、作用机理

借助数学三维模型分析思路方法，基于笔者提出的"一维认识、二维分析和三维解决"（模型的基本含义：Z 轴代表的是基础，X 轴代表的是抓手和手段，Y 轴代表的是需求和目标，原点 O 代表的是核心和联通，三圈代表的是影响的关键要素和因素）的"321"创新思想方法分析模型，在农业全产业链闭环增值创新理论的指导下，可以得出肉羊产业链闭环增值创新模式的思路是，以产业链为基础（即 Z 轴）、增值创新为抓手（即 X 轴），在博弈、演化、共生等理论指导下，构建产业链关联主体依存、分配、多赢的平台生态圈（即原点 O），为肉羊全产业链增值创新模式选择（即 Y 轴）提供依据支撑和平台服务（图 8-3）。

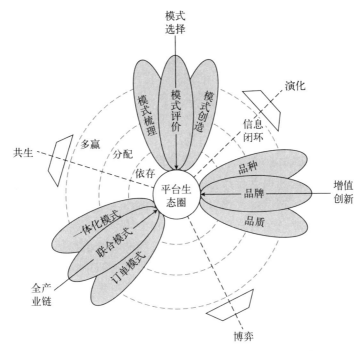

图 8-3 肉羊全产业链闭环增值创新模式选择思路

（一）肉羊全产业链闭环增值

肉羊全产业链发展是一种方向，能够解决肉羊及其制品的质量安全和标准，但不能解决肉羊产品的价值提升问题，因为加工企业等下游企业进入上游基地，投资回收期长，资金周转慢，风险大，单个龙头企业做难以获得良好效果。因此，应该以结合区域农牧业发展资源禀赋、肉羊养殖传统和产业发展为基础，以区域政府引导支持、龙头企业带动、农牧合作社参与和科教机构为支撑，推动"屠宰加工龙头（饲料加工龙头）＋现代农牧产业园＋现代服务业＋农牧合作社＋种养大户"肉羊产业化联合体建设，同时建立基于贡献依存的利益联结机制和分配机制，打造肉羊全产业链，来实现肉羊全产业链增值。另外，还要加强信息的闭环实现信息全链条的对称。信息闭环是肉羊全产业链创新增值的关键，传统的产业链发展往往都是链式排队式信息传递和反馈，不能形成圈环式传递和反馈，信息容易不对称不完备。因此，信息的筛选、过滤和加工很重要，区域政府要在信息上做文章，提高信息的完备性、对称性和有效性，以便减少农户和企业在获得信息时的疲劳和降低农户有效有价值信息获取的成本。

（二）基于核心价值增值创新

我国肉羊产业链各核心环节的大多数主体创新动力不足，主要是因为创新环境不好，容易出现劣币驱逐良币的现象，往往创新的主体反而没有非创新主体收益多，需要产业链核心价值的增值创新来解决。肉羊产业链关联主体增值是全产业链发展的目的，全产业链发展如果不能实现增值，产生增量分配，相关主体就只能分配存量，往往是各自为战，不能形成价值和利益共同体。而发达国家一般都是通过农业联合体的方式去做，如协会、合作社等，自身形成了一个服务综合体。在肉羊全产业链发展中，增值的来源很多，提高效率是增值，降低成本也是增值，卖出好价格是增值，实现链条减损也是增值。全产业链增值是指产业链全过程中能够给关联主体分配的价值，需要对各个环节过程中的价值增值点进行挖掘，清楚增值活动、增值目标、增值关系、增值循环和增值体系等。创新是全产业链增值的方式抓手，全产业链发展只有创新才能实现增值，要提高肉羊产业和企业的竞争优势和核心竞争力，就需要创新，包括科技创新、制度创新、管理创新、商业模式创新、业态创新和文化创新等。

（三）产业链平台生态圈构建

肉羊全产业链闭环增值创新，需要政府引导，大型农牧龙头企业带动，科教/金融/保险等支持，联合产业链上、中、下游相关主体，提供建设现代农业产业化联合体并以产业化联合体为"龙首"，打造一个肉羊全产业链服务综合体，通过基于肉羊全产业链的生产性专业服务和综合性服务，来提升肉羊产品的品质价值和承载生态环境的综合价值。基于服务综合体构建一个平台生态圈，提升肉羊产业链关联上相关主体的依存度、合理分配关系和多赢共生关系。同时，服务综合体通过服务引导肉羊产业链进行阶段部署，第一阶段主做项目整合，第二阶段主做平台服务，第三阶段主做品牌活动。如内蒙古小尾羊集团在发展建设中需要将政府公益中的公共部分、企业商业化中的公共部分，通过政府PPP利用平台进行商业化运作，企业主体只需要做好企业品牌、产品品牌。相关主体联合起来的过程中，引进对接各种专业化服务，使得专业服务通过综合服务形成集成服务，促进平台中各企业主体补位短板、发挥长板。

第三节　路径模式

一、高质量绿色发展

随着消费结构不断升级，人们对优质高端农畜产品消费有了更多更高的需求。城乡居民都希望既要吃好，更要吃出健康，用绿色、安全、健康的农畜产品来保障消费者"舌尖上的安全"，是肉羊产业及产业链发展的必然方向和趋势。农畜产品质量安全是食品安全的基础环节，直接关系到农牧业发展和农牧民增收。坚持绿色发展理念，紧盯农畜产品质量安全生产环节，加强产品质量监管体系和质量溯源体系建设，是肉羊产业链发展的重要措施。随着人们生活水平的提高、环保和质量安全意识的增强，消费者对羊肉产品的需求正在由追求数量转向追求质量，城乡居民传统的"价格优先"消费观念正在向"价格与绿色、质量和品质并重"转变。推动肉羊产业高质量绿色发展，生产放心羊肉产品，是肉羊产业链的时代需求。

肉羊产业的高质量绿色发展要以生态绿色、营养健康引路，建立能够实现永续运行的绿色发展体系，向生态绿色型、环境友好型、资源高效型发展。坚持绿色发展思维，实现水土净美。统筹畜牧生产和环境保护协调发展，既不能突破环境承载能力极限，以牺牲生态环境为代价换取一时的数量增长。也不能脱离保障畜产品有效供给的现实需要，简单禁养限养，应探索种养结合模式，实现养殖环境秀美。畜禽粪便是改良土壤、统筹山水林田湖草系统治理不可或缺的组成部分。要把循环发展贯穿到畜牧业发展的各个环节，推广高效的生态循环模式，全面推进畜禽粪污资源化利用，加快构建种养结合、农牧循环的可持续发展新格局。要从源头进行过程控制，实现产品质优味美。严格规范兽药、饲料添加剂生产和使用，推广散装饲料和精准配方，提高饲料转化率，实现源头过程控制，达到畜禽产品少抗、减抗，乃至无抗。

二、深融合创新发展

产业融合是生产力进步和产业结构高度化的必然结果，产业间的关联性和对效益的最大化追求形成了产业融合发展的内在动力，而技术创新和技术融合则是产业融合化发展的催化剂。产业融合的主要方式有三种：一是新技术的渗透融合；二是产业内的重组融合；三是产业间的延伸融合。肉羊产业要实施精深加工链条与一产、三产交叉叠加融合的策略。强化与生态农牧业和都市现代服务业的衔接，创新绿色农畜产品精深加工基础价值链、辅助价值链与生态科技价值链、都市服务价值链交叉叠加融合的综合发展模式，引领带动产业链上游生态农牧业、休闲旅游业和生产服务业，以及产业链下游物流配送服务业、品牌餐饮连锁服务业和产销一体智询服务业健康稳定发展。着力加大"文旅农科"融合创新的政府政策和农牧产业化基金支持力度，促进绿色农畜产品精深加工及带动的关联产业，功能创新、业态创新和模式创新肉羊产业的振兴不仅需要依靠一二三产业的融合提质和农文旅融合，还需要产学合作、科教融合，这样才能够聚集创新，促进创业，带动就业，继而推动肉羊产业链人才振兴。

（一）生态循环融合

以"生态优先、种养结合、调优农牧产业结构""粮改饲""稳羊增牛扩猪"等融合发展的思路，改变区域农牧业发展"一粮独大""一畜独大"的单一种养结构。积极深入探索肉羊产业链主导的"粮饲调优""畜牧循环"等产业融合发展的方式。强化资源要素的配置，优化种植业、养殖业和加工业之间的互促关系。延伸产业链，拓展产业链功能，创新产业融合发展的新业态。加强基础配套，改善农畜产品贮藏、保鲜、烘干、分类分级、包装和运销等设施条件。大力发展融合力高、功能拓展性好的特色肉羊产业链，促进其与文旅的融合。以"功能拓展，业态创新，促进文旅农创融合"的发展思路，创新农村肉羊产业链融合发展与新型城镇化建设有机结合的模式，引导农村二三产业向重点乡镇及农牧产业园区聚集，建立城乡一体化联动发展的体制机制，进一步促进产城融合、产镇融合和产村融合。

（二）精深加工融合

以"加工带动，物流联通，延伸肉羊产业链"的融合发展思路，着力推进肉羊产品精深加工与物流业发展，扶持壮大区域已有优势加工龙头企业。加大招商引资的力度，引进培育一批规模大、经营管理好、发展后劲足、市场渠道宽、带动作用大的农畜产品加工企业，推动企业向绿色肉羊产品精深加工业发展。延伸肉羊精深加工产业链，重点打造"饲料加工为纽带向肉羊产业链上端延伸型产业融合型、肉羊屠宰加工分割为主向产业链的前后端延伸型融合型、肉羊养殖加工销售产业链扶贫为纽带全产业链融合型"等带动能力强的产业链条。大力发展现代服务业，推动肉羊产业原料基地、加工企业、仓储物流配送、市场营销等环节的首尾相连、上下衔接，一体推进现代农业产业联合体建设，实现肉羊加工物流为支撑的一二三产业深度融合。支持肉羊精深加工企业开展科技研发创新，鼓励食品加工领域研发技术领域的交流合作，支持大学科研机构和高新技术企业建设肉羊产业链研发试验平台、工程技术中心和绿色食品技术创新研究院，全面开发生产"安全营养、绿色健康、特色美味"等肉羊品牌产品，研究开发"功能保健、养生健体、生物医药"等生化类功能保健产品，着力发展秸秆生物饲草料、肠衣蛋白、益生菌添加剂等动物饲料产品。完善"创新产品＋品牌认证＋综合服务"的支撑保障体系，提高绿色肉羊产品精深加工产品的核心竞争力和国际竞争力。

（三）政产学研融合

加强政产学研合作，建立相互依存合作共赢的利益机制。引导支持政府科教机构、农牧研究院、工程技术中心、专家工作站和科技型企业等加强合作进行协同创新，大力扶持相关主体创建各类产业科技创新联盟，针对绿色肉羊全产业链发展的关键技术、共性问题、新兴领域和创新模式等，进行联合攻关和集中突破，整体提高肉羊全产业链的科技创新水平。着力促进肉羊加工链条向产业链上下游延伸，带动产业链上游绿色标准化原料基地建设，促进产业链下游物流配送、市场渠道和产品服务等网络体系的形成。积极推动政府主体、企业主体、科教主体和研发主体等建立政产学研合作共赢机制，围绕肉羊全产业链的协同创新，带动区域绿色发展、城乡一体和经济繁荣，同向缩差、目标协同和共同发展。政府从财政、税收等宏观调控方面建立健全肉羊产业链激励政策，引导企业、科教和研发主体联合开展重点科研领域、重大科研课题和关键技术的联合攻关。加快协同创新的政策激励、组织保障、关系调优和利益分配等机制建设，整体提升全产业链政产学研合作协同创新的支撑保障能力。

三、强品牌增值发展

随着当前消费市场发展的转变，消费者逐渐意识到品牌与品质的内在联系，其消费行为已呈现出品牌导向特征，畜牧产品消费已进入更注重品质的品牌时期。而强大的品牌会带来很高的增值效应，它是品牌的一种无形资产，会提升产品的附加值和品牌溢价能力，增加生产经营者的收入，从而带来增值。羊肉品牌化具有增值效应主要基于以下两点：首先，品牌作为一种无形资产，本身就具有保值增值的作用，不仅能够为品牌拥有者带来更大收益，而且能够培养顾客忠诚度，提高品牌羊肉的市场占有率。其次，品牌体现了一种精神文化内涵，使品牌产品更好地区别于一般产品，特别是羊肉作为农产品，本身同质性较强，品牌羊肉能够凸显与一般羊肉的差异性和独特性，从而提升其溢价能力。因此，推动肉羊产业强品牌增值发展，首要的是立足"品种、品质、品牌"的根本，选育优良品种，打造优秀品质，建设强大品牌。同时强品牌的增值发展，还需要政府引领创建区域品牌，完善社会环境；需要企业创新产业模式，拓宽销售渠道；需要品牌公司多层次市场推广，提升品牌的竞争力。

第四节　组织运营

一、全产业链增值跨域投资的组织运营

　　跨域投资运营是指以产业链为主要载体，政府、企业资金通过适当方式进行跨区域投资和运营的一种区域合作和规模扩展模式。跨区域投资运营模式的主要要项包括主导载体（上游基地、加工企业、市场渠道）、投资领域（技术、管理、服务及组合）、主体组织、投融资规模结构、风险收益和相关政策等，链接这些要项关系需要增值创新和区域协同。跨域投资运营研究分析需要进行风险分析、机会分析、成本分析、定价分析和回收期分析等。跨区域投资运营的要素逻辑关系见图8-4。跨区域投资运营中，政府一般不牵头进行区外投资，也不会直接支持企业在外部建基地和开拓下游市场，主要是在区内企业走

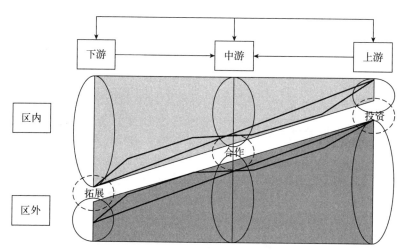

图8-4　基于全产业链增值和区域协同的跨域投资运作关系模型

出去过程中对区内产品进行宣传展贸等方面上给予一定的扶持，在区外企业进入区内成立企业并推广示范上给予一定的支持。更高政府层面（如省级、国家级）支持跨区域投资运营的目的是通过信息服务、技术服务等方面，影响促进区际联动和区际协同，进而带动区域农牧业发展。

（一）跨区协同增值发展的组织运营

肉羊全产业链现在的情况是下游渠道较强、中游精深加工不大、上游基地不多，在区内实现农畜产品精深加工全产业链做强做大是不可能的，因此，需要通过跨区域投资运营方式来实现。农畜产品精深加工跨域投资过程中，区内带链发展的龙头企业，在政府支持下形成标准基地和标准链，在与区外上、中、下游合作中，主要从三个方面进行上游投资、中游合作和下游拓展，即"做区外做不到的、做区外不合算的和与区外共生做的"，在整个区内外合作中形成完整的肉羊产业链。内蒙古包头肉羊全产业链跨区域投资运营就是一个很好的典型模式。该模式主要要建立"基金统筹、人才引领、创新驱动、政策支持、市场主导、企业主体"的机制，实现区际协同、融合联通和增值创新。在这个机制的驱动下，同时建立基于基金的企业创新服务联盟、平台服务联盟、科技服务联盟等中观组织，来强化、升级、培育、孵化产业链各环节微观主体，发展一批发展潜力和成长性好的企业。在包头肉羊产业链跨区域投资运营中，政府主体更关注的是产业规模变大、基金投资质量效率变高；金融机构更关注的是投资风险降低和信用水平变高。企业主体更关注的是运营成本变低和发展机会变多。

（二）基金主导跨域投资的运营机制

包头肉羊全产业链跨区域投资运营过程中，农牧业产业发展基金扮演了一个十分重要的角色，但是包头农牧产业发展基金本身不能跨区域投资，因为其是属于地方政府主导的产业基金，但农牧科学院、龙头企业、相关服务机构、农业产业/农牧科技园区和产业园区聚集的企业或服务主体等都是可以跨区域投资运营的，产业基金主要通过扶持影响这些主体，进而影响绿色农畜产品精深加工业跨区域投资运营。另外，包头农牧产业发展基金跟农业农村部、自治区等产业基金结合，可能使联合基金规模达到 40 亿元，再与社会基金结合，可能达到 50 亿元甚至更多，这些基金共同形成基金生态，是绿色农畜产品精深加工业发展平台中的平台。

联合基金通过投资农牧科学院主导的创新链，可以解决肉羊产业链的创新问题，形成更多的创新成果，创新成果的推广和应用有利于降低企业/产业的风险、提高企业/产业的信用水平和竞争力；农牧科学院的创新收益一部分可以返回联合基金平台中去。联合基金通过投资包头肉羊产业链上、中、下游的龙头企业，乃至产业链群链族，可以帮助产业链形成闭环增值，基金可以获得投资或股权收益，投资的企业如果能上市，基金就可以退出或减持。联合基金通过投资平台服务机构或集群，提高服务主体的产业链环节和专业服务能力，可以获得服务收益，也能间接帮助包头肉羊产业链上、中、下游的龙头企业及产业提高全产业链或环节竞争力（图8-5）。

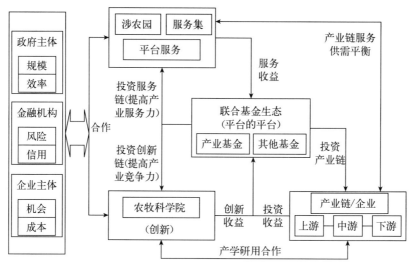

图8-5　产业基金主导跨域投资的运营机理

（三）利用基金跨域投资的运营模式

包头肉羊全产业链跨区域投资运营过程中，包头市农牧科学研究院是一个重要主体。在以农牧科学院为主导主体的跨区域投资运营中，可以通过将农牧科学院的品种、技术、资产等通过价值评估（假设是2.5亿元）入股包头农牧产业发展基金，产业基金反过来每年可以投入0.5亿元（连续投资3年）给农牧科学院，同时通过成立成果转化服务公司帮助其提高成果转换转化能力。这时候，农牧科学院的业务结构需要进行调整，提高科技服务业业务（成果转化服务）的比例，一方面通过跨区域投资运营与当地联合，把技术、兽药、检测、认证等优势带到当地产业进行推广应用，帮助包头企业到当地建上游基地（包头企业可以把经销和精深加工企业放在包头，把当地原料和初加工产品拿回包头进行加工和销售，如包头凯妍羊绒公司等）；一方面可以承接政府投入，引进国内外先进技术，通过农牧科学院和成果转化服务公司进行转化应用推广，提高科技服务收益。产业基金同时也可以通过投资和交叉持股等方式来与产业主体合作，获得投资或股权收益，成果转化服务公司如果能够上市，产业基金就可以退出或减持。

二、构建平台生态圈，推动联合体运营

"新常态"带来的经济增长速度放缓，"新模式"带来的经济增长方式变化，互联网"新经济"带来的消费和投资的转变，对肉羊全产业链发展提出了新要求和新挑战。从全链运营来说，肉羊产业需要围绕着产业链上游生态绿色、中游平台服务、下游做健康生活等，联合关联龙头企业，构建平台生态圈，实施"全域运营、全链增值、全息服务"三全战略，推动产业化联合体建设，来调优资源支配力、强化企业的带链竞争能力和提升企业的区域影响力。

（一）构建肉羊产业链增值平台生态圈

肉羊全产业链模式增值的路径演化趋向：第一阶段是通过绑定政府，发挥产地政府的作用，打造全产业链增值的工商企业投资现代农业的路径模式；第二阶段是通过与社会资本结合，构建平台生态圈，通过全息的信息增值实现全产业链的闭环增值；第三阶段依存平台支持全产业链的卡位点、链接点，构建产销互投的（销地向产地延伸）跨域共生的增值发展模式。产业链上游环节主要进行组织创新，构建以服务规模化、标准化、生态化、绿色化和品牌化种养基地为核心的现代农业服务业体系，解决资源的再配置问题；中游环节主要进行机制创新，构建以平台生态为核心的涉农服务体系，解决资本盘活提升的问题；下游环节主要进行商业模式创新，形成以组合和品牌营销为核心的业态体系，解决产品和品牌增值的问题。

（二）全域运营、全链增值和全息服务

"全域运营"解决的是区域资源的有效配置问题，"全链增值"是构建合理的价值增值分配机制，"全息服务"是通过借助现代服务业，寻求全链信息的全息，解决风险损失、过程灰色、系统的不确定性和状态概率问题。全链增值必须依靠"全域运营"来解决现代金融服务、信息服务等问题，这就需要借助政策的层级协同来实现。"全息服务"就是打造包头肉羊全产业发展的标准链、数字链和品牌链，通过建设全息的原料基地、全息的加工样板工厂、全息的品牌销售连锁店及连锁餐饮店，来影响其他农牧产品生产基地。因为标准链条能

够实现全息，所以基于标准链的样本基地、工厂等是植入芯片的，这种芯片能够不断地影响和带动同族产业链发展。因此样板产业链在行业中的位置普遍偏高，能够主导价值增值分配的过程。只有实现全息，才能引入供应链金融，围绕着核心企业的供应商、采购商、经销商、银行、保险、物流等经营主体才能实现"联单"，整个产业链系统的运营也才能进入闭环。

（三）推动肉羊全产业链战略联盟建设

未来，肉羊龙头企业只有联合起来才有希望，需要借助行业协会成立股份制产业战略联盟，各自去做最擅长的部分，实现企业之间的优势互补和合作共赢。产业链的上游生产环节、中游加工流通环节和下游渠道销售环节均可以形成集群或者联盟，联盟的成立一方面能够提高市场的谈判能力，另一方面基于产业联盟提供更大范围的规模化服务，有利于现代服务要素的差异化供给和配置。对于包头小尾羊集团而言，产业链上游基地建设打造"企业＋政府"的现代农业服务模式（产业链上游平台联盟，即平台企业化、企业股份化、股份多元化的联盟模式），产业链中游的"加工龙头企业＋集群"综合服务集群模式（N＋1个总部联盟，即全产业链增值服务总部）和产业链下游的"安全食品联盟＋消费会员"的绿色健康服务模式（传统渠道、电商渠道和会员渠道），通过现代服务业实现类分、类选、类服务、类管理。实现链条的成本节约、效率提高、风险防控、价格稳定、机会增加，实现链条的溢价和增值。

三、创新肉羊产业链平台链接发展模式

肉羊产业链传统的发展模式大多是以屠宰加工龙头企业为带动的模式，因此产业链上游一般难以直接对接下游，主要通过屠宰加工企业进行联通，屠宰加工企业在产业链发展中起到上下链接作用。在这种模式下，加工企业是产业链上游定价主导者，经销商、渠道是产业链下游定价主导者，上游生产者往往难以实现产品的优质优价，下游消费者也难以直接获得优质的产品，所以加工企业与上游生产者和下游消费者常常是处于零和博弈的局面，整个产业链难以实现全链增值。肉羊产业链新型的发展模式应该是平台链接型模式，产业链上游通过小微主体等形成的链接服务商，直接对接产业链下游消费市场，产品加工主要是以委托方式让加工企业实施。通过京蒙合作等大都市和优势特色产区合作的方式，大都市消费区为优势特色产区生产力提供要素、服务和市场空间，产区为大都市消费者提供其稀缺的优质产品（图8-6）。

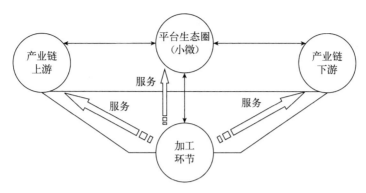

图 8-6 肉羊产业链新型的平台链接型单链发展模式

（一）逆向优化产业链下中上游的关系

产业链下游主要是消费市场，主要体现的是消费生产力，要实现直接对接上游，主要需要通过链接平台使客户相信上游产品的价值。中游加工企业从原来的加工带动，转为加工支撑和服务，主要服务上游生产者、服务下游消费者和服务中游平台生态圈，是后三者的加工委托者。在互联网时代中，加工企业要变成支撑性平台，实现敏捷性管理，但是，只有具有柔性化能力（信息化管理等）的加工企业才能平台化。加工龙头企业不能再走传统的单纯扩大规模的方式发展，而应该建立标准化的样板工厂，而对中小型加工企业进行服务，可以虚拟一个集团，以中小加工企业集群为依托整体实现加盟的信息化（ERP），采购、库存、整体质量监管由龙头企业做，信息化和支撑服务由平台做，规模加工由集群做。肉羊产业链上游具有文化、环境和品质的优势，这也是下游大都市消费者所稀缺的，但主要体现生产消费力，所以下游市场渠道开拓和对接不足，难以直接实现产品优质优价。新型模式驱动下，下游对上游购买消费、购买投入，使上游通过考虑消费力的生产力，做到产社、产居和产城结合，进而提升大都市居民的生活环境、水平和质量，从而能够以爱心生产优质产品。

（二）促进单链模式与平台生态圈结合

新型模式产业链上下游是全息的，主体之间是相互认同的，有利于提高品牌的认知度、美誉度、知名度、忠诚度和依赖度，从而实现上游资源产品价值，又能实现下游消费者的健康营养产品消费的满足；加工环节在平台生态圈支撑下实现提升，能更标准化、更精细化，从而做到世界先进、中国一流、区域领先。新型模式是服务引领、产业融合和协同创新的模式，能够使传统的"难过曲线"转变为"微笑曲线"，整体体现"平台＋现代服务业＋龙头＋集群"的发展模式。链接肉羊产业链上下游的是平台生态圈，是"平台＋现代服务"的带动者，主要包括小微服务团队或企业、交易中心、信息服务平台、孵化器等可能的链接主体，他们通过网络聚集、信息联通、产业融合、"四创"（创新、创业、创意、创客）服务，实现加工企业和上下游的位置重构（即加工企业依托平台变为服务型企业，上游主体和下游主体地位抬升，实现"微笑曲线"），从而成为促进全域营销、全链增值、全息服务的力量。

（三）创新平台链接型的区域发展模式

平台链接型区域发展模式是指优势特色产区产业链族、链网协同增值的模式。该模式是将整个区域加工企业联合起来虚拟成一个集团，上游的产业/企业集群和下游的产业/企业集群就是集团的加工的一类类或一群群业务，加工企业"集团"与智慧服务链接平台是相互支撑和联动的关系，就跟两个咬合联动的齿轮一样；全球的资金、信息、科技、人才资源和能力，经过智慧服务平台转化分类成政府主导型、市场主导型和政府市场共同主导型三类，进而服务于加工企业"集团"支撑下的区域产业链族/群，促进区域产业提升和全产业链增值（图8-7）。

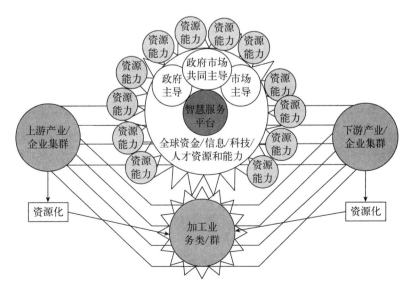

图8-7　肉羊产业链平台链接型区域发展模式的逻辑关系

第五节 实践探索

——小尾羊集团基于四位一体全产业链融合发展与增值创新

2001 年 9 月 12 日，内蒙古小尾羊餐饮连锁有限公司在包头市正式创立。该公司集餐饮文化研究、传统膳食开发、肉羊养殖加工、民族食品生产于一体，通过餐饮连锁这一现代商业模式，迅速成长为内蒙古自治区餐饮行业的龙头企业。目前，小尾羊公司分别在北京、上海、深圳、江苏、安徽、浙江成立了 6 家分公司和小尾羊调味品有限公司等 3 家子公司，在全国已经有 612 家连锁店，并开始走上国际化的道路，分别在日本、澳大利亚、英国、阿联酋、越南等地开设了小尾羊火锅店。自 2006 年起，公司在包头市固阳县、土右旗等旗县建立了小尾羊肉羊养殖基地，成功地推广了"公司＋政府＋基地＋农户"的利益联结模式，实现了国家、企业、个人共同受益的和谐局面。公司先后被包头市政府授予"成长最快民营企业"，被自治区政府评为"农牧业产业化重点龙头企业"；2008 年荣获国家农业产业化重点龙头企业。

一、小尾羊农牧文旅融合发展模式

内蒙古小尾羊集团 2001 年 9 月以开第一家"小尾羊"火锅店起家，从 2006 年开始，进行生态牧场建设。在"风吹草低见牛羊"的土默川农区和水草丰美的达茂旗牧区，先后投资建设了 6 个肉羊标准化示范养殖牧场、1 个种羊繁育基地，出栏肉羊达到 100 万只。牧场实行"统一配种，统一饲料，统一防疫，统一技术，统一收购"的标准化管理，通过国家一级良好农业规范（GAP）认证，这不仅调动了农牧民的养殖积极性，还促使公司把好防疫关，保证质量，降低风险，节省成本，充分发挥龙头企业开拓市场、打造品牌的优势，极大提高了小尾羊加工厂羊源的质量，保障了小尾羊产品用肉的质量安全。小尾羊通过"政府扶持、企业主导、合作经营"的模式，让农牧民成为公司的养殖车间，通过合同契约，生产要素融合，互助联结等方式，形成了风险共担、利益共享的利益联结机制。实现了产前、产中、产后的"联合体"经营，践行了国家扶持、龙头带动的企业兴农富民政策，成为中国畜牧业的领头羊。

小尾羊公司于 2013 年开发的 B2C 网络平台——家庭牧场作为中国首家草原放牧体验专区，将天然牧场的生态环境、草原风光、养殖环境、自然放牧和饲养管理方式等，通过网络平台向消费者进行全面展示；家庭牧场秉承"我的牧场，你的羊"的理念，消费者可以在线上方便快捷地通过"家庭牧场"平台购买属于自己的羔羊并托牧于小尾羊"家庭牧场"的天然牧场饲养。小尾羊"家庭牧场"将定期将羔羊的生长信息以邮件、短信形式发给羔羊的主人，使得羔羊主人及时了解到自己的羔羊生长状况如体重、形态、出栏剩余时间等（羔羊从出生到出栏需6个月时间，6个月出栏的羔羊肉质鲜嫩、适合烹饪各种菜肴）。待羔羊达到出栏期，按照消费者要求分割成不同部位，快递到指定地点。家庭牧场采用最原始的饲养方式——集中放牧。小羊可以在草场上独享自己的空间，吃鲜嫩营养的食物；喝甘甜纯净的泉水，在草原上自由地奔跑。这样饲养的羊只，营养均衡，体格健硕，肉质也纯净鲜美。

二、小尾羊产品精深加工增值模式

家庭牧场中的每一只羔羊都拥有一个专属的二维码和身份编号，每个二维码都记录着每只小羊从领养到邮寄或是餐桌的全过程。透明的质量体系，让消费者既能得到生态、安全、健康的羊肉产品，亦可收获繁华都市之外的牧农乐趣，家庭牧场愿用真诚的服务与不断的创新，带给消费者更多惊喜。"我的牧场，你的羊"让消费者在都市也可轻松愉悦地做个牧羊人。从2013年开始，小尾羊养殖重点开始由农区的舍饲圈养转向牧区的托牧放养，充分利用牧区的草场资源，打造绿色生态的肉羊品牌。时至今日，小尾羊以内蒙古自治区达茂旗为核心基地，已探索出"龙头企业为核心，家庭牧场为基础，合作社为纽带"的现代农业产业化联合体的经营模式，不仅培育了特色的扶贫支柱产业，实现了农牧民增收、政府满意、企业受益的多赢局面，也促进了草原生态环境的持续改善，同时，也保障了屠宰加工高质量原料的供应。

小尾羊的使命是引领健康美食、倡导品质生活，通过不断创新的优质产品致力于人们生活品质的提高，让人们生活更健康、更美味、更舒心。小尾羊实现了对产品加工的全程管控，做到了100％的品质安全。小尾羊于2007年在包头青山区建设了第一个加工厂，主要用来加工羊肉产品和火锅调料。为了保证华东市场的需要，小尾羊于2014年投资建设了无锡加工厂，主要生产餐饮门店的专供产品，服务于华东区域的200多家餐饮连锁门店。为了打造"中国好羊肉、内蒙古小尾羊"品牌，满足高端市场需要，小尾羊于2015年在土右旗建设了冷鲜肉加工厂。目前，小尾羊综合产能达到2万吨。特别是小尾羊冷鲜羊肉生产线，满足GMP的产品生产质量管理规范和食品安全卫生保证体系，洁净程度达到10万级，属于国内最高级别的无菌羊产品生产车间。利用达茂旗优质牧场的草原羊做原料，加工而成的冷鲜羊肉特点是肉质柔嫩有弹性，极富营养。产品一直保持在 0~4 ℃的低温下，相较冷冻肉大大降低了初始菌数，而且一直处于低温状态，其营养品质显著提高，是目前国内最好的羊肉产品。

三、小尾羊品牌餐饮连锁增值模式

小尾羊餐饮作为行业的领跑者，于 2016 年月 11 月 18 日成功登陆新三板。在品牌建设上借助小尾羊日渐强大的母品牌效应，实施"一枝独秀，几花齐放"的子品牌策略，不断强化小尾羊"不仅是健康食品的提供者，更是健康生活方式的倡导者"的品牌价值观。目前小尾羊餐饮包括蒙式火锅涮、欢乐牧场自助餐厅、体验式蒙古大营、温都戈（鲜羊火锅）、好久不见时光主题餐厅、吉骨小馆等多种业态，连续多年上榜"中国餐饮百强"前 10 名，位列全国火锅 50 强，现有连锁店 300 多家，遍布全国各大城市，日本、澳大利亚、英国、阿联酋、美国、意大利等海外市场均有小尾羊连锁店，深受国际友人的好评。在经营上，小尾羊紧紧围绕"打造民族品牌、弘扬美食文化"的品牌理念，秉承"天然、绿色、健康、安全"的品质，不断充实、丰富、创新小尾羊火锅餐饮文化的内涵，统一小尾羊品牌形象，统一小尾羊标准化管理，推动了小尾羊火锅及中式餐饮文化在各国的广泛传播。

小尾羊公司有着浓厚的文化底蕴，公司以继承和发扬民族传统美食为己任，深入挖掘内蒙古草原餐饮文化，在继承流传于草原牧民中的"神汤"传统配方的基础上，结合蒙藏、中医"四气五味、升降浮沉、归经"的理论，对黄芪、甘草、苁蓉、沙葱籽等数十味中草药进行了科学配制，调和了大草原稀有调料之五味，终于研发出独具特色的火锅汤料。再配以肉质细嫩、下锅即食、久涮不老的草原羔羊肉，使小尾羊火锅具有春防温、夏去暑、秋祛湿、冬御寒的独特功效。人们在小尾羊酒店品尝来自大草原的美味的同时，也能强烈地感受到蒙古族传统文化的浓厚气息。自 2005 年以来，小尾羊实施"走出去"发展战略，努力拓展海外餐饮连锁市场。几年来，先后成立了阿联酋小尾羊国际餐饮公司、小尾羊北美公司和海外管理公司，深受全球华人及国际友人的好评和青睐。

参 考 文 献

班洪赟，周德，田旭，2017. 中国奶业发展情况分析：与世界主要奶业国家的比较 [J]. 世界农业（3）：11-17.

鲍丽洁，2011. 产业共生的特征和模式分析 [J]. 当代经济（8）：146-147.

蔡勇志，2006. 零售业产业融合研究 [D]. 福州：福建师范大学.

曹斌云，2016. 中国奶业发展路在何方？[J]. 河南畜牧兽医（市场版）（2）：11-13.

陈昌洪，2008. 垂直一体化的安全猪肉生产模式探析——以四川铁骑力士集团公司为例 [J]. 电子科技大学学报（社科版）（1）：21-24.

陈东华，2008. 草地农业系统与西部农业的可持续发展 [J]. 青海草业（2）：21-25.

陈佳，2015. 生猪产业链专题：迎接可持续的猪价上涨 [R]. 武汉：长江证券.

陈柳钦，2007. 产业融合的发展动因、演进方式及其效应 [J]. 郑州航空工业管理学院学报（4）：14-19.

陈蕊芳，申鹏，薛凤蕊，周剑，2017. 国内外生猪养殖业发展的比较及启示 [J]. 江苏农业科学，45（7）：331-334.

陈学云，程长明，2018. 乡村振兴战略的三产融合路径：逻辑必然与实证判定 [J]. 农业经济问题（11）：91-100.

陈意新，2015. 经济新常态视角下的产业转型研究 [J]. 商场现代化（28）：208-209.

崔姹，胡向东，王明利，2018. 生猪产业典型模式运行机制、问题及发展建议——基于四川生猪养殖大省的调研 [J]. 中国畜牧杂志，54（2）：123-128.

崔姹，王明利，2016. 中国肉类消费发展分析及未来展望 [J]. 农业展望，12（10）：74-80.

崔坤，李伟伟，2019. 农业供给侧改革的"三品策略"实施路径分析 [J]. 北京农业职业学院学报，33（1）：5-13.

单元媛，赵玉林，2012. 国外产业融合若干理论问题研究进展 [J]. 经济评论（5）：152-160.

邓磊，杜爽，2015. 我国供给侧结构性改革：新动力与新挑战 [J]. 价格理论与实践（12）：34-38.

邓蓉，陈余，2017. 保障生鲜猪肉食品安全的经营组织创新 [J]. 现代化农业（12）：48-50.

董谦，2015. 中国羊肉品牌化及其效应研究 [D]. 北京：中国农业大学.

杜小蓉，2013. 产业生态理论及功能 [J]. 长江大学学报（社会科学版），36（12）：72-73.

方超，2010. 钱学森综合集成思想研究 [D]. 北京：国防科学技术大学.

方新平，卢凤君，2016. 我国淡水活鱼现代生产流通信息服务模式与演化研究 [J]. 科技与经济，29（2）：36-40.

冯长健，2013. 四川省生猪产业链与技术链协同的运行机制研究 [D]. 成都：四川农业大学.

冯长利，兰鹰，周剑，2012. 中粮"全产业链"战略的价值创造路径研究 [J]. 管理案例研究与评论（2）：135-145.

傅晨，2000."公司＋农户"产业化经营的成功所在——基于广东温氏集团的案例研究 [J]. 中国农村经济（2）：41-45.

高惠，2011，基于共生理论的汽车产业集群演化及动态稳定性研究 [D]. 长春：吉林大学.

高连水，孙矞，满明俊，肖文东，2012. 生猪产业发展的金融服务：模式、问题与建议 [J]. 中国农业银行武汉培训学院学报（3）：42-45.

高松柏，2017. 温氏生猪代养模式对我镇养猪业的影响 [J]. 农民致富之友（19）：19.

郜敏，程文定，2009. 实现奶牛业循环经济的探讨 [J]. 中国奶牛（6）：49-51.

管宏友，2015. 国外农业产学研协同创新模式及其启示 [J]. 商（28）：281，229.

郭家炜，董昕，徐一鸣，2015. 规模化进程中我国生猪产业链市场结构研究 [J]. 北方经贸（8）：113，120.

郭新宇，李德发，司伟 2009. 玉米、豆粕与饲料市场的价格联系 [J]. 农业技术经济（1）：38-42

韩秀珍，2013. 我国肉羊业发展现状及对策 [J]. 中国草食动物科学（8）：73-75.

韩战强，王中华，高广川，2018. 新型"种养结合一体化"生态循环养殖模式在规模化猪场中的实践与应用 [J]. 黑龙江畜牧兽医（6）：69-71.

和志渊，2018. 浅谈畜禽生产及产品质量安全 [J]. 畜禽业，29（4）：52-53.

洪嵋，2014. 上海文化创意旅游产业发展研究 [D]. 上海：上海师范大学.

侯茂章，2010. 中国乳业产业链与价值链分析 [J]. 中国乳品工业，38（9）：32-34，44.

胡国平，2009. 产业链稳定性研究 [D]. 成都：西南财经大学.

胡金梅，2012. 中国原料奶价格形成机制研究 [D]. 呼和浩特：内蒙古大学.

胡伟斌，黄祖辉，2018. 畜牧业三次产业融合：基于美国典型案例的研究及启示 [J]. 中国畜牧杂志，54（10）：125-129.

黄鹤婷，赵冬梅，2013. 在线消费者的心理距离及其测度方法研究——基于解释水平理论的视角 [J]. 经济研究参考（14）：42-48.

蒋星，倪彩霞，2007. 价值链分析湖南猪肉产品出口竞争存在的问题 [J]. 新学术（1）：67-69，82.

解安，2018. 三产融合：构建中国现代农业经济体系的有效路径 [J]. 河北学刊，38（2）：124-128.

康凯，2004. 技术创新扩散理论与模型 [M]. 天津：天津大学出版社.

寇光涛，2017. 东北稻米全产业链增值的创新路径及机制研究 [D]. 北京：中国农业大学.

寇光涛，卢凤君，2016. 我国粮食产业链增值的路径模式研究——基于产业链的演化发展角度 [J]. 农业经济问题（8）：25-32.

寇光涛，卢凤君，薄姗，2018. 供给侧改革背景下农业中小企业转型发展的探索——以黑龙江省某农业龙头企业为例 [J]. 广东农业科学，45（4）：157-165.

寇光涛，卢凤君，王文海，2016. 新常态下农业产业链整合的路径模式与共生机制 [J]. 现代经济探讨（9）：88-92.

赖华，杨会清，肖永鸿，刘弘，华燕，胥翠萍，2011. 对温氏集团（赣州）生猪产业化发展模式的调查与思考 [J]. 江西畜牧兽医杂志（2）：13-15.

赖晓璐，2017. 辽宁省畜禽产品加工企业现状及发展方向 [J]. 农业经济（2）：111-113.

兰新萍，龙如银，2010. 基于博弈分析的煤炭城市共生产业链产品定价研究 [J]. 资源科学（32）：1698-1703.

李秉龙，夏晓平，2010. 中国肉羊产业经济发展特征、存在问题与政策建议分析 [J]. 2010中国羊业进展，27-33.

李东，2009. 我国蛋鸡产业化的发展前景与育种方向探索：2009中国蛋鸡行业发展大会 [Z]. 中国四川成都.

李桂安，2014. 北京市现代农业园区信息服务的机制和模式研究 [D]. 北京：中国农业大学.

李红，赵明亮，2009. 基于产业链视角的新疆羊产业发展模式实证分析 [J]. 新疆大学学报哲学（人文社会科学版）（11）：16-20.

李汇，2015. 猪肉产业链食品安全的集团管控研究 [D]. 北京：中国农业大学.

李良贤，2011. 基于竞合关系的中小企业成长过程中的共生行为研究 [D]. 南昌：江西财经大学.

李明全，2013. 温氏养殖模式破解畜牧产业发展难题 [J]. 中国猪业，8（12）：41-42.

李圣军，孔祥智，2013. 生猪及猪肉全产业链质量安全追溯机制 [J]. 农村经济（7）：9-13.

李小静，2016. 农村"三产融合"发展的内生条件及实现路径探析 [J]. 改革与战略，32（4）：83-86.

李心芹，李仕明，兰永，2004. 产业链结构类型研究 [J]. 电子科技大学学报（社科版）（4）：60-63.

李秀南，2006. 顾客价值沉淀研究 [D]. 杭州：浙江大学.

李艳红，2015. 当前蛋鸡产业发展问题透析——以山西蛋鸡养殖龙头企业为例 [J]. 中国畜牧杂志（20）：12-15.

李洋洋，贾玉川，贾永全，2018. 基于三产融合的畜牧产业发展策略分析 [J]. 黑龙江畜牧兽医（16）：6-9.

李仪，夏杰长，2016. 平台战略模式与农业供给侧改革 [J]. 中国发展观察（11）：33-35.

李宇，杨敏，2017. 创新型农业产业价值链整合模式研究——产业融合视角的案例分析 [J]. 中国软科学（3）：27-36.

李占魁，2010. 临夏回族自治州特色经济研究 [D]. 兰州：兰州大学.

李征，冯荣凯，王伟光，2008. 基于产业链的产学研合作创新模式研究 [J]. 科技与经济（1）：22-25.

李治，安岩，侯丽薇，2018. 农村一二三产业融合发展的研究综述与展望 [J]. 中国农学通报，34（16）：157-164.

廖杉杉，2016. 农产品安全生产中政府监管机制的优化与创新研究 [J]. 管理现代化，36（3）：40-42.

刘贵富，2013. 产业链运行机制模型研究 [J]. 财经问题研究（8）：21-26.

刘合光，刘悦，杨浩然，等，2009. 中国蛋鸡产业国际竞争力分析 [J]. 中国家禽（23）：6-10.

刘合光，孙东升，2010. 中国生猪产业三大发展趋势与猪肉消费展望 [J]. 中国畜牧杂志，46（6）：12-14，27.

刘其全，2007. 水稻不同品种间作对稻田节肢动物群落的影响 [D]. 福州：福建农林大学.

刘小红，王健，刘长春，赵云翔，等，2013. 我国生猪标准化养殖模式和技术水平分析 [J]. 中国农业科技导报（6）：72-77.

卢凤君，彭涛，朱鹤岩，刘晓峰，2009. 中国生猪健康养殖业发展的战略思考 [J]. 中国畜牧兽医，36（9）：192-196.

芦千文，2016. 农村一二三产业融合发展研究述评 [J]. 农业经济与管理（4）：27-34.

芦千文，2017. 现代农业产业化联合体：组织创新逻辑与融合机制设计 [J]. 当代经济管理，39（7）：38-44.

马健，2002. 产业融合理论研究评述 [J]. 经济学动态（5）：78-81.

马晓华，2014. 中国奶业如何破局小而精模式受关注 [J]. 中国洗涤用品工业（11）：50-53.

麦婉华，2018. 广东省新兴县——温氏"公司＋农户"产业扶贫 [J]. 小康（17）：28-29.

孟勇，张玉良，王者勇，2018. 农区种草养畜之我见 [J]. 山东畜牧兽医，39（2）：21-23.

潘俊澍，2012. 生猪产业链价值分配的影响因素研究 [D]. 南京：南京农业大学.

彭涛，卢凤君，汪国华，2012. 生猪健康产业链利益增长机制研究 [J]. 中国畜牧兽医（7）：260-263.

钱蕾，林斌，官雪芳，黄菊青，徐庆贤，2018. 规模化养猪场粪污治理模式构建探讨 [J]. 中国沼气，36（5）：82-87.

黔江，2016."六统一"模式持续推进生猪产业发展 [J]. 湖北畜牧兽医，37（12）：49.

乔娟，季柯辛，2017. 我国生猪良种繁育体系：运行机理、发展困境与路径选择 [J]. 农业经济问题，38（2）：64-74，2.

区锦联，刘娑，2018. 农户视角下"公司＋农户"合作关系研究——对"温氏模式"的个案探讨 [J]. 生态经济评论（1）：108-120.

曲丽丽，张桂僮，王刚毅，2016. 流动性约束下外部冲击对生猪供应链的决策影响——基于商业信用分析 [J]. 南京农业大学学报（社会科学版），16（4）：130-138，159.

邵大富，2016."FROM GRASS TO GLASS，从牧场到餐桌"——看荷兰奶业全产业链发展模式 [J]. 中国乳业（7）：2-5.

邵磊，孙皓，黄秀英，等，2015. 峪口禽业"1234"蛋鸡防疫减负方案 [J]. 家禽科学
（4）：26 - 27.

邵晞，董永毅，张超，2017. 肉羊秸秆营养均衡饲料开发利用 [J]. 畜牧兽医科技信息
（4），13 - 15.

申雪伟，李雯静，孙芳，2018. 生猪屠宰行业发展现状及对策浅析 [J]. 农村·农业·农民
（B版）（8）：59 - 60.

沈银书，2012. 中国生猪规模养殖的经济学分析 [D]. 北京：中国农业科学院.

沈银书，张存根，2011. 我国生猪产业发展现状及其展望——兼论瘦肉精事件后猪肉生产、
市场与消费的走势 [J]. 中国畜牧杂志，47（14）：3 - 7，11.

盛亚，2002. 新产品市场扩散博弈论 [J]. 科技进步与对策（9）：77 - 78.

思雨，2016. 市场竞争力低我国肉牛急需自强 [J]. 中国食品（18）：94 - 97.

宋之杰，李天娇，张秀妮，2019. 多主体参与下的品牌形象共创：角色与新思维 [J]. 商业
经济研究（8）：62 - 64.

苏海河，2017. 日本如何评出第一牛 [J]. 经济（Z2）：66 - 67.

孙海龙，谭利伟，温婧，等，2016. 用"互联网＋"现代蛋鸡业打造智慧蛋鸡新业态，引
领世界蛋鸡种业新发展——深度专访北京市华都峪口禽业有限公司董事长孙浩 [J]. 农
业工程技术，36（18）：57 - 59.

孙军，高彦彦，2016. 网络效应下的平台竞争及其后果分析 [J]. 管理世界（5）：
182 - 183.

孙锐，2016. 克服体制机制羁绊释放科技人才活力 [N]. 光明日报.

孙岩，2017. 多元化消费需求加速蛋鸡产业结构调整 [J]. 中国畜牧杂志（1）：151 - 155.

孙艳华，刘湘辉，周发明，周军，2009. 我国生猪产业价值链风险管理探析 [J]. 商业研究
（8）：124 - 126.

田波，2013. 中国饲料产业链整合问题研究 [D]. 武汉：华中农业大学.

万俊毅，2008. 准纵向一体化、关系治理与合约履行——以农业产业化经营的温氏模式为
例 [J]. 管理世界（12）：93 - 102，187 - 188.

万俊毅，欧晓明，2010. 产业链整合、专用性投资与合作剩余分配：来自温氏模式的例证
[J]. 中国农村经济（5）：28 - 42.

汪旭日，2018. 农村生猪小规模养殖存在问题及思考 [J]. 农业开发与装备（10）：225.

王国秀，2014. 我市肉羊产业格局已形成 [N]. 包头日报.

王金武，2005. 我国生产性服务业和制造业互动分析及其对策研究 [D]. 武汉：武汉理工
大学.

王晶晶，2014. 生猪产业链价格传导机制研究 [D]. 北京：中国农业大学.

王盛威，2011. 中国蛋鸡产业国际竞争力研究 [D]. 北京：中国农业科学院.

王树祥，张明玉，郭琦，2014. 价值网络演变与企业网络结构升级 [J]. 中国工业经济
（3）：93 - 106.

王文海，2015. 生猪产业链健康发展的价值目标与条件研究 [D]. 北京：中国农业大学.

王文海，2016. 生猪产业链健康发展的价值目标与条件研究 [J]. 中国农业文摘—农业工程，28（5）：21.

王文海，卢凤君，陈黎明，刘晴，2015. 生猪产业链的演化机理研究 [J]. 科技与经济，28（4）：51-55.

王文海，卢凤君，刘晴，刘晓峰，2014. 生猪健康养殖产业链主体共生模式选择研究 [J]. 农村经济（3）：46-51.

王文信，伍建平，陈秀凤，2017. 荷兰奶业发展模式及其借鉴 [J]. 世界农业（3）：148-152.

王彦华，2017. 播种量和品种对紫花苜蓿植株动态变化与生产性能的影响 [D]. 郑州：河南农业大学.

王元亮，2011. 基于产业共生的园区循环经济发展模式研究 [D]. 兰州：兰州大学.

王芸娟，马骥，2017. 鲜蛋电商平台市场现状、问题及展望——基于天猫平台销售数据 [J]. 农业展望（5）：104-108.

王珍珍，鲍星华，2012. 产业共生理论发展现状及应用研究 [J]. 华东经济管理（26）：131-136.

魏加威，李文澜，王建忠，2017. 产业联合体促进农村三产融合发展问题及对策研究——以廊坊市康达畜禽产业联合体为例 [J]. 农村经济与科技，28（21）：59-62.

温小军，2016. 温氏"公司＋农户"经营模式的调查与分析 [D]. 广州：仲恺农业工程学院.

文华成，杨新元，2008. 生猪产业链的经营组织模式优化 [J]. 生态经济（1）：96-98.

无名氏，2013. 内蒙古巴彦淖尔市肉羊全产业链发展模式 [J]. 中国畜牧业（16）：31.

无名氏，2018. 2018—2022年高端乳行业发展分析预测 [J]. 乳业科学与技术，41（3）：52-53.

吾斯曼·阿不来孜，2014. 吐鲁番地区农区肉羊育肥业发展模式研究 [D]. 乌鲁木齐：新疆农业大学.

吴恩仙，舒展，2008. 走中国特色农业现代化道路必须立足于区域发展模式 [J]. 宜春学院学报（5）：76-79.

吴曼，2015. 温氏养猪，搅动一池春水——盐山县推行"公司＋农户"生猪产业发展模式纪实 [J]. 北方牧业（14）：4-5.

吴学兵，乔娟，2013. 基于质量安全的生猪产业链纵向契约关系分析 [J]. 技术经济，32（9）：55-59.

武深树，2014. 现代生猪经济合作组织的制度创新——基于安仁温氏"公司＋农户"经营模式的调查 [J]. 猪业科学，31（8）：50-52.

夏晓平，李秉龙，2012. 中国肉羊产业发展特征、矛盾及对策 [J]. 农业经济与管理（1）：54-63.

谢京辰，2007. 企业价值创新的理论与实证研究 [D]. 上海：同济大学.

徐贵权，1998. 论价值取向 [J]. 南京师大学报（社会科学版）（4）：45-50.

许科朗，2007. 涟源市肉牛产业发展现状及对策研究 [D]. 长沙：湖南农业大学.

宣苏哲，2016. 我国肉牛育种工作仍任重道远 ［J］. 农业知识（科学养殖）（10）：17－18

严先锋，黄靖，2017. 我国西南地区畜禽产品流通渠道的转型升级 ［J］. 农业工程，7（6）：
　　162－164.

杨春，王明利，2013.2012 年我国肉牛产业的发展动态 ［J］. 中国畜牧杂志，49（2）：
　　37－41.

杨春，王明利，2013. 基于 Malmquist 指数的农户肉牛养殖全要素生产率研究 ［J］. 农业经
　　济与管理（3）：69－75.

杨菊清，张国平，2017. 内蒙古包头市肉羊产业发展的现状与启示 ［J］. 新疆畜牧业（7）：
　　41－43.

杨奎花，马永仁，陈俊科，王娇，苏尤力，王锡波，2015. 新疆草原畜牧业经营模式及转
　　型路径研究 ［J］. 草食家畜（1）：1－9.

杨宁，2015.2014 年我国蛋鸡产业状况及发展趋势 ［J］. 中国畜牧杂志（2）：32－37.

杨宁，2017. 蛋鸡产业要从增量发展转向提质增效 ［J］. 甘肃畜牧兽医（2）：24－25.

杨启莲，2015. 饲草产业发展现状及未来发展趋势分析 ［J］. 中国畜牧兽医文摘，31
　　（8）：51.

杨雅如，杨林，2015. 生猪产业风险及其金融综合治理模式研究 ［J］. 金融经济（8）：
　　94－96.

杨云文，洪乃忠，朱仕俊，简文祥，2016. 关于玉屏温氏生猪一体化养殖发展模式的探讨
　　［J］. 中国畜牧兽医文摘，32（5）：33－34.

叶云，2015. 基于市场导向的肉羊产业链优化研究 ［D］. 北京：中国农业大学.

袁瑞明，2013. 农业龙头企业对乡村社会经济发展的影响研究 ［D］. 荆州：长江大学.

翟慧卿，吕萍，2010. 农业产业链理论研究综述 ［J］. 甘肃农业（11）：22－23，25.

张海燕，王忠云，2011. 产业融合视角下的民族文化旅游品牌建设研究 ［J］. 中央民族大学
　　学报（哲学社会科学版），38（4）：17－23.

张建刚，王新华，段治平，2010. 产业融合理论研究述评 ［J］. 山东科技大学学报（社会科
　　学版），12（1）：73－78.

张竞乾，耿丽敏，2017. 基于生猪产业发展的技术人才培养模式探析 ［J］. 今日畜牧兽医
　　（11）：20－21.

张峻，2014. 陕北地区肉牛养殖业及技术应用的现状 ［J］. 养殖技术顾问（10）：307.

张乐柱，金剑峰，胡浩民，2012. “公司＋家庭农场”的现代农业生产经营模式：基于温氏
　　集团案例研究 ［J］. 学术研究（10）：94－97，128.

张莉，2012. 我国鸡蛋质量安全现状分析与对策研究 ［D］. 南昌：江西农业大学.

张丽华，林善浪，霍佳震，2011. 农业产业化经营关键因素分析——以广东温氏公司技术
　　管理与内部价格结算为例 ［J］. 管理世界（3）：83－91.

张文学，陈亚静，刘望宏，2016. 生猪产业技术体系安全问题与对策 ［J］. 养殖与饲料
　　（2）：1－3.

张喜才，张利庠，2010. 生猪产业链纵向整合中的政府职能 ［J］. 中国畜牧杂志，46（14）：

12 - 16.

张喜才，张利庠，2010. 我国生猪产业链整合的困境与突围 [J]. 中国畜牧杂志，46（8）：
　　22 - 26.

张孝德，2017. "两山"理论：生态文明新思维新战略新突破 [J]. 人民论坛（25）：
　　66 - 68.

张扬，2015. 探索中的中国奶业模式 [J]. 农经（1）：50 - 53.

赵放，刘雨佳，2018. 农村三产融合发展的国际借鉴及对策 [J]. 经济纵横（9）：
　　122 - 128.

赵航，程玛丽，许尚忠，2016. 2015 年我国肉牛产业特点及分析 [J]. 中国畜牧业（17）：
　　27 - 29.

赵军洁，刘庆，2016. 纵向关联市场价格传导"放大效应"研究——基于山东省生猪产业
　　链的分析 [J]. 价格理论与实践（7）：89 - 92.

赵黎，2016. 德国生猪产业组织体系：多元化的发展模式 [J]. 中国农村经济（4）：
　　81 - 90.

赵楠，2017. 峪口禽业：以种切入，推动肉鸡产业破局 [J]. 中国畜牧杂志，53（12）：
　　155 - 159.

赵霞，韩一军，姜楠，2017. 农村三产融合：内涵界定、现实意义及驱动因素分析 [J]. 农
　　业经济问题，38（4）：49 - 57，111.

赵一夫，马骥，曹光乔，等，2012. 中国蛋鸡产业发展分析及政策建议 [J]. 中国家禽
　　（12）：6 - 10.

赵一夫，秦富，2014. 我国蛋鸡产业链发展分析与对策建议 [J]. 中国家禽（18）：2 - 5.

郑华平，2008. 广东温氏集团"公司＋农户"农业产业化模式实证研究 [J]. 广东农业科学
　　（7）：152 - 154.

郑立平，龙文军，2005. 论利益联结机制与农业产业化经营——以广西壮族自治区为例
　　[J]. 华南农业大学学报（社会科学版）（2）：15 - 20.

郑明高，2010. 产业融合发展研究 [D]. 北京：北京交通大学.

钟博，2018. 中国生猪标准化养殖发展：产业集聚、组织发展与政策扶持 [D]. 杭州：浙
　　江工商大学.

钟真，孔祥智，2012. 产业组织模式对农产品质量安全的影响：来自奶业的例证 [J]. 管理
　　世界（1）：79 - 92.

周圆圆，2018. 新政出台发出奶业振兴强烈信号——农业农村部副部长于康震在国新办举
　　行政策吹风会上答记者问 [J]. 农产品市场周刊（21）：4 - 5.

朱昌友，李必圣，朱爽爽，孙晓杰，朱忠萍，2016. 实行种养结合推进畜牧业绿色发展的
　　探索与思考 [J]. 湖北畜牧兽医，37（9）：53 - 55.

朱玲林，2015. 我国农产品品牌建设的现实问题与对策 [J]. 经营者（12）：5 - 6.

庄丽娟，贺梅英，张杰，2011. 农业生产性服务需求意愿及影响因素分析——以广东省 450
　　户荔枝生产者的调查为例 [J]. 中国农村经济（3）：70 - 78.

Borodin V，Bourtembourg J，Hnaien F，Labadie N，2015. A multi – step rolled forward chance – constrained model and a proactive dynamic approach for the wheat crop quality control problem [J]. European Journal of Operational Research，246（2）：631 – 640.

Stieglitz N，2002. "Industry Dynamics and types of marketconvergence". Paper to be presented at the DRUID Summet Confer – ence on "Industry Dynamics of the New and Old Economy – Who isembracing whom?" Copenhagen/Elsinore，6 – 8，June.

Sun G H，Du S Y，2013. Coordination of Low Carbon Agricultural Supply Chain Under Contract Farming [M]. Berlin：Springer – verlag Berlin.

W. ChanKim，Renee Mau borgne，王戎，2001. 跨竞争创新——进入未被占领的市场空间 [J]. IT 经理世界（12）：94 – 96，98 – 100.

Xu Y L，Peng C，Wang C Y，Xie J，Li Z，2015. Benefit Distribution of the Agricultural Products Green Supply Chain Based on Modified Shapley Value [M]. Berlin：Springer – verlag Berlin.